U0457554

資治通鑑綱目

第三册

公元七六年至公元二五二年

（宋）朱熹　趙師淵　編撰　　李孝國 等　注解

图书在版编目（CIP）数据

资治通鉴纲目 /（宋）朱熹，（宋）赵师渊编著. —
北京：中国书店，2021.3
　　ISBN 978-7-5149-2689-7

　　Ⅰ．①资… Ⅱ．①朱… ②赵… Ⅲ．①中国历史—古
代史—编年体 Ⅳ．① K204.3

中国版本图书馆 CIP 数据核字（2020）第 232986 号

责任编辑：辛　　迪
策划编辑：董立平
封面设计：肖晋兴

资治通鉴纲目

〔宋〕朱熹　赵师渊 等 / 编撰　李孝国 等 / 注解

出　　版：中国书店
地　　址：北京市西城区琉璃厂东街 115 号
邮　　编：100050
发　　行：全国新华书店经销
印　　刷：运河（唐山）印务有限公司
开　　本：700 mm × 1000 mm　1/16
版　　次：2021 年 3 月第 1 版第 1 次印刷
印　　张：252.75
字　　数：3999 千字
书　　号：ISBN 978-7-5149-2689-7

定　价：598.00 元（全十册）

第三册 目录

资治通鉴纲目

卷十

起丙子汉章帝建初元年，尽乙丑[1]汉安帝延光四年凡五十年。

丙子**肃宗孝章皇帝建初元年**（公元 76 年）

春，正月，诏廪赡[2]饥民。

诏二千石劝农桑，慎选举，顺时令，理冤狱时承永平[3]故事，吏政尚严切。尚书陈宠以帝新即位，宜改前世苛俗，乃上疏曰："臣闻先王之政，赏不僭，刑不滥，与其不得已，宁僭无滥[4]。往者断狱严明，所以威惩奸慝[5]。奸慝既平，必宜济之以宽。夫为政犹张琴瑟，大弦急者小弦绝[6]。陛下宜隆先王之政，涤荡烦苛之法，以济群生，全广至德。"帝深纳宠言，每事务于宽厚。第五伦亦上疏曰："光武承王莽之余，颇以严猛为政，后代因之，遂成风化[7]。郡国所举，类多办职俗吏，殊未有宽博之选以应上求者也。陈留令刘豫，冠军[8]令驷协，并以刻薄之姿，务为严苦[9]，吏民愁怨，莫不疾之。而议者反以为能，违天心，失经义，非徒应坐豫、协，亦宜谴举者。务进仁贤以任时政，不过数人，则风俗自化矣。又闻诸王主[10]贵戚骄奢逾制，京师尚然，何以示远？故曰：'其身不正，虽令不行。'以身教者从，以言教者讼[11]。"上善之。伦虽天性峭直[12]，然常疾俗吏苛刻，论议每依宽厚云。

关宠败没，段彭击车师。匈奴走，车师复降。罢都护及戊己校尉官，班超留屯疏勒段彭等击车师，斩获数千。北匈奴惊走，车师复降。会关宠已

1　乙丑：即公元 125 年。
2　廪赡：供给粮食等生活物资。
3　永平：汉明帝刘庄年号，存续时间为公元 58 至 75 年。
4　宁僭无滥：宁可过度奖赏，也不滥施刑罚。
5　威惩奸慝：威惩，以威严惩治。奸慝，奸恶的人。
6　为政犹张琴瑟，大弦急者小弦绝：执政就象琴瑟上弦，如果大弦太紧，小弦就会崩断。
7　风化：风教，风气。
8　冠军：古县名，治所位于今河南省南阳市辖邓州市西北。
9　严苦：苛刻残酷。
10　王主：诸侯王之女。
11　讼：争论。
12　峭直：严峻刚直。

殁，欲引兵还。耿恭军吏范羌时在军中，固请迎恭。诸将不敢前，乃分兵二千人与羌，迎恭俱归。吏士饥困，发疏勒时，尚有二十六人，随路死没[1]，三月至玉门，唯余十三人。中郎将郑众上疏曰："恭以单兵守孤城，当匈奴数万之众，凿山为井，煮弩为粮，杀伤丑虏[2]数百千计，卒全忠勇，不为大汉耻，宜蒙显爵[3]，以厉将帅。"诏拜恭骑都尉，悉罢戊己校尉及都护官，征还班超。超将发还[4]，疏勒忧恐，其都尉黎弇曰："汉使弃吾，吾必复为龟兹所灭耳。"以刀自刭。至于阗，王侯以下皆号泣，抱超马脚，不得行。超亦欲遂其本志，乃还疏勒。疏勒两城已降龟兹，而与尉头[5]连兵。超捕斩反者，击破尉头，疏勒复安。

地震。

秋，七月，诏以上林池籞赋与贫民。

八月，有星孛于天市[6]。

哀牢王反，郡兵击斩之。

丁丑二年（公元 77 年）

春，三月，诏三公纠非法诏曰："贵戚奢纵[7]无度，有司莫举。三公并宜明纠非法，在事者备为之禁。"

罢伊吾卢屯兵，匈奴复守其地。

夏，四月，还坐楚、淮阳事徙者四百余家。

大旱上欲封爵诸舅，太后不听。会大旱，言事者以为不封外戚之故。太后诏曰："王氏五侯同日俱封，黄雾四塞，不闻澍雨之应。夫外戚贵盛，鲜不

1　死没：死亡。
2　丑虏：对敌人的蔑称。
3　显爵：显贵的爵位。
4　发还：打发回去。
5　尉头：汉朝少数民族国名，位于今新疆阿合奇县的哈拉奇乡一带，从事游牧，兼营农业，服饰类乌孙。
6　天市：古星座名，位居紫微垣之下的东南方向。
7　奢纵：奢侈放纵。

倾覆。故先帝防慎[1]舅氏，不令在枢机之位，又言：'我子不当与先帝子等。'今有司奈何欲以马氏比阴氏乎？我夙夜累息[2]，常恐亏先后之法，有毛发之罪[3]吾不释，言之不舍昼夜，而亲属犯之不止，治丧起坟，又不时觉[4]，是吾言之不立而耳目之塞也。吾为天下母，而身服大练，食不求甘，左右但着帛布，无香熏之饰者，欲身率下也。以为外亲见之，当伤心自敕，但笑言：'太后素好俭。'前过濯龙门上，见外家问起居者，车如流水，马如游龙，仓头衣绿褠，领袖正白，顾视御者，不及远矣[5]。故不加谴怒[6]，但绝岁用[7]，冀以默愧其心，犹懈怠，无忧国忘家之虑。知臣莫若君，况亲属乎？吾岂可上负先帝之旨，下亏先人之德，重袭西京败亡之祸哉？"帝省[8]诏悲叹，复重请之。太后曰："吾岂徒欲获谦让之名，而使帝受不外施[9]之嫌哉？高祖约，无军功不侯。今马氏无功于国，岂得与阴、郭中兴之后等邪？常观富贵之家，禄位重叠，犹再实之木，其根必伤[10]。吾计之熟矣，勿有疑也。夫至孝之行，安亲为上。今数遭变异，谷价数倍，忧惶[11]昼夜，不安坐卧，而欲先营外家之封，违慈母之拳拳[12]乎？若阴阳调和，边境清静，然后行子之志，吾但当含饴弄孙，不能复关政[13]矣。"上乃止。太后尝诏三辅："诸马婚亲有属托[14]郡县、干乱吏治者，以法闻。其有谦

1　防慎：谨慎防备。
2　累息：屏气，因恐惧而不敢喘息。
3　毛发之罪：形容极微小的罪过。
4　时觉：及时察觉错误。
5　仓头衣绿褠，领袖正白，顾视御者，不及远矣：奴仆身穿绿色单衣，衣领衣袖雪白，回头看我的车夫，差得远了。仓头，汉时奴仆以深青色布包头，故称苍头。仓，通"苍"。褠，直袖的单衣。正白，纯白。
6　谴怒：谴责。
7　岁用：一年的费用。
8　省：看，察看。
9　外施：对外家施恩泽。
10　禄位重叠，犹再实之木，其根必伤：爵位俸禄重叠，如同一年之中再次结果的树木，它的根必受损伤。
11　忧惶：忧愁惶恐。
12　拳拳：形容恳切。
13　关政：参与政事。
14　属托：请托。

素义行[1]者，辄假借温言[2]，赏以财、位。其美车服[3]、不遵法度者，便绝属籍，遣归田里。"于是内外从化，被服[4]如一。置织室[5]，蚕于濯龙[6]中，数往观视，以为娱乐。常与帝言政事及教授小王[7]《论语》经书，述叙[8]平生，雍和[9]终日。马廖上疏曰："昔元帝罢服官，成帝御浣衣，哀帝去乐府[10]，然而侈费[11]不息，至于衰乱者，百姓从行不从言也。夫改政移风，必有其本。传曰：'吴王好剑客，百姓多创瘢[12]。楚王好细腰，宫中多饿死。'长安语曰：'城中好高结[13]，四方高一尺；城中好广眉，四方且半额[14]；城中好大袖，四方全匹帛[15]。'斯言如戏，有切事实。前下制度未几[16]，后稍不行。虽或吏不奉法，良由慢起京师。今陛下素简所安，发自圣性[17]，诚令斯事一竟，则四海诵德，声熏天地，神明可通，况于行令乎？"太后深纳之。

诏齐国省冰纨、方空、縠[18]。

烧当羌反。秋，八月，遣将军马防、校尉耿恭击之第五伦上疏曰："贵戚可封侯以富之，不当任以职事。何者？绳以法则伤恩，私以亲则违宪。

1　谦素义行：谦素，谦恭恬淡。义行，忠义的行迹。
2　假借温言：假借，给予。温言，温和的言语。
3　美车服：车马衣服华美。
4　被服：感化。
5　织室：宫中的丝织作坊。
6　濯龙：汉代宫苑名，位于今河南省洛阳市西南角。
7　小王：年轻受封为王者。
8　述叙：叙述。
9　雍和：融洽，和睦。
10　元帝罢服官，成帝御浣衣，哀帝去乐府：汉元帝取消主管宫廷衣着供应的服官，成帝穿洗过的衣袍，哀帝撤除乐府。
11　侈费：奢侈浪费。
12　创瘢：伤疤。
13　高结：高高的发髻。
14　半额：画眉之广，宽达额头的一半。
15　全匹帛：衣袖用了一整匹帛来做。
16　未几：没有多久，很快。
17　陛下素简所安，发自圣性：陛下安于俭朴的生活，是出自神圣的天性。
18　省冰纨、方空縠：废除进贡冰纨、方空縠等丝绢的制度。冰纨，洁白的细绢。冰，颜色如冰洁白。纨，细绢。方空縠，丝织物名，其纱薄如空。方空，纱薄如空。縠，有皱纹的纱。

马防今当西征，臣以太后恩仁[1]，陛下至孝，恐卒有纤介，难为意爱[2]。"帝不从。

冬，十二月，有星孛于紫宫。

戊寅三年（公元78年）

春，宗祀明堂。

马防、耿恭击羌，大破之。诏征防还，下恭狱，免其官马防既征还，留恭击余寇，所降凡十三种、数万人。以言事忤防，监营谒者承旨[3]，奏恭不忧军事，坐征下狱，免官。

三月，立贵人窦氏为皇后后，勋之女也。

夏，四月，罢治滹沱、石臼河[4]初，显宗[5]之世，治滹沱、石臼河，从都虑至羊肠仓[6]，欲令通漕[7]。连年无成，死者不可胜算。帝以谒者邓训监领其事。训考量礲括，知其难成，具以上言。诏罢其役，更用驴辇[8]，岁省费亿万计，全活数千人。训，禹之子也。

冬，十二月，以马防为车骑将军。

有司奏遣诸王归国，不许上性友爱，不忍与诸弟乖离[9]，故皆留京师。

己卯四年（公元79年）

春，二月，太尉融卒。

夏，四月，立子庆为皇太子。

五月，封马廖等为列侯，以特进就第有司请封诸舅。帝以天下丰稔，

1　恩仁：仁爱。
2　意爱：情爱，情谊。
3　监营谒者承旨：监营谒者秉承马防的意思。监营谒者，负责监军的天子特使。
4　石臼河：古河流名，位于今河北省石家庄市平山县西北。
5　显宗：即汉明帝刘庄。
6　羊肠仓：古地名，位于今山西省太原市市区，汾水东侧。
7　通漕：开通漕运河道。
8　改用驴辇：放弃漕运，改用驴车运粮。驴辇，驴车。
9　乖离：离别，分离。

方垂[1]无事，从之。太后闻之，曰："吾少壮时，但慕竹帛[2]，志不顾命[3]。今虽已老，犹戒之在得，故日夜惕厉[4]，思自降损[5]。何意老志不从，万年之日长恨矣。"廖等辞让，不许。乃受爵而辞位，许之。皆以特进就第。

以鲍昱为太尉，桓虞为司徒。

六月，皇太后马氏崩帝既为太后所养，专以马氏为外家，故贾贵人不登极位，亲族无受宠荣[6]者。及太后崩，但加贵人王赤绶[7]，安车一驷[8]，官人二百，杂帛[9]黄金，钱二千万而已。

秋，七月，葬明德皇后。

冬，十一月，诏诸儒会白虎观，议五经同异杨终言："章句之徒，破坏大体。宜如宣帝石渠故事[10]，永为后世则。"诏太常："将、大夫、博士、郎官及诸儒会白虎观，议五经同异。"使五官中郎将魏应承制问，侍中淳于恭奏，帝亲称制临决，作《白虎议奏》，丁鸿、楼望、成封、桓郁、班固、贾逵及广平王羡皆与[11]。固，超之兄也。

庚辰五年（公元80年）

春，二月朔，日食。举直言极谏诏所举以岩穴[12]为先，勿取浮华。

1　方垂：边陲。垂，通"陲"。
2　竹帛：原指竹简和白绢，古代初无纸，用竹帛书写文字，因此也引申指书籍、史册。
3　顾命：顾惜生命。
4　惕厉：警惕戒惧。
5　降损：谦恭自下。
6　宠荣：尊贵与荣耀。
7　王赤绶：与诸侯王同级的红色绶带。
8　驷：驾四马之车。
9　杂帛：用色丝织就的丝织品。
10　石渠故事：公元前51年，汉宣帝在石渠阁召集学术会议，研究宏扬经书大义。
11　与：参加。
12　岩穴：原指山洞，也借指居住在山洞的隐士。

夏，五月，以直言士补外官[1]诏曰："朕思迟[2]直士，侧席异闻[3]。其先至者各已发愤吐懑[4]，略闻子大夫[5]之志矣。皆欲置于左右，顾问省纳[6]。建武诏书[7]又曰：'尧试臣以职，不直以言语笔札[8]。'今外官多旷[9]，并可以补任。"

太傅憙卒。

遣弛刑、义从[10]就班超平西域班超欲遂平西域，上疏请兵曰："西域诸国莫不向化，唯焉耆、龟兹独未服从。今宜拜龟兹侍子白霸为其国王，以步、骑数百送之，与诸国连兵，岁月之间，龟兹可擒。以夷狄攻夷狄，计之善者也。莎车、疏勒田地肥广，草牧饶衍[11]，不比敦煌、鄯善间，兵可不费中国而粮食自足。臣超区区特蒙神灵，窃冀未便僵仆[12]，目见西域平定，陛下举万年之觞[13]，荐勋[14]祖庙，布大喜于天下。"书奏，帝知其功可成，议欲给兵。平陵徐干上疏，愿奋身[15]佐超。帝以干为假司马，将弛刑及义从千余人就超。先是，莎车以为汉兵不出，遂降于龟兹，而疏勒都尉番辰亦叛。超遂与干击番辰，大破之。欲进攻龟兹，以乌孙兵强，宜因其力，乃上言："乌孙大国，控弦十万。可遣使招慰[16]，与共合力。"帝纳之。

1　外官：宫外百官。非近侍之臣，与内官相对。
2　迟：等待。
3　侧席异闻：侧席，李贤注："侧席，谓不正坐，所以待贤良也。"异闻，新的知识，不同的见闻。
4　吐懑：发泄内心的愤懑。
5　子大夫：国君对大夫、士或臣下的美称。
6　顾问省纳：顾问，咨询，询问。省纳，省察采纳。
7　建武诏书：光武皇帝的诏书。
8　笔札：文章。
9　旷：空缺。
10　义从：胡、羌等少数民族归附朝廷的壮丁组成的军队。
11　草牧饶衍：草牧，牧草和牲畜。饶衍，富饶。
12　未便僵仆：未便，不要立即。僵仆，死亡。
13　万年之觞：祝福万年的酒杯。
14　荐勋：祭告献功。
15　奋身：奋力投身于某一活动。
16　招慰：招抚。

辛巳**六年**（公元 81 年）

夏，六月，太尉昱卒。

是月晦，日食。

秋，七月，以邓彪为太尉。

以廉范为蜀郡太守成都民物[1]丰盛，邑宇逼侧[2]。旧制，禁民夜作[3]以防火灾，而更相隐蔽，烧者日属[4]。范乃毁削先令，但严使储水而已。百姓以为便，歌之曰："廉叔度，来何暮？不禁火，民安作。昔无襦，今五绔[5]。"

壬午**七年**（公元 82 年）

春，正月，沛王辅等来朝帝以诸王将入朝，遣谒者赐貂裘、食物、珍果，又使大鸿胪持节郊迎。帝亲自循行邸第[6]，豫设帷床[7]，钱帛、器物无不充备。既至，诏沛、济南、东平、中山王赞拜不名[8]，升殿乃拜，上亲答之。每入官，辄以辇迎，至省闼[9]乃下。上为之兴席改容[10]，皇后亲拜于内，皆鞠躬辞谢，不自安。

三月，归国。诏留东平王苍于京师。

夏，六月，废太子庆为清河王，立子肇为皇太子初，帝纳扶风宋杨二女为贵人，大贵人生太子庆。梁竦二女亦为贵人，小贵人生皇子肇。窦皇后无子，养肇为子，谋陷宋氏，诬言欲为厌胜之术。乃废庆为清河王，以肇为皇太子。出宋贵人，使小黄门蔡伦按之，皆饮药自杀。庆时虽幼，亦知避嫌畏祸，

1　民物：泛指人民、万物。
2　邑宇逼侧：邑宇，邑中的房子。逼侧，拥挤。
3　夜作：晚上工作。
4　日属：连日不断。属，连缀，接连。
5　昔无襦，今五绔：从前没有短上衣，今有五条裤子穿。襦，短衣，短袄。绔，套裤。
6　邸第：达官贵族的府第。
7　帷床：帷帐与床，也泛指坐卧之处。
8　赞拜不名：朝拜时不直呼其名。赞拜，朝拜、礼拜祭祀时，司仪大声唱出行礼的仪式。
9　省闼：宫门。
10　兴席改容：起身迎接，神态变得恭敬。

言不敢及宋氏。帝更怜之，敕皇后，令衣服与太子齐等[1]。太子亦亲爱庆，入则共室，出则同舆。

秋，八月，东平王苍归国有司复奏遣苍归国，手诏[2]苍曰："骨肉天性，诚不以远近为亲疏。然数见颜色[3]，情重昔时。念王久劳，思得还休，欲署大鸿胪奏，不忍下笔，顾授小黄门。中心恋恋，恻然不能言。"于是车驾祖送[4]，流涕而诀[5]。

九月，帝如偃师[6]，遂至河内诏曰："车驾行秋稼[7]，观收获，因涉郡界，皆精骑轻行[8]，无他辎重。不得辄修道桥，远离城郭，遣吏逢迎[9]，刺探起居，出入前后，以为烦扰。动务省约，但患不能脱粟瓢饮[10]耳。"

封萧何末孙[11]熊为酇侯。

癸未八年（公元83年）

春，正月，东平王苍卒初，帝欲为原陵、显节陵起县邑，苍上疏谏曰："窃见光武皇帝躬履俭约之行，深睹始终之分，勤勤恳恳，以葬制为言。孝明皇帝大孝无违，承奉遵行。谦德之美，于斯为盛。臣愚以园邑之兴，始自强秦。古者丘陇且不欲其著明，况筑郭邑、建都郛[12]哉？上违先帝圣心，下造无益之功，虚费国用，动摇百姓，非所以致和气、祈丰年也。陛下履有虞[13]之至性，

1　齐等：平等，同等。
2　手诏：皇帝亲手写的诏书。
3　颜色：面容，容貌。
4　祖送：饯行，祖饯送行。
5　诀：辞别。
6　偃师：古县名，治所位于今河南省洛阳市辖偃师市东老城。
7　秋稼：秋季的庄稼。
8　精骑轻行：精骑，精锐的骑兵。轻行，轻装疾行。
9　逢迎：迎接，接待。
10　脱粟瓢饮：食糙米之饭，饮瓢中之水。脱粟，粗粮，只脱去谷皮的粗米。
11　末孙：后代子孙。
12　都郛：城郭。
13　有虞：代指舜，以孝著称。有虞氏为上古部落名，舜为其首领。

追祖祢[1]之深思，臣苍诚伤二帝纯德之美，不畅于无穷也。"帝乃止。自是朝廷每有疑政，辄驿使咨问[2]，苍悉心以对，皆见纳用。至是薨，谥曰献。中傅封上王自建武以来章奏[3]，并集览焉。

下梁竦狱，杀之太子肇之立也，梁氏私相庆，皇后以是忌梁贵人，数谮之。诸窦遂作飞书，陷竦以恶逆[4]。竦死狱中，家徙九真，两贵人皆以忧死。

马廖、马防有罪，免官，就国马廖谨笃[5]自守，而性宽缓[6]，不能教勒[7]子弟，皆骄奢不谨。杨终与廖书，戒之曰："黄门郎年幼，血气方盛，既无长君退让之风，而要结轻狡无行之客[8]，览念前往[9]，可为寒心。"廖不能从。防、光大起第观[10]，食客常数百人。防又多牧马畜，赋敛羌、胡。帝数加谴敕，禁遏甚备[11]。由是权势稍损，宾客亦衰。廖子豫投书怨诽[12]。于是有司并奏防、光兄弟，悉免就国。诏曰："舅氏一门俱就国封，四时陵庙无助祭先后[13]者，朕甚伤之。其令许侯[14]思愆田庐[15]，以慰朕渭阳之情[16]。"光比防稍为谨密，故帝特留之。后复有诏还廖京师。诸马既得罪，窦氏益贵盛。皇后兄宪、弟笃喜交通宾客。第五伦上疏曰："窦宪，椒房之亲，典司[17]禁兵，出入省闼[18]，年盛志美，卑让[19]乐善。

---

1 祖祢：先祖和先父，亦泛指祖先。
2 驿使咨问：驿使，传递公文、书信的人。咨问，咨询，请教。
3 中傅封上王自建武以来章奏：东平国中傅将东平王自光武帝建武年间以来的奏章密封上奏。
4 恶逆：奸恶逆乱。
5 谨笃：谨慎笃实。
6 宽缓：宽容。
7 教勒：管教约束。
8 要结轻狡无行之客：结交一些轻浮狡猾、品行不端的宾朋。要结，交往，结交。
9 前往：往昔。
10 第观：宅邸和楼观。
11 数加谴敕，禁遏甚备：屡次下令进行谴责，并处处予以限制。谴敕，谴责告诫。
12 投书怨诽：投书，投交书信。怨诽，怨恨非议。
13 先后：已去世的母后。
14 许侯：即马光，封于许。
15 思愆田庐：在乡间田庐中闭门思过。愆，通"愆"，罪过。
16 渭阳之情：指甥舅间的情谊。渭阳，渭水的北边。传说秦康公送其舅重耳返晋，直到渭水之北。
17 典司：主管，主持。
18 省闼：宫中，禁中。
19 卑让：谦逊退让。

然诸出入贵戚者，类多瑕衅、禁锢[1]之人，尤少守约安贫之节。更相贩卖[2]，云集其门，盖骄佚[3]所从生也。三辅论议者至云：'以贵戚废锢[4]，当复以贵戚浣濯[5]之，犹解酲[6]当以酒也。'臣愚愿陛下、中官[7]严敕宪等闭门自守，无妄交通士大夫，防其未萌，令宪永保福禄，此臣之所至愿也。"宪以贱直[8]请夺沁水公主园田，主逼畏[9]不敢计。后帝出过园，指以问宪，宪阴喝[10]不得对。后发觉，帝大怒，召宪切责曰："深思前过夺主田园时，何用愈赵高指鹿为马[11]？久念使人惊怖[12]。贵主尚见枉夺[13]，况小民哉？国家弃宪，如孤雏腐鼠[14]耳。"宪大惧，皇后为毁服[15]深谢，良久乃得解。使以田还主。

司马公曰：人臣之罪莫大于欺罔，是以明君疾之。孝章责宪善矣，然卒不能罪宪，则奸臣安所惩哉？夫人主之于臣下，患在不知其奸，苟或知之而不能讨，彼知其不足畏也，则放纵而无所顾矣。是故知善而不能用，知恶而不能去，人主之深戒也。

下洛阳令周纡狱，寻赦出之周纡为洛阳令，下车先问大姓主名，吏数间里豪强以对。纡厉声曰："本问贵戚若马、窦等辈，岂能知卖菜佣乎？"于是部吏[16]争以激切为事，贵戚局踏[17]，京师肃清。窦笃夜至止奸亭，亭长拔剑肆

1　瑕衅、禁锢：瑕衅，罪过，过失。禁锢，禁止做官或参与政治活动。
2　贩卖：比喻宣扬他人的某种学说或主张，含贬义。
3　骄佚：骄纵放肆。
4　废锢：革除官职，终身不再录用。
5　浣濯：洗雪，清除。
6　解酲：消除醉酒状态。酲，酒醒后神志不清有如患病的感觉。
7　中宫：皇后居住之处，因以借指皇后。
8　贱直：低价。
9　逼畏：受到压力而畏惧。
10　阴喝：语塞不能对答。
11　何用愈赵高指鹿为马：你为什么要采取更甚于赵高指鹿为马的欺骗手段。
12　惊怖：惊讶，震惊。
13　枉夺：侵凌夺取。
14　孤雏腐鼠：孤独的幼鸟，腐烂的老鼠，比喻微贱而不值得一说的人或事物。
15　毁服：降低官服等级表示自责。
16　部吏：古代各郡的属吏，也泛指地方官。
17　局踏：局促不安。

詈¹。诏遣剑戟士收纤，送廷尉诏狱。数日，贳出之。

以班超为西域将兵长史²帝拜班超为将兵长史，以徐干为军司马，别遣卫候李邑护送乌孙使者。邑到于阗，不敢前。因上书陈西域之功不可成，又盛毁超："拥爱妻，抱爱子，安乐外国，无内顾心。"超闻之，叹曰："身非曾参而有三至之谗³，恐见疑于当时矣。"遂去其妻。帝知超忠，乃切责邑，令诣超受节度⁴。超即遣邑将乌孙侍子还京师。干谓超曰："邑前毁君，欲败西域，今何不缘⁵诏书留之，更遣他吏送侍子乎？"超曰："是何言之陋也！以邑毁超，故今遣之。内省不疚，何恤⁶人言？快意留之，非忠臣也。"

以郑弘为大司农旧交趾贡献皆从东冶泛海，沉溺相继⁷。弘奏开零陵、桂阳峤道⁸，自是夷通。在职二年，所省以亿万计。遭天下旱，边方有警，民食不足，而帑藏殷积⁹。弘又奏宜省贡献、减徭、费以利饥民。帝从之。

甲申**元和元年**（公元84年）

夏，六月，诏议贡举¹⁰法陈事者多言郡国贡举，率非功次¹¹，故守职益懈，而吏事浸疏。诏公卿朝臣议。大鸿胪韦彪曰："夫国以简贤¹²为务，贤以孝行为首，是以求忠臣必于孝子之门。夫人才行¹³少能相兼，是以孟公绰优于赵、魏

1　肆詈：恣意谩骂。
2　将兵长史：古官名，独领一方面军，次于将军，类似校尉。
3　三至之谗：有与曾参同姓名者杀人，人告其母，母不信，人三至而后母信之。形容经反复传播，影响恶劣的诽谤性言语。谗，谗言，坏话。
4　节度：管辖，管理。
5　缘：因，凭借。
6　恤：忧虑。
7　从东冶泛海，沉溺相继：经东冶渡海运来，海上风浪颠簸，不断发生船沉人亡的事故。东冶，古港口名，位于今福建省福州市境内，是中国至东南亚海上丝绸之路最早的始发港之一。
8　峤道：山路。
9　帑藏殷积：帑藏，国库。殷积，大量聚积。
10　贡举：古时地方官府向帝王荐举人才，有乡里选举、诸侯贡士之制，至汉始合贡、举为一，称贡举。
11　功次：功绩的大小、官阶升迁的先后顺序。
12　简贤：选用贤能。
13　才行：才干和品行。

老，不可以为滕、薛大夫[1]。忠孝之人，持心近厚；锻炼[2]之吏，持心近薄。士宜以才行为先，不可纯以阀阅[3]。然其要归[4]，在于选二千石。二千石贤，则贡举皆得其人矣。"彪又上疏曰："天下枢要[5]，在于尚书。而间者多从郎官超升[6]此位，虽晓习文法，长于应对，然察察[7]小慧，类无大能。宜鉴啬夫捷急之对，深思绛侯木讷之功[8]。"帝皆纳之。

秋，七月，诏禁治狱惨酷[9]者诏曰："律云：'掠者唯得榜、笞、立[10]。'又令丙[11]，棰长短有数。自往者大狱以来，掠者多酷，钻钻[12]之属，惨苦无极。念其痛毒[13]，怵然[14]动心。宜及秋冬治狱，明为其禁。"

八月，太尉彪罢。以郑弘为太尉。

帝南巡诏："所经道上郡县，无得设储跱[15]。命司空自将徒支拄[16]桥梁。有遣使奉迎，探知起居，二千石当坐。"

冬，十月，至宛。以朱晖为尚书仆射晖尝为临淮太守，有善政，民歌之曰："强直自遂[17]，南阳朱季。吏畏其威，民怀其惠。"时坐法免，家居，故上召而用之。后尚书张林上言："县官经用不足，宜自煮盐，修均输法。"晖

1　优于赵、魏老，不可以为滕、薛大夫：能轻松胜任晋国赵、魏两家的家臣，却做不了滕、薛两小国的大夫。
2　锻炼：罗织罪名，陷人于罪。
3　阀阅：功绩和经历。
4　要归：要点所在。
5　枢要：中央政权中机要的部门或官职。
6　超升：越级提升。
7　察察：苛察，烦细。
8　宜鉴啬夫捷急之对，深思绛侯木讷之功：应该仔细考虑，虎圈啬夫曾敏捷地回答汉文帝的询问，但张释之却认为不能因此而予以提拔；绛侯周勃质朴而不善于辞令，却建立了不朽的功勋。
9　惨酷：极其残酷，极其刻薄。
10　掠者唯得榜、笞、立：拷问犯人只许使用杖击、鞭打、罚站。掠，拷打。
11　令丙：第三道诏令，法令的第三篇。
12　钻钻：以铁制刑具束颈、凿去髌骨的一种酷刑。
13　痛毒：痛苦之甚。
14　怵然：害怕的样子。
15　储跱：亦作"储峙"，日常或行旅等需用的器物。
16　支拄：修建。
17　强直自遂：指刚正而自行其意，不为人所动摇。

曰："王制，天子不言有无，诸侯不言多寡，食禄之家不得与百姓争利。均输之法与贾贩[1]无异，盐利归官，则下民穷怨，诚非明主所宜行。"帝怒，切责诸尚书，晖等皆自系狱。三日，诏敕[2]出之，曰："国家乐闻驳议[3]，黄发无愆[4]，诏书过耳，何故自系？"晖因称病笃，不肯复署议[5]。尚书令以下惶怖，谓晖曰："今临得谴让[6]，奈何称病？"晖曰："行年八十，蒙恩得在机密，当以死报。若心知不可而顺旨雷同，负臣子之义。"遂闭口不复言。诸尚书共劾奏晖。帝寝其事。诏直事[7]郎问晖起居，太医视疾，太官赐食。晖乃起谢。

十一月，还宫。

以孔僖为兰台令史[8]鲁国孔僖、涿郡崔骃同游太学，相与论："武帝始崇圣道，号胜文、景，及后恣己[9]，忘其前善。"邻房生上书，告骃、僖诽谤先帝，刺讥当世。事下有司。僖以书自讼[10]曰："凡言诽谤者，谓实无此事而虚加诬之也。至如孝武皇帝，政之美恶显在汉史，是为直说书传实事，非虚谤也。夫帝者，为善为恶，天下莫不知，斯皆有以致之，故不可以诛[11]于人也。陛下即位以来，政教未过，德泽有加，臣等独何讥刺哉？假使所非实是，则固应悛改[12]，傥其不当，亦宜含容[13]，又何罪焉？臣等受戮，死即死耳。顾天下之人必回视易虑[14]，以此事窥陛下心，自今以后，苟见不可之事，终莫复言者矣。齐桓公亲扬

1　贾贩：商贩。
2　诏敕：皇帝下令。
3　驳议：臣属向皇帝上书的一种，多驳斥别人的意见。
4　黄发无愆：黄发，指老人，老人发白，白久则黄。无愆，没有过失。
5　署议：上书议事。因上书须署名，故称。
6　临得谴让：正面临谴责。谴让，谴责。
7　直事：值班。
8　兰台令史：古官名，在兰台负责校书、修史工作。兰台，皇宫内藏书的石室，为中央档案典籍库。
9　恣己：放纵自己。
10　自讼：为自己辩解。
11　诛：声讨，谴责。
12　悛改：悔改。
13　含容：容忍，宽恕。
14　回视易虑：回过头来看，改变看法。

其先君之恶以唱[1]管仲，然后群臣得尽其心。今陛下乃欲为十世之武帝远讳[2]实事，岂不与桓公异哉？臣恐卒然蒙枉[3]，不得自叙，使后世论者擅以陛下有所比方，宁可复使子孙追掩[4]之乎？谨诣阙，伏待重诛。"书奏，诏勿问。拜傅兰台令史。

赐毛义、郑均谷各千斛庐江毛义、东平郑均，皆以行义称于乡里。南阳张奉慕义名，往候之，坐定而府檄[5]适至，以义守安阳[6]令。义捧檄而入，喜动颜色。奉心贱之，辞去。后义母死，征辟[7]皆不至。奉乃叹曰："贤者固不可测。往日之喜，乃为亲屈也。"均兄为县吏，颇受礼遗[8]，均谏不听，乃脱身为佣，岁余得钱帛，归以与兄曰："物尽可复得，为吏坐臧[9]，终身捐弃[10]。"兄感其言，遂为廉洁。均仕为尚书，免归。帝下诏褒宠义、均，赐谷各千斛，常以八月长吏问起居，加赐羊酒。

诏除妖恶禁锢者诏曰："往者妖言大狱，所及广远，一人犯罪，禁至三属[11]，如有贤才，没齿[12]无用，朕甚怜之。诸以前妖恶禁锢者，皆蠲除之。"

乙酉二年（公元85年）

春，正月，诏赐民胎养谷[13]，著为令[14]诏曰："诸怀妊[15]者，赐胎养谷人三斛，复其夫勿算一岁。著为令。"

---

1 唱：倡导。
2 讳：忌讳。
3 蒙枉：被冤枉。
4 追掩：事后掩饰。
5 府檄：官府的公文。
6 安阳：古县名，治所位于今河南省驻马店市正阳县南。
7 征辟：征召布衣出仕。朝廷召之称征，三公以下召之称辟。
8 礼遗：馈赠之物。
9 坐臧：同"坐赃"，犯贪污罪。
10 捐弃：抛弃。
11 三属：三族。
12 没齿：一辈子，终身。
13 胎养谷：汉代奖励生育发给孕妇的谷物。
14 著为令：明确为法令。
15 怀妊：怀胎，妊娠。

诏戒俗吏矫饰[1]**者**诏曰："俗吏矫饰外貌，似是而非，朕甚厌之，甚苦之。安静之吏，�悃愊无华[2]，日计不足，月计有余。如襄城令刘方，吏民同声谓之不烦[3]，虽未有他异，斯亦殆近之矣。夫以苛为察，以刻为明，以轻[4]为德，以重为威，四者或兴，则下有怨心。吾诏书数下，冠盖接道[5]，而吏不加治，民或失职，其咎安在？勉思旧令，称朕意焉。"

二月，**行《四分历》**《太初历》施行百有余年，历稍后天[6]。上命编䜣等综校，作《四分历》施行之。

帝东巡帝之为太子也，受《尚书》于汝南张酺。至是东巡，酺为东郡太守。帝幸东郡，引酺及门生椽吏会庭中，先备弟子之仪，使酺讲《尚书》一篇，然后修君臣之礼。行过任城，幸郑均舍，赐尚书禄，以终其身，时人号为"白衣尚书"。

耕于定陶，柴告岱宗[7]**，宗祀明堂。三月，至鲁，祠孔子**帝祠孔子及七十二弟子于阙里[8]，作六代[9]之乐，大会孔氏男子六十二人。帝谓孔僖曰："今日之会，宁于卿宗有光荣乎？"对曰："臣闻明王圣主，莫不尊师贵道。今陛下亲屈万乘，辱临敝里，此乃崇礼先师，增辉圣德，非臣家之私荣也。"帝大笑曰："非圣者子孙，焉有斯言乎？"拜僖郎中。

至东平，祠献王[10]**陵**帝至东平，追念献王，谓其诸子曰："思其人，至其乡；其处在，其人亡。"因泣下沾襟。遂幸献王陵，祠以太牢，亲拜祠坐[11]，哭泣尽哀。献王之归国也，骠骑府吏丁牧、周栩以王爱贤下士，不忍去，遂为王

1　矫饰：故意造作来掩饰。
2　悃愊无华：至诚而不浮夸。悃愊，至诚。华，浮夸。
3　不烦：不烦扰百姓。
4　轻：宽松。
5　冠盖接道：颁行诏书的使者车驾在路上前后相接。冠盖，特指使者。
6　历稍后天：历法渐与天象不合，略微向后延迟。后天，稍后于实际时刻。
7　柴告岱宗：燔柴祭告泰山。柴告，祭祀的一种，燔柴祷告。
8　阙里：孔子故里，位于今山东省曲阜市城内阙里街，因有两石阙，故名。
9　六代：指黄帝、唐、虞、夏、殷、周。
10　献王：即前东平王刘苍，谥号为献。
11　祠坐：祭奠刘苍的牌位。

家大夫数十年，事祖及孙。帝闻之，皆引见，擢为议郎。

夏，四月，还宫。假于祖祢[1]。

秋，七月，诏定律，毋以十一、十二月报囚[2]诏曰："《春秋》重三正，慎三微[3]。其定律，毋以十一月、十二月报囚，止用冬初十月而已。"

冬，南单于与北单于战，破之北匈奴衰耗，党众离叛，南部攻其前，丁零寇其后，鲜卑击其左，西域侵其右，不复自立，乃远引而去。至是，南单于与战于涿邪山，斩获而还。武威太守孟云上言："北虏前既和亲，而南部复往抄掠[4]，北单于谓汉欺之，谋欲犯塞，谓宜还南所掠，以慰安之。"诏百官议。郑弘、第五伦等以为不可，桓虞、袁安等以为当与之。虞廷叱弘，伦亦变色。司隶举奏[5]弘等，皆免冠谢。诏报曰："事以议从，策由众定[6]，闿闿侃侃[7]，得礼之容。寝嘿抑心[8]，非朝廷福。君何尤而深谢[9]？其各冠履。"帝乃下诏曰："江海所以能长百川者，以其下之也。今与匈奴君臣分定，贡献累至，岂宜违信，自受其曲[10]？其敕度辽及中郎将倍雇[11]南部所得生口以还北虏，其南部斩首获生[12]，计功受赏如常科[13]。"

丙戌三年（公元86年）

春，正月，诏婴儿无亲属及有子不能养者，廪给[14]之。

1　假于祖祢：到祖庙和父庙祭告出巡经过。祖祢，祖庙和父庙。
2　报囚：判决囚犯。
3　重三正，慎三微：三正，三代正朔，夏正建寅（夏历正月），殷正建丑（夏历十二月），周正建子（夏历十一月），合称三正。三微，三正之始，万物皆微，故又称三微。
4　抄掠：抢劫，掠夺。
5　举奏：上奏章检举。
6　事以议从，策由众定：大事需要集思广益，政策需由众人商定。
7　闿闿侃侃：和悦而中正的样子。
8　寝嘿抑心：寝嘿，止而不言，沉默。抑心，压抑情志。
9　君何尤而深谢：你们有什么过失需要深深谢罪。
10　自受其曲：自陷于理亏的境地。
11　倍雇：用加倍的价格赎买。
12　获生：生俘敌人。
13　常科：通常的规格。
14　廪给：国家发给禄米供养。

帝北巡，耕于怀敕侍御史、司空曰："方春所过，无得有所伐杀[1]。车可以引避[2]，引避之；骓马可辍解[3]，辍解之。"

三月，还宫。

夏，四月，收太尉弘印绶。弘自系狱，出之而卒郑弘数陈窦宪权势太盛，奏宪党张林、杨光贪残。吏与光旧，因以告之。宪奏弘漏泄密事，帝诘让[4]弘，收印绶。弘自诣廷尉，诏敕出之，因乞骸骨归，未许。病笃，上书曰："窦宪奸恶，贯天达地，海内疑惑，谓宪何术以迷主上。近日王氏之祸，晾然[5]可见。陛下处天子之尊，保万世之祚，而信谗佞之臣，不计存亡之机。臣虽命在暂刻[6]，死不忘忠，愿陛下诛四凶[7]之罪，以厌人鬼愤结[8]之望。"帝省章，遣医视弘病，比至，已薨。

以宋由为太尉。

五月，司空伦罢第五伦以老病乞身[9]，赐策罢[10]，以二千石俸终其身。伦奉公尽节，言事无所依违。性质悫[11]，少文采，在位以贞白[12]称。或问伦曰："公有私乎？"对曰："昔人有与吾千里马者，吾虽不受，每三公有所选举，心不能忘，而亦终不用也。吾兄子病，一夜十往，退而安寝。吾子有疾，虽不省视[13]，而竟夕不眠。若是者岂可谓无私乎？"

程子曰：兄弟之子犹子也，而伦视之有异焉，是即私矣，何待安寝与否，

1　伐杀：杀戮。
2　引避：让路，躲避。
3　骓马可辍解：骓马，古代驾车的马，在中间的叫服，在两旁的叫骓。辍解，解除。
4　诘让：诘问斥责。
5　晾然：鲜明貌。
6　暂刻：片刻，谓时间短暂。
7　四凶：即舜时四位凶人共工、驩兜、三苗、鲧。舜流共工于幽州，放驩兜于崇山，迁三苗于三危，殛鲧于羽山。
8　愤结：愤恨抑郁。
9　乞身：古代以作官为委身事君，故称请求辞职为乞身。
10　策罢：即策免。
11　质悫：质朴诚信。
12　贞白：守正清白。
13　省视：看望，探望。

然后为私邪？

以袁安为司空。

烧当羌反烧当羌迷吾及其弟号吾寇陇西，郡兵追获之，号吾曰："诚得生归，必不复犯塞。"太守张纡放遣[1]之，羌即解散。

疏勒王忠诈降，班超斩之南道遂通。

诏侍中曹褒定汉礼博士曹褒请著汉礼，班固以为宜广集诸儒，共议得失。帝曰："谚言：'作舍道边，三年不成。'会礼之家，名为聚讼[2]，互生疑异，笔不得下。昔尧作《大章》[3]，一夔足矣。"乃拜褒侍中，授以叔孙通《汉仪》十二篇，曰："此制散略[4]，多不合经。今宜依礼条正[5]，使可施行。"

丁亥章和元年（公元87年）

春，三月，护羌校尉[6]傅育击羌，败死。

夏，六月，司徒虞免。以袁安为司徒，任隗为司空。

秋，鲜卑击北匈奴，斩优留单于。

护羌校尉张纡击羌，斩其帅迷吾。其子迷唐据大小榆谷[7]以叛。

改元是时屡有嘉瑞，言者咸以为美，遂诏改元"章和"。太尉掾何敞独恶之，谓宋由、袁安曰："夫瑞应依德而至，灾异缘政而生。今异鸟翔于殿屋，怪草生于庭际，不可不察！"由、安惧，不敢答。

八月晦，日食。

1　放遣：释放。
2　会礼之家，名为聚讼：众人会商讨论礼仪制度，众说纷纭，久无定论。聚讼，众说纷纭，久无定论。
3　《大章》：古乐曲名，为尧乐。大章，意思就是说尧帝之德足以彰明天下。
4　散略：疏略，不完备。
5　条正：逐条订正。
6　护羌校尉：古官名，持节统领羌族事务。
7　大小榆谷：古地区名，大榆谷、小榆谷的合称，位于今青海省海南藏族自治州贵德县东河曲一带，土地肥美，北阻大河为固，近得西海（今青海湖）鱼盐之利，宜畜牧，东汉时羌族居此，借以强大。

北匈奴五十八部来降。

曹褒奏所撰制度曹褒依准[1]旧典，杂以五经、谶记之文，撰次[2]天子至于庶人冠、婚、吉、凶终始制度，凡百五十篇，奏之。帝以众论难一，故但纳之，不复令有司平奏[3]。

班超发诸国兵击莎车，降之班超发于阗诸国兵二万人击莎车，龟兹王发温宿[4]等兵合五万人救之。超曰："今兵少不敌，可各散去。须夜鼓鞏[5]而发。"阴缓所得生口。龟兹王闻之，自以万骑于西界遮超，温宿王将八千骑于东界徼[6]于阗。超知二虏已出，密召诸部勒兵，鸡鸣驰赴莎车营，胡大惊，乱奔走，莎车遂降，龟兹等各退散。自是威震西域。

戊子二年（公元88年）

春，正月，济南王康、中山王焉来朝上笃于亲亲，故二王入朝，特加恩宠，及诸昆弟不遣就国。赏赐过度，仓帑[7]为虚。何敞奏记宋由曰："比年水旱，公私屈竭[8]。此实损膳节用之时。而赏赉[9]过度，损耗国资。夫公家之用，皆百姓之力。明君赐赉，宜有品制[10]。忠臣受赏，亦应有度。明公位尊任重，责大忧深，宜先正己以率群下，还所得赐，因陈得失，奏王侯就国，除苑囿之禁，节省浮费，赈恤[11]穷孤，则恩泽下畅，黎庶悦豫[12]矣。"由不能用。尚书宋意上疏曰："陛下隆宠[13]诸王，礼敬过度。《春秋》之义，诸父、昆弟，无所不

1　依准：遵照，依据。
2　撰次：编集，编纂。
3　平奏：辨析明白而后上奏。
4　温宿：古西域国名，位于今新疆维吾尔自治区阿克苏地区乌什县一带。
5　鼓鞏：击鼓。鞏，击。
6　徼：截击。
7　仓帑：粮仓和钱库的合称。
8　屈竭：枯竭，空乏。
9　赏赉：赏赐。赉，赐予，给予。
10　品制：等级规定。
11　赈恤：赈济抚恤。
12　黎庶悦豫：黎庶，众民，民众。悦豫，喜悦，愉快。
13　隆宠：皇帝的厚爱。

臣，所以尊尊卑卑，强干弱枝者也。西平王羡等久磐¹京邑，骄奢僭拟，损上下之序，失君臣之正。宜割情不忍²，以义断恩，发遣归藩，以塞众望。"

帝崩年三十一。遗诏无起寝庙，一如先帝法制。

范晔曰：魏文帝³称："明帝察察⁴，章帝长者。"章帝素知人，厌苛切⁵，事从宽厚，尽心孝道。平徭简赋，而民赖其庆⁶。又体之以忠恕⁷，文之以礼乐，谓之长者，不亦宜乎！

太子肇即位年十岁。

尊皇后曰皇太后。

三月，葬敬陵⁸。

太后临朝窦宪以侍中内干机密，出宣诰命⁹，弟笃、景、瓌皆在亲要¹⁰。崔骃以书戒宪曰："传曰：'生而富者骄，生而贵者傲。'生富贵而能不骄傲者，未之有也。昔冯野王称为贤臣，近阴卫尉¹¹克己复礼，终受多福。外戚所以获讥于时，垂愆¹²于后者，盖在满而不挹¹³，位有余而仁不足也。汉兴，外家二十，保族全身，四人而已。《书》曰：'鉴于有殷¹⁴。'可不慎哉！"

以邓彪为太傅、录尚书事，百官总己以听窦宪以彪有义让¹⁵，先帝所

1　磐：通"盘"，盘桓。
2　不忍：不再容忍。
3　魏文帝：即曹丕。
4　察察：明辨，清楚。
5　苛切：苛刻严峻。
6　庆：福泽。
7　忠恕：儒家的一种道德规范，忠谓尽心为人，恕谓推己及人。
8　敬陵：汉章帝刘炟与章德皇后合葬墓，位于今河南省洛阳市辖偃师市寇店镇郭家岭村西南。
9　诰命：朝廷颁布的命令。
10　亲要：亲信显要之位。
11　阴卫尉：即阴兴，曾任卫尉。
12　愆：罪过，过失。
13　挹：通"抑"，抑制，谦退。
14　鉴于有殷：以殷商的覆亡作为鉴戒。
15　义让：基于大义的谦让。

敬，而仁厚委随[1]，故尊崇之。其所施为[2]，辄外令彪奏，内白太后，事无不从。彪在位，修身而已，不能有所匡正。宪性果急[3]，睚眦之怨，莫不报复。以韩纡尝劾父勋狱，令客斩纡子，以首祭勋冢。

诸王始就国。

夏，四月，以遗诏罢盐铁之禁。

旱。

冬，十月，侍中窦宪杀都乡侯[4]畅。太后以宪为车骑将军，使击北匈奴以赎罪北匈奴饥，乱，降南部者岁数千人。南单于上言："宜出兵讨伐，破北成南，令汉家长无北念。"太后以示耿秉。秉言可许，太后欲从之。尚书宋意上书曰："戎狄简贱[5]礼义，无有上下，强者为雄，弱即屈服。汉兴以来，征伐数矣，其所克获，曾不补害[6]。光武皇帝因其来降，羁縻畜养，边民得生，劳役休息，于兹四十余年矣。今鲜卑奉顺[7]，斩获万数，中国坐享大功而百姓不知其劳，盖鲜卑侵伐匈奴，正是利其抄掠。及归功圣朝，实由贪得重赏。今若听南虏还都北庭，则不得不禁制鲜卑。鲜卑外失暴掠，内无功赏，豺狼贪婪，必为边患。今北虏西遁，请求和亲，宜因其归附以为外捍。若引兵费赋以顺南虏，则坐失上略，去安即危矣。"会都乡侯畅来吊国忧[8]，太后数召见之，窦宪惧畅分宫省之权，遣客刺杀畅于屯卫之中，而归罪于畅弟刚。使侍御史与青州刺史杂考[9]之。尚书韩棱以为贼在京师，不宜舍近问远，恐为奸臣所笑。何敞

1　委随：随顺。
2　施为：处置，实行。
3　果急：果断急躁。
4　都乡侯：古爵名，乡侯的一种，封地在野者称乡侯，封地在城郊或靠近城郊的称都乡侯，位在县侯之下，关内侯之上。
5　简贱：轻视，不珍重。
6　曾不补害：不能补偿国家的损失。曾，副词，用以加强语气。
7　奉顺：奉承顺应。
8　国忧：国丧。
9　杂考：会审。

说宋由曰："敞备数¹股肱，职典贼曹，欲亲至发所，以纠其变²。而二府³执事以为故事，三公不与贼盗⁴，敞请独奏案⁵之。"于是推举⁶，具得事实。太后怒，闭宪于内宫。宪惧诛，因自求击匈奴以赎死。乃以宪为车骑将军，执金吾耿秉为副，发兵伐北匈奴。

以邓训为护羌校尉，击迷唐，破之公卿举邓训代张纡。迷唐率兵来胁小月氏胡。训拥卫胡，令不得战。议者咸以羌、胡相攻，县官之利，不宜禁护⁷。训曰："张纡失信，众羌大动。今因其迫急⁸，以德怀之，庶能有用。"遂开城悉驱群胡妻子内之，严兵⁹守卫。羌即解去。由是湟中诸胡皆言："汉家常欲斗我曹¹⁰。今邓使君待我以恩信，乃是得父母也。"咸欢喜叩头曰："唯使君所命！"训遂抚养教谕¹¹，莫不感悦。赏赂诸羌，使相招诱，号吾将其种人八百户来降。训因发秦、胡、羌兵掩击¹²迷唐，破之。迷唐乃去大小榆，众悉离散。

己丑**孝和皇帝永元元年**（公元89年）

春，邓训掩击迷唐，大破之。**诸羌来降**迷唐欲复归故地，邓训发湟中六千人，缝革船置箄上¹³，渡河掩击，大破之，一种殆尽。迷唐收余众西徙千余里。烧当豪帅稽颡归死¹⁴，余皆款塞纳质¹⁵，于是训绥接¹⁶归附，威信大行。遂罢屯

---

1 备数：居官的自谦之词。
2 亲至发所，以纠其变：亲自到判案场所，以督察事态的进展。
3 二府：汉代称丞相与御史。
4 三公不与贼盗：三公不应参与偷窃、劫夺财物案件。
5 奏案：奏请查办。
6 推举：劾举推究。
7 禁护：禁止与回护。
8 迫急：紧急，危急。
9 严兵：部署军队。
10 我曹：我们。
11 教谕：教导训诫。
12 掩击：袭击，冲杀。
13 缝革船置箄上：用皮革缝制小船，放在竹筏上。箄，竹筏。
14 归死：接受死刑，请死。
15 纳质：送人质。
16 绥接：抚慰交往。

兵，唯置弛刑徒二千余人，屯田修坞壁[1]。

下尚书仆射郅寿吏，寿自杀窦宪将行，公卿诣朝堂上书谏，以为："匈奴不犯边塞，而无故劳师远涉[2]，损费国用，徼功[3]万里，非社稷之计。"书连上，辄寝，宋由诸卿稍自引止[4]。唯袁安、任隗免冠固争，前后十上，众皆危惧，安、隗正色自若。侍御史鲁恭上疏曰："万民者，天之所生。天爱其所生，犹父母爱其子，一物有不得其所者，则天气为之舛错[5]，况于人乎？故爱民者，必有天报。夫戎狄者，四方之异气也，与鸟兽无别。是以圣王之制，羁縻不绝而已。今匈奴远藏，去塞数千里，而欲乘其虚耗，利其微弱，是非义之所出也。今始征发，而大司农调度不足，上下相迫，民间之急，亦已甚矣。群僚百姓咸曰不可，陛下独奈何以一人之计弃万人之命，不恤其言乎？上观天心，下察人志，足以知事之得失。臣恐中国不为中国，岂徒匈奴而已哉？"太后不听。又诏使者为笃、景起邸第。侍御史何敞上疏曰："今匈奴无逆节[6]之罪，汉朝无可惭之耻，而盛春东作[7]，兴动大役，复为笃、景缮修馆第，弥街绝里[8]，非所以垂令德[9]、示无穷也。宜且罢工匠，以忧边恤民。"书奏，不省。窦宪尝使门生赍书诣尚书仆射郅寿，有所请托。寿送诏狱，上书陈宪骄恣，引王莽以诫国家。又因朝会厉音[10]正色，讥宪等以伐匈奴、起第宅事。宪怒，陷寿以诽谤，下吏当诛。敞上疏曰："寿机密近臣，匡救为职，若怀默不言[11]，其罪当诛。今寿违众正议以安宗庙，岂其私邪？忠臣尽节，以死为归。臣诚不欲圣朝行诽谤之诛

1　坞壁：防御用的土堡。平地建坞，围墙环绕，前后开门，坞内建望楼，四隅建角楼，略如城制。
2　远涉：长途跋涉。
3　徼功：求功。
4　引止：停息，制止。
5　舛错：错乱，不正常。
6　逆节：叛逆。
7　东作：春耕。
8　弥街绝里：屋舍占满了街巷。
9　令德：美德。
10　厉音：声音严厉。
11　怀默不言：面对过失沉默不言。

以杜塞[1]忠直，垂讥无穷。"寿得减死，徙合浦，未行，自杀。

夏，六月，窦宪击北匈奴，大破之。登燕然山，刻石勒功[2]而还窦宪、耿秉出朔方塞，与北单于战于稽落山[3]，大破之。单于遁走，斩获甚众，降二十余万人。出塞三千余里，登燕然山，命中护军[4]班固刻石勒功，纪汉威德而还。遣司马吴泛奉金帛遗北单于于西海上，以诏致赐，单于稽首拜受。

秋，七月，会稽山[5]崩。

九月，以窦宪为大将军旧，大将军位在三公下。至是，诏宪位次太傅下，三公上。窦氏兄弟骄纵，而景尤甚，奴客[6]夺人财货，篡取罪人，妻略妇女[7]，擅发缘边突骑。袁安劾景擅发边兵，惊惑[8]吏民，二千石不待符信辄承景檄，当伏显诛[9]。又奏司隶校尉、河南尹阿附贵戚，不举劾，请免官按罪。并寝不报。瓌独好经书，节约[10]自修。尚书何敞上封事曰："爱而不教，终至凶戾[11]。犹饥而食之以毒，适所以害之也。伏见大将军宪，兄弟专朝[12]，虐用[13]百姓，奢侈僭逼[14]，诛戮无罪。臣敞区区，诚不欲上令皇太后损文母[15]之号，陛下有誓泉之讥[16]，下使宪等得长保其福佑。驸马都尉瓌，比请退身[17]，愿抑家权，可与参谋，听顺其意，诚宗庙至计，窦氏之福。"时济南王康尊贵骄甚，宪乃白出敞为济

1　杜塞：阻止，阻塞。
2　勒功：把记功文字刻在石上，亦指建立功勋。
3　稽落山：古山名，即今蒙古国南杭爱省阿尔古音河南阿尔察博克多山。
4　中护军：古官名，掌军中参谋，协调诸部。
5　会稽山：古山名，位于今浙江省绍兴市北部平原南部，大禹封禅、娶亲、计功、归葬都发生在会稽山。
6　奴客：家奴。
7　篡取罪人，妻略妇女：非法夺取罪犯，奸污霸占妇女。篡取，夺取。妻略，奸污霸占。
8　惊惑：惊惧惶惑。
9　显诛：公开诛戮。
10　节约：节制约束。
11　凶戾：残酷，凶恶。
12　专朝：独揽朝政。
13　虐用：过度地役使。
14　僭逼：越分胁迫君上。
15　文母：文德之母，是对后妃的称颂。
16　誓泉之讥：典出《左传》"郑伯克段于鄢"，后以誓泉之讥指因对母亲说过绝情誓言而受到的讥讽。
17　退身：引退，隐居。

南太傅。康有违失[1]，敞辄谏争。康虽不能从，然素敬重敞，无所嫌牾[2]焉。

大水。

庚寅二年（公元90年）

春，二月，日食。

窦宪遣兵复取伊吾地。车师遣子入侍。

月氏遣使奉献初，月氏求尚公主，班超拒，还其使，由是怨恨，遣其副王[3]谢将兵七万攻超。超众少，皆大恐。超曰："月氏兵虽多，然数千里逾葱岭来，非有运输，何足忧邪？但当收谷[4]坚守，彼饥穷自降，不过数十日，决矣。"谢攻不下，抄掠无所得。超度其必从龟兹求食，乃遣兵数百于东界要[5]之。谢果遣骑赂龟兹。伏兵遮击，尽杀之，持其首示谢。谢大惊，请罪，由是岁奉贡献。

封齐武王孙无忌为齐王，威为北海王初，北海哀王无后，肃宗[6]以齐武王首创大业，遗诏令复二国。至是皆封。

秋，七月，窦宪出屯凉州。

九月，北匈奴款塞求朝。冬，窦宪遣使迎之，复遣兵袭击，破之北单于遣使款塞称臣，欲入朝见。宪遣班固迎之。会南单于求灭北庭，宪复遣中郎将耿谭将骑出塞，袭击北单于。单于被创，仅而得免。南部党众益盛，领户三万四千，胜兵[7]五万。

1 违失：处事失当。
2 嫌牾：嫌隙和冲突。
3 副王：位次于君主的王。
4 收谷：收藏粮食。
5 要：通"邀"，中途拦截。
6 肃宗：即汉章帝刘炟，庙号肃宗。
7 胜兵：能充当兵士参加作战的人。

辛卯三年（公元 91 年）

春，正月，帝冠始用曹褒新礼，擢褒监羽林左骑。

二月，窦宪遣兵击北匈奴于金微山¹，大破之。单于走，死窦宪以北匈奴微弱，欲遂灭之。遣左校尉²耿夔围北单于于金微山，大破之，获其母阏氏、名王以下五千余级，单于逃走，不知所在。出塞五千余里而还，自汉出师所未尝至也。

窦宪杀尚书仆射乐恢窦宪以耿夔、任尚为爪牙，邓叠、郭璜为心腹，班固、傅毅典文章，刺史、守、令多出其门，赋敛吏民，共为赂遗。袁安、任隗举奏，贬四十余人，窦氏大恨。但安、隗素行高³，未有以害之。尚书仆射乐恢上疏曰："陛下富于春秋，纂承⁴大业，诸舅不宜干正⁵王室，示天下之私。若上能以义自割⁶，下能以谦自引⁷，则四舅可长保爵土之荣，而皇太后永无惭负⁸宗庙之忧矣。"书奏，不省。恢乞骸骨归，宪风州郡，迫胁恢饮药死。于是朝臣震慑，无敢违者。袁安以天子幼弱，外戚擅权，每朝会进见及与公卿言国家事，未尝不喑呜⁹流涕。天子大臣皆恃赖¹⁰之。

冬，十月，帝如长安，窦宪来会帝幸长安，诏窦宪与车驾会长安。宪至，尚书以下议欲拜之，伏称万岁，尚书韩棱正色曰："夫上交不谄，下交不黩¹¹，礼无人臣称万岁之制！"议者皆惭而止。左丞王龙私奏记、上牛酒于宪，棱举奏，论为城旦。

---

1 金微山：古山名，即今我国新疆北部与蒙古国间之阿尔泰山脉。
2 左校尉：古官名。将军下分部，以校尉主之；部分左、右者，即设左、右校尉。仅因事而设。
3 行高：品性高洁。
4 纂承：继承。
5 干正：干预。
6 自割：自制。
7 自引：自行引退。
8 惭负：惭愧辜负。
9 喑呜：悲咽。
10 恃赖：依赖。
11 上交不谄，下交不黩：同上面的人交往，不可谄媚；同下面的人交往，不可轻慢。

龟兹、姑墨、温宿诸国皆降。

十二月，以班超为西域都护、骑都尉。

帝还宫。

壬辰**四年**（公元 92 年）

春，正月，立北匈奴於除鞬为单于初，北单于既亡，其弟於除鞬自立，遣使款塞。窦宪请立为单于，置中郎将领护，如南单于故事。事下公卿议，袁安、任隗以为：“光武招怀[1] 南虏，非谓可永安内地，正以权时之算，可得捍御北狄故也。今宜令南单于反北庭，领降众，无缘[2] 复更立於除鞬以增国费。”安又独上封事曰：“南单于屯先父举众归德[3] 四十余年，屯又首唱大谋，空尽[4] 北虏，辍而弗图，更立新降。以一朝之计，违三世之规，失信所养，建立无功，百蛮不敢复保誓[5] 矣。况乌桓、鲜卑新杀北单于，今立其弟，岂不怀怨？且汉故事，供给南单于费直岁一亿九十余万，西域岁七千四百八十万。今北庭弥远，其费过倍，是乃空尽天下，而非建策[6] 之要也。”诏下其议，安又与宪更相难折[7]。宪负势骄讦[8]，称光武诛韩歆、戴涉故事，安终不移，然上竟从宪策。初，庐江周荣辟[9] 袁安府，安举奏窦景及争立北单于事，皆荣所具草[10]。窦氏客脅荣曰：“窦氏悍士[11]，刺客满城中，谨备之矣。”荣曰：“荣，江淮孤生[12]，得备宰士[13]，纵为所害，诚

1　招怀：招抚怀柔。
2　无缘：没来由，无从。
3　归德：归顺。
4　空尽：竭尽，凋敝。
5　保誓：信守誓言。
6　建策：制定策略。
7　难折：诘难。
8　骄讦：傲慢并攻击人短处，揭人阴私。
9　辟：被征召。
10　具草：拟稿，起草。
11　悍士：勇士。
12　孤生：孤陋的人，常用为自谦之词。
13　宰士：宰相的属官。

所甘心！"因敕妻子："若卒遇飞祸[1]，无得殡殓[2]，冀以区区腐身觉悟朝廷。"

三月，司徒安卒。以丁鸿为司徒。

夏，四月，窦宪还京师。

六月朔，日食丁鸿上疏曰："昔诸吕握权，统嗣[3]几移；哀、平之末，庙不血食。今天下远近惶怖承旨[4]，背王室，向私门，上威损，下权盛，人道悖于下，效验见于天。虽有隐谋[5]，神照其情，垂象[6]见戒，以告人君。禁微则易，救末则难。恩不忍诲，义不忍割[7]，去事之后，未然之明镜也[8]。夫天不可以不刚，不刚则三光不明；王不可以不强，不强则宰牧从横[9]。宜因大变改政匡失，以塞[10]天意。"

地震。

旱，蝗。

大将军窦宪伏诛窦氏父子兄弟并为卿、校，充满朝廷，邓迭及弟磊、母元与宪婿郭举及父璜共相交结[11]。举得幸太后，遂谋为逆。帝知其谋，而外臣莫由亲接[12]，以钩盾令[13]郑众谨敏有心几[14]，不事豪党[15]，遂与众定议诛宪。使清河王庆私求《外戚传》[16]，夜，独内之。明日，幸北宫，诏执金吾、五校尉勒兵屯卫南、北宫，闭城门，收璜、举、迭、磊诛之，收宪大将军印绶，更封冠军侯，与

1　飞祸：意外的灾祸。
2　殡殓：入殓和出殡。
3　统嗣：帝统的传承。
4　承旨：逢迎意旨。
5　隐谋：密谋，阴谋。
6　垂象：显示征兆。古人迷信，把某些自然现象附会人事，认为是预示人间祸福吉凶的征兆。
7　恩不忍诲，义不忍割：出于恩情而不忍教诲，由于仁义而不忍割爱。
8　去事之后，未然之明镜也：事过之后，再看灾祸发生前的迹象，便像明镜一样。
9　宰牧从横：大小官员横行无道。
10　塞：补救，抵偿。
11　交结：结交，交往。
12　亲接：亲近接待，接近。
13　钩盾令：古官名，少府属官，掌诸近池苑囿游观之处。
14　谨敏有心几：谨慎机敏而有心计。心几，心计。
15　豪党：豪强之人所结成的朋党。
16　《外戚传》：即《汉书·传·外戚传》。

笃、景、瓌皆就国，选严能相[1]迫令自杀。初，河南尹张酺数以正法绳[2]景，及窦氏败，酺上疏曰："方宪等宠贵[3]，群臣阿附，唯恐不及。今严威[4]既行，皆言当死，不复顾其前后。臣伏见夏阳侯瓌每存忠善，检敕[5]宾客，未尝犯法。臣闻王政骨肉之刑，有三宥[6]之义，过厚不过薄，宜加贷宥[7]，以崇厚德。"帝感其言，由是瓌独得全。

胡氏曰：窦氏根据[8]，已生逆谋，诚欲诛之，未易举手。和帝年才十四，乃能选用秘臣，密求故事，勒兵收捕，中外肃清，足以继孝昭之烈[9]矣。所可恨者，三公不与大政[10]，而郑众有功。由是宦者用权，驯致[11]亡汉，可胜叹哉！

窦氏宗族、宾客皆免归故郡，班固死狱中。固尝著《汉书》，尚未就。诏固女弟、曹寿妻昭踵成[12]之。

华峤[13]曰：固之序事[14]，不激诡[15]，不抑抗[16]，赡而不秽，详而有体[17]，使读之者亹亹[18]而不厌，信哉，其能成名也！固讥司马迁是非颇谬于圣人，然其论议，常排死节，否正直[19]，而不叙杀身成仁之为美，则轻仁义、贱守节甚矣。

1　严能相：严能，整饬干练。相，郡国国相。
2　绳：纠正，制裁。
3　宠贵：尊荣显贵。
4　严威：威力，威势。
5　检敕：检查整饬。
6　三宥：古代王、公家族之人犯法，有宽恕三次之制。
7　贷宥：宽宥，赦免。
8　根据：盘踞。
9　孝昭之烈：孝昭，即汉昭帝刘弗陵。烈，功业。
10　大政：国家政务。
11　驯致：逐渐达到，逐渐招致。
12　踵成：继续完成某项工作或事业。
13　华峤：字叔骏，西晋史学家，著有《汉后书》，时称"有迁、固之规，实录之风"。
14　序事：叙述事情。
15　激诡：标新立异。
16　抑抗：缩小与夸张。
17　赡而不秽，详而有体：丰富而不芜杂，周详而有系统。赡，充足，丰富。
18　亹亹：谓诗文或谈论动人，有吸引力，使人不知疲倦。
19　排死节，否正直：排斥为保持节操而死，否定公正刚直。

初，窦宪纳妻，郡国皆有礼庆[1]。汉中郡当遣吏，户曹[2]李郃谏曰："窦将军不修德礼[3]而专权骄恣，危亡可翘足而待[4]。愿明府[5]一心王室，勿与交通。"太守固遣之。郃请自行，遂所在[6]迟留，至扶风而宪就国，凡交通者皆坐免，太守独不与焉。帝赐清河王庆奴婢、舆马[7]、钱帛、珍宝，充牣[8]其第。庆或时不安，帝朝夕问讯，进膳、药，所以垂意[9]甚备。庆亦小心恭孝[10]，自以废黜，尤畏事慎法，故能保其宠禄[11]焉。

以宦者郑众为大长秋帝策勋班赏[12]，众每辞多受少，帝由是贤之。常与之议论政事，宦官用权自此始矣。

秋，七月，太尉由有罪，策免，自杀以党于窦氏故也。

八月，司空刘卒。以尹睦为太尉、录尚书事，刘方为司空初，议立北单于，惟方、睦同袁安议。及窦氏败，帝思前议，故策免由而用方、睦焉。

护羌校尉邓训卒，迷唐复反邓训卒，吏民、羌、胡旦夕临者[13]日数千人。前乌桓吏士皆奔走道路，至空城郭。吏执，不听，以状白校尉徐傿，傿叹息曰："此为义也。"乃释之。遂家家为训立祠。聂尚代训为校尉，欲以恩怀诸羌，乃诏迷唐，使还居大小榆谷。迷唐遣祖母诣尚，尚自送至塞下，令译护送之。迷唐遂与诸种屠译以盟，复寇金城塞。尚坐免。

1　礼庆：送贺礼。
2　户曹：掌管民户、祠祀、农桑等的官署。
3　德礼：道德与礼教。
4　翘足而待：踮起脚等待，比喻很快就能实现。
5　明府：对郡守牧尹的尊称，又称明府君。
6　所在：到处，处处。
7　舆马：车马。
8　充牣：充满。
9　垂意：关怀，关心。
10　恭孝：恭敬孝顺。
11　宠禄：荣宠与禄位。
12　策勋班赏：封爵与赏赐财物。
13　旦夕临者：一早一晚前来哀悼的人。临，哭。

癸巳**五年**（公元 93 年）

春，正月，太傅彪卒。

陇西地震。

北单于叛，遣兵追斩，灭之窦宪既立於除鞬为北单于，欲辅归北庭，会宪诛而止。於除鞬自叛还北，诏讨斩之，破灭其众。

鲜卑徙，据北匈奴地鲜卑既据匈奴故地，匈奴余种十余万落[1]皆自号鲜卑，鲜卑由此渐盛。

冬，十月，太尉睦卒。以张酺为太尉酺与尚书张敏等奏："曹褒制汉礼，乱圣术，宜加刑诛。"帝寝其奏，而汉礼遂不行。

梁王畅有罪，诏削二县畅与从官卜忌祠祭求福，忌云："神言王当为天子。"有司奏请征诣[2]诏狱。帝不许，但削二县。畅上疏深自刻责[3]，请还爵土。上优诏，不听。

护羌校尉贯友攻迷唐，走之贯友攻迷唐于大小榆谷，夹逢留[4]大河筑城坞[5]，作大航[6]，造河桥[7]，欲以渡兵。迷唐远徙，依赐支河曲[8]。

南匈奴单于屯屠何死，单于宣弟安国立安国初为左贤王，无称誉。及为单于，左谷蠡王师子以次转为左贤王。师子素勇黠[9]多知，数将兵击北庭，受赏赐，国中尽敬师子而不附安国，安国欲杀之。诸新降胡初在塞外数为师子所驱掠[10]，多怨之。安国因是与同谋议。师子觉其谋，乃别居五原界。

---

1 落：聚居的地方。
2 征诣：召往。诣，前往。
3 刻责：严加责备，严格要求。
4 逢留：青海省海南藏族自治州贵德县境内黄河的别名。
5 城坞：作为屏障的小型城堡。
6 大航：大船。
7 河桥：古代桥名，故址位于今青海省海南藏族自治州贵德县南黄河上。
8 赐支河曲：古代羌人所居地区的一段黄河，亦称赐支河，位于今青海省海南藏族自治州境内。
9 勇黠：勇猛狡黠。
10 驱掠：驱赶抢夺。

甲午**六年**（公元94年）

春，正月，使匈奴中郎将杜崇等杀安国，立左贤王师子为单于安国与崇不相平，上书告崇。崇断[1]其章，因与度辽将军朱徽上言："安国亲近新降，欲杀左贤王师子，起兵背畔。"下公卿议，皆以为宜遣有方略使者之单于庭，与崇、徽并力，责其部众为边害者，共平罪诛[2]。若不从命，令为权时方略，亦足以威示百蛮。帝从之。于是徽、崇遂发兵造其庭。安国惊去，举兵欲诛师子。师子悉将庐落[3]入曼柏城。安国追到城下，徽遣吏晓譬，不听。崇、徽因发诸部骑追赴之，安国舅喜为等恐并诛，乃杀安国而立师子。

司徒鸿卒。以刘方为司徒，张奋为司空。

秋，旱。

班超发八国兵讨焉耆，斩其王广初，龟兹诸国既降，焉耆犹怀二心，至是讨之。于是西域五十余国悉纳质内属，至于海滨四万里外，皆重译贡献。

北匈奴降者胁立屯屠何子逢侯叛，走出塞。遣将军邓鸿等击之，不及。鸿及杜崇等皆坐诛鸿坐逗留，崇及朱徽坐失胡和，致胡反，皆征，下狱死。

以陈宠为廷尉宠性仁矜[4]，数议疑狱，每附经典，务从宽恕，刻敝[5]之风，于此少衰。

乙未**七年**（公元95年）

夏，四月朔，日食。

秋，七月，易阳[6]地裂。

1　断：截留。
2　共平罪诛：共同评议，论罪诛杀。罪诛，治罪，因罪处死。
3　庐落：庐帐，毡帐。
4　仁矜：仁爱，善体恤人。
5　刻敝：严酷地迫害。
6　易阳：古县名，治所位于今河北省邯郸市永年县东南。

九月，地震。

丙申八年（公元 96 年）

春，二月，立贵人阴氏为皇后。

夏，蝗。

丁酉九年（公元 97 年）

春，三月，陇西地震。

夏，六月，旱、蝗。除[1]田租及山泽税。

秋，闰八月，皇太后窦氏崩初，梁贵人既死，宫省事秘，莫有知帝为梁氏出者。舞阴公主子梁扈奏记三府，求得申议[2]。太尉张酺言状，帝感恸[3]良久。酺因请追上尊号，存录[4]诸舅。帝从之。会贵人姊上书自讼，乃知贵人枉殁[5]之状。三公奏请贬窦太后尊号，不宜合葬先帝。帝手诏曰："窦氏虽不遵法度，而太后常自减损。朕奉事十年，深惟[6]大义。礼，臣子无贬尊上之文，恩不忍离，义不忍亏，其勿复议。"

葬章德皇后。

迷唐寇陇西，遣将军刘尚击破之。

九月，司徒方策免，自杀。

冬，十月，追尊梁贵人为恭怀皇太后，葬西陵[7]。

以吕盖为司徒。

司空奋罢，以韩棱为司空。

1　除：免除。
2　申议：申明情由加以议处。
3　感恸：感伤哀痛。
4　存录：找到并给予他们应有的名分。
5　枉殁：枉死。
6　深惟：深思，深入考虑。
7　西陵：恭怀皇太后陵墓，位于今河南省洛阳市辖偃师市寇店镇西干村西。

戊戌**十年**（公元98年）

夏，五月，大水。

秋，七月，司空棱卒，以巢堪为司空。

冬，十月，雨水。

十二月，迷唐诣阙贡献刘尚坐畏懦，免。谒者耿谭设购赏，诸种颇来附。迷唐恐，乃降。

以刘恺为郎初，居巢侯刘般薨，子恺当嗣，称父遗意，让其弟宪，遁逃十余岁。有司奏请绝其国，贾逵上书曰："孔子称：'能以礼让为国乎？何有？'有司不原[1]乐善之心，而绳以循常之法，非所以长克让[2]之风，成含弘[3]之化也。"诏听宪嗣爵，征恺为郎。

南单于师子死，单于长之子檀立。

己亥**十一年**（公元99年）

春，二月，遣使循行禀贷[4]。

庚子**十二年**（公元100年）

夏，四月，秭归[5]山崩。

秋，七月朔，日食。

太尉酺免，以张禹为太尉。

迷唐复叛迷唐既入朝，其余种人不满二千，饥窘[6]不立，入居金城。帝令还大小榆谷。迷唐以汉作河桥[7]，兵来无常，故地不可复居，辞不肯出。校尉吴

1　原：谅解，宽容。
2　克让：能谦让。
3　含弘：包容博厚。
4　禀贷：官家以粮食借给他人。
5　秭归：古县名，治所位于今湖北省宜昌市秭归县西北。
6　饥窘：饥饿困窘。
7　河桥：桥梁。

祉等促使出塞，迷唐复叛，寇钞而去。

辛丑十三年（公元 101 年）

春，正月，帝幸东观[1]帝因朝会，召见诸儒，鲁丕、贾逵、黄香等相难[2]数事，帝善丕说，特赐衣冠。丕因上疏曰："说经者，传先师之言，非从己出，若规、矩、权、衡之不可枉[3]也。难者必明其据，说者务立其义，浮华无用之言不陈于前，故精思不劳而道术愈章[4]。法异者各令自说师法，博观其义，无令幽远独有遗失也。"

秋，迷唐寇金城，郡兵击破之迷唐复还赐支河曲，将兵向塞。金城太守侯霸击破迷唐，种人瓦解，迷唐遂弱，远逾赐支河首[5]，依发羌[6]居。久之，病死。其子来降，户不满数千。

雨水。

冬，诏边郡举孝廉诏曰："幽、并、凉州户口率少[7]，边役众剧[8]，束修良吏[9]进仕路狭。抚接[10]夷狄，以人为本，其令缘边郡口十万以上，岁举孝廉一人；不满十万，二岁一人；五万以下，三岁一人。"

鲜卑寇右北平、渔阳。

司徒盖致仕，以鲁恭为司徒。

巫蛮[11]反，寇南郡巫蛮许圣以郡收税不均，怨恨，遂反。

1　东观：东汉皇宫南宫内观名，贮藏档案、典籍和从事校书、著述的处所。
2　相难：互相责难，辩驳。
3　枉：违背。
4　精思不劳而道术愈章：神思不劳苦而道德学问却愈发明白。
5　赐支河首：指今青海省西南玛多、玛沁、达日等县境之黄河。
6　发羌：汉代西羌的一支，分布于今青海西部、西藏北部地区。
7　率少：急速减少。率，急速。
8　边役众剧：边境差役多而繁重。
9　束修良吏：能自我约束修行的优秀官吏。束修，约束修行。
10　抚接：安抚接纳。
11　巫蛮：汉代对巫山地区少数民族的称呼，又称南郡蛮。

壬寅十四年（公元 102 年）

春，安定羌反，郡兵击灭之，复置西海郡安定降羌烧何种[1]反，郡兵击灭之。自是西海及大小榆谷左右无复羌寇，陇麋相曹凤上言："烧当种居大小榆谷，土地肥美，有西海鱼盐之利，阻大河以为固，又近塞内诸种，故犯法者常从此起。宜及此时建复西海郡县，规固[2]二榆，广设屯田，隔塞羌、胡交关之路，遏绝狂狡窥欲[3]之源。又殖谷富边，省委输之役，国家可以无西方之忧。"上从之，缮修故西海郡，拜凤为金城西部都尉戍之。增广屯田，列屯夹河，合三十四部。其功垂立，会永初[4]中诸羌叛乃罢。

夏，四月，荆州兵讨巫蛮，大破，降之。

六月，皇后阴氏废，死阴后妒忌恚恨，有言后挟巫蛊道者[5]，后坐废，以忧死。

大水。

征班超还京师班超年老乞归，久之未报。超妹曹大家上书为超求哀，帝感其言，乃征超还。八月至洛阳，九月卒。任尚代为都护，谓超曰："小人猥[6]承君后，任重虑浅，宜有以诲之。"超曰："塞外吏士本非孝子顺孙，皆以罪过徙补边屯。而蛮夷怀鸟兽之心，难养易败。今君性严急，水清无大鱼，察政不得下和[7]，宜荡佚[8]简易，宽小过，总大纲而已。"超去后，尚私谓所亲曰："我以班君当有奇策，今所言平平耳。"尚后竟失边和，如超言。

冬，十月，立贵人邓氏为皇后初，邓禹尝谓人曰："吾将百万之众，未尝妄杀一人，后世必有兴者。"其子训有女曰绥，性孝友[9]，好书传，常昼修妇

1　烧何种：古代羌人部落之一，原居住放牧于河西、张掖南山，与卢水胡为邻。
2　规固：划定区域，加以封禁。
3　窥欲：非分希求，觊觎。
4　永初：汉安帝刘祜第一个年号，存续时间为公元 107 至 113 年。
5　挟巫蛊道者：使用巫蛊之术的人。
6　猥：谦辞，相当于"辱"。
7　察政不得下和：明察之政不得人心。
8　荡佚：放纵，不受约束。
9　孝友：事父母孝顺，对兄弟友爱。

业，暮诵经典。选入官为贵人，恭肃小心，动有法度，承事阴后，接抚同列，常克己以下之，虽官人隶役[1]，皆加恩借[2]，帝深嘉焉。尝有疾，帝特令其母、兄弟入视医药，贵人辞曰："官禁至重，而使外舍[3]久在内省，上令陛下有私幸之讥，下使贱妾获不知足之谤，上下交损，诚不愿也。"每有燕会[4]，诸姬竞自修饰，贵人独尚质素[5]。其衣有与阴后同色者，即时解易。若并时进见，则不敢正坐离立[6]。每有所问，常逡巡[7]后对。帝数失皇子，贵人数选进才人。及为皇后，郡国贡献悉令禁绝，岁时但供纸墨而已。帝每欲官爵邓氏，后辄哀请[8]谦让，故兄骘终帝世不过中郎将。

司空堪罢，以徐防为司空防上疏，以为："汉立博士十有四家，设甲、乙科，以勉学者。今太学试博士弟子，皆以意说[9]，不修家法，不依章句，妄生穿凿，轻侮道术[10]，浸以成俗，诚非诏书实选本意。改薄从忠[11]，三代常道；专精务本[12]，儒学所先。臣以为博士策试[13]宜从其家章句，开五十难以试之，解释多者为上第，引文明者为高说。若不依先师，义有相伐，皆正以为非[14]。"上从之。

封郑众为鄜乡侯宦者封侯自此始。

癸卯**十五年**（公元 103 年）

夏，四月晦，日食时帝遵肃宗故事，兄弟皆留京师。有司以日食阴盛，

---

1 隶役：仆役，仆人。
2 恩借：帝、后给予的恩惠和宽容。
3 外舍：外戚。
4 燕会：宴饮聚会。
5 质素：本色质朴无华，不加文饰。
6 离立：并立。
7 逡巡：退避，退让。
8 哀请：哀告，哀求。
9 意说：凭个人意见创立的说法。
10 道术：道德学问。
11 改薄从忠：改变浅薄的习俗，遵从忠诚之道。
12 专精务本：专注而精心地研究经典的理论。
13 策试：古代以策问试士，因称对臣下或举子的考试为"策试"。
14 不依先师，义有相伐，皆正以为非：不依从先师学说，个人见解自相矛盾，一律作为错误予以纠正。相伐，自相矛盾。

奏遣诸王就国。诏曰："甲子[1]之异，责由一人。诸王幼稚，早离顾复[2]，常有《蓼莪》《凯风》之哀。选懦之恩[3]，知非国典[4]，且复宿留[5]。"

雨水。

冬，十月，帝如章陵。十一月，还宫时太尉张禹留守，闻车驾当幸江陵，以为不宜冒险远游，驿马上谏。诏报曰："祠谒[6]既讫，当南礼大江。会得君奏，临汉回舆[7]。"

诏太官勿受远国珍羞[8]岭南旧献生龙眼、荔枝，十里一置，五里一候[9]，昼夜传送。临武长[10]唐羌上书曰："臣闻上不以滋味为德，下不以贡膳为功。南州[11]炎热，恶虫猛兽，不绝于路。献生龙眼、荔枝者，触犯死亡，不可胜数。死者不可复生，来者犹可救也。"诏曰："远国珍羞，本以荐奉宗庙。苟有伤害，岂爱民之本？其敕太官勿复受献。"

康熙御批：人主抚有[12]天下，玉食[13]万方，若穷极异味，何求而不得？第轸念[14]下民供亿[15]之烦，诚有所不忍。尔如宋仁宗计蛤蜊之费，一下箸[16]二十八千，吾不堪焉。又中夜[17]偶思烧羊[18]，复戒左右，勿令宣索[19]。恐膳夫奉行，沿为成例，

1　甲子：此处指三十日。
2　早离顾复：早早地失去了父母的养育。顾复，父母的养育。典出《诗经·小雅·蓼莪》："父兮生我，母兮鞠我。拊我畜我，长我育我，顾我复我，出入腹我。"
3　选懦之恩：手足亲情使我柔弱怯懦。选懦，柔弱怯懦。选，通"巽"。
4　国典：国家的典章制度。
5　宿留：指留居京师。
6　祠谒：谒拜祭祀。
7　临汉回舆：到达汉水便掉转车驾返回。
8　珍羞：美味佳肴。
9　十里一置，五里一候：十里设一个驿站，五里设一个岗亭。置，驿站。
10　临武长：临武县县长。临武，古县名，治所位于今湖南省郴州市临武县东。
11　南州：泛指南方地区。
12　抚有：据有，占有。
13　玉食：美食，享美食。
14　轸念：悲痛地怀念，深切地思念。
15　供亿：按需要供给。
16　箸：筷子。
17　中夜：半夜。
18　烧羊：经过烹调、作为食品的羊肉。
19　宣索：皇帝下旨，向有司索取钱财用物。

徒糜[1]有用之物，以备不时之需[2]。皆此意也。况养生之道，尤以节饮食为要义。朕自御极[3]以来，凡所供肴馔[4]，皆寻常品味，未尝罗列珍羞，侈以自奉，然于日用常餐，犹加意撙节[5]，适可而止，颇得调摄[6]之方。纵恣口腹者，无益而有损。此人情所易忽，不可不慎。

甲辰十六年（公元104年）

秋，七月，旱。

司徒恭免，以张酺为司徒。八月，卒。以徐防为司徒，陈宠为司空。

北匈奴请和亲帝以其旧礼不备[7]，未许，而厚加赏赐，不答其使。

乙巳元兴元年（公元105年）

春，高句骊寇辽东。

冬，十二月，帝崩。太子隆即位初，帝失皇子十数，后生者辄隐秘养于民间，群臣无知者。及帝崩，皇后乃收皇子于民间。长子胜有痼疾[8]，少子隆生始百余日，迎立以为太子，即位。

尊皇后曰皇太后，太后临朝。

洛阳令王涣卒涣居身平正[9]，能以明察发摘奸伏[10]，外猛内慈，人皆悦服。至是卒官[11]，百姓莫不流涕，为立祠作诗，弦歌[12]以祭。太后诏曰："夫忠良之吏，

1　糜：浪费。
2　不时之需：说不定什么时候会出现的需要。不时，不是预定的时间。
3　御极：即位。
4　肴馔：丰盛的菜肴。
5　撙节：节制，节省。
6　调摄：调理保养。摄，保养。
7　旧礼不备：所行旧时约定的礼节不周全。
8　痼疾：积久难治的病。
9　平正：公平正直。
10　发摘奸伏：揭露隐蔽的坏人坏事。发摘，揭发，揭露。奸伏，隐伏未露的坏人坏事。
11　卒官：死于任上。
12　弦歌：依琴瑟而咏歌。

国家所以为治也。求之甚勤，得之至寡，其以涣子石为郎中。"

丙午**孝殇皇帝延平元年**（公元 106 年）

春，正月，以张禹为太傅，徐防为太尉，参录尚书事[1]太后以帝在襁褓，欲令重臣居禁内。乃诏禹舍宫中，五日一归府。每朝见，特赞[2]，与三公绝席。

封帝兄胜为平原王。

以梁鲔为司徒。

三月，葬慎陵[3]。

胡氏曰：和帝幼冲[4]能诛窦宪，自是威权不失，无大过举。尊信儒术，友爱兄弟，礼贤纳谏，中国乂安[5]。方之章帝，实过之矣。

清河王庆就国，特加殊礼庆子祜，年十三，太后以帝幼弱，远虑不虞，留祜与嫡母耿姬居清河邸。姬，况孙也。

夏，四月，罢祀官[6]不在礼典者太后雅不好淫祠[7]。

鲜卑寇渔阳，太守张显战没鲜卑入寇，张显率数百人出塞追之。掾严授谏，不听，进兵，遇虏伏发，士卒悉走，唯授力战而死。主簿卫福、功曹徐咸皆自投赴显，俱殁于阵。

以邓骘为车骑将军，仪同三司[8]。

司空宠卒。

---

1 参录尚书事：参与主管尚书事务。东汉尚书之权超过三公，大将军及三公执政的都加"录尚书事"。后来帝、后家专政，三公仅得参预，故称"参录"。
2 特赞：朝见皇帝时，赞拜者先独赞其名。
3 慎陵：汉和帝刘肇陵墓，位于今河南省洛阳市辖偃师市寇店镇白草坡村东南。
4 幼冲：年龄幼小。
5 乂安：太平，安定。
6 祀官：古官名，泛指掌祭祀的官员。
7 淫祠：不合礼义而设置的祠庙，邪祠。
8 仪同三司：非三公而给予与三公相同的待遇。三司，三公。

五月，河东垣山[1]崩。

以尹勤为司空。

雨水。

减用度，遣宫人太后诏减太官、导官[2]、尚方、内署[3]诸服御、珍膳、靡丽难成之物，自非陵庙米，不得导择[4]，朝夕一肉饭而已。郡国所贡皆减过半，斥卖[5]上林鹰犬。离宫别馆储峙米炭，悉令省之。又诏免遣[6]掖庭宫人及宗室没入者，皆为庶民。

秋，七月，诏实核[7]伤害，除其田租诏曰："间者水灾害稼，朝廷忧惧，而郡国欲获虚誉，遂多张[8]垦田，竞增户口，掩匿盗贼，贪苛惨毒[9]，延及平民。刺史垂头塞耳，阿私下比[10]，不畏于天，不愧于人。自今以后，将纠[11]其罚。其各实核所伤害，为除田租。"

八月，帝崩。太后迎清河王子祜。入，即位，太后犹临朝后与兄骘定策禁中，迎祜，拜长安侯，立以为和帝嗣。

诏检敕邓氏宾客诏司隶校尉、河南尹、南阳太守曰："每览前代，外戚宾客浊乱奉公[12]，为民患苦，咎在执法怠懈[13]，不辄行其罚故也。今宗门[14]广大，姻戚不少，宾客奸猾，多干禁宪[15]，其明加检敕，勿相容护[16]。"自是亲属犯罪，无

1　河东垣山：河东郡垣县的山，即王屋山。
2　导官：古官名，掌御用和祭祀的米食干糒。
3　内署：掌内府衣物的官署。
4　导择：精选稻米。
5　斥卖：变卖，卖掉。
6　免遣：免除职务并遣送回乡。
7　实核：核实。
8　多张：夸大数量。
9　贪苛惨毒：贪婪暴虐，残忍狠毒。
10　阿私下比：阿私，偏私，不公道。下比，庇护坏人。比，勾结，庇护。
11　纠：矫正。
12　浊乱奉公：使奉公而不徇私情的官员陷于混乱。
13　怠懈：懈怠。
14　宗门：宗族，同族。
15　禁宪：规定禁例的法典。
16　容护：宽容庇护。

所假贷。

九月，大水。

葬康陵[1]以连遭大忧[2]，百姓苦役，方中秘藏及诸工作[3]，减十之九。

陨石于陈留。

冬，十月，大水，雨雹。

十二月，清河王庆卒。

罢鱼龙曼延戏。

诏举隐逸[4]，选博士樊准上疏曰："臣闻人君不可以不学。光武皇帝受命中兴，不遑启处[5]，然犹投戈讲艺，息马论道。孝明皇帝庶政[6]万机无不简心[7]，而垂情古典，游意经艺，正坐自讲，诸儒并听，化自圣躬[8]，流及蛮荒。今学者益少，远方尤甚，博士倚席不讲，儒者竞论浮丽[9]。宜博求幽隐，宠进儒雅[10]，以俟圣上讲习[11]之期。"太后深纳其言，诏："公卿、中二千石各举隐士大儒，务取高行[12]，以劝后进。妙简[13]博士，必得其人。"

丁未孝安皇帝永初元年（公元107年）

春，二月，司徒鲔卒。

三月，日食。

夏，四月，封邓骘及弟悝、弘、阊皆为列侯。骘辞不受自和帝之丧，

1　康陵：孝殇皇帝刘隆的陵墓，位于汉和帝刘肇的慎陵中。
2　大忧：皇帝死丧。
3　方中秘藏及诸工作：陵墓中的随葬之物及各项工程。
4　隐逸：避世隐居的人。
5　不遑启处：没有闲暇的时间过安宁的日子。启处，安居。
6　庶政：各种政务。
7　简心：关怀，留意。
8　圣躬：圣体，臣下称皇帝的身体，亦代指皇帝。
9　浮丽：浮华艳丽。
10　儒雅：博学的儒士或文人雅士。
11　讲习：研讨学习。
12　高行：高尚的品行。
13　妙简：精选。

邓骘兄弟常居禁中。骘不欲久在内，连求还第，太后许之。至是辞让不获，逃避使者，上疏自陈至于五、六，乃许之。

五月，以鲁恭为司徒恭奏："旧制，立秋乃行薄刑[1]。自永元[2]以来，改用孟夏[3]。上逆时气，下伤农业。案《月令》'孟夏断薄刑'者，谓轻罪已正，不欲久系，故时断之也。孟夏之制，可从此令。其决狱按考[4]，皆以立秋为断。章帝定令断狱皆以冬至之前，而小吏入十一月得死罪贼，不问曲直，便即格杀，虽有疑罪，不复谳正[5]。可令大辟之科尽冬月乃断。"从之。

六月，罢西域都护及伊吾卢、柳中屯田西域都护段禧等保龟兹，道路隔塞[6]，檄书不通。公卿议者以为："西域阻远，数有背叛，吏士屯田，其费无已[7]。"于是罢之。

诸羌复叛诸降羌布在郡县，皆为吏民豪右[8]所徭役，积以愁怨。及罢都护，发羌数千骑迎之，群羌散叛，诸郡发兵邀遮[9]，或覆其庐落。于是诸种奔溃，大为寇掠，遂断陇道。然归附既久，无复器甲[10]，或持竹竿、木枝，或负板案以为楯，或执铜镜以象兵。郡县畏懦不能制，乃赦其罪。

秋，九月，以寇贼、雨水，策免太尉防、司空勤三公以灾异免，自此始。

仲长统[11]曰：光武愠[12]数世之失权，忿强臣之窃命，矫枉过直，政不任下，虽

1　薄刑：轻罪，轻刑。
2　永元：汉和帝刘肇的年号，存续时间为公元 89 至 105 年。
3　孟夏：夏季的第一个月，即农历四月。
4　按考：查审考问。
5　谳正：审议并驳正。
6　隔塞：阻塞。
7　无已：没有穷尽。
8　豪右：豪门大族。汉以右为上，故称豪右。
9　邀遮：拦阻。
10　器甲：武器盔甲。
11　仲长统：东汉末年政论家、哲学家，著有《昌言》。
12　愠：怒，怨恨。

置三公，事归台阁[1]。自此以来，三公之职，备员[2]而已。至于中世[3]，权移外戚，宠被近习，用其私人，残扰百姓，使四夷乖叛[4]，怨气并作，阴阳失和，三光亏缺，怪异数至，水旱为灾。而反以策让[5]三公，至于死、免，岂不冤哉？又，中世之选三公也，务于清悫[6]谨慎，循常习故[7]者，是乃妇女之检柙[8]，乡曲[9]之常人耳，恶足以居斯位耶？昔文帝爱邓通，而犹展申屠嘉之志。至如近世，外戚、宦竖[10]请托不行，立能陷人于不测之祸，恶可得而弹正[11]者哉？光武夺三公之重，至今而加甚。不假后党以权，数世而不行。盖亲疏之势异也。人主诚专委三公，分任责成，而在位病民[12]，百姓不安，天地多变，然后可以分此罪矣。

诏减黄门鼓吹[13]及厩马半食。

冬，十一月，司空周章自杀郑众、蔡伦等皆秉势豫政[14]，周章数进直言，太后不能用。初，太后以平原王胜有痼疾，而贪殇帝孩抱[15]，养为己子，故立焉。及殇帝崩，群臣以胜疾非痼，意咸归之。太后恐胜终怨，乃迎帝而立之。周章以众心不附，密谋诛鸷兄弟及众、伦等，废太后及帝而立胜，事觉自杀。

十二月，诏邓骘及校尉任尚将兵屯汉阳[16]以备羌。

地震，大水，大风，雨雹是岁郡国十八地震，四十一大水，二十八风、雹。

---

1 台阁：尚书台。东汉以尚书直接辅佐皇帝处理政务，因汉尚书台在宫禁内，乃有此称。
2 备员：充数，居官有职无权或无所作为。
3 中世：中期，中叶。
4 乖叛：反叛。
5 策让：颁下策书责备。
6 清悫：清廉诚实。
7 循常习故：遵守旧规，沿袭先例。循常，遵循常规。习故，因袭成规。
8 检柙：规矩，法度。
9 乡曲：偏僻的乡村。
10 宦竖：对宦官的贱称。
11 弹正：纠正。
12 病民：为害人民。
13 鼓吹：仪仗乐队，列于殿庭，宴群臣及君上就餐时所用。
14 秉势豫政：仗着权势参与政事。
15 孩抱：幼年，幼小。
16 汉阳：古郡名，辖今甘肃定西、陇西、礼县以东，静宁、庄浪以西，黄河以南，嶓冢山以北地。

戊申二年（公元 108 年）

春，正月，邓骘击钟羌[1]，大败。

以公田赋与贫民，遣使禀贷冀、兖流民御史中丞樊准上疏：“请减无事之物，省官吏作者[2]。被灾之郡，百姓凋残[3]，恐非赈给所能胜赡[4]。可遣使持节慰安，尤困乏者徙置荆、扬熟郡[5]。”太后从之，悉以公田赋与贫民，即擢准为光禄大夫，使冀州，遣议郎吕仓使兖州禀贷，流民咸得苏息[6]。

夏，旱。五月，太后亲录囚徒皇太后幸洛阳寺及若卢狱[7]，录囚徒。洛阳有囚实不杀人，而被考自诬[8]，羸困舆见[9]，畏吏不敢言，将去，举头若欲自诉[10]。太后呼还，问状，具得枉实[11]，即收令抵罪[12]。行未还宫，澍雨大降。

康熙御批：汉安帝时，太后录囚，具得枉实。行未还宫，澍雨遂降，史册书之，若以为盛事。不知垂帘听政，亦非国家之福，矧[13]亲录囚徒乎？汉室其益衰矣。

六月，大水，大风，雨雹。

秋，七月，太白入北斗[14]。

冬，任尚与先零羌滇零战，大败。诏遣谒者庞参督诸军屯邓骘使任尚与先零别种滇零等战于平襄[15]，尚军大败，羌众遂大盛，朝廷不能制。湟中粟

1　钟羌：古代羌人部落之一，东汉时居住放牧于今甘肃省南部地区，北与烧当羌局地为邻。
2　作者：工匠，役夫。
3　凋残：衰落，残败。
4　恐非赈给所能胜赡：恐怕官府的赈济不足以拯救他们。赈给，救济，施与。
5　熟郡：丰收的郡县。
6　苏息：休养生息。
7　若卢狱：东汉时囚禁将相大臣的监狱。
8　自诬：自行承认妄加于己的不实之词。
9　羸困舆见：瘦弱困乏，被人抬着来进见。
10　自诉：自己诉说。
11　枉实：被冤枉的实情。
12　抵罪：抵偿罪责，接受应有的惩处。
13　矧：文言连词，况，况且。
14　太白入北斗：金星进入北斗星座，古人认为象征着贵相凶。按钱大昕说，五星行道皆在黄道左右，无缘得入北斗，史言入斗者，皆南斗也。“北”字疑为妄增。
15　平襄：古县名，治所位于今甘肃省定西市通渭县西北。

石万钱，死亡不可胜数，而转运难剧[1]。故左校令[2]庞参先坐法输作[3]若卢，使其子俊上书曰："万里运粮，远就羌戎，不若总兵[4]养众，以待其疲。邓骘宜且振旅，留任尚，使督凉州士民转居三辅。休徭役以助其时，止烦赋[5]以益其财，令男得耕种，女得织纴，然后畜精锐，乘懈沮[6]，出其不意，攻其不备，则边民之仇报，奔北[7]之耻雪矣。"书奏，会樊准上疏荐参，太后即擢参于徒中，召拜谒者，使西督三辅诸军屯。

十一月，征邓骘为大将军邓骘在位，颇能推进贤士，荐何熙、李郃等列于朝廷。又辟弘农杨震、巴郡陈禅等置之幕府，天下称之。震，孤贫[8]好学，通达博览，诸儒为之语曰："关西孔子杨伯起。"教授二十余年，不答州郡礼命[9]，众人谓之晚暮[10]，而震志愈笃。骘闻而辟之。时震年已五十余，累迁荆州刺史、东莱太守。当之郡，道经昌邑，故所举荆州茂才[11]王密为令，夜怀金遗震。震曰："故人知君，君不知故人，何也？"密曰："暮夜无知者。"震曰："天知，地知，我知，子知，何谓无知者？"密愧而出。子孙常蔬食、步行，故旧或欲令为开产业，震曰："使后世称为清白吏子孙，以此遗之，不亦厚乎？"

滇零僭称天子，寇钞三辅，校尉梁慬破走之。

地震。

---

1 剧：加剧。
2 左校令：古官名，左校长官，属将作大匠，掌修建宗庙、路寝、宫室、陵园等土木工程，并在路旁种植树木，战争年代也率工徒作战。官吏犯法，常输入为工徒。
3 输作：因犯罪罚作劳役。
4 总兵：集中军队，统领军队。
5 烦赋：又多又乱的赋税。
6 懈沮：懈怠沮丧。
7 奔北：败逃。
8 孤贫：孤苦贫寒。
9 礼命：礼聘与任命。
10 晚暮：意指出仕时间太迟。
11 茂才：和"秀才"同义，东汉时为了避讳光武帝刘秀的名字，将秀才改为茂才。

己酉三年（公元 109 年）

春，正月，帝冠。

京师大饥，民相食。

司徒恭罢恭再在公位，选辟[1]高第至列卿、郡守，而门下耆生[2]或不蒙荐举，有怨望者。恭闻之，曰："学之不讲，是吾忧也。"终不借之议论[3]。学者受业，必穷核[4]问难，道成，然后谢遣之。

夏，四月，令吏民入钱谷，得拜官赐爵有差从三公之请也。

南匈奴反汉人韩琮随单于入朝，既还，说云："关东水潦[5]，人民饥饿死尽，可击也。"单于遂反。

秋，九月，海贼张伯路寇滨海九郡。

乌桓、鲜卑、南匈奴合兵寇五原。

冬，十一月，南匈奴围中郎将耿种于美稷。遣中郎将庞雄将兵讨之。

十二月，地震。

有星孛于天苑[6]。

雨水。

并、凉大饥，人相食。

诏飨遣卫士[7]勿设戏作乐，减逐疫侲子[8]之半。

1　选辟：选拔征召。
2　耆生：年老的弟子，长期跟随他的弟子。
3　不借之议论：不借此发表议论。
4　穷核：详细核验。
5　水潦：水淹。
6　天苑：古星名。张守节《正义》："天苑十六星，如环状，在毕南，天子养禽兽所。"
7　飨遣卫士：为退役的皇家卫士举行宴会。
8　逐疫侲子：参加大傩仪式的驱除灾疫的童子。

庚戌**四年**（公元 110 年）

春，正月，元会，撤乐，不陈充庭车[1]。

遣御史中丞王宗、青州刺史法雄讨张伯路。

度辽将军梁慬、辽东太守耿夔击南匈奴，破走之。

诏以凉州牧、守子弟为郎庞参说邓骘徙边郡不能自存者入居三辅，骘然之。欲弃凉州，并力北边。乃会公卿集议，骘曰："譬若衣败坏，一以相补，犹有所完，若不如此，将两无所保[2]。"公卿皆以为然。郎中虞诩言于太尉张禹曰："若大将军之策，不可者三：先帝开拓土宇，劳而后定，今惮小费，举而弃之，一也。凉州既弃，即以三辅为塞[3]，园陵单外[4]，二也。谚曰：'关西出将，关东出相。'烈士武臣，多出凉州。士风壮猛，便习[5]兵事。今羌、胡所以不敢入据三辅为心腹之害者，以凉州在后故也。凉州士民所以推锋执锐，父死子战，无反顾之心者，为臣属于汉故也。今割而弃之，民庶安土重迁[6]，必引领而怨曰：'中国弃我于夷狄。'如卒然起谋，因天下之饥敝[7]，驱氐、羌以为前锋，席卷而东，则函谷以西，园陵、旧京非复汉有，三也。议者喻以补衣犹有所完，诩恐其疽食侵淫[8]而无限极[9]也！"禹以为然。诩因说禹："收罗凉土雄杰，引其牧、守子弟于朝，外以劝厉答其功勤[10]，内以拘致[11]防其邪计。"禹善其言，更集四府[12]，

1　元会，撤乐，不陈充庭车：举行元旦朝会时，取消奏乐和在庭中陈列御用车驾的仪式。元会，皇帝于元旦朝会群臣，亦称正会。

2　譬若衣败坏，一以相补，犹有所完，若不如此，将两无所保：就好比是破衣服，牺牲其中的一件去补另一件，还能得到一件完整的衣服，不然的话，两件全都不保了。

3　塞：边境。

4　单外：孤露于外。

5　便习：熟悉，熟习。

6　安土重迁：安于本乡本土，不愿轻易迁移。土，乡土。重，看得重，不轻易。

7　饥敝：饥饿疲敝。

8　疽食侵淫：恶疮逐渐侵蚀溃烂。疽食，疮毒侵蚀肌肉。侵淫，渐进，渐次发展。

9　限极：极限。

10　外以劝厉答其功勤：对外来说，可以激励并回报他们父兄的功劳。劝厉，激励，勉励。功勤，功劳。

11　拘致：约束引导。

12　四府：东汉以太尉、司徒、司空、大将军（或太傅）府为四府。

皆从诩议。于是辟西州豪杰为掾属[1]，拜牧、守、长吏子弟为郎，以安慰之。

以虞诩为朝歌长，讨县境群盗，平之邓骘以前议恶虞诩，欲以法中[2]之。会朝歌贼数千人攻杀长吏，屯聚连年，州郡不能禁，乃以诩为朝歌长。故旧皆吊之。诩笑曰：“事不避难，臣之职也。不遇盘根错节，无以别利器，此乃吾立功之秋也。”始到，谒河内太守马棱。棱曰：“君儒者，当谋谟[3]庙堂，乃在朝歌，甚为君忧之。”诩曰：“此贼犬羊[4]相聚，以求温饱耳。愿明府不以为忧。”棱曰：“何以言之？”诩曰：“朝歌背太行，临黄河，去敖仓不过百里，而青、冀之民流亡万数。贼不知开仓招众，劫库兵，守成皋，断天下右臂，此不足忧也。今其众新盛，难与争锋。兵不厌权[5]，愿宽假辔策[6]，勿令有所拘阂[7]而已。”及到官，设三科以募壮士，掾史以下各举所知，攻劫[8]者为上，伤人偷盗者次之，不事家业者为下，收得百余人。贳其罪，使入贼中，诱令劫掠[9]，乃伏兵以待之，杀数百人。又潜遣贫人能缝者佣作贼衣，以彩线缝其裾[10]，有出市里者，吏辄擒之。贼由是骇散，县境皆平。

三月，南匈奴降庞雄等连营稍前，单于大恐，让韩琮曰：“汝言汉人死尽，今是何等人也？”乃遣使乞降，脱帽徒跣，对雄等拜。于是赦之，遇待[11]如初。

先零羌寇汉中，太守郑勤战死勤战，大败，主簿段崇、门下史[12]王宗、原展以身捍刃，与勤俱死。

地震。

---

1 掾属：佐治的官吏。汉代自三公至郡县，都有掾属，人员由主官自选，不由朝廷任命。
2 中：中伤。
3 谋谟：谋划，制定谋略。
4 犬羊：狗和羊，常用以比喻任人宰割者。
5 兵不厌权：作战时尽可能用假象迷惑敌人，以取得胜利，同“兵不厌诈”。
6 宽假辔策：允许我放开手脚去对付他们。宽假，放开，放纵。辔策，缰绳和鞭子，比喻控制的工具。
7 拘阂：束缚阻碍。
8 攻劫：攻击掠夺。
9 劫掠：抢劫掠夺。
10 裾：衣服的大襟。
11 遇待：待遇。
12 门下史：即门下掾，州郡长官自己选荐的属吏，因常居门下，故称。

夏，蝗。

张伯路降，复叛，入海岛王宗、法雄与伯路连战，破走之。会赦到，贼以军未解甲，不敢降。议者皆以为当遂击之，雄曰："不然。兵，凶器；战，危事。勇不可恃，胜不可必。贼若乘船入岛，攻之未易也。及有赦令，可且罢兵以慰诱[1]其心，势必解散，然后图之，可不战而定也。"宗善其言，即罢兵。贼乃还所略人，而东莱郡兵独未解甲，贼复惊，走海岛上。

秋，七月，大水。九月，地震。

冬，十月，太后母新野君卒新野君病，太后幸其第，连日宿止[2]。三公上表固争，乃还宫。及薨，邓骘等乞身行服[3]，太后欲不许，曹大家劝后许之。及服除，诏骘复还辅朝政，更授前封，骘等叩头固让，乃止。于是并奉朝请，有大议，与公卿参谋。

辛亥五年（公元 111 年）

春，正月朔，日食。

地震。

羌寇河内，诏遣兵屯孟津[4]。三月，徙缘边郡县避寇。遣侍御史任尚击羌，破之先零羌寇河内，百姓多奔渡河。使朱宠将五营士屯孟津，诏魏、赵、常山、中山作坞堠六百所。羌既转盛，而缘边二千石、令、长多内郡人，无守战[5]意，皆争上徙郡县以避寇，诏皆从之。百姓恋土，遂刈[6]其禾稼，发彻室屋，夷营壁[7]，破积聚。时连旱、蝗、饥荒，而驱蹙[8]劫掠，流离分散，随道

---

1 慰诱：抚慰诱导。
2 宿止：住宿。
3 行服：穿孝服居丧。
4 孟津：古县名，治所位于今河南省洛阳市孟津县东。
5 守战：防守之战。
6 刈：割。
7 发彻室屋，夷营壁：拆除房屋，铲平营垒。发彻，拆除，毁坏。夷，铲平。
8 驱蹙：驱赶促迫。

死亡，或弃捐[1]老弱，或为人仆、妾，丧其大半。复以任尚为侍御史，击羌于上党羊头山[2]，破之，乃罢孟津屯。

　　法雄击张伯路，破斩之。

　　秋，汉阳人杜季贡寇陷上邽。

　　蝗，雨水。

壬子**六年**（公元 112 年）

　　春，正月，省荐新物[3]二十三种诏曰："凡供荐新味，多非其节[4]，或郁养强孰[5]，或穿掘萌芽，味无所至而夭折生长，岂所以顺时育物乎？自今皆须时乃上。"凡所省二十三种。

　　康熙御批：凡果蔬之生，各有其时，必待气足而熟食之，乃可养人。若矫拂[6]其性，使之先时早熟，其味不全，有何滋益？朕自幼至今，从未食也。

　　三月，蝗。

　　夏，诏封建武功臣。

　　五月，旱。

　　六月，豫章员溪原山[7]崩。

　　滇零死，子零昌以杜季贡为将军。

癸丑**七年**（公元 113 年）

　　春，正月，太后率大臣、命妇[8]谒宗庙。

1　弃捐：抛弃。
2　羊头山：古山名，位于今山西省长治市长子县东南，接长治、高平县界。
3　省荐新物：省减新的祭献之物。荐，进献，祭献。
4　供荐新味，多非其节：各地进贡的新鲜食物，多数违反时令。
5　郁养强孰：用火熏暖，强使成熟。
6　矫拂：拂逆，违背。
7　豫章员溪原山：豫章郡员溪原山。员溪，今江西省吉安市峡江县有员溪村，疑似其地。
8　命妇：受封号的妇人。在宫廷中则妃嫔等称为内命妇，在宫廷外则臣下之母、妻称为外命妇。

二月，地震。

夏，四月晦，日食。

秋，蝗。

^{甲寅}元初元年（公元 114 年）

春，二月，日南地坼长百余里。

三月，日食。

遣兵屯河内以备羌。

夏，旱、蝗。

六月，河东地陷。

羌豪号多掠汉中，断陇道。校尉侯霸与战，破之。

冬，十月朔，日食。

地震。

^{乙卯}二年（公元 115 年）

春，**号多降**校尉庞参以恩信招诱诸羌，号多等降。参遣诣阙，赐侯印，遣之。参始还治令居，通河西¹道。

零昌寇益州，遣中郎将尹就讨之。

夏，四月，**立贵人阎氏为皇后**后性妒忌，后宫李氏生皇子保，后鸩杀李氏。

五月，旱、蝗。

秋，八月，辽东鲜卑围无虑²。

九月晦，日食。

1　河西：指今甘肃省酒泉、张掖、武威等地，因位于黄河以西，称河西。
2　无虑：古县名，治所位于今辽宁省晋州市北镇县东南，医巫闾山东麓。医巫闾山古称"无虑山"。

校尉班雄等击零昌，大败诏班雄屯三辅，司马钧督关中兵，庞参将羌、胡兵，分道并击零昌。参兵至勇士城[1]东，为杜季贡所败，引退。钧等独进，攻拔丁奚城[2]，季贡率众伪逃。钧令仲光收羌禾稼。光等散兵深入，羌设伏要击[3]之，光等兵败，并没。

冬，遣中郎将任尚屯三辅怀令虞诩说尚曰："兵法，弱不攻强，走不逐飞，自然之势也。今虏皆马骑，日行数百里，来如风雨，去如绝弦[4]。以步追之，势不相及。所以虽屯兵二十余万，旷日而无功也。为使君[5]计，莫如罢诸郡兵，各令出钱数千，二十人共市一马，以万骑之众，逐数千之虏，追尾掩截，其道自穷。便民利事，大功立矣。"尚即上言。用其计，遣轻骑击杜季贡于丁奚城，破之。

以虞诩为武都太守，击羌，破之太后闻虞诩有将帅之略，以为武都太守。羌众数千遮诩于陈仓崤谷[6]，诩即停军不进，而宣言："上书请兵，须到当发。"羌闻之，乃分钞[7]旁县。诩因其兵散，日夜进道，兼行百余里，令吏士各作两灶，日增倍之。羌不敢逼。或问曰："孙膑减灶而君增之，兵法日行不过三十里，而今日且二百里，何也？"诩曰："虏众多，吾兵少，徐行则易为所及，速进则彼所不测。虏见吾灶日增，必谓郡兵来迎，众多行速，必惮追我。孙膑见弱，吾今示强，势有不同故也。"既到郡，兵不满三千，而羌众万余，攻围赤亭[8]数十日。诩乃令军中强弩勿发，而潜发小弩。羌以为矢力弱，不能至，并兵急攻。诩于是使二十强弩共射一人，发无不中，羌大震，退。诩因出城奋击，多所伤杀。明日，悉陈其兵众，令从东郭门出，北郭门入，贸易[9]

1　勇士城：古地名，位于今甘肃省兰州市榆中县东北。
2　丁奚城：古地名，位于今宁夏银川市辖灵武市南。
3　要击：中途拦截加以袭击。
4　绝弦：离弦之箭，比喻速度极快。
5　使君：汉代称太守、刺史，汉以后用做对州郡长官的尊称。
6　崤谷：即大散关，位于今陕西省宝鸡市西南大散岭上。
7　钞：抢劫。
8　赤亭：古地名，位于今甘肃省陇南市成县西北。
9　贸易：变易，更换。

衣服，回转数周。羌不知其数，更相恐动[1]。诩计贼当退，乃潜遣五百余人于浅水设伏，候其走路[2]。虏果大奔，因掩击，大破之，斩获甚众，贼由是败散。诩乃占相[3]地势，筑营壁百八十所，招还流亡，假赈[4]贫民，开通水运。始到郡，谷石千，盐石八千，见户[5]万三千。视事三年，米石八十，盐石四百，民增至四万余户，人足家给[6]，一郡遂安。

十一月，地震。

前虎贲中郎将邓弘卒弘性俭素[7]，治《欧阳尚书》[8]，授帝禁中。有司奏赠弘骠骑将军，太后追弘雅意[9]，不许，但赐钱、布。骘辞不受[10]。将葬，有司复奏发五营轻车骑士，太后不听，但白盖双骑[11]，门生挽送[12]。

丙辰三年（公元116年）

春，地震。

三月，日食。

夏，四月，旱。

度辽将军邓遵率南单于击零昌，破之。任尚又击破之。

冬，初听大臣行三年丧旧制，公卿、二千石、刺史不得行三年丧，司徒刘恺以为："非所以师表百姓，宣美[13]风俗。"乃诏听大臣行三年丧。

地震。

1　恐动：惊恐扰动。
2　走路：逃奔之路。
3　占相：观察，端详。
4　假赈：赈济。
5　见户：现有户口。
6　人足家给：人人饱暖，家家富裕。
7　俭素：节俭朴素。
8　《欧阳尚书》：汉欧阳生所传的今文《尚书》。
9　雅意：素来的意愿，本意。
10　骘辞不受：邓骘推辞不接受。邓骘为邓弘的兄长，替弟弟推辞。
11　白盖双骑：使用白盖丧车，派两名骑士护卫。
12　挽送：引丧车送葬。
13　宣美：宣扬教化，使风俗淳美。

十二月，任尚击零昌，杀其妻子。

丁巳**四年**（公元 117 年）

春，二月朔，日食。

武库灾。

任尚遣羌杀杜季贡。

夏，四月，策免司空袁敞。敞自杀敞廉劲[1]，不阿权贵，失邓氏旨[2]。尚书郎张俊有私书与敞子，怨家封上之。敞坐策免，自杀。

辽西鲜卑入寇，郡兵击破之。

六月，雨雹。

益州刺史张乔讨叛羌，羌皆降散。

秋，七月，雨水。

任尚募羌杀零昌。

越巂夷封离等反。

任尚击先零羌狼莫，大破走之。西河虔人种羌[3]降，陇右平。

地震。

戊午**五年**（公元 118 年）

春，旱。

永昌[4]、益州、蜀郡夷叛三郡夷叛，应封离，众至十余万，破坏二十余县，杀长吏，焚掠百姓，骸骨委积[5]，千里无人。

1　廉劲：刚直。
2　失邓氏旨：不合邓氏家族的心意。
3　虔人种羌：流落于古代西北地区的古罗马部落，以前听命于先零羌首领零昌。
4　永昌：古郡名，辖今滇西、滇南的广大地区，西至印缅交界的巴特开山，东南至礼社江与把边江间的哀牢山，南部包有今西双版纳等地。
5　委积：聚积，堆积。

秋，八月朔，日食。

冬，十月，鲜卑寇上谷。

邓遵募羌杀狼莫。封遵为武阳侯。征任尚，弃市自羌叛十余年间，军旅之费凡用二百四十余亿，死者不可胜数，并、凉二州遂至虚耗。及零昌、狼莫死，诸羌瓦解，三辅、益州无复寇警。诏封邓遵为武阳侯。遵以太后从弟故，爵封优大[1]。任尚与遵争功，槛车征，弃市。

地震。

己未六年（公元119年）

春，二月，地震。

夏，四月，大风，雨雹。

旱。

秋，七月，鲜卑寇马城[2]塞。邓遵率南单于击破之。

冬，十二月朔，日食，既。

地震。

豫章芝草生豫章有芝草生，太守刘祗欲上之，以问郡人唐檀，檀曰："方今外戚豪盛[3]，君道微弱，斯岂嘉瑞乎？"祗乃止。

益州夷降益州刺史张乔遣从事杨竦将兵击封离等，大破之，斩首三万余级。封离等乞降，竦厚加慰纳，其余三十六种皆来降附。竦因奏长吏奸猾，侵犯蛮夷者九十人，皆减死论[4]。

敦煌遣吏屯伊吾，车师、鄯善复降初，西域诸国既绝于汉，北匈奴复以兵威役属之，与共为边寇。敦煌太守曹宗患之，乃上遣行[5]长史索班将千余

1　优大：优厚。
2　马城：古县名，治所位于今河北省张家口市怀安县西。
3　豪盛：强盛，昌盛。
4　减死论：判处轻于死刑一等的刑罚。
5　遣行：派遣。

人屯伊吾以招抚[1]之。于是车师前王及鄯善王复来降。

庚申**永宁元年**（公元 120 年）

春，三月，北匈奴、车师后王共杀汉吏。诏复置都护屯兵北匈奴率车师后王军就共杀索班，击走前王，略有[2]北道。曹宗请出兵击匈奴以报之，因复取西域。公卿多以为宜闭玉门关。太后闻军司马班勇有父风，召问之。勇上议曰："昔孝武皇帝开通西域，论者以为夺匈奴府藏[3]，断其右臂。光武中兴，未遑外事，故匈奴驱率[4]诸国，河西城门昼闭。孝明皇帝深惟庙策[5]，命将出征，然后匈奴远遁，边境得安。间者羌乱，西域复绝，北虏遂遣责诸国逋租[6]，高其价值，严以期会，鄯善、车师皆怀愤怨，思乐事汉，其路无从。然今曹宗徒欲报雪[7]匈奴，而不寻出兵故事，要功荒外[8]，万无一成，兵连祸结，悔无所及。况今府藏未充，师无后继，臣愚以为不可许也。宜于敦煌复置营兵[9]三百人及护西域副校尉，遣长史将五百人屯楼兰，西当焉耆、龟兹径路[10]，南强鄯善、于阗心胆，北捍匈奴，东近敦煌，既为胡虏节度，又禁汉人侵扰，如此诚便。"公卿难曰："前所以弃西域者，以其无益而难供也。今欲通之，班将能保北虏不为边害乎？"勇对曰："今置州牧以禁盗贼，若州牧能保盗贼不起者，臣亦愿以要斩保匈奴之不为边害也。今通西域则虏势必弱，为患微矣。孰与归其府藏，续其断臂哉？若弃而不立，则西域望绝，屈就北虏，恐河西城门必须复有

1　招抚：招安，使归附。
2　略有：夺得。
3　府藏：国家储存文书、财物之所。
4　驱率：驱使率领。
5　庙策：朝廷的谋略。
6　遣责诸国逋租：派遣使者，督责各国缴纳拖欠的贡物。逋租，欠租。
7　报雪：报仇雪恨。
8　荒外：八荒之外，未开化的边远地区。
9　营兵：士兵。
10　径路：道路。

昼闭之儆[1]矣。今不廓开[2]朝廷之德，而拘屯戍之费，岂安边久长之策哉？"难者又曰："西域遣使，求索无厌。一旦为匈奴所迫，当复求救，则为役大矣。"勇对曰："今设以西域归匈奴，而使其恩德大汉，不为钞盗[3]，则可矣。如其不然，则是富仇雠[4]之财，增暴夷[5]之势。且西域来者，不过禀食。今若拒绝，势归北属夷虏，并力以寇并、凉，则中国之费不止千亿。置之诚便。"于是从勇议，复营兵，置副校尉，居敦煌。虽以羁縻西域，然亦未能出屯。其后匈奴果数与车师入寇，河西大被其害。

沈氐、当煎、烧当羌入寇。

夏，四月，立子保为皇太子。

校尉马贤讨羌，破之。

秋，七月朔，日食。

大水。

以杨震为司徒。

辽西鲜卑降。

地震。

免越骑校尉邓康官，遣就国太后从弟康以太后久临朝政，宗门盛满[6]，数上书谏，言甚切至[7]。太后不从，康谢病不朝。太后大怒，免康官，遣归国，绝属籍。

辛酉**建光元年**（公元121年）

春，三月，皇太后邓氏崩。封邓骘为上蔡侯。葬和熹皇后太后自临

---

1 儆：警报，紧急情况。
2 廓开：阐明，阐扬。
3 钞盗：抢劫盗窃。
4 仇雠：仇人。
5 暴夷：横暴的蛮夷。
6 盛满：盛极。
7 切至：切直尽理。

朝以来，水旱十载，四夷外侵，盗贼内起，每闻民饥，或达旦[1]不寐，躬自减彻[2]，以救灾厄，故天下复平，岁还丰穰[3]。尝征济北、河间王子男女五岁以上四十余人，及邓氏近亲子孙三十余人，为开邸第，教以经书，躬自监试[4]。诏从兄豹、康等曰："末世[5]贵戚食禄之家，温衣美食，乘坚驱良[6]，而面墙术学，不识臧否[7]，斯故祸败所从来也。"然帝已年长，久不还政，颍川杜根尝上书言之，太后大怒，盛以缣囊扑杀之，载出城外，得苏[8]，逃窜为宜城山[9]中酒家保[10]，积十五年。平原成翊世亦坐谏太后不归政抵罪。至是尚书陈忠荐之，帝拜根侍御史，翊世尚书郎。或问根曰："往者遇祸，何至自苦如此？"根曰："周旋民间，非绝迹[11]之处，邂逅发露[12]，祸及亲知[13]，故不为也。"

追尊清河孝王曰孝德皇，妣[14]曰孝德后。

夏，高句丽、鲜卑寇辽东，太守蔡讽战殁[15]掾龙端、公孙酺以身捍讽，俱殁于阵。

尊嫡母耿姬为甘陵大贵人。

诏举有道之士[16]尚书陈忠以诏书既开谏争，虑言事者必多激切[17]，致不能容，

1　达旦：整整一夜，直到天明。
2　减彻：裁减，裁膳撤乐。
3　丰穰：丰熟。
4　监试：监督考试。
5　末世：后世，后代。
6　乘坚驱良：坐坚固的车，驾肥壮的马，形容生活豪华。坚，坚固的车子。良，好马。
7　面墙术学，不识臧否：像那些不学无术之人一样，如同面对墙壁而立，一无所见，不明白是褒是贬。
8　得苏：得以苏醒过来。
9　宜城山：古山名，位于今四川省成都市双流区南。
10　酒家保：酒保。
11　绝迹：形迹与外界隔绝。
12　发露：被揭露。
13　亲知：亲戚朋友。
14　妣：原指母亲，后称已经死去的母亲。
15　战殁：战死，阵亡。殁，死。
16　有道之士：明白事理的人。
17　激切：激烈直率。

乃上疏豫广帝意曰："臣闻仁君广山薮¹之大，纳切直之谋，忠臣尽謇谔²之节，不畏逆耳之害。今明诏引咎克躬³，咨访群吏，言者见杜根、成翊世等新蒙表录，显列二台⁴，必承风响应，争为切直。若嘉谋异策，宜辄纳用。如其管穴⁵，妄有讥刺，虽苦口逆耳，不得事实，且优游宽容，以示圣朝无讳之美。"从之。

以薛包为侍中，不拜初，汝南薛包少有至行，父娶后妻而憎包，分出之。包日夜号泣，不能去，至被驱扑，不得已，庐于外，旦入洒扫。父怒，又逐之，乃庐于里门⁶，昏晨不废。积岁余，父母惭而还之。及父母亡，弟子求分财异居，包不能止，乃中分⁷其财。奴婢引其老者，曰："与我共事久，若不能使也。"田庐取其荒顿⁸者，曰："吾少时所治，意所恋也。"器物取朽败者，曰："我素所服食，身口所安也。"弟子数破其产，辄复赈给。帝闻其名，令公车特征⁹，至，拜侍中。包以死自乞，有诏赐告归¹⁰，加礼如毛义。

徙封邓骘为罗侯，遣就国。骘自杀。贬平原王翼为都乡侯帝少号聪明，故邓太后立之。及长，多不德，稍不可太后意。太后征济北、河间王子诣京师，以河间王子翼为平原怀王胜后，留京师。帝乳母王圣虑有废置，常与中黄门李闰、江京候伺左右，共毁短太后，帝每忿惧¹¹。及太后崩，宫人有诬告太后兄弟悝、弘、阊谋立平原王。帝怒，令有司奏悝等大逆无道，遂废其子西平侯广宗等为庶人。骘以不与谋，徙封罗侯，遣就国。宗族免官归故郡，没入赀产¹²，广宗等皆自杀。骘不食而死。征邓康为太仆。贬平原王翼为都乡侯，遣归

1　山薮：山林与湖泽。
2　謇谔：正直敢言。
3　克躬：严格要求自己。
4　新蒙表录，显列二台：新近受到表彰擢用，荣耀地身居御史台和尚书台。二台，御史台和尚书台。
5　管穴：比喻狭隘的见识。
6　里门：闾里的门。古代同里的人家聚居一处，设有里门。
7　中分：均分。
8　荒顿：荒废。
9　特征：特别征召，别于平常的乡举里选。
10　告归：官吏告老回乡或请假回家。
11　忿惧：愤恨恐惧。
12　赀产：财产。赀，通"资"。

河间。翼谢绝宾客，闭门自守，由是得免。

诏许邓骘还葬初，邓后之立也，三公欲共奏追封后父训，司空陈宠以无故事，不从。故宠子忠不得志于邓氏，数上疏陷成其恶。大司农朱宠痛骘无罪，乃肉袒舆榇¹上疏曰："和熹皇后圣善之德，为汉文母。兄弟忠孝，同心忧国，功成身退，让国逊位，历世外戚，无与为比。而利口倾险，反乱国家，遂令骘等罹此酷滥²。逆天感人，率土³丧气。宜收还冢次，宠树⁴遗孤，奉承血祀⁵，以谢亡灵。"因自致廷尉。忠劾宠，免官。众庶多为骘称枉者，帝意颇悟，乃还葬骘等，诸从昆弟皆得归京师。

以耿宝监羽林车骑。封宋杨四子及宦者江京、李闰皆为列侯帝以耿贵人兄宝监羽林车骑。宋氏封侯，为卿、校、侍中者十余人。闫后兄弟显、景、耀并典禁兵。江京、李闰皆封列侯，与中常侍樊丰、刘安、陈达及王圣、圣女伯荣煽动内外，竞为侈虐⁶，出入宫掖⁷，传通奸赂⁸。司徒杨震上疏曰："臣闻政以得贤为本，治以去秽为务。方今九德⁹未事，嬖幸¹⁰充庭。王圣贱微，得奉圣躬，虽有推燥居湿¹¹之助，前后赏惠，过报劳苦，而外交属托，损辱清朝¹²。宜速出阿母¹³，令居外舍，断绝伯荣，莫使往来。"帝以疏示圣等，皆忿恚¹⁴。而伯荣通故朝阳侯刘护从兄瓌，瓌遂为侍中，得袭护爵。震上疏曰："经制，父死子继，兄亡弟及，以防篡也。故朝阳侯刘护同产弟威今犹见在，而以其再从

1　舆榇：载棺以随，表示决死或有罪当死。
2　酷滥：残酷无度。
3　率土：境域之内。
4　宠树：加恩扶植。
5　血祀：指祭祀。凡祭，必杀牲取血，故称。
6　侈虐：恣肆暴虐。
7　宫掖：皇宫。掖，掖庭，宫中的旁舍，嫔妃居住的地方。
8　传通奸赂：串通奸恶和传送贿赂。
9　九德：贤人所具备的九种优良品格。
10　嬖幸：被宠爱狎昵的人。
11　推燥居湿：把干的地方让给幼儿，自己睡在湿的地方。形容抚育孩子的辛劳。
12　前后赏惠，过报劳苦，而外交属托，损辱清朝：先后对她的赏赐与恩德，已经超过对她功劳的报答。然而她勾结宫外之人，接受请托贿赂，损害朝廷的清明。清朝，清明的朝廷。
13　阿母：乳母。
14　忿恚：愤怒怨恨。

兄[1]瓌袭爵为侯。且天子专封，封有功；诸侯专爵，爵有德。瓌无他功行[2]，但以配阿母女，既位侍中，又至封侯，不稽旧制，不合经义。陛下宜鉴既往，顺帝之则[3]。"尚书翟酺上疏曰："昔窦、邓之宠，倾动四方，兼官重绶，盈金积货[4]。及其破坏[5]，头颡堕地，愿为孤豚，岂可得哉[6]！夫致贵无渐，失必暴；受爵非道，殃必疾。今外戚宠幸未有等比[7]，禄去公室，政移私门，覆车重寻，宁无摧折[8]？昔文帝躬行节俭，有讥之者，帝曰：'朕为天下守财耳，岂得妄用之哉？'今敛天下之财，积无功之家，帑藏单尽，民物雕伤[9]，卒有不虞，危乱可待。愿陛下勉求忠贞，诛远佞谄，割情欲，罢宴私[10]，心存亡国所以失之，鉴观[11]兴王所以得之，庶灾害可息，丰年可招矣。"书奏，皆不省。

秋，八月，烧当羌麻奴入寇，马贤追击，破之。

以刘恺为太尉居延都尉范邠犯臧罪[12]，吏议欲增锢二世[13]。刘恺以为："《春秋》之义，善善及子孙，恶恶止其身，所以进人于善也。今以轻从重，惧及善人，非先王详刑[14]之意也。"诏从之。

鲜卑寇居庸关[15]，杀云中太守。

帝幸卫尉冯石府，留饮十日石能取悦当世[16]，故为帝所宠。

1　再从兄：同曾祖而年长于己者。
2　功行：功绩和德行。
3　顺帝之则：遵循帝王的法则。
4　兼官重绶，盈金积货：兼任很多显耀官职，家中黄金满门，财物堆积。兼官重绶，兼任很多显耀官职。
5　破坏：毁弃。
6　头颡堕地，愿为孤豚，岂可得哉：人头落地，即使是想做一只猪仔，哪里还做得到。头颡，脑袋。孤豚，小猪。
7　等比：相等，匹敌。
8　禄去公室，政移私门，覆车重寻，宁无摧折：官爵禄位不由朝廷掌握，政权转移到了权臣之家，重蹈前人的覆车之路，难道会不危险。
9　雕伤：凋敝，匮乏。
10　宴私：公余的私生活，如游宴、玩耍之类。
11　鉴观：考察。
12　臧罪：贪污受贿之罪。
13　增锢二世：禁止他的两代以内子孙做官。
14　详刑：断狱审慎。
15　居庸关：古关隘名，位于今北京市昌平区西北。
16　当世：当权者，执政者。

雨水。

冬，十一月，地震。

复断大臣行三年丧尚书令祋讽等奏："孝文定约礼[1]之制，光武绝告宁[2]之典，贻则[3]万世，诚不可改，宜复断大臣行三年丧。"陈忠上疏曰："高祖创制，大臣有宁告[4]之科。建武之初，政趋简易，礼义之方，实为雕损[5]。孟子有言：'老吾老以及人之老，幼吾幼以及人之幼，天下可运于掌。'臣愿陛下登高北望，以甘陵之思[6]揆度臣子之心，则海内咸得其所。"时宦官不便之，竟寝忠奏。

袁宏曰：古之帝王所以笃化美俗[7]，率民为善，因其自然而不夺其情，民犹有不及者，而况毁礼止哀，灭其天性乎？

十二月，高句骊王宫围玄菟，州郡讨破之，宫死高句骊王宫死，玄菟太守姚光上言，欲因其丧发兵击之。陈忠曰："宫前桀黠，光不能讨，死而击之，非义也。宜遣使吊问，因责让前罪，赦不加诛，取其后善。"帝从之。

壬戌延光元年（公元 122 年）

夏，四月，雨雹大者如斗。

辽东都尉庞奋承伪诏斩玄菟太守姚光，征抵罪玄菟太守姚光、幽州刺史冯焕数纠发[8]奸恶，怨者诈作玺书，谴责焕、光，赐以欧刀[9]。又下庞奋，使速行刑。奋即斩光，收焕。焕欲自杀，其子绲疑诏文有异，止之。焕乃上书自讼，征奋抵罪。

秋，七月，地震。

1　约礼：简化礼制。
2　告宁：官吏告假奔丧。宁，谓官吏亲丧，归家服丧。
3　贻则：为后世留下典则。语出《书·五子之歌》："有典有则，贻厥子孙。"
4　宁告：官吏告假奔丧。
5　雕损：毁坏，缺损。
6　甘陵之思：安帝对嫡母甘陵大贵人的思念。
7　笃化美俗：使美好的风俗更为淳厚。
8　纠发：检举。
9　欧刀：刑人之刀或良剑。

高句骊王遂成降是后东垂[1]少事。

虔人羌与上郡胡反，边兵击破之。

九月，地震。

冬，鲜卑寇边鲜卑既累杀郡守，胆意转盛，控弦数万骑，寇雁门、定襄、太原。

麻奴降。

雨水。

遣宦者及乳母王圣女伯荣诣甘陵[2]尚书仆射陈忠上疏曰："窃闻使者所过，威动郡县，王、侯、二千石至为伯荣独拜车下，修道缮亭[3]，征役无度，赂遗仆从，人数百匹。伯荣之威，重于陛下。陛下之柄，在于臣妾。水灾之发，必起于此。昔韩嫣托副车之乘，受驰视之使[4]，江都[5]误为一拜，而嫣受欧刀之诛。臣愿明主严天元[6]之尊，正乾刚之位，不宜复令女使干错万几[7]。"书奏，不省。时机事专委尚书，而灾变辄免三公。忠上疏曰："汉典旧事，丞相所请，靡有不听。今之三公，虽当其名而无其实，选举诛赏，一由尚书。近以灾异，切让三公。臣忠常独不安。尚书决事多违故典[8]，罪法无例，诋欺[9]为先。宜割而勿听，上顺国典，置方圆于规矩，审轻重于衡石[10]，诚国家之典，万世之法也。"

汝南黄宪卒汝南太守王龚，政崇温和，好才爱士。以袁阆为功曹，引

1　东垂：东部边境。
2　甘陵：汉安帝生身父、母的陵墓，位于今河北省邢台市清河县南部，冢子村西，葛仙庄南偏东。
3　修道缮亭：筑路和修建驿站。
4　受驰视之使：领受巡察的使命。
5　江都：指当时的江都王刘非。
6　天元：至高无上。
7　令女使干错万几：令女仆干涉朝政。女使，女仆。干错，干涉，插手。万几，泛指各种政务。
8　故典：旧的规章制度。
9　诋欺：毁谤丑化。
10　衡石：泛指称重量的器物。衡，秤。石，古代重量单位，一百二十斤为一石。

进黄宪、陈蕃等。宪不屈[1]，蕃就吏[2]。闻不修异操[3]，蕃性气高明[4]，宪世贫贱，父为牛医。宪年十四，颍川荀淑遇于逆旅，竦然[5]异之，揖[6]，与语，移日不能去，谓曰："子，吾之师表[7]也。"前见袁阆，未及劳问，逆曰[8]："子国有颜子，宁识之乎？"阆曰："见吾叔度[9]邪？"同郡戴良，才高倨傲，而见宪未尝不正容，及归，罔然若有失也。其母问曰："汝复从牛医儿来邪？"对曰："良不见叔度，自以为无不及。既睹其人，则瞻之在前，忽然在后[10]，固难得而测矣。"陈蕃、周举常相谓曰："时月之间，不见黄生，则鄙吝[11]之萌复存乎心矣。"太原郭泰，少游汝南，过袁阆，不宿而退。从宪累日乃还。或问之，泰曰："奉高[12]之器，譬诸氿滥，虽清而易挹[13]。叔度汪汪若千顷陂，澄之不清，淆[14]之不浊，不可量也。"宪初举孝廉，又辟公府[15]。友人劝其仕，宪暂到京师，即还，年四十八终。

范晔曰：黄宪言论风旨[16]，无所传闻，然士君子见之者靡不服深远，去玼吝[17]。故余曾祖穆侯以为："宪，颓然[18]其处顺，渊乎其似道，若及门于孔氏，其殆庶乎[19]！"

---

1 不屈：不顺从，不屈服。
2 就吏：就任官吏。
3 异操：独特的节操。
4 性气高明：性气，性格脾气。高明，高亢爽朗。
5 竦然：恭敬貌。
6 揖：拱手行礼。
7 师表：学问、品德方面的表率。
8 未及劳问，逆曰：还没来得及寒暄，迎面便说。劳问，慰问，寒暄。逆，迎接。
9 叔度：即黄宪，字叔度。
10 瞻之在前，忽然在后：看到他本来就在前面，而忽然又在后面出现。
11 鄙吝：过分爱惜钱财，过分吝啬。
12 奉高：即袁阆，字奉高。
13 譬诸氿滥，虽清而易挹：好比泉水，虽清但容易舀取。氿滥，小泉。挹，舀取。
14 淆：搅和，掺和。
15 公府：三公的官署，中央一级的机构。
16 风旨：风格旨趣。
17 靡不服深远，去玼吝：无不佩服他的高深，清除了自己的缺点。玼吝，毛病，缺点。
18 颓然：和顺貌。
19 其殆庶乎：大概是这样的吧。

癸亥二年（公元 123 年）

夏，四月，封王圣为野王君。

以班勇为西域长史，将兵屯柳中北匈奴连与车师寇河西，议者欲复闭玉门、阳关，以绝其患。敦煌太守张珰上书曰："臣在京师，亦以为西域宜弃，今亲践其地，乃知弃西域则河西不能自存。谨陈三策。北虏呼衍王常展转蒲类、秦海[1]之间，专制西域，共为寇钞。今以酒泉属国吏士二千余人集昆仑塞，先击呼衍，绝其根本，因发鄯善兵五千人胁车师后部，此上计也。置军司马，将士五百人，四郡供其犁牛、谷食，出据柳中，此中计也。弃交河城[2]，收鄯善等悉使入塞，此下计也。"朝廷下其议。陈忠请于敦煌复置校尉，增四郡屯兵，以抚诸国。于是复以班勇为西域长史，将兵五百人，出屯柳中。

秋，七月，丹阳山崩。

雨水。

冬，以杨震为太尉耿宝荐李闰兄于震，曰："李常侍国家所重，欲令公辟其兄，宝唯传上意耳。"震曰："如此，则宜有尚书敕[3]。"宝大恨而去。阎显亦荐所亲，震又不从。司空刘授闻而辟之，震益见怨。时诏遣使者大为王圣修第，樊丰、周广、谢恽等倾摇[4]朝廷。震上疏曰："方今灾害滋甚，百姓空虚，三边震扰，帑藏匮乏，而为阿母起第，为费巨亿。广、恽兄弟，依倚近幸，与之分威，属托州郡，倾动[5]大臣。招徕[6]海内贪污之人，受其货赂，复得显用[7]。白黑溷淆[8]，天下欢哗。臣闻师言，上之所取，财尽则怨，力尽则叛。怨叛之人，不可复使，惟陛下度之。"上不听。

1　秦海：即今新疆巴音郭楞蒙古自治州博湖县东博斯腾湖。
2　交河城：古地名，位于今新疆吐鲁番市西北，为车师前王国都。
3　敕：委任的公文。
4　倾摇：动摇。
5　倾动：倾覆，动摇。
6　招徕：招引，延揽。
7　显用：重用。
8　溷淆：混乱，杂乱。

十二月，地震。

聘处士周燮、冯良，不至陈忠荐汝南周燮、南阳冯良学行深纯[1]，隐居不仕，帝以羔币[2]聘之。燮宗族劝之曰："夫修德立行，所以为国，君独何为守东冈之陂[3]乎？"燮曰："夫修道者度时而动，动而不时，焉得亨[4]乎？"与良皆自载至近县，称病而还。

甲子三年（公元 124 年）

春，正月，班勇击走匈奴田车师者，西域复通班勇至楼兰。以鄯善归附，特加三绶[5]。龟兹王白英乃率姑墨、温宿，自缚诣勇，因发其兵到车师前王庭，击走匈奴于伊和谷[6]。于是前部始复开通[7]，还屯田柳中。

二月，帝东巡。三月，还，未入宫。策收太尉震印绶，遣归故郡，震自杀樊丰等见杨震连谏不从，无所顾忌，遂诈作诏书，调发司农钱谷、大匠见徒[8]、材木，各起冢舍、园池[9]。震复上疏曰："臣备台辅[10]，不能调和阴阳。去年十二月四日，京师地动，其日戊辰，三者皆土，位在中宫[11]，此中臣、近官[12]持权用事之象也。陛下以边境未宁，躬自菲薄，宫殿垣屋倾倚，枝拄而已[13]。而亲近幸臣，骄溢逾法，唯陛下奋乾刚之德，弃骄奢之臣，以承皇天之戒。"震

1　学行深纯：学行，学问品行。深纯，精深纯粹。
2　羔币：小羊和帛，古代聘问时用的礼品。
3　东冈之陂：东冈，向阳的山冈。陂，山坡，斜坡。
4　亨：通达，顺利。
5　三绶：三条配印的绶带，谓兼任三个官职。
6　伊和谷：古地名，位于今新疆吐鲁番市西北、乌鲁木齐市乌鲁木齐县东南。
7　开通：道路畅通。
8　见徒：现在被拘禁执役的囚犯。
9　冢舍、园池：冢舍，墓旁守丧人的住所。园池，有池塘的园林。
10　台辅：三公宰辅之位。
11　中宫：北极星所在的区域。古代划分出星空的区域，称为宫。
12　中臣、近官：中臣，内臣，宦官。近官，近臣，帝王亲近之臣。
13　垣屋倾倚，枝拄而已：墙垣、殿堂倾斜，只用支柱撑起而已。倾倚，倾斜，歪斜。枝拄，支撑，支持。

言转切[1]，帝既不平，而丰等愤怨[2]。会赵腾上书指陈得失，帝发怒，欲诛腾。震救之，曰："殷、周哲王[3]，小人怨詈，则还自敬德[4]。乞全腾命，以诱刍荛舆人[5]之言。"帝不听，竟杀之。及帝东巡，太尉部掾[6]高舒得丰等所诈下诏书，具奏，须行还上之[7]，丰等惶怖。会太史言星变逆行，遂共谮震云："自赵腾死后，深怀怨怼。且邓氏故吏，有恚恨心。"帝然之。及还京师，便时太学[8]，即其夜，遣使者策收震太尉印绶。震于是柴门[9]绝宾客。丰等复恶之，令耿宝奏震恚望[10]。有诏，遣归故郡。至城西几阳亭，乃慷慨谓其诸子、门人曰："死者，士之常分。吾蒙恩居上司[11]，疾奸臣狡猾而不能诛，恶嬖女[12]倾乱而不能禁，何面目复见日月！身死之日，以杂木为棺，布单被，裁足盖形[13]，勿归冢次，勿设祭祀。"因饮鸩而卒。弘农太守移良留停震丧，露棺道侧，遣震诸子代邮行书[14]。道路皆为陨涕[15]。太仆来历曰："耿宝倾侧[16]奸臣，伤害忠良，祸将至矣。"

胡氏曰：安帝三公，无出震之右者。然人臣以道事君，合则留，违则去。震以三公之尊，两奏一乳媪[17]而不能动，宜去久矣。至是极言，遂取杀身之祸。忠则忠矣，然其烛理[18]不明，而处义不精，亦不足称也已。

---

1 切：急切，殷切。
2 愤怨：愤怒怨恨。
3 哲王：贤明的君主。
4 小人怨詈，则还自敬德：受到小人的怨恨咒骂，反而自我警戒，进一步修养品德。怨詈，怨恨咒骂。
5 刍荛舆人：刍荛，割草打柴的人。舆人，古代操贱役的吏卒。
6 部掾：郡、府所属诸曹掾。
7 须行还上之：等天子回京后呈上。
8 便时太学：选良辰吉日到太学去。便时，选取吉利的时日。
9 柴门：杜门，闭门。
10 恚望：怨望，怨恨。
11 上司：汉时对三公的称呼。
12 嬖女：受宠爱的姬妾。
13 以杂木为棺，布单被，裁足盖形：用劣质木材作棺木，用单被包裹，大小只需盖住身体就可以。杂木，杂色木材，劣质木材。
14 遣震诸子代邮行书：谪罚杨震的儿子们为驿站传递文书。
15 陨涕：流泪。
16 倾侧：行为邪僻不正。
17 乳媪：乳母。
18 烛理：考察事理。

夏，四月，阆中山崩。

秋，八月，以耿宝为大将军。

九月，废太子保为济阴王王圣、江京、樊丰等谮太子乳母王男、厨监[1]邴吉等，杀之。太子叹息。京、丰惧，乃与阎后谮太子。帝怒，召公卿议废太子。耿宝等皆以为当废，太仆来历与太常桓焉、廷尉张皓议曰："经说[2]，年未满十五，过恶不在其身。且男、吉之谋，皇太子容[3]有不知。宜选忠良保傅，辅以礼义。废置事重，此诚圣恩所宜宿留[4]！"不从。遂废太子为济阴王，居德阳殿西钟[5]下。来历乃要结光禄勋祋讽，宗正刘玮，将作大匠薛皓，侍中闾丘弘、陈光、赵代、施延，太中大夫朱伥等十余人俱诣鸿都门，证太子无过。帝使中常侍诏曰："父子一体，天性自然。以义割恩，为天下也。历、讽等不识大典[6]而共为欢哗，外见忠直，而内希后福。朝廷广开言路，故且一切假贷。若怀迷不反，当显明刑书[7]。"皓先顿首曰："固宜如明诏。"历怫然[8]，廷诘皓曰："属通谏何言[9]，而今复背之？大臣乘朝车[10]，处国事，固得辗转[11]若此乎？"乃各稍自引起[12]。历独守阙，连日不肯去。尚书令陈忠劾奏历等，乃免历兄弟官，削国租[13]，黜历母武安公主不得会见[14]。历，歙之曾孙也。

是月晦，日食。

地震，大水，雨雹。

1　厨监：古官名，掌监厨师、厨食。
2　经说：经书的解说。
3　容：或许，大概。
4　宿留：存之于心。
5　西钟：西侧钟楼。
6　大典：国家重要的典章、法令。
7　显明刑书：显示刑法的尊严，意指依刑法治罪。
8　怫然：愤怒的样子。
9　属通谏何言：你刚才一起进谏时说的是什么。
10　朝车：古代君臣行朝夕礼及宴饮时出入用车。
11　辗转：反复不定。
12　引起：起身。
13　国租：封地的田赋。
14　会见：会同朝见。

乙丑**四年**（公元 125 年）

春，二月，帝南巡。

三月朔，日食。

帝崩于叶，还宫发丧帝崩于乘舆。皇后与阎显兄弟、江京、樊丰等谋，以济阴王在内，恐公卿立之，乃伪云帝疾甚，徙御卧车[1]，驰归。四日至洛阳。

尊皇后曰皇太后。太后临朝，以阎显为车骑将军，仪同三司。迎北乡侯懿入，即位太后欲久专国政，贪立幼年，与显等定策，迎章帝孙、济北惠王子、北乡侯懿为嗣。济阴王以废黜，不得上殿亲临梓宫，悲号[2]不食。内外群僚莫不哀之。

樊丰等下狱死，耿宝自杀，王圣、伯荣徙雁门阎显忌樊丰、耿宝，风有司奏贬宝为亭侯[3]，遣就国。宝自杀，丰及谢恽、周广下狱死。圣母子徙雁门。而以弟景等为卿、校，并处权要[4]，威福自由。

葬恭陵[5]。

秋，七月，班勇击斩车师后王军就及匈奴使者。

冬，十月，越巂山崩。

北乡侯薨阎显白太后秘不发丧，而更征诸王子，闭宫门，屯兵自守。

十一月，地震。

中黄门孙程等迎济阴王保入，即位，诛阎显等，迁太后于离宫。封程等十九人为列侯初，北乡侯病笃，孙程等十九人谋立济阴王。至是夜入省门[6]，遇江京、刘安、陈达，斩之。以李闰积为省内所服[7]，胁与俱迎济阴王即皇帝位，时年十一。召尚书令以下从辇幸南宫，登云台，召公卿百僚，使虎贲、

1　徙御卧车：将天子的尸体抬上卧车。
2　悲号：伤心地号哭。
3　亭侯：列侯中食禄于亭者。依次类推，食禄于乡称乡侯，食禄于县称县侯。
4　权要：权贵。
5　恭陵：汉安帝刘祜的陵墓，位于今河南省洛阳市孟津县三十里铺村南。
6　省门：宫门，禁门。
7　积为省内所服：长久享有权势，为宫内人所信服。

羽林士屯南、北宫诸门。阎显时在禁中，忧迫[1]不知所为，小黄门樊登劝显以太后诏召越骑校尉冯诗将兵屯平朔门，且授之印，曰："能得济阴王者，封万户侯。"诗皆许诺，辞以众少。显使与登迎吏士于门外，诗因格杀登，归营屯守。显弟景还外府[2]收兵。孙程传召诸尚书，使收送廷尉狱，即夜[3]死。明日，遣使者入省，夺得玺绶，乃收显及其弟耀、晏，诛之，家属皆徙比景[4]。迁太后于离宫。又明日，开门，罢屯兵。封程等皆为列侯，是为十九侯。擢程为骑都尉。初，阎显辟崔瑗为吏，瑗以北乡侯立不以正，知显将败，欲说令收江京，废少帝而立济阴王。而显日沉醉，不得见，乃告长史陈禅，欲与共求见言之。禅犹豫，未听从。会显败，瑗坐斥[5]。门生苏祇欲上书言状，瑗遽止之。禅谓曰："弟听祇上书，禅请为证。"瑗曰："此譬犹儿妾屏语耳，愿勿复出口[6]。"遂辞归，不复应州郡命。

葬北乡侯以诸王礼。

司空刘授策免以阿附恶逆，举非其人也。

改葬故太尉杨震，祠以中牢诏以杨震二子为郎，赠钱百万，以礼改葬。葬日，有大鸟高丈余，集震丧前。郡以状上。帝感震忠直[7]，诏复以中牢具祠之。

---

1 忧迫：忧愁焦急。
2 外府：外廷所设的府署机关。
3 即夜：当夜。
4 比景：古县名，在汉朝疆域最南的日南郡境内，治所位于今越南广平省宋河下游地区。
5 坐斥：被连坐免官。
6 此譬犹儿妾屏语耳，愿勿复出口：这就如同小孩、妇女私下谈话一样，谁会信，愿您不要再提此事。
7 忠直：忠诚正直。

资治通鉴纲目

卷十一

起丙寅汉顺帝永建元年，尽丙午[1]汉桓帝延熹九年凡四十一年。

丙寅**孝顺皇帝永建元年**（公元 126 年）

春，正月，帝朝太后于东宫初，议郎陈禅以为阎太后与帝无母子恩，宜徙别馆，绝朝见。周举谓司徒李郃曰："瞽瞍[2]常欲杀舜，舜事之逾[3]谨。郑庄公、秦始皇怨母隔绝，后感颍考叔、茅焦之言，复修子道，书传美之。今太后幽在离宫，若悲愁生疾，一旦不虞，主上将何以令于天下？宜密表请率群臣朝觐。"郃即上疏，帝从之。太后意乃安。

皇太后阎氏崩。

二月，葬安思皇后。

陇西钟羌反。马贤击，降之战于临洮，斩千余级，请率种人降。自是凉州无事。

秋，七月，以来历为车骑将军。

下司隶校尉虞诩狱，寻赦出之，以为尚书仆射。左雄为尚书司隶校尉虞诩到官数月，奏太傅冯石、太尉刘熹，免之。又劾中常侍程璜、陈秉、孟生、李闰等，百官侧目。三公劾诩盛夏拘系无辜，为吏民患。诩上书自讼，曰："法禁者，俗之堤防；刑罚者，民之衔辔[4]。今州曰任郡，郡曰任县，更相委远，百姓怨穷[5]。以苟容为贤，尽节为愚。臣所发举，臧罪非一，三府恐为臣所奏，遂加诬罪。臣将从史鱼[6]死，即以尸谏耳。"又按中常侍张防，屡寝不报。诩不胜愤，乃自系廷尉，奏言曰："昔樊丰几亡社稷，今张防复弄威柄，臣不忍与

1　丙午：即公元 166 年。
2　瞽瞍：古人名，舜的父亲。
3　逾：更加。
4　衔辔：马嚼子和马缰绳。
5　州曰任郡，郡曰任县，更相委远，百姓怨穷：州一级委任给郡，郡一级委任给县，层层往下推卸责任，百姓怨恨，投诉无门。委远，推卸责任，推诿避事。
6　史鱼：春秋时卫国大夫，以直言敢谏闻名，他曾多次向卫灵公推荐蘧伯玉，临死嘱家人不要"治丧正室"，以劝谏卫灵公进贤（蘧伯玉）去佞（弥子瑕），史称"尸谏"。

防同朝，谨自系以闻。"书奏，坐论输左校[1]。二日之中，传考四狱[2]。浮阳侯孙程等乞见曰："陛下始与臣等造事[3]之时，常疾奸臣，知其倾国[4]。今者即位，而复自为，何以非先帝乎？虞诩尽忠，更被拘系。张防臧罪明正[5]，反构忠良。今客星守羽林[6]，其占宫中有奸臣。宜急收防送狱，以塞天变。"时防在帝后，程叱防下殿。奏曰："陛下急收防，无令从阿母求请！"于是防坐徙边，即赦出诩。程复上疏陈诩有功，语甚激切。帝感寤，征拜议郎。数日，迁仆射。诩上疏曰："方今公卿以下，类多拱默，以树恩[7]为贤，尽节为愚，至相戒曰：'白璧[8]不可为，容容[9]多后福。'伏见议郎左雄，有王臣蹇蹇之节[10]，宜擢在喉舌之官，必有匡弼[11]之益。"由是拜雄尚书。

遣孙程等十九侯就国程等坐怀表[12]上殿争功，免官，徙封远县，因遣十九侯就国，促期发遣[13]。司徒掾周举谓司徒朱伥曰："朝廷非程等不立，今忘大德，录小过，如道路夭折[14]，使上有杀功臣之讥。宜急表之。"伥曰："诏指方怒，言必获谴。"举曰："明公年逾八十，位居台辅，不于此时竭忠报国，欲以何求？谏而获罪，犹有忠贞之名。若举言不足采，请从此辞。"伥乃表谏，帝从之，复故爵土。

增置缘边兵屯朔方以西障塞多坏，鲜卑因此数侵南匈奴。单于忧恐，上书乞修复障塞。诏："黎阳营兵出屯中山北界，令缘边郡增置步兵，列屯塞下，

1　论输左校：因罪被判定遣送到左校罚作苦役。论输，定罪而罚作劳役。
2　传考四狱：被传讯拷打四次。
3　造事：起事，发动事变。
4　倾国：倾覆邦国。
5　明正：辨明。
6　客星守羽林：客星，对天空中新出现星星的统称，主要是指新星、超新星和彗星，偶尔也包括流星、极光等其他天象。羽林，古星名，共四十五颗，位于营室宿的南方。
7　树恩：广施恩泽。
8　白璧：平圆形而中有孔的白玉，借以比喻十全十美，无可挑剔。
9　容容：随众附和。
10　王臣蹇蹇之节：作为朝廷大臣必须具备的忠直气节。蹇，通"謇"，忠直的样子。
11　匡弼：匡正辅佐，纠正补救。
12　怀表：带着奏章。
13　促期发遣：督促他们限期动身。
14　道路夭折：在回封国的途中死亡。

教习战射。"

班勇发诸国兵击匈奴，呼衍王走之是后车师无复虏迹。

丁卯二年（公元 127 年）

春，二月，鲜卑寇辽东，郡兵击破之。

三月，旱。

夏，六月，**追尊母李氏为恭愍皇后**帝母李氏瘗城北，帝初不知。至是，左右白之，感悟发哀，亲到瘗所，更以礼殡，葬恭陵北。

遣敦煌太守张朗与班勇击焉耆，降之。征勇下狱，免西域皆服，唯焉耆王元孟未降，班勇奏攻之。于是遣敦煌太守张朗将河西四郡兵，与勇发诸国兵，两道击之。朗先有罪，欲徼功自赎，遂先期至爵离关[1]。元孟乞降，朗入，受降而还。勇以后期，征下狱，免。

秋，七月朔，日食。

以许敬为司徒敬仕于和、安之间，当窦、邓、阎氏之盛，无所屈挠[2]。三家既败，士大夫多染污者，独不及敬，当世以此贵之。

聘处士樊英以为五官中郎将初，南阳樊英少有学行[3]，隐于壶山[4]之阳。州郡礼请，公卿举贤良、有道，安帝赐策书征，皆不赴。是岁，帝复以策书、玄纁[5]备礼征之，英固辞疾笃，不听。英不得已，到京，称疾，强舆入殿[6]，犹不能屈。帝乃设坛，赐几杖，待以师傅之礼，延问得失，拜五官中郎将。数月，英称疾笃，诏以为光禄大夫，赐告归，令在所送谷，以岁时致牛酒。英初被诏命，众皆以为必不降志。南郡王逸与书，劝使就聘。及后应对无奇谋深策，谈者失望。河南张楷谓曰："天下有二道，出与处也。吾前以子之出，能辅是君

1　爵离关：古关隘名，位于今新疆巴音郭楞蒙古自治州焉耆回族自治县东北。
2　屈挠：退缩，屈服。
3　学行：学问品行。
4　壶山：古山名，位于今河南省平顶山市鲁山县南，今名白云山。
5　玄纁：黑色和浅红色的布帛，用作帝王延聘贤士的礼品。
6　强舆入殿：用轿子强行抬入大殿。

也，济斯民也。而子始以不訾之身[1]，怒万乘之主，及其享受爵禄，又不闻匡救之术，进退无所据矣。”

司马公曰：古之君子，邦有道则仕，邦无道则隐。隐，非君子之所欲也。人莫己知[2]而道不得行，群邪共处而害将及身，故深藏以避之。王者举逸民，扬仄陋[3]，固为其有益于国家，非以徇世俗之耳目也。是故有道德足以尊主，智能足以庇民，被褐怀玉[4]，深藏不市，则王者当尽礼以致之，屈体以下之，虚心以访之，克己以从之，然后利泽[5]施于四表[6]，功烈格[7]于上下。其或礼备意勤而不起，则姑内自循省[8]而不敢强致其人，曰：“岂吾德之薄而不足慕乎？政之乱而不可辅乎？群小在朝而不敢进乎？诚心不至而忧其言之不用乎？何贤者之不我从也？”无是数者，则安有勤求而不至者哉？或者耻不能致，乃诱之以高位，胁之以严刑。使彼诚君子邪，则位非所贪，刑非所畏，其可致者，乃贪位、畏刑之人耳，乌足贵哉？若乃孝弟谨廉[9]，仕不苟进，洁己安分，优游卒岁[10]，虽不足以尊主庇民，是亦清修之吉士[11]也。王者当襃优安养，俾遂其志[12]。若孝昭之待韩福，光武之遇周党，以励廉耻，美风俗，斯亦可矣。固不当如范升之诋毁，又不可如张楷之责望[13]也。至于饰伪以邀誉[14]，钓奇以惊俗，不食君禄而争屠沽[15]之利，不受小官而规[16]卿相之位，名与实反，心与迹违，斯乃华士、

1　不訾之身：无价的生命。
2　莫己知：不了解自己的能力。
3　仄陋：指有才德而地位卑微的人。
4　被褐怀玉：身穿粗布衣却怀有美玉。
5　利泽：利益恩泽。
6　四表：四方极远之地，亦泛指天下。
7　格：古书借“格”为“佫”，来到，到达。
8　循省：省察。
9　谨廉：谨慎廉正。
10　优游卒岁：悠闲度日。卒岁，度过一年。
11　吉士：贤人。
12　襃优安养，俾遂其志：给予褒奖和优待，让他安心养身，成全他的志向。俾，使。
13　责望：责怪抱怨。
14　邀誉：求取名誉。
15　屠沽：宰牲和卖酒，亦泛指职业地位低下的人。
16　规：谋求，谋划。

少正卯之流，其得免于圣王之诛，幸矣，尚何聘召[1]之有哉？

以处士杨厚、黄琼为议郎时又征杨厚、黄琼。厚至，豫陈汉有三百五十年之厄以为戒，拜议郎。琼将至，李固以书逆遗之曰："伯夷隘[2]，柳下惠不恭[3]。不夷、不惠，可否之间，圣贤居身之所珍也。自生民以来，善政少而乱俗多，必待尧、舜之君，此为士行其志，终无时矣。语曰：'峣峣者易缺，皦皦者易污[4]。'盛名之下，其实难副。近鲁阳[5]樊君被征，初至，朝廷设坛席[6]，犹待神明，虽无大异，而言行所守，亦无所缺。而毁谤布流[7]，应时折减[8]者，岂非观听望深[9]，声名太盛乎？是故俗论皆言处士纯盗虚声。愿先生弘此远谟[10]，令众人叹服，一雪此言耳！"琼至，拜议郎，稍迁尚书仆射。数上疏言事，上颇采用之。固，郃之子也，少好学。郃为司徒，固改姓名，杖策驱驴，负笈[11]从师，不远千里。每到太学，密入公府，定省[12]，不令同业[13]诸生知其为郃子也。

戊辰三年（公元128年）

春，正月，地震。

夏，六月，旱。

秋，九月，鲜卑寇渔阳。

1　聘召：以礼征召贤能。
2　隘：心胸狭隘。
3　不恭：不尊敬，不严肃。
4　峣峣者易缺，皦皦者易污：山太高容易崩，玉太白容易被污染。峣峣，高直的样子。皦皦，明亮洁白。
5　鲁阳：古县名，治所即今河南省平顶山市鲁山县。
6　坛席：筑坛设座席，表示礼遇隆重。
7　布流：广布流传。
8　折减：声望受损。
9　望深：期望高。
10　弘此远谟：施展胸中的深谋远策。远谟，深远的谋略。
11　负笈：背着书箱，指游学。
12　定省：泛指探望问候父母或亲长。
13　同业：一同受业。

己巳**四年**（公元 129 年）

春，正月，帝冠。

夏，五月，桂阳献大珠，还之诏曰："海内颇有灾异，修政减膳，珍玩不御[1]。而桂阳太守文砻远献大珠以求幸媚[2]，今以还之。"

雨水。

秋，九月，诏复安定、北地、上郡虞诩言："安定、北地、上郡，山川险厄，沃野千里，土宜畜牧，水可溉漕[3]。顷遭羌乱，郡县兵荒[4]二十余年矣。弃沃壤[5]之饶，捐自然之财，不可谓利；离河山之阻，守无险之处，难以为固。今三郡未复，园陵单外，而公卿选懦计费，不图其安。宜开圣听，考行[6]所长。"从之。使谒者督徙者，各归本县。缮城郭，置候驿[7]。又浚渠[8]屯田，省费岁一亿许。遂令诸郡储粟周数年[9]。

冬，鲜卑寇朔方。

庚午**五年**（公元 130 年）

夏，四月，旱、蝗。

定远侯班始弃市始尚帝姑阴城公主。主骄淫无道，始积忿杀之。坐腰斩，同产皆弃市。

1　御：使用。
2　幸媚：亲近宠信。
3　溉漕：灌溉和漕运。
4　兵荒：战争造成的饥荒及其他灾祸。
5　沃壤：富饶的土地。
6　考行：考察行为事迹。
7　候驿：候坞和驿站。候坞，边境地区伺望敌情的土堡。
8　浚渠：疏通水渠。
9　储粟周数年：储备的粮食足以供数年之用。

辛未**六年**（公元 131 年）

春，二月，以沈景为河间相河间王政傲狠[1]不奉法，帝以侍御史沈景有强能[2]，擢为河间相。景到国，谒王。王不正服[3]，箕踞[4]殿上。侍郎赞拜，景峙[5]不为礼，问王所在。虎贲曰："是非王邪？"景曰："王不正服，常人何别？今相谒王，岂谒无礼者邪？"王惭而更服，景然后拜。出，请王傅[6]责之，曰："前发京师，陛见受诏，以王不恭，使相检督[7]。诸君空受爵禄，曾无训导之义？"因捕诸奸人，奏案其罪，出冤狱百余人。政遂改节[8]，悔过自修。

三月，复置伊吾司马，开屯田帝以伊吾膏腴，傍近西域，匈奴资之以为钞暴。复令开设屯田，置司马一人。

秋，九月，起太学初，安帝薄于艺文[9]，博士不复讲习，朋徒怠散，学舍颓敝，鞠为园蔬[10]。将作大匠翟酺上疏，请更修缮，诱进后学。帝从之。凡造二百四十房，千八百五十室。

壬申**阳嘉元年**（公元 132 年）

春，正月，立贵人梁氏为皇后帝欲立后，而贵人有宠者四人，莫知所建，议欲探筹[11]以定。仆射胡广等谏曰："恃神任筮，不必当贤；就值其人，犹非德选[12]。宜参良家，简求有德，德同以年，年钧以貌，稽之典经[13]，断之圣虑。"

1　傲狠：傲慢狠戾。
2　强能：精明强干。
3　正服：穿正式的朝服。
4　箕踞：两脚张开，两膝微曲坐着，形状像箕。这是一种轻慢傲视对方的姿态。
5　峙：直立，耸立。
6　王傅：古官名，王府属官，掌辅助执政，匡过失。
7　检督：检查监督。
8　改节：改变节操。
9　艺文：辞章，文艺。
10　朋徒怠散，学舍颓敝，鞠为园蔬：门徒学生学业荒怠，人员离散，太学的房舍倒塌破旧，荒废成为菜园。朋徒，弟子朋辈。鞠，穷困。
11　探筹：抽签。
12　恃神任筮，不必当贤；就值其人，犹非德选：依靠在神灵前祷告占卜，未必能得到贤良；即使得到，也不是衡量品德来选定的。
13　典经：可作为典范的经书典册。

帝从之。恭怀皇后弟子乘氏侯商之女选为贵人，常特被引御[1]，从容辞曰："夫阳以博施为德，阴以不专为义。愿陛下思云雨之均泽，小妾得免于罪。"帝由是贤之，立以为后。

旱。

三月，扬州妖贼章河等作乱，杀长吏。

夏，四月，以梁商为执金吾。

冬，护乌桓校尉耿晔遣乌桓击鲜卑，大获。

立孝廉限年课试[2]法尚书令左雄上疏曰："宁民之道，必在用贤；用贤之道，必存考黜[3]。吏数变易，则下不安业；久于其事，则民服教化。今俗浸雕敝[4]，巧伪滋萌。典城百里，转动无常[5]，各怀一切，莫虑长久。谓聚敛整辨[6]为贤能，以治己安民为劣弱[7]，视民如寇仇，税之如豺虎。监司项背相望[8]，与同疾疢[9]，见非不举，闻恶不察，观政亭传，责成期月[10]，言善不称德，论功不据实，虚诞[11]者获誉，拘检者离毁[12]。或因罪戾，引高求名，州宰不覆，竞共辟召，使奸猾枉滥，轻忽去就[13]。乡官部吏，职贱禄薄，车马衣服，一出于民。拜除如

1　特被引御：特被，单独被。引御，妃嫔等受召侍寝。
2　限年课试：对考试或任用官吏的年龄加以限制。
3　考黜：考绩以定官吏的升降。
4　雕敝：奢靡败坏。
5　典城百里，转动无常：县的长官经常更换。典城，主掌诉讼案件。百里，代指县。转动，变动。
6　整辨：整治。
7　劣弱：衰弱，懦弱。
8　监司项背相望：监司，负有监察之责的官吏。项背相望，原指前后相顾，后多形容行人拥挤，接连不断。
9　疾疢：弊病，毛病。
10　观政亭传，责成期月：在驿站视察政情，要求地方官吏一年之内做出政绩。亭传，古代供旅客和传递公文的人途中歇宿的处所。期月，一整年。
11　虚诞：荒诞无稽。
12　拘检离毁：拘谨的遭到诋毁。拘检，检束，拘束。
13　或因罪戾，引高求名，州宰不覆，竞共辟召，使奸猾枉滥，轻忽去就：有人因罪状无法掩盖，就声称轻视富贵表示清高，而州官不审查内情，竟然争相聘请，遂使奸猾之辈到处充斥，任官或去职如同儿戏。

流[1]，送迎烦费，损政伤民。和气未洽，灾眚[2]不消，咎皆在此。臣愚以为守、相、长吏有显效者，可就增秩[3]，勿移徙。非父母丧，不得去官。若被劾奏，亡不就法者，徙家边郡。其乡部[4]亲民之吏，皆用儒生清白任从政者[5]，宽其负算[6]，增其秩禄[7]。吏职满岁，乃得辟举[8]。如此虚伪之端绝，送迎之役损，而民各宁其所矣。"帝诏悉从之，而宦官不便，终不能行。雄又言："孔子曰：'四十不惑。'《礼》称：'强仕[9]。'请自今，孝廉年不满四十，不得察举[10]。皆先诣公府，诸生试家法，文吏课笺奏，副之端门，练其虚实[11]。若有茂才异行，自可不拘年齿。"帝从之。胡广驳曰："选举因才，无拘定制。前世以来，莫或回革[12]。可宣下百官，参其同异。"帝卒用雄奏，令郡国举孝廉，限年四十以上。诸生通章句，文吏能笺奏，乃得应选。其有茂才异行，若颜渊、子奇[13]，不拘年齿。雄亦公直[14]精明，能审核真伪，决志[15]行之。顷之，胡广出为济阴太守，与诸郡守十余人皆坐谬举[16]免黜。唯汝南陈蕃、颍川李膺、下邳陈球等三十余人得拜郎中。自是牧守畏栗[17]，莫敢轻举。迄于永嘉[18]，察选清平[19]，多得其人。

　　袁宏曰：古者四十而仕，非谓仕必是年也，特举其大限以为言耳。且颜

1　拜除如流：任免官吏像流水一样。
2　灾眚：灾殃，祸患。
3　增秩：增加俸禄，升官。
4　乡部：乡官部吏，下级官吏。
5　儒生清白任从政者：家世清白、有能力从政的儒生。
6　负算：拖欠的口钱，也泛指拖欠的租税。
7　秩禄：俸禄。
8　辟举：征召荐举。
9　强仕：四十岁的代称。《礼记·曲礼上》："四十曰强，而仕。"
10　察举：古代选拔官吏的制度，由官吏荐举，经过考核，任以官职。
11　诸生试家法，文吏课笺奏，副之端门，练其虚实：如果是儒生，就考他师承的学问，如果是在职的文吏，就考他书札奏章。并将他们的副本送到皇宫的端门，由尚书来检查核实。笺奏，书札奏章。
12　莫或回革：从来没有改变。
13　子奇：相传为春秋时齐国人，十八岁治阿县，阿大治，后用以称年少有才华的人。
14　公直：公正耿直。
15　决志：拿定主意，决心。
16　谬举：妄加举荐。
17　畏栗：畏惧战栗。
18　永嘉：汉冲帝刘炳年号，存续时间为公元145年。
19　清平：廉洁公正。

渊、子奇，旷代一有，而欲以斯为格[1]，不亦偏乎？

　　闰十二月，恭陵百丈庑[2]灾。

癸酉二年（公元133年）

　　春，正月，征郎颉以为郎中，不就[3]上召郎颉，问以灾异。颉上章曰："三公上应台阶，下同元首[4]，政失其道，则寒阴[5]反节。今之在位，竞托高虚[6]，纳累钟之奉[7]，亡天下之忧。栖迟偃仰，寝疾自逸，被策文，得赐钱，即复起矣，何疾之易而愈之速[8]？以此消伏[9]灾眚，兴致升平[10]，其可得乎？今选牧、守，委任三府。长吏不良，既咎州郡。州郡有失，岂得不归责举者？而陛下崇之弥优，自下[11]慢事愈甚，所谓'大网疏，小网数'也。"因条便宜七事："一，园陵火灾，宜念百姓之劳，罢缮修之役。二，立春以后，阴寒失节，宜采纳良臣，以助圣化[12]。三，今年少阳，春旱夏水，宜务节约。四，去年八月，荧惑出入轩辕[13]，宜简出[14]宫女。五，去冬有白气从西方天苑趋参[15]左足，入玉井[16]，恐

1　格：法式，标准。
2　庑：堂下周围的廊屋。
3　不就：不就职，谓不接受任命。
4　三公上应台阶，下同元首：三公在上天对应三台星，在人而言相当于头。台阶，即三台星，三台星亦名泰阶，故称台阶。古人以为三台星有三公之象，因以指三公之位或宰辅重臣。元首，头。
5　寒阴：寒冷的阴气，寒气。
6　高虚：徒拥高位而不干实事。
7　累钟之奉：指丰厚的俸禄。
8　栖迟偃仰，寝疾自逸，被策文，得赐钱，即复起矣，何疾之易而愈之速：整日养尊处优，到处游乐，甚至佯装卧病在床，享受安逸，可是一旦接到封官授爵的策书，得到皇帝的赐钱时，则会马上从病床上爬起来，患病为何那么容易而痊愈又那么迅速。栖迟，游息。偃仰，安居，游乐。
9　消伏：消除。
10　兴致升平：开创太平盛世。兴致，导致。
11　自下：其下。
12　圣化：帝王的教化。
13　轩辕：古星座名，共十七星，蜿蜒如龙。其第十四星为一等大星，因在五帝座之旁，故为女主象。
14　简出：经过甄别而放出宫禁。
15　参：古星宿名，二十八宿之一，西方白虎七宿的末一宿，即猎户座的七颗亮星。
16　玉井：古星官名，参宿下方四颗星，形如井，故名。

有羌寇，宜为备御[1]。六，近者白虹贯日，宜令中外[2]官司，并须立秋然后考事。七，汉兴以来，三百三十九岁，于时三期[3]，宜大蠲法令，有所变更。王者之法，譬犹江河，当使易避而难犯。"复上书荐黄琼、李固，又言："自冬涉春，讫无嘉泽[4]。朝廷劳心，广为祷祈[5]。臣闻皇天感物，不为伪动；灾变应人，要在责己。若令雨可请降，水可攘[6]止，则岁无隔并[7]，太平可待。然而灾害不息者，患不在此也。"书奏，特拜郎中。辞病，不就。

封乳母宋娥为山阳君帝之立也，娥与其谋，故封之。又封梁商子冀为襄邑侯。左雄上封事曰："高皇帝约，非有功不侯。不宜追录小恩，亏失大典。"帝不听。雄复谏曰："臣闻人君莫不好忠正而恶谗谀[8]，然而历世之患，莫不以忠正得罪、谗谀蒙幸者，盖听忠难，从谀易也。夫刑罪，人情之所甚恶；贵宠，人情之所甚欲。是以时俗为忠者少，而习谀者多。故令人主数闻其美，稀知其过，迷而不悟，以至于危亡。臣案尚书故事[9]，无乳母爵邑之制，唯先帝时王圣为野王君，圣造生[10]谗贼废立之祸，生为天下所咀嚼，死为海内所欢快。今阿母躬蹈[11]俭约，以身率下，而与圣同爵号，惧违本操[12]。乞如前议，岁以千万给俸阿母，可不为吏民所怪。梁冀之封，事非机急[13]，宜过灾厄之运，然后平议[14]可否。"于是商让还冀封。

夏，四月，京师地震。诏公卿直言，举敦朴[15]士左雄复上疏曰："先帝

1　备御：防备。
2　中外：中央和地方。
3　三期：三个周期。
4　嘉泽：及时雨。
5　祷祈：祷告祈求。
6　攘：努力消去。
7　隔并：阴阳失调而生之水旱灾害。
8　谗谀：谗毁和阿谀。
9　尚书故事：尚书台的旧例。
10　造生：凭空制造。
11　躬蹈：亲身履行。
12　本操：根本的操守。
13　机急：紧急情况。
14　平议：公平地论定是非曲直。
15　敦朴：敦厚朴实，忠厚朴实。

封野王君，汉阳地震。今封山阳君，而京城复震。专政在阴，其灾尤大。臣前后瞽言[1]，封爵至重。今冀已高让[2]，山阳君亦宜崇其本节。"雄言切至，娥亦畏惧辞让，而帝卒封之。是时，大司农刘据以职事被谴，召诣尚书，传呼促步[3]，加以捶扑[4]。雄上言："九卿大臣，行有佩玉之节。孝明皇帝始有扑罚[5]，非古典也。"帝纳之。

京师地坼。诏引敦朴士对策洛阳宣德亭地坼八十五丈，帝引公卿所举敦朴士对策。李固对曰："汉兴以来三百余年，贤圣相继十有八主，岂无阿乳之恩？岂忘贵爵之宠？然上畏天威，俯案经典，知义不可，故不封也。今宋阿母虽有功勤，但加赏赐，足酬其劳。裂土开国，实乖旧典。闻阿母体性谦虚，必有逊让，陛下宜许其辞国之高，使成万安之福。夫妃后之家所以少完全者，岂天性当然？但以爵位尊显，专总[6]权柄，天道恶盈，不知自损，故至颠仆[7]。今梁氏子弟群从[8]，荣显[9]兼加，永平、建初[10]故事，殆不如此。宜令还居黄门之官，使权去外戚，政归国家。又，诏书所以禁侍中、尚书、中臣子弟不得为吏、察孝廉者，以其秉威权，容请托故也。而中常侍在日月[11]之侧，声势震天下，子弟禄任[12]，曾无限极。谄伪[13]之徒，望风进举。今可为设常禁[14]，同之中臣。长水司马武宣、开阳城门候羊迪，无他功德，初拜便真[15]，此虽小失，而渐坏旧章。先圣法度所

---

1 瞽言：谦词，不明事理的言论。
2 高让：拱手相让。旧时表示推让、辞让，往往高拱其手，故称。
3 促步：急步，快走。
4 捶扑：杖击，鞭打。
5 扑罚：笞刑。
6 专总：独揽。
7 颠仆：挫折困顿，灭亡。
8 群从：堂兄弟及诸子侄。
9 荣显：荣华显贵。
10 永平、建初：永平，汉明帝刘庄年号，代指汉明帝。建初，汉章帝刘炟年号，代指汉章帝。
11 日月：天子。
12 禄任：享受俸禄，担任官职。
13 谄伪：谄媚诈伪。
14 常禁：常设的禁令。
15 初拜便真：刚一任命，没有经过试用一年，便正式担任官职。

宜坚守，政教一跌，百年不复[1]。陛下之有尚书，犹天之有北斗。斗为天喉舌，尚书亦为陛下喉舌。斗斟酌元气，运乎四时；尚书出纳王命，赋政[2]四海，权尊势重，责之所归，宜择其人，以毗[3]圣政。今与陛下共天下者，外则公卿、尚书，内则常侍、黄门，譬犹一门之内、一家之事，安则共其福庆，危则通其祸败。刺史、二千石，外统职事，内受法则。夫表曲者景必邪[4]，源清者流必洁，犹叩树本，百枝皆动也。由此言之，本朝号令，岂可蹉跌[5]？夫人君之有政，犹水之有堤防。堤防完全，虽遭霖潦[6]，不能为变。政教一立，暂遭凶年，不足为忧。今堤防虽坚，渐有孔穴[7]。譬之一人之身，本朝[8]者，心腹也；州郡者，四肢也。心腹痛则四肢不举。故臣之所忧，在腹心之疾，非四肢之患也。苟坚堤防，务政教，先安心腹，整理本朝，虽有寇贼、水旱之变，不足介意。不然，则虽无水旱之灾，天下固可忧矣。又宜罢退宦官，去其权重[9]，裁置常侍二人，方直[10]有德者省事[11]左右。小黄门五人，才智闲雅[12]者给事殿中。如此，则论者厌塞[13]，升平可致也。"扶风功曹马融对曰："今科条品制[14]，四时禁令，所以承天顺民者，备矣，悉矣，不可加矣。然而天犹有不平之效，民犹有咨嗟[15]之怨者，百姓屡闻恩泽之声而未见惠和[16]之实也。古之足民[17]者，非能家赡而人足之，量其财用，为之

1　政教一跌，百年不复：刑赏与教化一旦遭到破坏，一百年都难恢复。政教，刑赏与教化。跌，犯过失。
2　赋政：颁布政令。赋，通"敷"。
3　毗：辅助。
4　表曲者景必邪：标竿弯曲，测出的日影必然歪斜。
5　蹉跌：失足跌倒，比喻失误。
6　霖潦：大雨积水成涝。
7　孔穴：孔洞，窟窿眼儿。
8　本朝：朝廷。古以朝廷为国之本，故称。
9　权重：权力，大权。
10　方直：人品端方正直。
11　省事：处理政务。
12　闲雅：安适高雅。
13　厌塞：压倒，镇住。
14　科条品制：各种法令条规。
15　咨嗟：叹息。
16　惠和：仁爱和顺。
17　足民：使百姓富足。

制度。故嫁娶之礼俭，则婚者以时矣；丧制之礼约，则终者掩藏矣；不夺其时，则农夫利矣。夫妻子以累其心，产业以重其志，舍此而为非者，必不多矣。"太史令张衡对曰："自初举孝廉，迄今二百岁，皆先孝行，行有余力，始学文法。辛卯诏书，以能章句、奏案[1]为限，虽有至孝，犹不应科，此弃本而取末也。曾子长于孝，然实鲁钝，文学不若游、夏，政事不若冉、季。今欲使一人兼之，苟外有可观，内必有缺矣。"上览众对，以李固为第一，即时出阿母还舍，诸常侍悉叩头谢罪，朝廷肃然。以固为议郎，而阿母、宦者皆疾之，诈为飞章[2]以陷其罪。事从中下，大司农黄尚、仆射黄琼救之，久乃得释，出为洛令[3]，弃官归汉中。衡才高于世，而无骄尚[4]之情。通贯六艺，尤致思于天文、阴阳、历算[5]，作浑天仪，著《灵宪》。性恬憺[6]，不慕当世，所居之官辄积年不徙。阿母后竟坐构奸[7]诬罔，收印绶，还里舍[8]。

　　秋，七月，太尉庞参免太尉庞参在三公中最名忠直，数为左右所毁。司隶承风[9]按之，参称疾。广汉上计掾[10]段恭上疏曰："伏见道路行人、农夫、织妇皆曰：'太尉参竭忠尽节，不能曲心[11]，孤立群邪之间，自处中伤[12]之地。'夫以谗佞伤毁忠正，此天地之大禁，人主之至诚也。国以贤治，君以忠安。今天下咸欣陛下有此忠贤，愿卒宠任以安社稷。"书奏，诏遣小黄门视参疾，致羊酒。后参夫人疾前妻子[13]，杀之。洛阳令奏参罪，竟以灾异免。

1　奏案：上奏天子的表章。
2　飞章：报告急变或急事的奏章。
3　洛令：洛县县令。洛，古县名，位于今河南省洛阳市东北。
4　骄尚：骄傲自大。尚，自以为超出，高出。
5　历算：历法。
6　恬憺：清净淡泊。
7　构奸：勾结奸宄。
8　里舍：家乡。
9　承风：迎合上官的意图。风，口风。
10　上计掾：古代佐理州郡上计事务的官吏。
11　曲心：昧心。
12　中伤：受伤，受害。
13　前妻子：以前的妻子生的儿子。

鲜卑寇马城是后其王犍死，鲜卑抄盗差稀[1]。

甲戌三年（公元 134 年）

夏，四月，车师后部击破北匈奴，获单于母。

五月，旱上露坐[2]德阳殿东厢请雨，问尚书周举以消变[3]之术。举对曰："臣闻阴阳闭隔，则二气否塞[4]。风雨不时，水旱成灾。陛下废文帝、光武之法，而循亡秦奢侈之欲，内积怨女[5]，外有旷夫。自枯旱以来，弥历[6]年岁。未闻陛下改过之效，徒劳至尊暴露风尘，诚无益也。宜推信革政，崇道变惑[7]，出后宫不御之女，除太官重膳[8]之费。慎官人，去贪佞[9]。"帝曰："贪佞者为谁乎？"对曰："臣从下州超备机密[10]，不足以别群臣。然公卿大臣数有直言者，忠贞也；阿谀苟容者，佞邪也。"张衡亦言："前年京师地震土裂，裂者，威分；震者，民扰也。愿陛下思惟所以[11]，稽古率旧[12]，勿令刑德八柄[13]不由天子。然后神望允塞[14]，灾消不至矣。"衡又以中兴之后，儒者争学图纬[15]，上疏言："图谶成于哀、平之际，皆虚伪之徒以要世取资，欺罔较然，莫之纠禁[16]。且律历、卦候、九

1　抄盗差稀：劫掠财物的盗贼略微减少了。抄盗，劫掠财物的盗贼。差，略微，比较。
2　露坐：露天而坐。
3　消变：消除灾异或变异。
4　否塞：闭塞不通。
5　怨女：大龄而未嫁人的女子。下文"旷夫"，大龄而未娶妻室的男子。
6　弥历：久经，经历。
7　推信革政，崇道变惑：诚心诚意地革除弊政，推崇先王制订的规章制度，改变奢侈腐化的混乱局面。
8　重膳：两个或两个以上的菜肴，也泛指丰盛的膳食。
9　贪佞：贪财巧佞。
10　从下州超备机密：从下面的州刺史府越级提拔到掌管朝廷机密的尚书台。
11　思惟所以：思惟，思量。所以，原因，情由。
12　率旧：遵循旧制。
13　刑德八柄：刑德，刑罚与教化，刑罚与恩赏。八柄，帝王统驭臣下的八种手段，即爵、禄、予、置、生、夺、废、诛。
14　神望允塞：神灵的愿望得到满足。允塞，满足。
15　图纬：谶书和纬书的合称。谶是秦汉间巫师、方士编造的预示吉凶的隐语，纬是汉代附会儒家经义的一类书。
16　以要世取资，欺罔较然，莫之纠禁：图纬经常被他们用来欺世盗名和骗取钱财，欺骗的意图非常明显，但朝廷却没有查禁。

官、风角[1]，数有征效[2]，世莫肯学，而竞称不占之书[3]。譬犹画工恶图犬马而好作鬼魅，诚以实事难形而虚伪不穷也。宜收藏图谶，一禁绝之，则朱紫无所眩[4]，典籍无瑕玷[5]矣。"

秋，七月，钟羌寇陇西、汉阳。冬，十月，校尉马续击破之。

十一月，司徒刘崎、司空孔扶免用周举之言也。

乙亥**四年**（公元135年）

春，二月，初听中官[6]得以养子袭爵御史张纲上书曰："窃寻文、明二帝德化尤盛，中官、常侍不过两人，近幸赏赐，裁满数金。惜费重民，故家给人足。而顷者以来，无功小人皆有官爵，非所以爱民重器，承天顺道也。"书奏，不省。

旱。

遣谒者马贤击钟羌，大破之。

夏，四月，以梁商为大将军商称疾不起且一年，帝遣使奉策就第即拜，商乃诣阙受命。商少通经传[7]，谦恭好士，辟李固为从事中郎。固以商柔和自守，不能有所整裁[8]，乃奏记曰："数年以来，灾怪屡见。孔子曰：'智者见变思形，愚者睹怪讳名[9]。'天道无亲，可为祗畏[10]。诚今王纲一整，道行忠立，明公踵伯

1　律历、卦候、九宫、风角：律历，乐律和历法。卦候，以《易》卦与节候相配。九宫，天文学家将天宫以井字划分成九个等份，在晚间从地上观察天上的七曜与星宿移动，了解方向及季节等。风角，古代占卜之法，以五音占四方之风而定吉凶。
2　征效：效验，征兆。
3　不占之书：指谶书。
4　朱紫无所眩：高级官员们才不会受迷惑。朱紫，古代高级官员的服色，朱衣紫绶，代指高级官员。
5　瑕玷：玉上的斑点或裂痕。比喻污点，过失。
6　中官：宦官。
7　经传：儒家的著作为经，解释经文的书为传，合称经传。
8　整裁：治理决断。
9　智者见变思形，愚者睹怪讳名：聪明的人见到灾变，会考虑它形成的原因；愚蠢的人见到怪异，却避免称其名。
10　天道无亲，可为祗畏：天道不论亲疏，不偏不倚，所以可敬可畏。

成[1]之高，全不朽之誉，岂与此外戚凡辈耽荣[2]好位者同日而论哉？"商不能用。

秋，闰八月朔，日食。

冬，十月，乌桓寇云中。

十二月，地震。

丙子**永和元年**（公元 136 年）

冬，十二月，以王龚为太尉龚疾宦官专权，上书极言其状。诸黄门使客诬奏龚罪，上命龚亟自实[3]。李固奏记于梁商曰："王公以坚贞之操横为谗佞所构[4]，众人闻知，莫不叹栗[5]。夫三公尊重，无诣理诉冤[6]之义，纤微感概，辄引分决[7]，是以旧典不有大罪，不至重问[8]。王公卒有他变，则朝廷获害贤之名，群臣无救护之节矣。语曰：'善人在患，饥不及餐。'斯其时也。"商即言之，事乃得释。

以梁冀为河南尹[9]冀嗜酒逸游，居职纵暴[10]。商客吕放以告商，让之。冀遣人杀放，而推疑[11]放之怨仇，捕灭其宗亲宾客百余人。

武陵蛮反初，武陵太守言蛮夷率服[12]，可增租赋。虞诩曰："自古圣王不臣异俗。先帝旧典，贡税多少，所由来久矣。今猥增之，必有怨叛。计其所得，

---

1 伯成：尧时人，相传尧治天下，他立为诸侯。尧授舜、舜授禹时，他认为"德自此衰，刑自此立，后世之乱自此始"，就隐居耕种。
2 耽荣：沉湎于荣华富贵。
3 自实：如实自报。
4 构：诬陷，陷害。
5 叹栗：叹息恐惧。
6 诣理诉冤：前往司法部门为自己申辩诉冤。
7 纤微感概，辄引分决：朝廷稍有不满，马上就会自杀。感概，感触，感叹。引分，自杀。
8 重问：古时大臣犯重罪而被审讯。
9 河南尹：古官名，首都洛阳所在河南郡长官。河南郡，古郡名，辖境相当于今天河南原阳、中牟二县以西，孟津、伊川二县以东，孟津至荥阳段黄河以南，汝阳、临汝、新密、新郑等县市以北地。
10 纵暴：肆意暴虐。
11 推疑：将罪过推给。
12 率服：相率而服从。

不偿所费，必有后悔。"帝不从。至是蛮果争贡布[1]非旧约，遂杀乡吏，举种反。

丁丑二年（公元 137 年）

春，以李进为武陵太守，讨平之进简选[2]良吏，抚循蛮夷，郡境遂安。

夏，四月，地震。

象林[3]蛮反象林蛮区怜等攻县寺[4]，杀长吏。交趾刺史樊演发交趾、九真兵万余人救之，兵士惮远役，反攻其府。府虽击破反者，而蛮势转盛。

冬，十月，帝如长安。征处士法真，不至扶风法真博通内外学[5]，隐居不仕。帝欲致之，四征不屈。友人郭正称之曰："真名可得闻，身难得见。逃名而名我随，避名而名我追，可谓百世之师者矣。"

地震太尉王龚以中常侍张昉等专弄国权[6]，欲奏诛之。宗亲有以杨震事谏之者，龚乃止。

十二月，还宫。

戊寅三年（公元 138 年）

春，二月，地震，金城、陇西山崩。

夏，闰四月，地震。

以祝良为九真太守，张乔为交趾刺史，招降蛮寇，岭外悉平侍御史贾昌与州郡讨区怜等，岁余不克。帝召百官，问以方略，皆议遣大将，发荆、扬、兖、豫四万人赴之。李固驳曰："荆、扬盗贼盘结[7]不散，长沙、桂阳数被

1　贡布：进贡布匹的数量。
2　简选：选择，选用。
3　象林：古县名，日南郡最南方的县，位于今越南中部。
4　寺：官员任职之所。
5　博通内外学：博通，广泛地通晓。内外学，内学和外学。东汉儒生以七纬为内学，以六经为外学。
6　专弄国权：专弄，把持操弄。国权，政府或国君的权力。
7　盘结：相互勾结。

征发，如复扰动，必更生患。兖、豫之人远赴万里，诏书迫促[1]，必致叛亡。南州温暑[2]，加有瘴气，致死亡者十必四五。远涉万里，士卒疲劳，比至岭南，不复堪斗。军行日三十里，而兖、豫去日南九千余里，三百日乃到，计人禀[3]五升，用米六十万斛，不计将吏[4]、驴马之食。设军所在，死亡必众，既不足御敌，当复更发，此为刻割[5]心腹以补四肢。九真、日南相去千里，发其吏民犹尚不堪，何况乃苦四州之卒，以赴万里之艰哉？前中郎将尹就讨益州叛羌，益州谚曰：'虏来尚可，尹来杀我。'后就征还，以兵付刺史张乔。乔因其将吏，旬月之间破殄[6]寇虏。此发将无益之效，州郡可任之验也。宜更选有勇略、仁惠[7]任将帅者以为刺史、太守，徙日南吏民北依交趾。还募蛮夷，使自相攻，转输金帛，以为其资。有能反间致头首[8]者，许以封侯裂土之赏。故并州刺史祝良性多勇决[9]，张乔前有破虏之功，皆可任用。"四府悉从固议，即拜良为九真太守，乔为交趾刺史。乔至，开示[10]慰诱，并皆降散。良到九真，单车入贼中，设方略，招以威信，降者数万人，皆为良筑起府寺[11]。岭外复平。

秋，九月，诏举武猛[12]任将帅者初，左雄荐周举为尚书。至是雄为司隶校尉，举冯直任将帅。直尝坐赃受罪，举以此劾奏雄。雄曰："诏书使选武猛，不使选清高。"举曰："诏书使君选武猛，不使君选贪污也。"雄曰："进君，适所以自伐[13]也。"举曰："昔赵宣子任韩厥为司马，而厥戮其仆，宣子谓诸大

---

1 迫促：急迫，紧促。
2 南州温暑：南州，泛指南方地区。温暑，炎热。
3 禀：给予谷物。
4 将吏：军官。
5 刻割：切割。
6 破殄：消灭，破灭。
7 仁惠：仁慈，仁厚。
8 头首：脑袋，首级。
9 勇决：勇敢而有决断。
10 开示：启示，启发。
11 府寺：古代公卿的官舍。
12 武猛：勇猛的人。
13 自伐：自戕，自己败坏自己。

夫曰：'可贺我矣。'今君不以举之不才误升诸朝，不敢阿[1]君以为君羞，不寤君之意与宣子殊也。"雄悦，谢曰："是吾过也。"天下益以此贤之。是时，宦官竞卖恩势，唯大长秋良贺清俭退厚[2]。及诏举武猛，贺独无所荐。帝问其故，对曰："臣生自草茅[3]，长于宫掖，既无知人之明，又未尝交加士类[4]。昔卫鞅因景监以见，有识[5]知其不终。今得臣举者，匪荣伊辱[6]，是以不敢。"

冬，十月，烧当羌那离寇金城，校尉马贤击破之。

十二月朔，日食。

己卯**四年**（公元 139 年）

春，正月，中常侍张逵等伏诛梁商以小黄门曹节等用事于中，遣冀与交，而中常侍张逵等忌其宠，反共谮商及曹腾、孟贲图废立。帝曰："必无是，但汝曹共妒之耳。"逵惧，矫诏[7]收缚腾、贲。帝怒，收逵等下狱，伏诛，辞所连染[8]，延及大臣。商上疏曰："《春秋》之义，功在元帅，罪止首恶。大狱一起，无辜者众。死囚久系，纤微[9]成大，非所以顺迎和气，平政成化[10]也。宜早讫竟[11]，以止逮捕之烦。"帝纳之。

三月，地震。

夏，四月，马贤击那离等，斩之。

秋，八月，太原旱。

1　阿：迎合。
2　清俭退厚：清俭，清廉俭朴。退厚，谦退厚重。
3　草茅：草野，民间。
4　交加士类：交加，结交。士类，文人、士大夫的总称。
5　有识：有见识的人。
6　匪荣伊辱：不仅不会引以为荣，反而觉得是一种耻辱。
7　矫诏：假托诏令。
8　连染：连累，牵连。
9　纤微：细微。
10　平政成化：修明政治，成就教化。
11　讫竟：终止，了结。

庚辰**五年**（公元 140 年）

春，二月，地震。

南匈奴吾斯、车纽等反。夏，五月，诏度辽将军马续招降之南匈奴吾斯、车纽等反，寇西河，招诱右贤王合兵围美稷，杀长吏。马续等发兵掩击，破之。天子遣使责让单于。单于本不预谋[1]，乃脱帽、避帐谢罪。中郎将陈龟以单于不能制下，迫令自杀，降者遂更狐疑。龟坐免。大将军商曰："马续素有谋谟，典边[2]日久，深晓兵要。宜令续深沟高壁，以恩信招降，宣示购赏，明为期约[3]，如此，则丑类[4]可服，国家无事矣。"帝乃诏续招降畔虏。商又移书续等曰："中国安宁，忘战日久。良骑野合[5]，交锋接矢，决胜当时，戎狄之所长，而中国之所短也；强弩乘城，坚营固守，以待其衰，中国之所长，而戎狄之所短也。宜务先所长以观其变，设购开赏[6]，宣示反悔，勿贪小功以乱大谋。"于是右贤王部万三千口皆诣续降。

是月晦，日食。

且冻、傅难种羌[7]寇三辅，以马贤为征西将军，讨之初，那离等既平，朝廷以来机、刘秉为并、凉刺史。机等虐刻[8]，多所扰发，羌遂复反。

羌寇武都，烧陇关[9]。

匈奴吾斯立车纽为单于，引乌桓、羌、胡寇边。冬，十二月，遣中郎将张耽将兵击降之。

1　预谋：参与计议。
2　典边：主守边疆。
3　期约：约定共同信守的事项。
4　丑类：恶人，坏人，对敌人的蔑称。
5　野合：野战。
6　设购开赏：进行悬赏。
7　且冻、傅难种羌：由雕且冻偕同族兄雕傅难率领的羌族部落。雕且冻，先零王朝佐政雕狼莫之孙。
8　虐刻：残暴苛刻。
9　陇关：古关隘名，即大震关，位于今甘肃省天水市清水县东北小陇山。

辛巳**六年**（公元 141 年）

春，正月，马贤与羌战，败没。东、西羌遂大合。闰月，巩唐羌[1]寇三辅，烧园陵初，上命马贤讨西羌，大将军商以为贤老，不如太中大夫宋汉，帝不从。贤到军，稽留[2]不进。武都太守马融上疏曰："今杂种[3]诸羌转相钞盗，宜及其未并，亟遣深入，破其支党。而马贤等处处留滞，羌、胡百里望尘，千里听声，今逃匿避回，漏出其后，则必侵寇三辅，为民大害[4]。臣愿请贤所不可，用关东兵五千，裁假[5]部队之号，尽力率厉，埋根行首[6]以先吏士，三旬之中，必克破之。臣又闻吴起为将，暑不张盖，寒不披裘。今贤野次垂幕，珍肴杂遝[7]，儿子侍妾，事与古反。臣惧贤等专守一城，言攻于西而羌出于东，且其将士将不堪命[8]，必有高克溃叛[9]之变也。"安定人皇甫规亦见贤不恤军事，审[10]其必败，上书言状。朝廷皆不从，至是果败。

二月，有星孛于营室。

武都太守赵冲击破巩唐羌。诏冲督河西四郡兵安定上计掾皇甫规上疏曰："羌戎溃叛，皆因边将失于绥御[11]，乘常守安则加侵暴，苟竞小利则致大害[12]，微胜则虚张首级，军败则隐匿不言。军士劳怨，困于猾吏[13]，进不得快战以微功，退不得温饱以全命，饿死沟渠，暴骨中原。徒见王师之出，不闻振旅之

1　巩唐羌：古羌人部落之一，主要分布于今天甘肃省临洮、永清湟水南岸及塞外地区。
2　稽留：停留。
3　杂种：古代对少数民族的蔑称。
4　逃匿避回，漏出其后，则必侵寇三辅，为民大害：他们逃跑，躲开汉军的锋芒，绕到汉军的背后，一定会侵犯和劫掠三辅地区，给人民带来很大的祸害。漏，逃脱，逃避。
5　裁假：只是借用。
6　埋根行首：埋根，植根于土，比喻作战时坚守不退。行首，军队的行列。
7　野次垂幕，珍肴杂遝：在野外垂挂帐幕，美味佳肴杂陈。杂遝，众多杂乱的样子。
8　堪命：堪，忍受。命，命令。
9　高克溃叛：公元前 660 年，狄人侵入卫国。郑文公怕狄人渡过黄河侵入郑国，就派大臣高克去防备。边境无事很长时间，郑文公也不召回高克的军队，任其无所事事，最后军队溃散而归，高克逃到陈国去了。
10　审：知道。
11　绥御：安定防御。
12　乘常守安则加侵暴，苟竞小利则致大害：对平常安分守己的羌人加以虐待，只贪图小利，终于招致大祸。
13　猾吏：奸猾的官吏。

声。酋豪泣血，惊惧生变，是以安不能久，叛则经年。愿假臣屯列坐食之兵[1]五千，出其不意，与赵冲共相首尾，可不烦方寸之印，尺帛之赐，高可涤患，下可纳降。若谓臣年少官轻不足用者，凡诸败将，非官爵之不高，年齿之不迈[2]。臣不胜至诚，没死[3]自陈。"帝不能用。

巩唐羌寇北地。

秋，八月，大将军梁商卒初，商以上巳[4]会宾客，宴于洛水。酒阑[5]，继以《薤露》[6]之歌，周举闻之，叹曰："此所谓哀、乐失时，非其所也，殃将及乎？"至是病笃，敕冀等曰："吾生无以辅益朝廷，死何可耗费帑藏？衣衾、饭含[7]、玉匣、珠贝之属，何益朽骨？宜皆辞之。"薨，诸子欲从其诲[8]，朝廷不听。

以梁冀为大将军，不疑为河南尹。

以周举为谏议大夫初，梁商疾笃，帝亲临幸[9]，问以遗言。对曰："臣从事中郎周举，清高忠正，可重任也。"由是用之。

九月，诸羌寇武威。

是月晦，日食。

冬，十月，徙安定、北地郡。

十一月，遣车骑将军张乔屯三辅。

徙荆州刺史李固为泰山太守荆州盗起，弥年[10]不定。以李固为刺史。固

1　屯列坐食之兵：屯列，布防，屯驻。坐食之兵，没有战斗任务的士兵。坐食，不劳而食。
2　迈：老。
3　没死：昧死，冒着死罪。没，通"昧"。
4　上巳：节日名，旧俗以此日在水边洗濯污垢，祭祀祖先，此后便成了水边饮宴、郊外游春的节日。
5　酒阑：酒筵将尽。
6　《薤露》：古代送葬时唱的丧歌。
7　衣衾、饭含：衣衾，装殓死者的衣服与单被。饭含，古丧礼，以珠、玉、贝、米等物纳于死者之口。
8　诲：教导。
9　临幸：帝王亲临。帝王车驾所至曰"幸"，故称。
10　弥年：经年，终年。

到，遣吏劳问境内，赦寇盗前衅，与之更始[1]。于是贼帅自缚归首[2]，固皆原之，遣还相招[3]。半岁间，余类悉降。奏南阳太守高赐等臧秽[4]。赐等重赂梁冀。冀为之千里移檄，而固持之愈急。冀遂徙固为泰山太守。时泰山盗贼屯聚历年，郡兵常千人追讨，不能制。固到，悉罢遣归农，但选留任战[5]者百余人，以恩信招诱之。未满岁，贼皆弭散[6]。

壬午汉安元年（公元 142 年）

秋，八月，吾斯等复反。

遣八使分行州郡遣杜乔、周举、周栩、冯羲、栾巴、张纲、郭遵、刘班分行州郡，表贤良，显忠勤[7]。其贪污有罪者，刺史、二千石驿马上之[8]，墨绶以下便辄收举[9]。乔等受命之部，张纲独埋其车轮于洛阳都亭，曰："豺狼当路，安问狐狸？"遂劾奏大将军冀、河南尹不疑无君之心十五事，京师震竦[10]。帝虽知纲言直，不能用也。他使所劾，亦多冀及宦者亲党，事皆寝遏[11]。侍御史种暠疾之，复行按举[12]。乃更考正[13]其罪。

以李固为将作大匠杜乔奏李固政为天下第一，故有是命。

以张纲为广陵[14]太守梁冀恨张纲，思有以中伤之。时广陵贼张婴寇乱扬、

1　更始：重新开始，除旧布新。
2　归首：归降，自首。
3　遣还相招：让他们回去，互相招集，宣扬朝廷的声威和法令。
4　臧秽：贪污等秽行。
5　任战：善于作战。
6　弭散：顺服散去。
7　忠勤：忠心勤劳。
8　驿马上之：用驿马迅速上奏朝廷。
9　收举：收系弹劾。
10　震竦：震惊，惊惧。
11　寝遏：搁置，阻止。
12　按举：举报。
13　考正：考查核实。
14　广陵：古郡名，辖今江苏、安徽两省交界的洪泽湖和六合以东，泗阳、宝应、灌南以南，串场河以西，长江以北地区。

徐间，积十余年，乃以纲为广陵太守。纲单车径诣婴垒门[1]，婴大惊，走闭垒。纲于门外罢遣[2]吏兵，留十余人，以书谕婴，请与相见。婴乃出拜谒。纲延置上坐，譬之曰："前后二千石多肆贪暴[3]，故致公等怀愤相聚，二千石信[4]有罪矣，然公所为者又非义也。主上仁圣，欲以文德服叛，故遣太守来，今诚转祸为福之时也。若闻义不服，天子震怒，荆、扬、兖、豫大兵云合，身首横分，血嗣[5]俱绝。二者利害，公其深计之。"婴闻泣下，曰："荒裔[6]愚民，不堪侵枉[7]，相聚偷生，若鱼游釜[8]中，知其不可久，且以喘息须臾间耳。今闻明府之言，乃婴等更生之辰[9]也。"乃辞，还营。明日，将所部万余人与妻子面缚[10]归降。纲单车入垒，置酒为乐，散遣部众，任从所之。亲为卜居宅，相田畴[11]，子弟欲为吏者，皆引召之。人情悦服，南州晏然。论功当封，梁冀遏之。在郡一岁，卒。婴等五百余人为之制服[12]行丧，送到犍为，负土成坟。时二千石、长吏有能政[13]者，有洛阳令任峻、冀州刺史苏章、胶东相吴祐。洛阳自王涣之后，皆不称职。峻能选用文武，各尽其用。发奸不旋踵，民间不畏吏，其威禁[14]猛于涣，而文理政教不如也。章有故人为清河太守。章行部，欲按其奸臧[15]，乃为设酒，甚欢。太守喜曰："人皆有一天，我独有二天。"章曰："今夕苏孺文与故人饮者，私恩也。明日冀州刺史按事者，公法也。"遂举正[16]其罪，州境肃然。

1　垒门：军营的正门。
2　罢遣：遣散。
3　贪暴：贪婪暴虐。
4　信：果真，的确。
5　血嗣：子孙。
6　荒裔：边远地区。
7　侵枉：侵害而使受冤枉。
8　釜：煮饭的锅。
9　辰：日子。
10　面缚：双手反绑于背而面向前，古代用以表示投降。
11　田畴：田地。
12　制服：穿丧服。
13　能政：善政。
14　威禁：法令，禁令。
15　奸臧：不法受贿。
16　举正：列举其罪而正之以法。

后以摧折权豪[1]，坐免。时天下日敝，民多愁苦，论者日夜称章，朝廷不能复用也。祐政崇仁简，民不忍欺。啬夫孙性私赋民钱，市衣以进其父[2]。父得而怒曰："有君如是，何忍欺之？"促归伏罪。性惭惧自首，具谈父言。祐曰："掾以亲故[3]受污秽之名，所谓'观过知仁矣'。"使归谢其父。还，以衣遗之。

冬，罕羌[4]降，罢张乔军屯。

癸未二年（公元 143 年）

夏，四月，以赵冲为护羌校尉，击烧当羌，破之。

冬，十一月，使匈奴中郎将马寔遣人刺吾斯，杀之。

地震凉州自九月以来地百八十震，山谷坼裂，坏败城寺[5]，民压死者甚众。

增孝廉为四科尚书令黄琼以左雄所上孝廉之选专用儒学文吏，于取士之义犹有所遗，乃奏增孝悌及能从政者为四科。帝从之。

甲申**建康元年**（公元 144 年）

春，赵冲讨羌，战殁冲追叛羌，遇伏，战死。而前后多所斩获，羌由是亦衰耗。

夏，四月，马寔击南匈奴左部，破之。胡、羌、乌桓悉降。

立子炳为皇太子太子居承光宫，帝使侍御史种暠监其家。中常侍高梵从中单驾出迎太子[6]。时太傅杜乔等疑，不欲从而未决，暠乃手剑当车曰："太子，国之储副，人命所系。今常侍来，无诏信，何以知非奸邪？今日有死而已。"梵辞屈，不敢对，驰还，奏之。诏报，太子乃得去。乔退而叹息，愧暠临事不

---

1 权豪：权贵豪强。
2 私赋民钱，市衣以进其父：私自收取百姓钱财，买衣服送给自己的父亲。
3 亲故：亲戚故旧。
4 罕羌：羌人的一支，多与开羌连称，活动范围西起今青海湖，东及甘肃省临夏州。
5 城寺：官舍。
6 从中单驾出迎太子：从内宫乘一辆车子出来迎接太子。

惑。帝亦嘉其持重，称善者良久。

秋，八月，扬、徐群盗范容等作乱，遣御史中丞冯绲督州兵讨之。

帝崩，太子炳即位年二岁。

尊皇后曰皇太后。太后临朝。

以李固为太尉、录尚书事。

九月，葬宪陵[1]。

地震。诏举贤良方正之士，策问之皇甫规对曰："陛下摄政之初，拔用忠贞，远近翕然望见太平，而灾异不息，寇贼纵横，殆以奸臣权重之所致也。其常侍尤无状者，宜亟黜遣[2]，以答天诫。大将军冀、河南尹不疑亦宜增修谦节，辅以儒术，省去游娱不急之务，割减庐第[3]无益之饰。夫君者，舟也；民者，水也。群臣，乘舟者也；将军兄弟，操楫者也。若能平志毕力[4]，以度元元，所谓福也。如其怠弛[5]，将沦波涛，可不慎乎？夫德不称禄，犹凿墉之趾以益其高[6]，岂安固[7]之道哉？凡诸宿猾[8]、酒徒、戏客[9]，皆宜贬斥，以惩不轨。"冀忿之，以规为下第[10]，拜郎中。托疾，免归。

扬州刺史尹耀讨范容，败殁。

冬，十月，交趾蛮夷复反，刺史夏方降之。

九江盗马勉称帝于当涂[11]。

群盗发宪陵。

---

1 宪陵：汉顺帝刘保的陵墓，位于今河南省洛阳市东北。
2 黜遣：斥逐，打发回原处。
3 庐第：宅第。
4 平志毕力：平志，心志平和。毕力，竭力，尽力。
5 怠弛：松懈。
6 凿墉之趾以益其高：挖墙脚来使墙壁加高。墉，高墙。
7 安固：安定巩固。
8 宿猾：一贯奸猾不逞之人，巨恶。
9 戏客：专门陪主人寻欢作乐的人。
10 下第：下等，劣等。
11 当涂：古县名，治所位于今安徽省蚌埠市怀远县南。

乙酉**孝冲皇帝永嘉元年**（公元145年）

春，正月，帝崩梁太后以扬、徐盗贼方盛，欲须所征诸王侯到乃发丧。太尉李固曰："帝虽幼少，犹天下之父，今日崩亡，人神感动，岂有人子反共掩匿[1]乎？秦皇沙丘之谋，近日北乡之事[2]，皆天下大忌，不可之甚者也。"太后从之，即暮发丧。

征清河王蒜及勃海孝王子缵至京师。大将军冀白太后，迎缵入即位，罢蒜归国蒜、缵皆章帝曾孙。蒜为人严重[3]，动止有法度，公卿皆归心焉。而缵年八岁。李固谓梁冀曰："立帝宜择长年[4]有德，任亲政事者。愿将军审详[5]大计，察周、霍之立文、宣，戒阎、邓之利幼弱。"冀不从，与太后定策禁中，迎缵入南宫，即皇帝位，蒜罢归国。

葬怀陵[6]将卜山陵，李固曰："今处处寇贼，军兴费广，新创宪陵，赋发非一[7]。帝尚幼小，可起陵于宪陵茔[8]内，如康陵制度。"太后从之。太后委政李固，宦官为恶者一皆斥遣[9]，而梁冀尤疾之。初，顺帝时除官[10]多不以次，固奏免百余人。此等遂作飞章，言固离间近戚[11]，自隆支党。冀以白太后，太后不听。

广陵张婴据郡反婴既降，至是复反。

二月，叛羌皆降，陇右复平西羌叛乱积年，费用八十余亿。诸将多盗牢禀[12]，货赂左右，不恤[13]军事，白骨相望，左冯翊梁并以恩信招诱叛羌，离湳、

1　掩匿：遮掩，隐瞒。
2　北乡之事：汉安帝去世，阎太后为把持国政，在其兄阎显支持下，隐瞒安帝去世的消息，偷偷迎立北乡侯刘懿为帝。详见前文。
3　严重：严肃稳重。
4　长年：年长，年龄较大。
5　审详：仔细审察。
6　怀陵：汉冲帝刘炳的陵墓，位于汉顺帝刘保宪陵南约一里处。
7　赋发非一：征收赋税和调发徭役，名目繁多。
8　茔：坟墓，坟地。
9　斥遣：斥退，驱逐。
10　除官：授予官职。
11　近戚：近亲。
12　牢禀：粮饷。
13　恤：忧虑。

狐奴等五万余户皆诣并降，陇右复平。

三月，九江都尉滕抚讨马勉、范容等，斩之太后以徐、扬盗贼益炽[1]，博求将帅。三公举抚有文武才，诏拜九江都尉，助冯绲讨之。广开赏募，钱邑有差[2]。抚等破斩马勉、范容等。拜抚中郎将，督扬、徐二州事。

诏康陵在恭陵上诏曰："殇帝即位逾年，安帝承袭统业，而前世令恭陵在康陵之上，失其次序，今其正之。"

冬，十一月，历阳[3]盗华孟称帝。滕抚进击张婴及孟，皆破斩之。东南悉平抚性方直，不交权势，为宦官所恶。后论功当封太尉，胡广承旨，奏黜之，遂卒于家。

丙戌孝质皇帝本初元年（公元146年）

夏，四月，诏郡国举明经诣太学，受业者岁满课试[4]，拜官有差自是公卿皆遣子受业游学，增盛至三万余生。

海水溢。

闰六月，大将军冀进毒弑帝。白太后策免太尉固。迎蠡吾侯志入即位，太后犹临朝帝少而聪慧，尝因朝会目梁冀曰："此跋扈将军也。"冀深恶之。使左右置毒于煮饼以进，帝苦烦甚，召李固。固入前问，帝曰："食煮饼，腹闷，得水尚可活。"冀曰："恐吐，不可饮水。"语未绝而崩。固伏尸号哭，推举侍医[5]。议立嗣，固与司徒胡广、司空赵戒先与冀书曰："先世废立，未尝不询访公卿，广求群议，令上应天心，下合众望。传曰：'以天下与人易，为天下得人难。'至忧至重，可不熟虑[6]？悠悠万事，唯此为大。国之兴衰，在此一举。"冀乃召百官入议。固、广、戒及大鸿胪杜乔皆以为清河王蒜明德著

1　炽：兴盛。
2　广开赏募，钱邑有差：公开悬出赏格，按照剿灭盗贼功劳的高下赏赐金钱或食邑。
3　历阳：古县名，治所位于今安徽省马鞍山市和县。
4　课试：考试。
5　推举侍医：推举，劾举推究。侍医，为帝王及皇室成员治病的宫廷医师。
6　熟虑：细致、认真地考虑。

闻[1]，又属最尊亲，宜立为嗣。而中常侍曹腾尝谒蒜，蒜不为礼，由此恶之。初，平原王翼既贬归河间，其父请分蠡吾县[2]以侯之。翼卒，子志嗣。太后欲以女弟妻志，征到夏门亭。会帝崩，冀欲立之，腾又夜往说冀曰：“将军累世椒房之亲，秉摄万机[3]，宾客纵横，多有过差。清河严明，若果立，则将军受祸矣。不如立蠡吾侯，富贵可长保也。”冀然其言。明日，重会公卿，冀意气凶凶，广、戒慑惮[4]，皆曰：“惟大将军令！”独固、乔坚守本议。冀厉声罢会。说太后，策免固。迎蠡吾侯志入南宫，即位，时年十五。太后犹临朝政。大将军掾朱穆戒梁冀曰：“愿将军专心公朝[5]，割除私欲，广求贤能，斥远佞恶[6]。为皇帝置师傅，宜得小心忠笃[7]之士，与之参劝[8]讲授。”又荐种暠、栾巴等，冀不能用也。

康熙御批：汉质帝冲龄临御[9]，能识梁冀之奸，固为聪颖，第遽目之曰：“此跋扈将军也。”遂为所毒。聪颖而不善韬晦[10]，适足以为害矣。

秋，七月，葬静陵[11]。

九月，追尊河间孝王为孝穆皇，蠡吾先侯曰孝崇皇。冬，十月，尊母匽氏为博园贵人。

丁亥孝桓皇帝建和元年（公元147年）

春，正月朔，日食。

三月，黄龙见谯。

---

1 著闻：名气大，大家都知道。
2 蠡吾县：古县名，治所位于今河北省保定市博野县西北。
3 秉摄万机：掌握朝廷大权。
4 慑惮：畏惧。
5 公朝：古代官吏在朝廷的治事之所，借指朝廷。
6 佞恶：谄媚邪恶，谄媚邪恶之人。
7 忠笃：忠厚笃实。
8 参劝：共同劝勉。
9 冲龄临御：冲龄，幼年。临御，皇帝治理国政、坐朝或临幸至某地。
10 韬晦：收敛锋芒，隐藏不露。韬，韬光。晦，晦迹。
11 静陵：汉质帝刘缵的陵墓，位于今河南省洛阳市东北。

夏，四月，地震。

六月，以杜乔为太尉自李固之废，内外丧气，群臣侧足而立，唯乔正色无所回挠[1]，由是朝野皆倚望[2]焉。

秋，论定策功，益封梁冀万三千户，又封其子弟及宦者刘广等皆为列侯杜乔谏曰："陛下即位，不急忠贤之礼，而先左右之封，梁氏一门，宦者微孽[3]，并带无功之绶，裂劳臣之土，其为乖滥，胡可胜言[4]！苟遂斯道，岂伊[5]伤政为乱而已，丧身亡国，可不慎哉？"书奏，不省。

八月，立皇后梁氏初，永昌太守刘君世铸黄金为文蛇[6]，以献梁冀。益州刺史种暠纠发其奸，冀恨暠，因以他事陷之。李固上疏伸理，太后赦暠，免官，以金蛇输官[7]。冀从大司农杜乔借观，乔不与。冀小女死，令公卿会丧，乔独不往。至是立后，冀欲以厚礼迎之，乔又据旧典不听。冀属乔举泛宫为尚书，乔以宫为臧罪，不用。由是日忤冀。

九月，地震，策免太尉乔。

冬，十一月，贬清河王蒜为尉氏侯，徙桂阳。蒜自杀。下李固、杜乔狱，杀之宦者唐衡、左悺等共谮杜乔，帝亦怨之。会刘文等谋共立清河王蒜，劫其相谢暠，杀之。蒜坐贬爵为尉氏侯，徙桂阳，自杀。梁冀因诬李固、杜乔，云与文交通，收固下狱。门生王调贯械[8]上书，赵承等数十人要铁锧诣阙通诉[9]，太后诏赦固。及出狱，京师市里[10]皆称万岁。冀闻之，大惊，畏其终为己害，乃更奏前事。长史吴祐争之，不从。从事中郎马融为作章表[11]，祐谓曰：

1　回挠：屈服。
2　倚望：依赖敬仰。
3　微孽：庶孽贱子。
4　带无功之绶，裂劳臣之土，其为乖滥，胡可胜言：没有功劳也佩带官印和绶带，分到了只有功臣才应得到的封土，错杂不当，不能用言语形容。乖滥，错杂不当。
5　伊：句中语气助词，无义。
6　文蛇：文彩斑烂的大蛇。
7　输官：向官府缴纳。
8　贯械：戴上刑具。
9　通诉：申诉。
10　市里：街市里巷。
11　章表：奏章，奏表。

"李公之罪，成于卿手。李公若诛，卿何面目视天下人？"冀怒，起，入室，祐亦径去。固遂死狱中。临命，与胡广、赵戒书曰："梁氏迷谬[1]，公等曲从，汉家衰微，从此始矣。公等受主厚禄，颠而不扶，后之良史岂有所私[2]？固身已矣，于义得矣，复何言哉！"广、戒悲惭，长叹流涕。冀使人胁杜乔，使自引决。乔不听，收系之，亦死狱中。冀暴固、乔尸，令："有敢临者加其罪。"固弟子郭亮未冠，左提章钺[3]，右秉铁锧，诣阙上书，乞收固尸，不报。与董班俱往，临哭不去。乔故掾陈留杨匡，号泣星行[4]至洛，着故赤帻[5]，托为夏门亭吏，守护尸丧，积十二日。诣阙上书，并乞二公骸骨，太后许之。匡送乔丧还家，葬讫，行服[6]，遂与亮、班皆隐匿，终身不仕。吴祐亦自免归，卒于家。

戊子二年（公元 148 年）

春，正月，帝冠。

三月，白马羌[7]寇广汉。

夏，五月，北宫火，帝徙居南宫。

改清河为甘陵梁冀恶清河名，乃改焉。

秋，大水。

己丑三年（公元 149 年）

夏，四月晦，日食。

秋，八月，有星孛于天市。

---

1 迷谬：迷惑谬误。
2 后之良史岂有所私：后世有良心的史官怎会有所偏袒，意指一定会秉笔直书。
3 章钺：章，奏章。钺，纯铜或纯铁制造的仪仗兵器。
4 星行：连夜急行。
5 赤帻：赤色头巾，古代武士所服。
6 行服：穿孝服居丧。
7 白马羌：古氐羌人的一支，又称白马氐，分布于今四川绵阳北部与甘肃南部武都之间的白龙江流域。

大水。

九月，地再震，山崩。

前朗陵侯相荀淑卒淑少博学，有高行[1]，李固、李膺等皆师宗之。尝举贤良，对策讥刺贵幸[2]，梁冀忌之，出为朗陵相。莅事明治[3]，称为"神君"。有子八人，俭、绲、靖、焘、汪、爽、肃、专，并有名称，时人谓之"八龙"。颍阴令苑康更命其里曰"高阳里"。膺性简亢[4]，唯以淑为师，以同郡陈寔为友。爽尝谒膺，因为其御[5]，既还，喜曰："今日乃得御李君矣。"寔出单微[6]，同郡钟皓以笃行[7]称，九辟公府，年辈远在寔前，引与为友。皓为郡功曹，辟司徒府。太守高伦问："谁可代卿者？"皓曰："明府必欲得其人，西门亭长陈寔可。"伦从之。中常侍侯览托伦用吏[8]，寔怀檄请见，曰："此人不宜用，而览不可违，寔乞从外署，不足以尘明德[9]。"于是乡论[10]怪其非举[11]，寔终无所言。伦后被征，乃谓人曰："吾前为侯常侍用吏，陈君密持教还而于外白署[12]，陈君可谓'善则称君，过则称己'者也。"寔固自引愆[13]，由是天下服其德。后为太丘[14]长，修德清静，百姓以安。邻县民归附者，寔辄训导令还本[15]。司官[16]行部，吏虑民有讼者，白欲禁之。寔曰："讼以求直，禁之，理将何申？"亦竟无讼者。以沛相[17]赋敛违法，解印绶去，吏民追思之。皓素与淑齐名，膺常叹曰："荀君清识难

---

1 高行：高尚的品行。
2 贵幸：位尊且受君王宠信的人。
3 莅事明治：莅事，视事，处理公务。明治，修明政事。
4 简亢：高傲，清高。
5 御：驾驶车马的人。
6 单微：寒微。
7 笃行：品行淳厚。
8 托伦用吏：嘱托郡太守高伦任用自己所推荐的人为吏。
9 乞从外署，不足以尘明德：请求由我来签署任命，这样的话，就不会玷污您完美的品德。
10 乡论：乡里的评论。
11 非举：荐举不当。
12 密持教还而于外白署：把我签署的任命书秘密送还，而改由他来任命。
13 引愆：承担罪过。
14 太丘：古县名，治所位于今河南省商丘市永城县北。
15 还本：回到原地方。
16 司官：主管官员。
17 沛相：沛国的相。

尚[1]，钟君至德可师。"皓兄子瑾，好学慕古，有退让风，与膺同年，俱有声名。其母，膺之姑也。膺祖太尉修常言："瑾似我家性。邦有道，不废；邦无道，免于刑戮。"复以膺妹妻之。膺谓瑾曰："弟何太无皂白[2]邪？"瑾以白皓，皓曰："国武子好招人过[3]，以致怨恶，今岂其时邪？必欲保身全家，尔道为贵。"

庚寅**和平元年**（公元 150 年）

春，正月，太后归政。二月，崩。

三月，帝还北宫。

葬顺烈皇后。

封大将军冀妻孙寿为襄城君寿善为妖态，冀宠惮[4]之。冀爱监奴[5]秦宫，出入寿所，刺史、二千石皆谒辞[6]之。冀、寿对街为宅，殚极[7]土木，互相夸竞[8]。起兔苑，亘[9]数十里，移檄调生兔，刻毛为识，人有犯者，罪至死。冀用寿言，多斥夺诸梁在位者，外以示谦让，而孙氏宗亲为侍中、卿、校、郡守者十余人，皆贪饕凶淫[10]，所在怨毒[11]。侍御史朱穆奏记曰："将相大臣，均体元首[12]，共舆而驰，同舟而济，舆倾舟覆，患实共之。岂可以去明即昧，履危自安，主孤时困而莫之恤乎？宜时易宰守[13]非其人者，减省第宅、园池之费，拒绝郡国诸所奉送，内以自明，外解人惑。使挟奸之吏无所依托，司察之臣得尽耳目。宪

1　清识难尚：清高和见识很难学习。
2　皂白：黑与白，多比喻非与是。
3　国武子好招人过：国佐专好挑剔别人的过失。国武子，即国佐，春秋时齐国上卿，谥武，称国武子。
4　宠惮：既宠爱又惧怕。
5　监奴：为权贵豪门监管家务的奴仆头子。
6　谒辞：莅任前晋谒辞行。
7　殚极：穷尽。
8　夸竞：夸耀竞争。
9　亘：空间和时间上延续不断。
10　贪饕凶淫：贪得无厌，凶恶放荡。贪饕，贪得无厌。凶淫，凶恶放荡。
11　怨毒：怨恨，仇恨。
12　均体元首：跟国家君主同为一体。
13　宰守：泛指地方行政长官。

度既张，远迩清一[1]，则将军身尊事显，德耀无穷矣。"冀不纳。冀虽专朝，而犹交结宦官，任其子弟以为要职，欲以自固。穆又奏记极谏，冀报书云："如此，仆亦无一可邪？"冀遣书诣乐安[2]太守陈蕃请托，不得通。使者诈称他客，蕃笞杀之。坐左转修武令[3]。

夏，五月，尊博园匽贵人曰孝崇后。

秋，七月，梓潼山崩。

辛卯**元嘉元年**（公元 151 年）

春，正月朔，尚书张陵劾大将军冀罪，诏以俸赎群臣朝贺，大将军冀带剑入省。尚书张陵叱出，敕羽林、虎贲夺剑。冀跪谢，陵不应，即劾奏冀，请廷尉论罪。有诏以一岁俸赎，百僚肃然。河南尹不疑尝举陵孝廉，谓曰："举君，适所以自罚也。"陵曰："明府不以陵不肖，误见擢序[4]，今申公宪[5]以报私恩。"不疑有愧色。不疑好经书，喜待士，冀疾之，转为光禄勋，以其子胤为河南尹。胤年十六，容貌甚陋，不胜冠带[6]。不疑自耻兄弟有隙，遂让位归第，与弟蒙闭门自守。冀不欲令与宾客交通，阴使人变服至门，记往来者。南郡太守马融初除，过谒不疑。冀讽有司奏融贪浊[7]，髡笞[8]，徙朔方。

夏，四月，帝微行至河南尹梁胤府舍。是日，大风拔树，昼昏[9]尚书杨秉上疏曰："臣闻瑞由德至，灾应事生，天不言语，以灾异谴告王者。至尊出入有常，警跸而行，静室[10]而止。自非郊庙之事，则鸾旗[11]不驾。故诸侯入诸

1　宪度既张，远迩清一：法纪伸张以后，远近将一片清平。宪度，法度。远迩，远近。
2　乐安：古郡名，辖今山东省高青、博兴、桓台、广饶等县及潍坊市部分地。
3　坐左转修武令：因罪被贬为修武县县令。修武，古县名，治所即今河南省新乡市获嘉县。
4　擢序：提拔任用。
5　公宪：国法。
6　不胜冠带：穿上官服以后不堪入目。冠带，官服。
7　贪浊：贪污。
8　髡笞：古代刑罚，剃去须发，鞭打身体。
9　昼昏：白昼昏暗。
10　静室：古代天子行幸，对所居宫室先派人清扫和检查，以保持洁净并防止意外。
11　鸾旗：天子车驾。

臣之家，《春秋》尚列其诫，况于以先王法服¹而私出盘游²，降乱尊卑，等威³无序，侍卫守空宫，玺绂委女妾⁴。设有非常之变，任章之谋⁵，上负先帝，下悔靡及⁶！"帝不纳。秉，震之子也。

京师旱，任城、梁国饥，民相食。

北匈奴寇伊吾。

冬，十一月，地震。诏举独行⁷之士涿郡崔寔以独行举，诣公车，称病，不对策。退而论世事，名曰《政论》。其辞曰："凡天下所以不治者，常由人主承平日久，俗渐敝而不悟，政浸衰而不改，习乱安危，怢不自睹⁸。或荒耽耆欲⁹，不恤万机；或耳蔽箴诲¹⁰，厌伪忽真；或犹豫歧路，莫适所从；或见信之佐，括囊守禄¹¹；或疏远之臣，言以贱废。是以王纲纵弛于上，智士郁伊于下¹²。悲夫！自汉兴以来，三百五十余岁矣，政令垢玩¹³，上下怠懈，百姓嚣然，咸复思中兴之救矣。且济时拯世之术，在于补绽决坏，枝柱邪倾，随形裁割¹⁴，要措斯世于安宁之域而已。故圣人执权，遭时定制¹⁵，俗人拘文牵古，不达权制¹⁶，奇伟所闻，简忽所见，乌可与论国家之大事哉？凡为天下者，自非上德¹⁷，严之则

1　法服：古代礼法规定的不同等级的服饰。
2　盘游：游乐。
3　等威：与一定的身分、地位相应的威仪。
4　玺绂委女妾：天子的玺印交给妇女保管。
5　任章之谋：任章是春秋时魏国人，魏桓子家臣，说服魏桓子满足知伯的土地要求，加速了知伯的失败。
6　靡及：赶不上，来不及。
7　独行：节操高尚，不随世俗浮沉。
8　习乱安危，怢不自睹：以乱为治，以危为安，熟视无睹。怢，忽视，不在意。
9　荒耽耆欲：沉溺于酒色，荒淫纵欲。荒耽，沉溺。
10　耳蔽箴诲：耳朵听不进任何规劝。箴诲，规劝教导。
11　见信之佐，括囊守禄：被宠信的辅佐大臣，害怕得罪奸邪，说话谨慎，只求保全自己的高官厚禄。括囊，扎束袋口。守禄，守住官禄。
12　王纲纵弛于上，智士郁伊于下：朝廷的法度在上面松懈，才智之士在下面感到无可奈何。纵弛，松懈，放松。郁伊，忧愤郁结。
13　垢玩：污浊混乱，玩忽荒怠。
14　补绽决坏，枝柱邪倾，随形裁割：把裂缝补好，把倾斜支住，根据实际情况，采取必要的措施。
15　遭时定制：根据当时的形势，制订相应的制度和措施。
16　权制：权宜之制，临时制订的措施。
17　上德：盛德，至德。

治，宽之则乱。何以明其然也？近孝宣皇帝明于君人之道，审于为政之理，故严刑峻法，破奸轨之胆，海内清肃，天下密如[1]，算计见效，优于孝文。及元帝即位，多行宽政，卒以堕损，威权始夺，遂为汉室基祸[2]之主。政道得失，于斯可监。故圣人能与世推移，而俗士苦不知变，以为结绳之约[3]，可复治乱秦之绪；干戚之舞[4]，足以解平城之围。盖为国之法有似治身，平则致养，疾则攻焉。夫刑罚者，治乱之药石也；德教者，兴平[5]之粱肉也。夫以德教除残，是以粱肉治疾也；以刑罚治平，是以药石供养也。自数世以来，政多恩贷[6]，驭委其辔，马骀其衔，四牡横奔，皇路险倾，方将拑勒鞙辀以救之，岂暇鸣和銮、清节奏哉[7]？昔文帝虽除肉刑，当斩右趾者弃市，笞者往往至死。是文帝以严致平，非以宽致平也。"寔，瑗之子也。山阳仲长统尝见其书，叹曰："凡为人主，宜写一通，置之坐侧。"

司马公曰：汉家之法已严矣，而寔犹病其宽，何哉？盖衰世之君，率多柔懦[8]，凡愚之佐[9]，唯知姑息，是以权幸之臣有罪不坐，豪猾[10]之民犯法不诛。仁恩所施，止于目前。奸宄[11]得志，纪纲不立。故崔寔之论，以矫一时之枉，非百世之通义[12]也。孔子曰："政宽则民慢，慢则纠之以猛；猛则民残，残则施之以宽。宽以济猛，猛以济宽，政是以和。"斯不易之常道矣。

1　密如：安定貌。
2　基祸：引起祸害。
3　结绳之约：上古时代所采用的结绳记事的原始方法。
4　干戚之舞：上古时代武舞时，拿着盾和斧挥舞。干戚，盾和斧。
5　兴平：昌盛太平。
6　恩贷：施恩宽宥。
7　驭委其辔，马骀其衔，四牡横奔，皇路险倾，方将拑勒鞙辀以救之，岂暇鸣和銮、清节奏哉：驾马车的人扔掉了缰绳，马匹脱掉了马嚼子，四匹牡马横冲直撞，前面的道路又非常艰险，应该紧急勒马刹车，进行拯救，怎么还有闲暇一边听着车铃的节奏声，一边从容不迫地往前走呢。骀，马嚼子脱落。牡，公马。皇路，君道，国运。拑勒，将衔勒放入马口。鞙辀，束住车辕，使车子停止前进。
8　柔懦：优柔懦弱。
9　凡愚之佐：平庸愚昧的辅佐之臣。
10　豪猾：强横狡猾而不守法纪。
11　奸宄：违法作乱的人，违法作乱的事情。由内而起叫奸，由外而起叫宄。
12　通义：普遍适用的道理与法则。

诏加大将军冀殊礼，增封四县，赐以甲第帝欲褒崇[1]梁冀，使议其礼。胡广等咸称冀勋德[2]宜比周公，锡之山川、土田、附庸[3]。司空黄琼独曰："可比邓禹，合食四县。"于是有司奏："冀入朝不趋，剑履上殿，谒赞不名[4]，礼仪比萧何。增封四县，比邓禹。赏赐金钱、奴婢、彩帛、车马、衣服、甲第，比霍光。每朝会，与三公绝席。十日一入，平[5]尚书事。"冀犹以所奏礼薄，意不悦。

壬辰二年（公元152年）

春，正月，西域长史王敬杀于阗王建。于阗攻敬，杀之初，西域长史赵评在于阗，病痈[6]死。拘弥[7]王成国与于阗王建素有隙，谓评子曰："于阗王令胡医持毒药着[8]创中，故致死耳。"评子以告敦煌太守马达。会敬代为长史，马达令敬隐核[9]于阗事。敬贪立功名，前到于阗，设供[10]请建，坐定，建起行酒，敬叱左右执之。吏士并无杀建意，独成国主簿秦牧持刀出前，斩建。于阗侯、将输僰等遂会兵攻敬，斩之，而自立为王，国人杀之。马达闻之，欲击于阗。帝不听，以宋亮代达。亮到，开募于阗[11]，令自斩输僰。时输僰已死，乃断死人头送敦煌。亮后知其诈，而竟不能讨也。

地震。

夏，四月，孝崇后匽氏崩以帝弟平原王石为丧主[12]，敛送制度比恭怀皇后。

1　褒崇：赞扬推崇。
2　勋德：功勋与德行。
3　附庸：附属于诸侯大国的小国。
4　谒赞不名：拜见皇帝时，礼宾官只称他的官衔，不报姓名。
5　平：评议，评论。
6　痈：恶性脓疮。
7　拘弥：古西域国名，故址位于今新疆维吾尔自治区和田地区于田县克里雅河以东。
8　着：接触。
9　隐核：考核，校核。
10　设供：设酒席。供，供具，陈设酒食的器具，亦指酒席。
11　开募于阗：公开招募于阗人。开募，公开招募。
12　丧主：丧事的主持人。旧丧礼以死者嫡长子为丧主，无嫡长子，则以嫡长孙充任。

五月，葬博陵[1]。

秋，七月，日食。

冬，十月，地震。

癸巳永兴元年（公元 153 年）

秋，七月，蝗。

河溢，民饥。以朱穆为冀州刺史。寻征下狱，输作左校[2]冀州民饥，流冗[3]数十万户。诏以朱穆为刺史。令、长闻穆济河[4]，解印绶去者四十余人。及到，奏劾诸郡贪污者，有至自杀，或死狱中。宦者赵忠丧父，归葬，僭为玉匣[5]。穆下郡按验，吏发墓剖棺出之。帝闻，大怒，征穆诣廷尉，输作左校。太学生刘陶等数千人诣阙上书讼穆曰："中官近习窃持国柄，手握王爵，口含天宪[6]，运赏则使饿隶富于季孙，呼噏则令伊、颜化为桀、跖[7]。而穆独亢然[8]不顾身害，非恶荣而好辱，恶生而好死也，徒感王纲之不摄[9]，惧天纲之久失，故竭心怀忧，为上深计。臣愿黥首系趾[10]，代穆校作[11]。"帝乃赦之。陶又上疏曰："夫天之与帝，帝之与民，犹头之与足，相须[12]而行也。陛下目不视鸣条之事[13]，耳不闻檀车[14]之声，

1　博陵：东汉桓帝刘志父刘翼之陵，位于今河北省保定市蠡县南。
2　输作左校：判处他到左校罚作苦役。
3　流冗：流散，流离失所。
4　济河：渡过黄河。
5　玉匣：玉衣，皇帝和高级贵族死后穿用的殓服，外观与人体形状相同。
6　口含天宪：比喻说话就是法律，可以决定人的生死。天宪，朝廷法令。
7　运赏则使饿隶富于季孙，呼噏则令伊、颜化为桀、跖：行赏时可使快要饿死的奴隶变得比季孙还要富有，不高兴时，吞吐间也可将将伊尹、颜渊顷刻化作桀和盗跖。呼噏，吞吐，形容气盛势大。
8　亢然：志气高亢貌。
9　摄：控制。
10　黥首系趾：在脸上刺字，脚戴铁镣。
11　校作：在左校服劳役。
12　相须：互相依存，互相配合。
13　鸣条之事：即鸣条之战，商汤和夏桀在在鸣条（今山西夏县之西）进行的一场决战，导致了夏王朝灭亡。
14　檀车：战车，兵车。古代车子多用檀木为之，故称。

天灾不有痛于肌肤，震食¹不即损于圣体，故蔑三光之谬²，轻上天之怒。使群丑刑隶，芟割小民³。使死者悲于窀穸，生者戚于朝野⁴，是愚臣所为咨嗟、长怀叹息者也。臣闻危非仁不扶，乱非智不救。窃见朱穆、李膺，履正清平，贞高绝俗⁵，斯实中兴之良佐，国家之柱臣⁶。宜还本朝，夹辅⁷王室。"书奏，不省。

甲午二年（公元 154 年）

　　春，二月，复听刺史、二千石行三年丧。

　　地震。

　　夏，蝗。

　　东海朐山⁸崩。

　　封乳母马惠子初为列侯。

　　秋，九月朔，日食。

　　冬，十一月，帝校猎上林苑，遂至函谷关。

　　泰山、琅邪盗起。

乙未永寿元年（公元 155 年）

　　春，二月，司隶⁹、冀州饥，人相食。

1　震食：地震和日、月食。
2　蔑三光之谬：轻视日月星辰的变异。三光，日、月、星。
3　使群丑刑隶，芟割小民：致使一群丑恶的宦官任意宰割小民。刑隶，特指宦官。芟割，宰割。
4　使死者悲于窀穸，生者戚于朝野：死人在墓穴中悲鸣，活人无论在朝在野无不愁苦。窀穸，墓穴。
5　履正清平，贞高绝俗：遵行正道，清廉公平，忠贞高尚，与众不同。
6　柱臣：肩负国家重任的大臣。
7　夹辅：辅佐。
8　朐山：古山名，即今江苏省连云港市西南锦屏山。
9　司隶：古地域名，西汉汉武帝所设，下辖河南、河内、河东、弘农、京兆尹、左冯翊、右扶风，辖今陕西省秦岭以北，陇县、彬县、黄陵、洛川、宜川以南，山西省永和、汾西以南，霍州、沁水、阳城以西和河南省安阳、新乡、中牟以西，新郑、汝阳、西峡以北地区。

夏，南阳大水。

巴、益郡山崩。

秋，南匈奴左薁鞬台耆等反，属国都尉张奂击破，降之南匈奴左薁鞬台耆等反，东羌[1]复举种应之。安定属国都尉张奂初到职，壁中唯有二百许人，闻之，即勒兵出。军吏叩头争止之，不听。遂进屯长城，收兵，遣将王卫招诱东羌，因据龟兹县，使匈奴不得交通。东羌诸豪遂相率与奂共击薁鞬等，破降之。羌豪遗奂马二十匹，金镰[2]八枚。奂以酒酹地[3]，曰：“使马如羊，不以入厩；使金如粟，不以入怀。”悉以还之。前此八都尉率好财货，为羌所患苦。及奂正身洁己，无不悦服，威化[4]大行。

丙申二年（公元 156 年）

春，三月，蜀郡属国夷反。

秋，鲜卑檀石槐寇云中。以李膺为度辽将军初，鲜卑檀石槐勇健有智略，部落畏服。施法禁，平曲直，无敢犯者。遂推以为大人[5]，立庭于弹汗山[6]，去高柳北三百余里，东、西部大人皆归焉。因南抄缘边，北拒丁零，东却夫余，西击乌孙，尽据匈奴故地，东西万四千余里。至是入寇。以故乌桓校尉李膺为度辽将军。膺到边，羌、胡皆望风畏服，先所掠男女，悉诣塞下送还之。

以韩韶为嬴长公孙举等聚众至三万人，寇青、兖、徐州，讨之，连年不克。尚书选能治剧[7]者，以韶为嬴长。贼闻其贤，相戒不入境。流民万余户入县界，韶开仓赈之，主者[8]争不可。韶曰：“长活[9]沟壑之人，而以此伏罪，含

1　东羌：东汉时西羌族内徙的一支，分布在朔方、北地、上郡、五原、西河地区。
2　金镰：金耳环。
3　酹地：以酒洒地，表示祭奠。
4　威化：声威德化。
5　大人：古代北方部族首领之称。
6　弹汗山：古山名，即今内蒙古大青山。
7　治剧：处理繁重难办的事务。
8　主者：主管粮仓的官吏。
9　长活：使生存。

笑入地矣。"韶与同郡荀淑、钟皓、陈寔皆尝为县长，以德政称，时人谓之"颍川四长"。

遣中郎将段颎击泰山、琅邪群盗，平之初，鲜卑寇辽东，属国都尉段颎率所领驰赴[1]之。既而恐贼惊去，乃使驿骑[2]诈赍玺书诏颎。颎伪退，设伏。虏入追颎，因大纵兵，悉斩获之。至是，诏选将帅有文武材者。司徒尹颂荐颎，拜中郎将。击二郡贼，大破之，斩其帅公孙举、东郭窦，获首万余级，余党降。封颎为列侯。

冬，十二月，地震。

丁酉三年（公元 157 年）

夏，四月，九真蛮夷反，讨破之。

闰月晦，日食。

蝗或言："民贫，宜铸大钱。"事下四府群僚及太学能言之士议之。刘陶曰："当今之忧，不在于货[3]，在乎民饥。盖民可百年无货，不可一朝有饥。议者不达农殖[4]之本，多言铸冶之便。盖万人铸之，一人夺之，犹不能给，况今一人铸之，则万人夺之乎？虽以阴阳为炭，万物为铜，役不食之民，使不饥之士，犹不能足无厌之求也。夫欲民殷财阜[5]，要在止役禁夺[6]，则百姓不劳而足。愿陛下宽锲薄[7]之禁，后冶铸之议，听民庶之谣吟，瞰三光之文耀[8]。天下之心，国家大事，粲然皆见，无有遗惑[9]者矣。今地广而不得耕，民众而无所食，群

1　驰赴：急趋，奔赴。
2　驿骑：乘马送信、传递公文的人。
3　货：钱币。
4　农殖：泛指农业生产。
5　民殷财阜：百姓富足，财物丰富。
6　止役禁夺：停止征役，禁止掠夺。
7　锲薄：锉薄铜钱，取其屑另铸钱。
8　听民庶之谣吟，瞰三光之文耀：倾听百姓评议时政的歌谣和谚语，观察日、月、星辰等的文彩光耀。
9　遗惑：遗漏和引起疑惑。

小竞进，吞噬无厌。诚恐卒有役夫穷匠，投斤[1]远呼，使愁怨之民响应云合，虽方尺之钱，何能有救其危也？"遂不改钱。

长沙蛮反。

戊戌**延熹元年**（公元 158 年）

夏，五月晦，日食太史令陈授陈："日食之变，咎在梁冀。"冀收考[2]授，死于狱中。帝由是怒冀。

蝗。

大雩[3]。

秋，七月，太尉黄琼免。

冬，十月，帝校猎广成[4]，遂至上林苑。

十二月，南匈奴、乌桓、鲜卑入寇。以陈龟为度辽将军，除并、凉一年租赋龟临行上疏曰："臣闻三辰不轨[5]，擢士为相；蛮夷不恭，拔卒为将。臣无文武之才，而忝鹰扬[6]之任，虽殁躯体，无所云补。西州地墝[7]民贫，数更寇虏，屡被灾荒。虽含生气，实同枯朽。陛下以百姓为子，焉可不垂抚循之恩哉？牧、守不良，招致灾害。胡虏凶悍，因衰缘隙[8]。而将帅不忠，聚奸玩寇[9]，使仓库单竭，功业无效。宜改任牧、守，去斥奸残，更选将校，简练[10]文武，除并、凉今年租、更[11]，宽赦罪隶[12]，扫除更始，则善吏知奉公之佑，恶者觉营私

1　投斤：扔掉斧头。
2　收考：拘捕拷问。
3　大雩：古求雨祭名，因天旱而雩，不定时，用巫舞而不用乐，气氛严肃，祈祷殷切。
4　广成：即广成苑，皇家园林名，位于今河南省汝州市西。
5　三辰不轨：日、月、星辰不顺着轨道运行。
6　鹰扬：古代武官名号。
7　墝：土地瘦薄。
8　因衰缘隙：趁着政治衰败，利用人民的怨恨，起兵作乱。
9　聚奸玩寇：一起狼狈为奸，消极抗敌。玩寇，消极抗敌。
10　简练：演习训练。
11　更：更赋，汉代以纳钱代更役的赋税。男子年二十三至五十六，按规定轮番戍边服兵役，称为更，不能行者，得出钱入官，雇役以代。
12　罪隶：罪人。

之祸，胡马可不窥长城，塞下无候望[1]之患矣。"帝乃更选幽、并刺史、太守，下诏为陈将军除并、凉一年租赋。龟到职，州郡震栗，省息经用[2]，岁以亿计。

以张奂为北中郎将匈奴、乌桓烧军门，屯赤坑[3]，烟火相望，兵众大恐。奂安坐帷中，讲诵[4]自若。潜诱乌桓，使斩匈奴，屠各渠帅，袭破其众，诸胡悉降。

征陈龟还。龟不食而卒梁冀与陈龟素有隙，征还，代之。冀暴虐日甚，龟上疏请诛之，不省，遂不食而死。

以种暠为度辽将军暠到营所，先宣恩信，不服，然后加讨。羌虏质郡县者[5]，悉遣还之。诚心怀抚[6]，信赏[7]分明，由是羌、胡皆来顺服。乃去烽燧，除候望，边方晏然无警。

己亥二年（公元 159 年）

春，二月，鲜卑寇雁门。

蜀郡夷寇蚕陵[8]。

三月，复断刺史、二千石行三年丧。

夏，大水。

秋，七月，皇后梁氏崩梁后恃姊、兄势，奢靡[9]，妒忌，宠衰，无子。官人孕育，鲜得全者。帝益疏之，忧恚[10]而崩。

葬懿献皇后于懿陵。

1　候望：伺望，侦察。
2　省息经用：节省费用。
3　烧军门，屯赤坑：用火焚烧度辽将军府大门，前往赤坑据守。赤坑，古地名，位于今内蒙古巴彦淖尔市乌拉特前旗境内。
4　讲诵：讲授诵读。
5　羌虏质郡县者：羌人先前被生擒，现囚禁在郡县官府做人质的。
6　怀抚：安抚。
7　信赏：有功必赏。
8　蚕陵：古县名，治所位于今四川省阿坝藏族羌族自治州茂县西北。
9　奢靡：奢侈浪费。
10　忧恚：忧愁愤恨。

　　八月，大将军梁冀伏诛。太尉胡广、司徒韩演、司空孙朗皆以罪免

为庶人梁氏七侯，三后，六贵人，二大将军，卿、将、尹、校五十七人。冀

专擅威柄[1]，凶恣[2]日积，宫卫近侍，并树所亲，禁省[3]起居，纤微必知。四方贡

献，皆先输上第[4]于冀，乘舆[5]乃其次焉。百官迁、召，皆先到门谢恩，然后敢

诣尚书。吴树为宛令，之官辞冀，冀以宾客为托，树曰："小人奸蠹，比屋可

诛[6]。明将军处上将之位，宜崇贤善以补朝阙[7]。自侍坐[8]以来，未闻称一长者，而

多托非人，非树所敢闻也。"到县，遂诛冀客数十人。后还，谒冀，冀鸩之，

出，死车上。安帝嫡母耿贵人薨，冀从其从子[9]求珍玩，不得，怒，族其家。

崔琦作《外戚箴》以风，冀怒。琦曰："管仲乐闻讥谏之言，萧何乃设书过之

吏。今将军不能结纳贞良[10]以救祸败，反欲钳士口，蔽主听，使马鹿易形[11]乎？"

冀杀之。冀秉政几二十年，以私憾[12]杀人甚众，威行内外，天子拱手[13]。邓香妻

宣，生女猛。香卒，宣更适孙寿舅梁纪。寿引猛入掖庭为贵人，冀因认为己

女，遣客杀宣。登屋欲入，宣家觉之，驰入白帝。帝大怒，因如厕，独呼小黄

门史唐衡，问："左右与外舍不相得[14]者，谁乎？"衡对："单超、左悺与梁氏

有隙，徐璜、具瑗亦忿疾之。"于是帝呼超、悺入室定议，帝啮超臂出血为盟。

冀心疑之，使中黄门张恽入宿，以防其变。瑗收恽，请帝御[15]前殿，使尚书令

1　威柄：威权，权力。
2　凶恣：凶暴恣肆。
3　禁省：皇宫。
4　上第：上等。
5　乘舆：代指天子。
6　小人奸蠹，比屋可诛：邪恶小人是残害百姓的蛀虫，即令是近邻，也应诛杀。比屋，所
　　居屋舍相邻。
7　朝阙：朝廷之阙漏。
8　侍坐：在尊长近旁陪坐。
9　从子：侄子。
10　贞良：忠良的人。
11　马鹿易形：出自赵高指鹿为马的故事，比喻颠倒是非，混淆黑白。
12　私憾：私人间的怨恨。
13　拱手：束手，意指无能为力。
14　相得：互相投合，相处得很好。
15　御：驾临。

尹勋持节勒丞、郎以下皆操兵守省阁，敛[1]诸符节送省中，使瑗将厩驺[2]、虎贲、羽林、都候[3]、剑戟士合千余人，与司隶张彪共围冀第，收大将军印绶。冀、寿皆自杀，悉收梁氏、孙氏，无长、少皆弃市。胡广、韩缤、孙朗皆坐阿附，减死，免为庶人。故吏、宾客免黜[4]者三百余人，朝廷为空。百姓称庆。收冀财货，县官斥卖，合三十余万万，以充王府用。减天下税租之半，散其苑囿，以业穷民。

立贵人邓氏为皇后，追废梁后为贵人。

封宦者单超等五人为列侯世谓之五侯。

以黄琼为太尉时新诛梁冀，天下想望异政[5]。琼首居公位，乃举奏州郡贪污，死、徙十余人。辟汝南范滂。滂少厉清节[6]，尝为清诏使[7]，按察[8]冀州。登车揽辔，慨然有澄清天下之志。守、令臧污[9]者，皆望风解印绶去。奏权豪之党二十余人，尚书责滂所劾猥多[10]，对曰："臣之所举，自非叨秽奸暴[11]，深为民害，岂以污简札[12]哉？间以会日[13]迫促，故先举所急，其未审者，方更参实[14]。臣闻农夫去草，嘉谷必茂；忠臣除奸，王道以清。若臣言有贰，甘受显戮。"尚书不能诘。

征处士徐稚、姜肱、袁闳、韦著、李昙，皆不至尚书令陈蕃荐五处士，以安车、玄纁[15]征之，不至。稚，豫章人，家贫，尝自耕稼，非其力不食，

1　敛：收拢，聚集。
2　厩驺：主驾车马的骑士。
3　都候：古代主行夜巡逻的卫士。
4　免黜：罢免，黜退，多指免官。
5　想望异政：想望，希望，企求。异政，不同往常的政令措施。
6　少厉清节：从少年时便磨砺清高的节操。
7　清诏使：古官名，东汉置，三公府属官，掌承奉诏书巡察诸州郡民情。
8　按察：巡察。
9　臧污：贪污。
10　猥多：众多，繁多。
11　叨秽奸暴：叨秽，贪婪卑鄙。奸暴，奸恶横暴。
12　简札：用以书写的竹简木札。
13　会日：朝堂会审的日期。胡三省曰："会日，谓三府掾属会于朝堂之日也。"
14　参实：验证，核实。
15　玄纁：黑色和浅红色的布帛，后世帝王用作延聘贤士的礼品。纁，浅红色。

恭俭义让，所居服其德。屡辟不起。蕃为太守，以礼请署功曹，稚既谒而退。
蕃性方峻[1]，不接宾客。稚来，特设一榻，去则县[2]之。后举有道，家拜[3]太原太
守，皆不就。稚虽不应诸公之辟，然闻其死、丧，辄负笈[4]赴吊。常豫炙一鸡，
以酒渍绵一两，暴干裹之[5]，到冢隧[6]外，以水渍绵，白茅藉饭，以鸡置前，酹
毕留谒[7]，不见丧主而行。肱，彭城人，与二弟仲海、季江俱以孝友著闻，常同
被而寝。尝俱诣郡，夜遇盗，欲杀之，肱曰："弟年幼，父母所怜，又未聘娶，
愿杀身济弟。"季江曰："兄年、德在前，家之珍宝，国之英俊，乞自受戮，
以代兄命。"盗两释焉，但掠夺衣、资而已。既至，郡中见肱无衣服，怪问其
故，肱托以他辞，终不言盗。盗闻而感悔，就肱叩头谢罪，还所略物。肱不
受，劳以酒食而遣之。既征不至，诏图其形状。肱卧于幽暗，以被韬[8]面，言
眩疾[9]畏风，工竟不得见。闳，汝南人，安之玄孙也。苦身修节，以耕学[10]为业。
著，京兆[11]人，隐居讲授。昙，颍川人，继母酷烈，昙奉之谨。帝又征安阳魏
桓，其乡人劝之行，桓曰："夫干禄[12]求进，所以行其志也。今后宫千数，其可
损乎？厩马万匹，其可减乎？左右权豪，其可去乎？"皆对曰："不可。"桓
乃慨然叹曰："使桓生行死归，于诸子何有哉？"遂隐身不出。

　　封皇后兄子邓康、宦者侯览等为列侯，杀白马[13]令李云、弘农掾杜

1　方峻：方正严峻。
2　县：通"悬"。
3　家拜：朝廷派人去某人家中授予官职，以示礼遇。
4　负笈：背着书箱。
5　豫炙一鸡，以酒渍绵一两，暴干裹之：先在家里烤好一只鸡，另外将一两绵絮浸泡在酒
　　中，再晒干，然后用绵絮裹住烤鸡。
6　冢隧：墓道。
7　白茅藉饭，以鸡置前，酹毕留谒：以白茅草为垫，把鸡放在坟墓前面，将酒洒在地上进
　　行祭吊后，留下自己的名帖。藉，衬垫。酹，祭祀时把酒洒在地上。谒，名帖。
8　韬：掩藏。
9　眩疾：头目晕眩之病。
10　耕学：种田与治学。
11　京兆：古地名，京城三辅之一，辖今陕西省秦岭以北、西安市以东、渭河以南地。
12　干禄：求取名利。
13　白马：古县名，治所位于今河南省滑县东。

众帝既诛梁冀，故旧恩私[1]多受封爵。封后兄子康、秉皆为列侯，宗族皆列校[2]、郎、将，赏赐巨万。侯览上缣五千匹，封高乡侯。又封小黄门八人为乡侯[3]。自是权势专归宦官矣。五侯尤贪纵[4]，倾动内外。时灾异数见，白马令李云露布[5]上书，移副三府[6]，曰："梁冀虽恃权专擅[7]，虐流天下，今以罪行诛，犹召家臣搤杀之耳，而猥封谋臣[8]万户以上，高祖闻之，得无见非[9]？西北列将，得无解体[10]？帝者，谛[11]也。今官位错乱，小人谄进，财货公行[12]，政化日损，是帝欲不谛乎？"帝怒，逮云送狱，使管霸考之。弘农掾杜众伤云以忠谏获罪，上书愿与云同死。帝愈怒，并下之狱。大鸿胪陈蕃、太常杨秉、洛阳市长沐茂、郎中上官资并上疏为请，皆坐免黜。管霸亦言："云、众狂戆[13]，不足加罪。"帝曰："'帝欲不谛'，是何等语，而常侍欲原之邪？"遂皆死狱中。黄琼称疾不起，上疏曰："陛下即位以来，未有胜政[14]，诸梁秉权，竖宦[15]充朝，李固、杜乔既以忠言横见残灭，而李云、杜众复以直道继踵[16]受诛，海内伤惧，益以怨结，朝野之人，以忠为讳。尚书周永，素事梁冀，黄门与冀共构奸轨。临冀当诛，乃佯毁[17]示忠，以要爵赏，复与忠臣并时显封。四方闻之，莫不愤叹[18]。"书奏，不省。

1　恩私：所宠爱的人。
2　列校：东汉时守卫京师的屯卫兵分作五营，称北军五校，每校首领称校尉，统称列校。
3　乡侯：汉制列侯爵号名，次于县侯，高于亭侯。
4　贪纵：贪婪放纵。
5　露布：不缄封的文书，公开的文书。
6　移副三府：将副本同时呈送三府。
7　专擅：擅自行事。
8　猥封谋臣：滥封为梁冀谋划的臣子。
9　见非：被他怪罪。
10　解体：比喻人心离散。
11　谛：细察，详审。
12　财货公行：公然用财物行贿受贿。
13　狂戆：狂妄戆直。
14　胜政：胜过前朝的善政。
15　竖宦：宦官。
16　以直道继踵：直道，正道。继踵，接踵，前后相接。
17　佯毁：假装揭发梁冀的罪恶。
18　愤叹：愤慨叹息。

　　冬，十月，以宦者单超为车骑将军。

　　烧当羌反，校尉段颎击破之。

　　以陈蕃为光禄勋时封赏逾制，内宠猥盛。蕃上疏曰："夫诸侯上象四七，藩屏上国[1]。而左右以无功传赏[2]，至乃一门之内侯者数人，故纬象失度，阴阳谬序[3]。又，采女数千，食肉衣绮，脂油粉黛，不可赀计[4]。鄙谚言：'盗不过五女门。'以女贫家也。今后宫之女，岂不贫国乎？"帝颇采其言，为出宫女五百人，封侯者降为乡侯。

　　以杨秉为河南尹，寻坐论作左校[5]单超兄子匡为济阴太守，负势贪放[6]。兖州刺史第五种使从事卫羽按之，得赃五六千万，奏，并劾超。匡赂客刺羽，羽觉之，捕系洛阳。匡密令突狱[7]亡走。尚书诘秉，对曰："乞槛车征匡，考核其事，则奸慝踪绪[8]，必可立得。"秉竟坐论作左校。种亦以他罪徙朔方。种，伦之曾孙也。

　　以爰延为五官中郎将帝问侍中爰延："朕何如主？"对曰："陛下为汉中主[9]。"帝曰："何以言之？"对曰："尚书令陈蕃任事则治，中常侍、黄门与政则乱，是以知陛下可与为善，可与为非。"帝曰："敬闻阙[10]矣。"拜五官中郎将。会客星经帝坐[11]，帝密以问延，延曰："天子动静以礼，则星辰顺序；意有

1　上象四七，藩屏上国：对应天上的二十八星宿，拱卫着朝廷。四七，二十八，二十八星宿。
2　传赏：给予赏赐。
3　纬象失度，阴阳谬序：星象失去常度，阴阳秩序错乱颠倒。纬象，星象。
4　采女数千，食肉衣绮，脂油粉黛，不可赀计：在皇宫之中有美女数千人，她们吃的是肉，穿的是绫罗绸缎，用的是胭脂粉黛，所需费用大到无法计算。
5　坐论作左校：因罪罚他送到左校营去服苦役。
6　负势贪放：倚仗权势贪婪放纵。负势，倚仗权势。贪放，贪婪放纵。
7　突狱：越狱。
8　踪绪：踪迹，头绪。
9　汉中主：在汉王朝的君主中，属于中等。
10　阙：缺点。
11　帝坐：古星名，属天市垣。

邪僻，则晷度[1]错违。陛下以邓万世有龙潜[2]之旧，封侯引见，与之对博[3]。上下媟黩，有亏尊严。夫爱之则不觉其过，恶之则不知其善。故王者赏必酬功，爵以甄[4]德。善人同处，则日闻嘉训；恶人从游，则日生邪情。邪臣惑君，乱妾危主，惟陛下远谗谀之人，纳謇謇[5]之士，则灾变可除。"帝不能用。延称疾，免归。

庚子三年（公元160年）

春，正月，诏求故太尉李固后初，固知不免[6]，遣子基、兹、燮归乡里。燮年十三，姊文姬为同郡赵伯英妻，密与二兄谋，豫匿[7]燮，托言还京师，人不之觉。有顷[8]难作，州郡收基、兹，皆死狱中。文姬乃告父门生王成曰："君执义[9]先公，有古人之节。今委君以六尺之孤，李氏存灭，其在君矣。"成乃将燮乘江东下，入徐州界，变姓名为酒家佣，而成卖卜[10]于市，各为异人[11]，阴相往来。积十余年，梁冀既诛，燮乃还乡里，追行丧服，姊弟相见，悲感旁人。姊戒燮曰："吾家血食将绝，弟幸而得济，岂非天邪？宜杜绝众人，勿妄往来，慎无一言加于梁氏。加梁氏则连主上，祸重至矣，唯引咎而已。"燮谨从其诲。后成卒，燮以礼葬之，每四节[12]为设上宾之位而祠焉。

单超卒赐超东园秘器[13]、棺中玉具。及葬，发五营骑士、将作大匠起冢茔。

1　晷度：在日晷仪上投射的日影长短度数。古人根据晷度变化测定时间，定一年的长度为三百六十五又四分之一日，同时认为晷度变化与人事变化相应，与吉凶咎相联系。
2　龙潜：语出《易·乾》："潜龙勿用，阳气潜藏。"喻帝王未即位。
3　对博：面对面玩博戏。
4　甄：审查，鉴别。
5　謇謇：忠贞，正直。
6　不免：无法幸免。
7　豫匿：提前藏起来。
8　有顷：不久。
9　执义：坚持大义。
10　卖卜：以占卜谋生。
11　异人：别人，不相识的人。
12　四节：春、夏、秋、冬四时的节日。
13　东园秘器：皇室、显宦死后用的棺材。

其后四侯转横，天下为之语曰："左回天，具独坐，徐卧虎，唐雨堕[1]。"皆竞起第宅，以华侈[2]相尚。兄弟姻戚，宰州临郡，辜较[3]百姓，与盗无异，虐遍天下，民不堪命，故多为盗贼焉。左悺兄为河东太守，皮氏长京兆赵岐耻之，即日弃官西归。唐衡兄玹为京兆尹，收岐家属宗亲，陷以重法，尽杀之。岐逃难四方，自匿姓名，卖饼北海市中。安丘[4]孙嵩见而异之，载与俱归，藏于复壁[5]中。及诸唐死，遇赦，乃敢出。

闰月，西羌寇张掖，段颎破降之羌晨薄[6]段颎军。颎下马大战，至日中，刀折矢尽，虏亦引退。颎追之，且斗且行，昼夜相攻，割肉食雪四十余日，遂至积石山[7]，出塞二千余里，斩烧何大帅，降其余众而还。

夏，五月，汉中山崩。

秋，七月，长沙、零陵蛮反。

冬，十一月，九真余寇复反。以夏方为交趾刺史，降之方威惠素著[8]，贼相率降。

泰山贼杀都尉。以皇甫规为太守，讨平之。

辛丑**四年**（公元 161 年）

春，正月，南宫嘉德殿火。

大疫。

二月，武库火。

---

1 左回天，具独坐，徐卧虎，唐雨堕：左悺有回天之力，具瑗唯我独尊，徐璜威风如卧虎，唐衡的势力像大雨倾盆。
2 华侈：豪华奢侈。
3 辜较：搜刮聚敛。
4 安丘：古县名，治所位于今山东省潍坊市辖安丘市西南。
5 复壁：夹墙，两重而中空，可藏物或匿人。
6 薄：通"迫"，迫近，接近。
7 积石山：一名大积石山，即今青海省东南部的阿尼玛卿山。
8 威惠素著：一向以威严和恩德著称。

夏，以刘矩为太尉初，矩为雍丘[1]令，以礼化民，民皆感悟自革。有讼者，常引之于前，提耳训告，以为忿恚可忍，县官[2]不可入，使归更思。讼者感之，辄各罢去。

五月，有星孛于心[3]。

雨雹。

六月，地震。

岱山及博尤来山[4]裂。

秋，七月，减百官俸，贷[5]王侯半租，卖关内侯以下官。

九月，以刘宠为司空宠尝为会稽太守，除烦苛[6]，禁非法，郡中大治。被征，有五六老叟自若耶山[7]谷间出，人赍百钱送宠，曰："山谷鄙生[8]，未尝识郡朝[9]，他守时，吏发求民间，至夜不绝，或狗吠竟夕[10]，民不得安。自明府下车以来，狗不夜吠，民不见吏。年老遭值圣明，今闻当见弃去，故自扶奉送。"宠曰："吾政何能及公言邪？勤苦父老！"为人选一大钱受之。

冬，诸羌复反。征段颎下狱。遣中郎将皇甫规击，破降之羌寇并、凉，段颎将湟中义从讨之。凉州刺史郭闳贪共其功，稽固[11]颎军，使不得进。义从役久叛归。闳归罪于颎，颎坐征下狱，输作左校。羌遂陆梁[12]，寇患转盛。

1　雍丘：古县名，治所即今河南省开封市杞县。
2　县官：县里的官衙。
3　心：古星宿名，二十八宿之一，苍龙七宿的第五宿，有星三颗，其主星亦称商星、鹑火、大火、大辰。
4　岱山及博尤来山：岱山，即泰山，位于今山东省泰安市北。博尤来山，博县的尤来山。博县，古县名，治所位于今山东省泰安市东南。尤来山，古山名，一称徂徕山，位于今山东省泰安市东南。
5　贷：借入。
6　烦苛：繁杂苛细，多指法令。
7　若耶山：古山名，一作若邪山，即今浙江省绍兴市柯桥区东南的化山。
8　鄙生：乡野儒生。
9　郡朝：郡守。
10　竟夕：终夜，通宵。
11　稽固：亦作"稽故"，阻碍，留阻。
12　陆梁：嚣张，猖獗。

皇甫规上疏曰："臣生长邠岐[1]，年五十九，昔为郡吏，再更版羌，豫筹其事，有误中之言。愿乞冗官，备单车一介之使，劳来三辅，宣国威泽[2]，以所习地形、兵势佐助诸军。且臣穷居孤危，坐观郡将[3]已数十年矣。力求猛敌，不如清平[4]。勤明孙吴[5]，未若奉法。前变未远，臣诚戚[6]之，是以越职尽其区区。"诏以规为中郎将，持节监关西兵击羌，破之。羌慕规威信，相劝降者十余万。

壬寅五年（公元 162 年）

春，三月，皇甫规讨沈氏羌[7]，降之沈氏羌寇张掖、酒泉，皇甫规发先零诸种羌共讨陇右，而道路隔绝，军中大疫，死者十三四。规亲入庵庐[8]，巡视将士，三军感悦。东羌遂降。凉州复通。规条奏牧、守贪暴、杀降、老不任职、倚恃权贵者数人，或免或诛。羌人闻之，翕然反善，十余万口皆诣规降。

夏，零陵贼入桂阳，艾县[9]贼攻长沙。

地震。

冬，十月，武陵蛮反蛮寇江陵，南郡太守李肃走，主簿胡爽扣马[10]谏曰："蛮夷见郡无备，故敢乘间而进。明府为国大臣，连城千里，举旗鸣鼓，应声十万，奈何委符守[11]之重，而为逋逃之人乎？"肃杀爽而走。征肃，弃市。复爽门闾，拜家一人为郎[12]。

1　邠岐：邠邑和岐山，二者均位于今陕西省境内，因借以代指这一地区。
2　愿乞冗官，备单车一介之使，劳来三辅，宣国威泽：愿陛下让我做一个有职无权的冗官，给我备一辆车，作为朝廷的使者到三辅地区慰问，宣扬朝廷的声威和恩德。冗官，无专职而备执行临时使命的官吏。
3　郡将：郡守。郡守兼领武事，故称。
4　力求猛敌，不如清平：与其着力求访勇猛的将领，不如施行清平的政治。
5　孙吴：《孙子兵法》和《吴子兵法》。
6　戚：忧愁。
7　沈氏羌：羌人的一支，居于上郡、西河一带。
8　庵庐：帐幕，军营。
9　艾县：古县名，治所位于今江西省九江市修水县西。
10　扣马：拉住马使不行进。
11　符守：受符信为郡守。
12　复爽门闾，拜家一人为郎：免除胡爽全家的赋税徭役，并任命胡爽家里其中一人为郎。

以冯绲为车骑将军，讨诸蛮，降之先是，所遣将帅，宦官多陷以折耗[1]军资，往往抵罪。绲请中常侍一人监军财费。尚书朱穆奏绲"以财自嫌[2]，失大臣节"。有诏勿劾。绲请前武陵太守应奉与俱。十一月，至长沙，贼悉降。进击武陵蛮夷，斩首四千，受降十余万，荆州平定。绲推功于奉，荐以为司隶校尉。

以杨秉为太尉。

下皇甫规狱，论输左校皇甫规还督乡里，既无私惠[3]，而多所举奏，又恶绝宦官，不与交通。于是遂共诬规货赂群羌，令其文降[4]，玺书诮让。规上疏自讼曰："臣前奏李翕等五臣，支党半国[5]，所连及者复有百余。吏托报将之怨[6]，子思复父之耻，交构[7]豪门，竞流谤讟[8]，云臣私报诸羌，雠以钱货[9]。若臣以私财，则家无担石[10]；如物出于官，则文簿易考。就臣愚惑，信如言者[11]，前世尚遗匈奴以宫姬[12]，镇乌孙以公主，今臣但费千万以怀叛羌，何罪之有？自永初以来，将出不少，覆军[13]有五，动资巨亿，有旋车完封，写之权门[14]，而名成功立，厚加爵封。今臣还督本土，纠举[15]诸郡，绝交离亲，戮辱旧故，众谤阴害，固其宜也。"帝乃征规还，拜议郎，论功当封。而徐璜、左悺欲从规求货，规终不答。璜等陷以前事，下吏。官属欲赋敛请谢[16]，规誓而不听，遂论输左校。诸

1　折耗：损失消耗。
2　自嫌：心有顾忌，自生疑忌。
3　私惠：私人的恩惠。
4　文降：以虚文归降，犹言表面投降。
5　支党半国：党羽遍布半个国家。
6　报将之怨：为长官报仇。
7　交构：亦作"交搆""交遘"，勾结。
8　谤讟：怨恨毁谤。
9　雠以钱货：用财物酬谢他们。雠，通"酬"，酬酢。
10　担石：一担一石的粮食，比喻微小。
11　就臣愚惑，信如言者：特别让我疑惑不解的是，即令他们所说的都是真话。
12　宫姬：泛称皇宫中的女官。
13　覆军：覆灭全军。
14　旋车完封，写之权门：班师之日，朝廷粮饷连封条都没打开，原封不动地送进权贵的家门。写，输送。
15　纠举：督察举发。
16　赋敛请谢：收集钱财送给徐璜等人，向他们道歉。

公及太学生张凤等三百余人诣阙讼之，会赦，归家。

癸卯六年（公元163年）

夏，五月，鲜卑寇辽东。

秋，武陵蛮复反，郡兵讨平之。冯绲坐免七月，武陵蛮复反，宦官素恶冯绲，以军还盗贼复发，免之。

冬，十月，帝校猎广成，遂至上林苑陈蕃上疏谏曰："安平[1]之时，游畋宜有节，况今有三空之厄哉？田野空、朝廷空、仓库空。加之兵戎未戢[2]，四方离散，是陛下焦心毁颜[3]、坐以待旦[4]之时也，岂宜扬旗曜武[5]，骋心舆马[6]之观乎？又前秋多雨，民始种麦。今失其劝种之时，而令给驱禽除路之役[7]，非贤圣恤民之意也。"书奏，不省。

十二月，以周景为司空时宦官方炽，任人充塞列位[8]，景与太尉杨秉上言："内外吏职，多非其人。旧典，中臣子弟，不得居位。请皆斥罢[9]。"帝从之。于是条奏牧、守以下五十余人，或死或免，天下肃然。

以张奂为度辽将军，皇甫规为使匈奴中郎将初，张奂坐梁冀故吏，免官，禁锢，凡诸交旧，莫敢为言。唯规荐举，前后七上。及规为度辽将军，到营数月，上书荐奂"才略[10]兼优，宜正元帅，自乞冗官，以为奂副"，从之。

以段颎为护羌校尉西州吏民守阙为段颎讼冤者甚众。会羌益炽，凉州几亡，乃复以颎为校尉。

---

1 安平：平安。
2 戢：止，停止。
3 毁颜：面有忧色。
4 坐以待旦：坐着等天亮，多形容勤恳，也形容因心中烦躁或其他原因无法入睡。
5 扬旗曜武：炫耀武力，显示威风。
6 骋心舆马：驾着车马四处游乐。
7 给驱禽除路之役：承担驱赶禽兽、修筑道路的劳役。
8 任人充塞列位：他们委任的人充满了朝廷各个职位。
9 斥罢：罢免。
10 才略：才干和谋略。

尚书**朱穆**卒朱穆疾宦官恣横[1]，上疏曰："按汉故事，中常侍参选[2]士人。建武以后，乃悉用宦者。自延平[3]以来，浸益[4]贵盛，权倾海内，宠贵无极，放滥骄溢[5]，渔食[6]百姓。臣以为可悉罢省，更选海内清淳[7]之士明达国体者，以补其处。"不纳。后复口陈曰："臣闻汉家旧典，置侍中、中常侍各一人，省[8]尚书事。黄门侍郎一人，传发[9]书奏。皆用姓族[10]。自和熹太后[11]以女主称制，不接公卿，乃以阉人为常侍，小黄门通命两宫。自此以来，权倾人主，穷困天下，宜皆罢遣，博选耆儒宿德[12]，与参政事。"帝怒，不应。穆伏不肯起，左右传："出！"良久，乃趋而去。自此中官数因事称诏诋毁之。穆素刚，愤懑，发疽[13]卒。

甲辰**七年**（公元164年）

春，二月，邟乡侯黄琼卒琼薨，谥曰忠。四方名士会其葬者六七千人。初，琼教授于家，徐稚从之咨访[14]大义。及琼贵，稚绝，不复交。至是，往吊，进酹[15]，哀哭而去，人莫知者。诸名士曰："必徐孺子也。"于是选能言者陈留茅容轻骑追及，为沽酒市肉[16]，稚为饮食。容问国家事，稚不答。更问稼穑，稚乃答之。容还，以语诸人，或曰："可与言而不与言，孺子其失人乎？"太原

---

1 恣横：放纵专横。
2 参选：兼选，同时选用。
3 延平：汉殇帝刘隆的年号，存续时间为公元106年。
4 浸益：更加。
5 放滥骄溢：放滥，没有节制，放纵无度。骄溢，骄傲自满，盛气凌人。
6 渔食：侵夺，掠取。
7 清淳：品德高洁而纯朴。
8 省：检查。
9 传发：传递发付。
10 姓族：大族，望族。
11 和熹太后：即汉和帝刘肇的皇后邓氏。
12 耆儒宿德：耆儒，年高博学的读书人。宿德，年老有德者。
13 疽：毒疮。
14 咨访：咨询访求。
15 酹：把酒浇在地上，表示祭奠。
16 沽酒市肉：买来酒肉。

郭泰曰："不然。孺子之为人，清洁高廉，饥不可得食，寒不可得衣，而为季伟[1]饮食，此为已知季伟之贤故也。所以不答国事者，是其智可及，其愚不可及也。"泰博学，善谈论。初游洛阳，时人莫识。陈留符融一见嗟异[2]，因以介[3]于河南尹李膺。膺与为友。后归乡里，诸儒送至河上，车数千辆，膺唯与泰同舟而济。泰性明知人，好奖训[4]士类。茅容年四十余，耕于野，与等辈[5]避雨树下，众皆夷踞，容独危坐[6]。泰见而异之，因请寓宿[7]。旦日，容杀鸡食母，余半庋置[8]，自以草蔬[9]与客同饭。泰曰："卿贤哉远矣！郭林宗[10]犹减三牲之具以供宾旅[11]，而卿如此，乃我友也。"起，对之揖，劝令从学。巨鹿孟敏，荷甑堕地[12]，不顾而去。泰见，问之，对曰："甑已破矣，视之何益？"泰以为有分决[13]，亦劝令游学。陈留申屠蟠为漆工，鄢陵庾乘为门士[14]，泰奇之，后皆为名士。自余[15]或出于屠沽[16]、卒伍，因泰奖进[17]成名者甚众。或问范滂曰："郭林宗何如人？"滂曰："隐不违亲，贞不绝俗[18]，天子不得臣，诸侯不得友，吾不知其他。"泰举有道，不就，或劝之仕，泰曰："吾夜观乾象[19]，昼察人事，天之所废，不可支

1　季伟：即茅容，茅容字季伟。
2　嗟异：赞叹称异。
3　介：介绍。
4　奖训：劝勉扶植。
5　等辈：同辈，同僚。
6　众皆夷踞，容独危坐：别人都随便地坐在地上，只有茅容正襟危坐。夷踞，两腿伸直张开坐在地上，形容随便，不拘礼节。危坐，以两膝着地，耸起上身，即正身而跪，表示严肃恭敬。
7　寓宿：寄宿。
8　庋置：收藏，搁置。
9　草蔬：简陋的蔬菜。
10　郭林宗：即郭泰本人，郭泰字林宗。
11　宾旅：客卿，羁旅之人。
12　荷甑堕地：肩上扛的瓦罐掉在地上。甑，古代炊具，底部有许多透蒸汽的小孔，可以放在鬲上蒸煮。
13　分决：决断。
14　门士：守门的士卒。
15　自余：此外，其余。
16　屠沽：宰牲和卖酒，亦泛指职业微贱的人。
17　奖进：称许荐引。
18　隐不违亲，贞不绝俗：隐不违亲，隐居但不忘记侍奉父母。贞不绝俗，品性高洁而不与世俗隔绝。
19　乾象：天象。旧以为天象变化与人事有关。

也，吾将优游卒岁而已。"然犹周旋京师，诲诱[1]不息。徐稚以书戒之曰："夫大木将颠，非一绳所维，何为栖栖不遑宁处[2]？"泰感寤曰："谨拜斯言，以为师表。"济阴黄允，以俊才知名，泰见而谓曰："卿高才绝人，足成伟器。然当深自匡持[3]，不然，将失之矣。"后司徒袁隗欲为从女[4]求姻，见允，叹曰："得婿如是，足矣。"允闻而黜遣[5]其妻。妻请大会宗亲，数允隐慝[6]而去，允由是废。初，允与汉中晋文经恃其才智，征辟不就。托言疗病京师，不通宾客，公卿大夫遣门生问疾，郎吏杂坐其门。三公辟召，辄以访之。符融谓李膺曰："二子行业[7]无闻，以豪杰自置，遂使公卿问疾，王臣坐门，融恐其小道破义[8]，空誉违实，特宜察焉。"膺然之，后并以罪废。陈留仇香，至行纯嘿[9]，乡党无知者。年四十，为蒲亭[10]长。劝人生业[11]，为制科令[12]，令子弟就学，赈恤穷寡[13]，期年大化[14]。民有陈元，独与母居。母诣香告元不孝，香惊曰："吾近日过元舍，庐落整顿[15]，耕耘以时，此非恶人，当是教化未至耳。母守寡养孤，苦身投老[16]，奈何以一旦之忿，弃历年之勤乎？且母养人遗孤，不能成济[17]，若死者有知，百岁之后，当何以见亡者？"母涕泣而起。香乃亲到元家，为陈人伦，譬以祸福，元感悟，卒为孝子。考城[18]令王奂署香主簿，谓之曰："闻在蒲亭，陈元不罚

---

1 诲诱：教诲诱导。
2 何为栖栖不遑宁处：为何奔波忙碌，不能安定下来。栖栖，忙碌不安貌。
3 匡持：匡正保持，匡正扶持。
4 从女：侄女。
5 黜遣：斥逐，打发回原处。
6 隐慝：别人不知的罪恶，不可告人的罪恶。
7 行业：操行学业。
8 破义：败坏正义。
9 纯嘿：沉默寡言。
10 蒲亭：古县名，治所位于今河南省商丘市民权县东。
11 生业：从事某种产业。
12 科令：法令，律条。
13 赈恤穷寡：赈济抚恤穷人和孤寡。赈恤，赈济抚恤。
14 期年大化：一年以后有了很大改变。
15 整顿：整齐。
16 苦身投老：自身受苦多年，垂垂老矣。投老，垂老，临老。
17 成济：成就。
18 考城：古县名，治所位于今河南省商丘市民权县东北。

而化，得无少鹰鹯[1]之志邪？”香曰：“以为鹰鹯不若鸾凤[2]，故不为也。”奂曰：“枳棘[3]非鸾凤所集，百里非大贤之路。”乃以一月俸资香，使入太学，与符融比宇[4]。融宾客盈室，香常自守。融谓之曰：“今英雄四集，志士交结之秋。”香正色曰：“天子设太学，岂但使人游谈其中耶？”高揖[5]而去。融以告郭泰，因就房谒之。泰嗟叹起拜床下，曰：“君，泰之师，非泰之友也。”香虽宴居[6]，必正衣服，妻子事之若严君[7]。妻子有过，免冠自责，妻子庭谢思过。香冠，妻子乃敢升堂，终不见其喜怒声色之异。不应征辟，卒于家。

三月，陨石于鄠。

夏，五月，雨雹。

荆州刺史度尚击桂阳、艾县贼，平之度尚募诸蛮夷击艾县贼，大破之，降者数万。桂阳宿贼[8]卜阳、潘鸿等逃入深山，尚破其三屯[9]，多获珍宝。欲遂击之，而士卒骄富[10]，莫有斗志。尚乃宣言：“兵少未可进，当须诸郡所发悉至，乃并力攻之。”申令军中恣听[11]射猎，兵喜，皆出。尚乃密使人焚其营，猎者还营，莫不涕泣。尚人人慰劳，深自咎责[12]，因曰：“阳等财宝足富数世，诸卿但不并力[13]耳。所亡少少，何足介意？”众咸愤踊[14]。尚敕令秣马蓐食。明旦，径赴贼屯，阳等自以深固，不复设备，吏士乘锐，遂破，平之。尚出兵三年，群寇悉平，封右乡侯。

1　鹰鹯：鹰与鹯，比喻忠勇之人。
2　鸾凤：鸾鸟和凤凰，比喻贤俊之士。
3　枳棘：枳木与棘木，比喻艰难险恶的环境。
4　比宇：房子挨着，做邻居。
5　高揖：双手抱拳，高举过头作揖，辞别时的礼节。
6　宴居：闲居。
7　严君：父母之称。
8　宿贼：长期为盗贼者。
9　屯：军营。
10　骄富：骄纵而富裕。
11　恣听：听任。
12　咎责：责备。
13　并力：合力。
14　愤踊：愤发踊跃。

冬，十月，**帝如章陵**时公卿、贵戚车骑万计，征求费役[1]，不可胜极。护驾从事胡腾言："天子无外，乘舆所幸，即为京师。臣请以荆州刺史比司隶校尉，臣自同都官从事[2]。"帝从之。自是肃然，莫敢干扰。诏书多除人为郎，太尉杨秉上疏曰："太微积星，名为郎位[3]，入奉宿卫，出牧百姓，宜割不忍之恩，以断求欲之路。"于是乃止。

段颎击当煎羌[4]，破之。

十二月，还宫。

乙巳八年（公元 165 年）

春，正月，遣中常侍左悺之苦县[5]祠老子。

是月晦，日食。诏举贤良方正。

中常侍侯览免，左悺自杀，贬具瑗为都乡侯侯览弟参为益州刺史，残暴贪婪，累赃亿计。杨秉奏槛车征参，于道自杀。秉因奏曰："臣案旧典，宦官本任给使[6]省闼，司昏守夜，而今猥受过宠，执政操权。中常侍侯览弟参，贪残元恶[7]，自取祸灭。览知衅重，必有自疑之意，臣愚以为览宜急屏斥，送归本郡。"书奏，尚书召秉掾属诘之曰："三公统外，御史察内。今越奏近官，经典、汉制何所依据？其开公具对[8]。"秉使对曰："《春秋传》曰：'除君之恶，唯力是视。'邓通懈慢[9]，申屠嘉召，诘责之。汉世故事，三公之职，无所不统。"尚书不能诘，帝不得已，免览官。司隶韩缜因奏左悺罪恶，及其兄太仆称，皆自杀。又奏具瑗兄恭赃罪，瑗贬都乡侯。

1　费役：耗费民力的劳役。
2　都官从事：古官名，司隶校尉属官，掌管察举百官犯法者。
3　太微积星，名为郎位：太微宫五帝座后，积聚着二十五颗星，名叫郎位。
4　当煎羌：古代羌人部落之一，居牧于今青海省湟水流域。
5　苦县：古县名，老子故里，治所即今河南省周口市鹿邑县。
6　给使：服事，供人役使。
7　元恶：大恶之人，首恶。
8　开公具对：公开作具体答复。
9　懈慢：懈怠而傲慢，怠慢。

废皇后邓氏，幽杀之帝多内宠，邓氏骄忌[1]，废，送暴室，以忧死。

诏李膺、冯绲、刘祐输作左校宛陵[2]羊元群罢北海郡，臧污狼藉[3]，郡舍涧轩[4]有奇巧，亦载以归。河南尹李膺表按其罪，元群行赂宦官，膺竟反坐[5]。单超弟迁为山阳太守，以罪系狱，廷尉冯绲考，致其死，中官飞章诬绲以罪。中常侍苏康、管霸，固[6]天下良田美业，州郡不敢诘，大司农刘祐移书所在，依科品[7]没入之。帝大怒，三人俱坐输作左校。

诏坏诸淫祀[8]特留洛阳王涣、密县卓茂二祠。

夏，五月，太尉杨秉卒。以刘瑜为议郎秉清白寡欲，尝称："我有三不惑，酒、色、财也。"秉既没，所举贤良刘瑜乃至上书言："中官不当裂土传爵。又，嬖女冗食[9]，伤生费国。第舍[10]增多，穷极奇巧，掘山攻石，促以严刑[11]。州郡考事，公行赇赂，民愁入贼，官辄诛讨，贫民或卖首级以要赏，父兄相代残身，妻孥相视分裂[12]。陛下又好微行近习之家，宾客市买，因此暴纵[13]。惟陛下开广谏道，博观前古，远佞邪之人，放郑卫之声，则政致和平矣。"诏问灾咎[14]之征。执政者欲令瑜依违其辞，乃更策以他事，瑜对愈切，拜为议郎。

桂阳贼攻零陵，度尚击斩之桂阳贼胡兰等攻零陵，太守陈球固守。掾史白球遣家避难，球怒曰："太守分国虎符，受任一邦，岂顾妻孥而沮国威

1　骄忌：傲慢妒忌。
2　宛陵：古县名，治所即今安徽省宣州市。
3　臧污狼藉：贪赃枉法，声名狼藉。
4　涧轩：厕所。
5　反坐：把被诬告的罪名所应得的刑罚加在诬告人身上。
6　固：霸占。
7　科品：法制，定规。
8　淫祀：不合礼制的祭祀，不当祭的祭祀。
9　嬖女冗食：嬖女，受宠爱的姬妾。冗食，浪费粮食。
10　第舍：宅第，住宅。
11　促以严刑：用严刑峻法催逼人民营造。
12　相视分裂：亲眼看着身首异处。
13　宾客市买，因此暴纵：这些人让他们的宾客到处兜售这些消息，因此更加放纵无度。暴纵，放纵无度。
14　灾咎：祸殃。

乎？复言者，斩！"乃弦大木为弓，羽矛为矢，引机发之[1]，多所杀伤。贼激流[2]灌城，球辄于内因地势反决水淹贼，相拒十余日，不能下。时度尚征还，诏以为中郎将，讨击斩之。复以尚为荆州刺史。余党南走苍梧，交趾刺史张磐击破之，贼复还入荆州。尚惧为己负[3]，乃伪言苍梧贼入州界，于是征磐下廷尉。会赦，磐不肯出，磐曰："磐实不辜，赦无所除。如以苟免，永受侵辱。"乃征尚面对[4]，辞穷，受罪，以先有功，原之。

段颎击西羌，破之段颎击破西羌，进兵穷追，辗转山谷，自春及秋，无日不战，虏遂败散，斩首二万，获数万人，降万余落。封都乡侯。

秋，七月，以陈蕃为太尉蕃让于太常胡广、议郎王畅、弛刑徒[5]李膺，不许。畅，龚之子也，尝为南阳太守，奋厉[6]威猛，大姓有犯，或使吏发屋伐树，埋井夷灶[7]。功曹张敞谏曰："发屋伐树，将为严烈，虽欲惩恶，难以闻远。恳恳[8]用刑，不如行恩；孳孳[9]求奸，未若礼贤。舜举皋陶，不仁者远。化人在德，不在用刑。"畅深纳其言，更崇宽政，教化大行。

八月，初敛田亩税钱[10]。

九月，地震。

立贵人窦氏为皇后采女[11]田圣有宠，帝将立以为后。时窦融之玄孙武有女，亦为贵人。陈蕃及司隶应奉皆以田氏卑微，窦族良家，争之甚固。帝不得已，立窦后，拜武为特进，封槐里侯。

1　弦大木为弓，羽矛为矢，引机发之：用大木制造弓弦，在矛上粘羽毛当箭，用机械发射。弦，安上弓弦。
2　激流：阻遏水流使之腾涌。
3　己负：自己的过失。
4　面对：当面对质。
5　弛刑徒：解除枷锁的刑徒。
6　奋厉：激愤貌。
7　埋井夷灶：填平水井，铲平厨房炉灶。
8　恳恳：急切貌。
9　孳孳：勤勉，努力不懈。
10　初敛田亩税钱：首次对有田者以亩为单位征收赋税。
11　采女：原为汉代六宫的一种称号，因其选自民家，故曰"采女"，后用作宫女的通称。

以李膺为司隶校尉陈蕃数言李膺、冯绲、刘祐之枉，请加原宥[1]，诚辞恳切，以至流涕。帝不听。应奉上疏曰："夫忠贤武将，国之心膂[2]。立政之要，记功忘失。绲前讨蛮荆，均吉甫之功[3]；祐数临督司，有不吐茹之节[4]；膺著威[5]幽、并，遗爱度辽。今三垂[6]蠢动，王旅未振，乞原膺等，以备不虞。"书奏，乃悉免其刑。久之，李膺复拜司隶校尉。时小黄门张让弟朔为野王令，贪残无道，畏膺威严，逃还京师，匿于兄家合柱[7]中。膺率吏卒破柱取朔，付狱受辞毕，即杀之。让诉冤，帝召膺诘之。对曰："昔仲尼为鲁司寇，七日而诛少正卯。今臣到官已积一旬，私惧以稽留[8]为愆，不意获速戾[9]之罪。自知衅责[10]，死不旋踵，乞留五日，克殄[11]元恶，退就鼎镬[12]，始生之愿也。"帝顾让曰："汝弟之罪，司隶何愆？"自此诸宦官皆鞠躬屏气，休沐不敢出宫省。帝问其故，并叩头泣曰："畏李校尉。"时朝廷日乱，纲纪颓弛[13]，而膺独持风裁[14]，以声名自高，士有被其容接[15]者，名为登龙门云。

以刘宽为尚书令宽历典三郡，温仁多恕[16]，虽在仓卒，未尝疾言遽色[17]。吏民有过，但用蒲鞭[18]罚之，示辱而已，终不加苦。有功善推之于下，有灾异则

1　原宥：谅情赦罪。
2　心膂：心与脊骨，喻主要的辅佐人员。
3　均吉甫之功：均，等同于。吉甫，即尹吉甫，周宣王时的太师，奉周宣王命与南仲出征猃狁，获大胜。后又发兵南征，对南淮夷征取贡物，深受周王室的倚重。
4　不吐茹之节：形容人正直不阿，不欺软怕硬。语出《诗·大雅·烝民》："人亦有言，柔则茹之，刚则吐之。维仲山甫，柔亦不茹，刚亦不吐，不侮矜寡，不畏强御。"
5　著威：声威闻名于。
6　三垂：三边，东、南、北三方边疆。
7　合柱：由数木合成的空心之柱。
8　稽留：延迟，停留。
9　速戾：招致罪责。
10　衅责：罪责。
11　克殄：歼灭。
12　鼎镬：古代的酷刑名，用鼎、镬烹人。
13　颓弛：废弛。
14　而膺独持风裁：只有李膺仍然维护朝纲，执法裁夺。
15　容接：接纳，结交。
16　温仁多恕：温和仁爱，多行宽恕。
17　疾言遽色：言语、神色粗暴急躁。疾，快，急速。遽，仓猝，急。
18　蒲鞭：以蒲草为鞭，常用以表示刑罚宽仁。

引躬自责。每见父老，慰以农里[1]之言；少年，勉以孝悌之训。人皆悦而化之。

丙午**九年**（公元 166 年）

　　春，正月朔，日食。诏举至孝太常赵典所举至孝[2]荀爽对策曰："昔者圣人建天地之中，而谓之礼。礼者，所以兴福祥之本，止祸乱之源也。众礼之中，昏礼[3]为首。阳性纯而能施，阴体顺而能化，以礼济乐，节宣[4]其气，故能丰子孙之祥，致老寿之福。及三代之季[5]，淫而无节，阳竭于上，阴隔于下，故周公之戒曰：'时亦罔或克寿[6]。'传曰：'截趾适屦，孰云其愚？何与斯人，追欲丧躯[7]。'诚可痛也。臣窃闻后宫采女六千，侍使[8]复在其外，空赋不辜之民，以供无用之女，百姓困穷于外，阴阳隔塞于内，故感动和气[9]，灾异屡臻[10]。臣愚以为诸未幸御[11]者，一皆遣出，使成妃合[12]，此诚国家之大福也。"诏拜郎中。

　　康熙御批：宫闱[13]之中，可供使令足矣，何须若是指多耶？每见史册所载后宫之繁，辄为之恻然[14]。人情不甚相远，顾忍出于此，诚所不解。本朝家法，务崇俭约，至于掖庭，用人最简，较诸历代，仅百分之一。

　　司隶、豫州饥死者什四五。

　　以皇甫规为度辽将军规欲求退，数上病，不见听。会友人丧至，规越界迎之，因令客密告并州刺史胡芳，言规擅远军营，当急举奏。芳曰："威明欲

1　农里：乡里，邻里。
2　至孝：东汉时选举人才的科目名称。
3　昏礼：婚娶之礼。古时于黄昏时举行，故称。
4　节宣：或裁制、布散以调适之，使气不散漫，不壅闭。
5　季：末，一个朝代的末期。
6　时亦罔或克寿：有时候，可能也会减少人的寿命。
7　截趾适屦，孰云其愚，何与斯人，追欲丧躯：为了能够穿鞋，不惜截掉脚趾，谁说他蠢？还有比他更蠢的人，为了追求淫欲，不惜失去自己的生命。
8　侍使：古代没入官府为奴的罪犯家属中，年少、较有才智的女子。
9　感动和气：感动，动摇。和气，能导致吉利的祥瑞之气。
10　臻：到来。
11　幸御：与帝王同房。
12　妃合：婚配。
13　宫闱：后妃的住所。
14　恻然：哀怜貌，悲伤貌。

避第仕途¹，故激发我耳。吾当为朝廷爱才，何能申子此计邪？”遂无所问。

夏，四月，河水清。

帝亲祠老子于濯龙宫以文罽²为坛饰，淳金扣器，设华盖之坐，用郊天乐³。

六月，南匈奴、乌桓、鲜卑寇掠九郡。

秋，七月，诸羌复反。

复以张奂为护匈奴中郎将，督幽、并、凉州。

杀南阳太守成瑨、太原太守刘瓆，捕司隶校尉李膺、太仆杜密，部党⁴二百余人下狱。遂策免太尉蕃初，帝为蠡吾侯，受学于甘陵⁵周福。及即位，擢福为尚书。时同郡房植有名当朝，乡人为之谣曰：“天下规矩房伯武，因师获印周仲进。”二家宾客互相讥揣⁶，遂成尤隙⁷。由是甘陵有南、北部，党人之议自此始矣。汝南太守宗资以范滂为功曹，南阳太守成瑨以岑晊为功曹，皆委心听任，使之褒善纠违，肃清朝府⁸。滂尤刚劲，疾恶如仇。滂甥李颂，素无行，唐衡以属资，用为吏。滂不召。资捶书佐⁹朱零，零仰曰：“范滂清裁¹⁰，零宁受笞而死，滂不可违。”资乃止。于是二郡为谣曰：“汝南太守范孟博，南阳宗资主画诺¹¹；南阳太守岑公孝，弘农成瑨但坐啸。”太学诸生三万余人，郭泰、贾彪为其冠¹²，与李膺、陈蕃、王畅更相褒重¹³。学中语曰：“天下模楷¹⁴李元

---

1 威明欲避第仕途：皇甫规为了想早日脱离官场。威明，皇甫规的字。避第，避仕宦之途而退居家中。
2 文罽：图案华美的毛织品。
3 淳金扣器，设华盖之坐，用郊天乐：陈列纯金镶边的祭器，座位上设置豪华的伞盖，演奏郊外祭天时的音乐。扣器，用金、玉等镶嵌的器物。
4 部党：朋党，徒党。
5 甘陵：古国名，辖今河北清河及枣强、南宫各一部分，山东临清、夏津、武城及高唐、平原各一部分地。
6 讥揣：猜度他人并加以讥评。
7 尤隙：嫌隙，仇隙。
8 朝府：府朝，官署。
9 书佐：主办文书的佐吏。
10 清裁：清明的裁断。
11 画诺：旧时主管官员在文书上签字，表示同意照办。下文“坐啸”指闲坐吟啸。
12 冠：超出众人，位居第一。
13 褒重：褒扬尊崇。
14 模楷：楷模，榜样。

礼，不畏强御[1]陈仲举，天下俊秀王叔茂。"于是中外承风，竞以臧否相尚，自公卿以下，莫不畏其贬议，屣履[2]到门。宛有富贾张泛，恃后宫中官，用势纵横。岑晊劝璆收捕。既而遇赦，璆竟诛之，后乃奏闻。小黄门晋阳[3]赵津，贪横放恣[4]，太原太守刘瓆亦于赦后杀之。于是侯览使泛妻上书讼冤，宦官因缘谮诉[5]璆、瓆。帝大怒，征下狱。有司承旨，奏当弃市。山阳太守翟超，以张俭为督邮。侯览家在防东[6]，残暴百姓，大起茔冢[7]。俭举奏览，破其冢宅[8]，藉没[9]资财。徐璜兄子宣为下邳令，求故汝南太守李暠女不得，遂将吏卒至暠家，载其女归，射杀之。东海相黄浮收宣家属，无少长，悉按弃市。于是宦官诉冤，帝大怒，超、浮并坐髡钳、输作。陈蕃与司空刘茂共谏请[10]四人罪，帝不悦。茂不敢复言。蕃乃独上疏曰："今寇贼在外，四肢之疾；内政不理，心腹之患。臣寝不能寐，食不能饱，实忧左右日亲，忠言日疏，内患渐积，外难方深。小家畜产[11]百万之资，子孙尚耻失其先业，况乃[12]产兼天下，受之先帝，而欲懈怠以自轻忽，诚不爱己，不当念先帝得之勤苦邪？刘瓆、成璆诚心去恶，而令伏欧刀；翟超、黄浮奉公不桡[13]，并蒙刑坐[14]。昔申屠嘉召责邓通，董宣折辱公主，文帝从而请之，光武加以重赏，未闻二臣有专命之诛。陛下深宜割塞[15]近习与政之源，引纳尚书朝省[16]之士，简练[17]清高，斥黜佞邪。则天和于上，地洽

---

1 不畏强御：不惧怕强暴或恶势力。
2 屣履：拖着鞋子走路，多形容急忙的样子。
3 晋阳：古县名，治所位于今山西省太原市西南。
4 贪横放恣：贪横，贪婪横暴。放恣，骄傲放纵，任意胡为。
5 谮诉：谗毁攻讦。
6 防东：古县名，治所位于今山东省菏泽市单县东北。
7 茔冢：坟墓，墓地。
8 冢宅：坟墓，坟地。
9 藉没：没收。藉，通"籍"。
10 谏请：劝谏天子请求赦免。
11 畜产：积蓄财产。
12 况乃：况且，何况。
13 不桡：不弯曲，形容刚正不屈。
14 刑坐：连坐，犯法者的家属、亲族和邻居等连带受刑罚。
15 割塞：杜绝。
16 朝省：朝廷。
17 简练：精明干练。

于下矣。"帝不纳。宦官由此疾蕃弥甚，选举奏议，辄以中诏谴却[1]，长史以下多至抵罪。平原襄楷上疏曰："臣闻皇天不言，以象设教[2]。臣窃见太微，天庭五帝之坐，而金、火罚星[3]扬光其中，于占，天子凶。又俱入房、心，法无继嗣。前冬大寒，竹柏伤枯。臣闻于师曰：'柏伤竹枯，不出三年，天子当之。'今春、夏霜、雹、大雨、雷电，臣作威作福，刑罚急刻[4]之所感也。刘瑜、成瑨，志除奸邪，而远加考逮；三公乞哀，而严被谴让。汉兴以来，未有拒谏诛贤，用刑太深如今者也。按春秋以来及古帝王，未有河清。臣以为河者，诸侯位也。清者属阳，浊者属阴。河当浊而反清者，阴欲为阳，侯欲为帝也。唯京房《易传》曰：'河水清，天下平。'今天垂异，地吐妖，人疠疫[5]，三者并时而有河清，犹《春秋》麟不当见而见，孔子书之，以为异也。愿赐清闲[6]，极尽所言。"书奏，不省。复上书曰："黄门、常侍，天刑[7]之人。陛下爱待，兼倍常宠，继嗣未兆，岂不为此[8]？又闻宫中立黄老、浮屠之祠，黄老清虚，贵尚无为，好生恶杀，省欲去奢。浮屠不三宿桑下，不欲久生恩爱，精之至也[9]。其守一如此，乃能成道。今陛下淫女艳妇，极天下之丽；甘肥饮美，单[10]天下之味。嗜欲不去，杀罚过理，奈何欲如黄老、浮屠乎？"尚书奏楷违经诬上，司寇论刑。自永平以来，臣民虽有习浮屠术者，而天子未之好。至帝，始笃好之，常躬自祷祠，由是其法浸盛，故楷言及之。瑨、瑜竟死狱中。瑨、瑜素刚直，有经术，知名当时，天下惜之。岑晊逃窜，亲友竞匿之。贾彪独闭门不

1　中诏谴却：中诏，宫中直接发出的帝王亲笔诏令。谴却，责问并拒绝受理。
2　以象设教：用天象变异来显示它的旨意。
3　罚星：古代星官名，属二十八宿的房宿，有三颗星。
4　急刻：峻急苛刻。
5　疠疫：瘟疫。
6　清闲：清静悠闲，引申指暇时。
7　天刑：特指宫刑。古以宦者星与宦官对应，故称。
8　陛下爱待，兼倍常宠，继嗣未兆，岂不为此：陛下宠爱他们，超过普通人数倍，陛下所以无子，难道不是因为这个吗。
9　浮屠不三宿桑下，不欲久生恩爱，精之至也：佛教信徒不在一棵桑树下连住三夜，为的是避免住久了，会生出爱恋之心，道理至为精密。
10　单：独一无二。

纳，曰："传言：'相时而动，无累后人。'公孝[1]以要君致衅，自遗其咎，吾可容隐[2]之乎？"晊竟获免。彪尝为新息长，小民困贫，多不养子。彪严为其制，与杀人同罪。城南有盗劫害人者，北有妇人杀子者，彪出按验，掾吏欲引南，彪怒曰："贼寇害人，此则常理；母子相残，逆天违道！"遂驱车北行，按致[3]其罪。贼闻之，亦面缚自首。数年间，人养子者以千数。曰："此贾父所生也。"皆名之为"贾"。河内张成者，善风角，推占当赦[4]，教子杀人。李膺收捕，逢宥，竟按杀[5]之。宦官教成弟子牢修上书，告膺等："养太学游士，共为部党，诽讪[6]朝廷，疑乱风俗。"于是天子震怒，颁下郡国，逮捕党人，布告天下，使同忿疾[7]。按经三府，陈蕃却之曰："今所按者，皆海内人誉[8]、忧国忠公之臣，此等犹将十世宥也，岂有罪名不彰而致收掠[9]者乎？"不肯平署[10]。帝愈怒，遂下膺等北寺狱，辞连太仆杜密及陈寔、范滂之徒二百余人。或逃遁不获，皆悬金购募[11]，使者四出。寔曰："吾不就狱，众无所恃。"乃往请囚。陈蕃复上书极谏，帝讳其言切，托以辟召非人，策免之。时党狱所染，皆天下名贤。皇甫规自以西州豪杰，耻不得与，乃自上言："臣前荐故大司农张奂，是附党也。太学生张凤等上书讼臣，是为党人所附也。臣宜坐之。"朝廷不问。密素与李膺名行相次[12]，时人谓之"李杜"。尝为北海相，行春[13]，到高密，见郑玄为乡啬夫[14]，知

---

1 公孝：即岑晊，岑晊字公孝。
2 容隐：包庇隐瞒。
3 按致：审查而确立。
4 推占当赦：预先推算朝廷将要颁布大赦令。
5 按杀：查实处死。
6 诽讪：诽谤非议。
7 忿疾：愤怒憎恶。
8 人誉：人人称赞。
9 收掠：收捕拷打。
10 平署：连署，在公文上一起署名。
11 购募：悬赏缉捕。
12 相次：相为次第，相继。
13 行春：官吏春日出巡。
14 乡啬夫：古代乡官之一，主役、赋等。

其异器[1]，即署郡职，遣就学，卒成大儒。去官还家，每谒守、令，多所陈托[2]。同郡刘胜亦自蜀郡告归乡里，闭门扫轨[3]，无所干及。太守王昱谓曰："刘季陵清高士，公卿多举之者。"密对曰："刘胜位为大夫，见礼上宾，而知善不荐，闻恶无言，隐情惜己，自同寒蝉[4]，此罪人也。今志义力行之贤而密达之，违道失节之士而密纠之，使明府赏刑得中，令闻休扬[5]，不亦万分之一乎？"昱惭服[6]，待之弥厚。

以窦武为城门校尉武在位多辟名士，清身[7]疾恶，礼赂[8]不通。妻子衣食才足而已，得两官赏赐，悉散与太学诸生及匄施[9]贫民，由是众誉归之。

匈奴、乌桓降，鲜卑走出塞匈奴、乌桓闻张奂至，皆相率还，降。奂诛其首恶，慰纳之。唯鲜卑出塞去。朝廷患檀石槐不能制，遣使持印绶封为王，欲与和亲。檀石槐不肯受，而寇钞滋甚。自分其地为三部：从右北平以东至辽东，接夫余、涉貊[10]为东部；从右北平以西至上谷为中部；从上谷以西至乌孙为西部。各置大人领之。

1　异器：特殊的才具。
2　陈托：陈请，请托。
3　闭门扫轨：杜绝宾客，不与来往。轨，车迹。
4　寒蝉：寒天的蝉。秋深天寒，蝉即不鸣，故常以遇事不敢讲话比作寒蝉。
5　令闻休扬：令闻，美好的名声。休扬，显扬。
6　惭服：羞愧而心服。
7　清身：清廉公正，以身作则。
8　礼赂：送财物行贿。
9　匄施：施舍，施与。
10　涉貊：古少数民族名，又称貊、貊貊或藏貊，古文献称之为"亳人"或"发人"，生活在今天东北地区南部和朝鲜半岛汉四郡故地。

资治通鉴纲目

卷

十二

起丁未汉桓帝永康元年，尽癸酉[1]汉献帝初平四年凡二十七年。

丁未**永康元年**（公元 167 年）

春，正月，东羌复反，段颎击破之。

夫余寇玄菟。

夏，四月，羌寇三辅。

五月，地裂。

是月晦，日食。

六月，赦党人归田里，禁锢终身陈蕃既免，朝臣震栗，莫敢复为党人言者。贾彪曰："吾不西行，大祸不解。"乃入洛阳，说窦武及尚书霍谞等，使讼之。武上疏曰："膺等建忠抗节[2]，志经[3]王室，此诚陛下稷、卨、伊、吕[4]之佐，而虚为奸臣贼子所诬枉[5]，天下寒心，海内失望。惟陛下留神澄省[6]，时见理出，以厌人鬼喁喁[7]之心。今台阁近臣，尚书朱寓、荀绲、刘祐、魏朗、刘矩、尹勋等，皆国之贞士[8]，朝之良佐；尚书张陵、妫皓、苑康、杨乔、边韶、戴恢等，文质彬彬，明达国典。而陛下委任近习，专树饕餮[9]，外典州郡，内干心膂。宜以次贬黜，按罪纠罚[10]。信任忠良，平决臧否，使邪正、毁誉各得其所。如此，咎征可消，天应可待。间者有嘉禾、芝草、黄龙之见。夫瑞生必于嘉土，福至实由善人。在德为瑞，无德为灾。陛下所行不合天意，不宜称庆。"书奏，因以病上还城门校尉、槐里侯印绶。霍谞亦为表请[11]。帝意稍解，使中常侍王甫

1　癸酉：即公元 193 年。
2　建忠抗节：建忠，树立忠心。抗节，坚守节操。
3　经：治理。
4　稷、卨、伊、吕：后稷、子契、伊尹、吕尚，均为历代贤臣。
5　诬枉：诬陷冤枉。
6　澄省：明察。
7　喁喁：仰望期待貌。
8　贞士：志节坚定、操守方正之士。
9　饕餮：传说中一种凶恶贪食的野兽，此处比喻贪得无厌者。
10　按罪纠罚：按罪，问罪，治罪。纠罚，督察惩罚。
11　表请：上表说情。

就狱讯党人。甫诘曰："卿等更相拔举，迭为唇齿[1]，其意如何？"范滂曰："滂欲使善善同其清，恶恶同其污。谓王政之所愿闻，不悟更以为党[2]。身死之日，愿埋滂于首阳山[3]侧，上不负皇天，下不愧夷、齐。"甫愍然[4]为之改容，乃得并解桎梏。膺等又多引宦官子弟。宦官惧，请帝以天时宜赦。遂赦，改元。党人二百余人皆归田里，书名三府，禁锢终身。滂往候霍谞而不谢。或让之，滂曰："昔叔向不见祁奚[5]，吾何谢焉？"滂归汝南，南阳士大夫迎之者车数千辆，乡人殷陶、黄穆侍卫于旁，应对宾客。滂曰："是重吾祸也。"遂遁还。初，诏书下，举钩党[6]，郡国所奏，多至百数，唯平原相史弼独无所上。诏书迫切[7]州郡，髡笞掾史。从事坐传舍责曰："青州六郡，其五有党，平原何治而得独无？"弼曰："先王疆理[8]天下，画界分境，水土异齐[9]，风俗不同。他郡自有，平原自无，胡可相比？若承望上司，诬陷良善，则平原之人户可为党。相有死而已，所不能也。"从事大怒，即举奏弼。会党禁中解[10]，所脱者甚众。窦武所荐杨乔，容仪伟丽[11]，数言政事。帝爱其才貌，欲妻以公主。乔固辞，不听，遂不食而死。

　　秋，八月，巴郡言黄龙见初，郡人欲就池浴，见池水浊，因戏相恐："此中有黄龙。"语遂行，太守欲上之。郡吏傅坚谏曰："此走卒[12]戏语耳。"

1　更相拔举，迭为唇齿：互相推荐保举，结成一党。唇齿，比喻互相依存而有共同利益的双方。
2　使善善同其清，恶恶同其污。谓王政之所愿闻，不悟更以为党：奖励善行使大家同样清廉，嫉恨恶人使大家都明白其卑污所在。本以为朝廷会希望听到这样的情况，却不明白这竟然是结党。
3　首阳山：古山名，又称首山或雷首山，位于今山西省运城市辖永济市蒲州镇南。因处中条山道之阳，故名。传西周初，商遗民伯夷、叔齐义不食周粟，遂饿死于此。
4　愍然：怜悯貌。
5　叔向不见祁奚：春秋时晋国叔向因弟弟的罪行被囚禁，大臣祁奚为国家社稷说服范宣子，救了叔向。叔向认为自己是因为才能而获救，并没有特别感恩祁奚，因此不去见祁奚。
6　钩党：相牵引为同党。
7　迫切：逼迫。
8　疆理：划分治理。
9　异齐：不一致。
10　党禁中解：中途解除党禁。党禁，禁止列名党籍者出任官职。
11　容仪伟丽：容仪，容貌和仪表，容貌举止。伟丽，壮美。
12　走卒：供人驱使的差役。

不听。

大水，海溢。

冬，十月，羌寇三辅。张奂遣司马董卓击破之奂论功当封，以不事宦官，故不果。拜董卓为郎中。卓，陇西人，性粗猛[1]，有谋，羌、胡畏之。

十二月，帝崩。尊皇后曰皇太后。太后临朝初，窦后既立，御见[2]甚稀，唯采女田圣等有宠。后素忌忍[3]，帝梓官尚在前殿，遂杀田圣。

遣使迎解渎亭侯宏诣京师窦武召侍御史、河间刘儵，问以国中宗室之贤者，儵称孝王曾孙宏。武白太后，定策[4]禁中，以儵守光禄大夫，持节奉迎。宏时年十二。

戊申孝灵皇帝建宁元年（公元 168 年）

春，正月，以窦武为大将军，陈蕃为太傅，与司徒胡广参录尚书事时新遭大丧，国嗣[5]未立，诸尚书畏惧，多托病不朝。陈蕃移书责之曰："古人立节[6]，事亡如存。今帝祚[7]未立，诸君奈何委荼蓼[8]之苦，息偃[9]在床乎？"诸尚书惶怖，皆起视事。

解渎亭侯宏至，入即位。

二月，葬宣陵[10]。

段颎击东羌于高平，大破之。以颎为破羌将军初，颎既定西羌，而东羌先零等种犹未服，皇甫规、张奂招之连年，既降又叛。桓帝诏以问颎，颎

1　粗猛：粗鲁凶猛。
2　御见：后妃为皇帝所御幸。
3　忌忍：妒忌残忍。
4　定策：亦作"定册"，古时尊立天子，书其事于简策，以告宗庙，因称大臣等谋立天子为"定策"。
5　国嗣：皇位继承人。
6　立节：树立节操。
7　帝祚：帝位，皇位。
8　荼蓼：荼味苦，蓼味辛，合称比喻艰难困苦。
9　息偃：安息，休息。
10　宣陵：汉桓帝刘志的陵墓，位于今河南省洛阳市东北。

上言曰："东羌降于皇甫规者已二万落，余寇无几。今张奂踌躇久不进者，当虑外离内合，兵往必惊。且羌虏人畜疲赢[1]，有自亡之势，欲更招降，坐制强敌耳。臣以为狼子野心，难以恩纳。势穷虽服，兵去复动。计所余三万余落，近居塞内，路无险折[2]，而久乱并、凉，累侵三辅、西河、上郡，已各内徙，安定、北地，复至单危[3]。自云中、五原，西至汉阳二千余里，匈奴、诸羌并擅[4]其地，是为痈疽伏疾，留滞胁下[5]，如不加诛，转就滋大。若以骑五千、步万人、车三千辆，三冬二夏，足以破定，无虑[6]用费为钱五十四亿，如此，则可令群羌破尽，匈奴长服，内徙郡县，得反本土。伏计永初中，诸羌反叛十有四年，用二百四十亿。永和[7]之末，复经七年，用八十余亿。费耗若此，犹不诛尽。今不暂疲民，则永宁无期。臣庶竭驽劣[8]，伏待节度[9]。"帝许之。颍于是将兵万余人，赍十五日粮，从彭阳[10]直指高平，与先零诸种战。虏兵盛，众皆恐。颍乃令军中长镞[11]、利刃、长矛三重，挟以强弩，列轻骑为左右翼，谓将士曰："今去家数千里，进则事成，走必尽死，努力共功名！"因大呼，众皆应声腾赴[12]，驰骑于旁，突而击之，虏众大溃，斩首八千余级。太后赐诏褒美，赐钱二十万，以家一人为郎中。敕中藏府[13]增助军费，拜颍破羌将军。

闰月，追尊祖为孝元皇，夫人为孝元后，考[14]为孝仁皇，尊母董氏

1　疲赢：衰弱。
2　险折：险阻曲折。
3　单危：孤独恐惧。
4　擅：占有。
5　痈疽伏疾，留滞胁下：恶疮隐疾，停留在两胁之下。伏疾，隐疾。胁，从腋下到肋骨尽处的部分。
6　无虑：大约，总共。
7　永和：汉顺帝刘保年号，存续时间为公元136至141年。
8　庶竭驽劣：庶，希望。竭，竭尽。驽劣，低劣的才能。
9　节度：节制调度，部署。
10　彭阳：古县名，治所位于今甘肃省庆阳市镇原县东。
11　镞：安装在箭杆前端的锋刃部分，用弓弦弹发可射向远处。横截面作三角形，狭刃，十分锋利。
12　腾赴：腾，跳起来。赴，投身，参与。
13　中藏府：亦作"中臧府"，汉内库名，主金银货物之事。
14　考：原指父亲，后多指已死的父亲。

为慎园贵人。

　　夏，五月朔，日食。

　　六月，大水。

　　录定策功[1]，封窦武为闻喜侯涿郡卢植说武曰："足下建立[2]圣主，四海有系[3]，论者以为吾子之功，于斯为重。夫同宗相后，披图案牒，以次建之[4]，何勋之有？宜辞大赏以全身、名。"武不能用。植身长八尺二寸，音声如钟，性刚毅，有大节。少事马融。融性豪侈[5]，多列女倡[6]歌舞于前，植侍讲积年，未尝转盼[7]，融以是敬之。

　　封陈蕃为高阳乡侯，不受太后以蕃旧德，特封之。蕃固让不受。

　　段颎追击东羌，连战，破之段颎将轻兵追羌，出桥门[8]，晨夜兼行，与战，连破之。又战于灵武谷[9]，羌遂大败。余寇四千落，悉散入汉阳山谷间。张奂上言："东羌虽破，余种难尽，宜以恩降，可无后悔。"诏书下颎，颎复上言："臣本知东羌虽众，而软弱易制，所以比陈愚虑[10]，思为永宁之算[11]。而张奂说虏强难破，宜用招降。圣朝明监[12]，信纳謇言。奂遂猜恨[13]，言：'羌一气[14]所生，不可诛尽，血流污野，伤和致灾。'臣伏念先零杂种，累以反复，攻剽发冢[15]，祸及生死，上天震怒，假手行诛。动兵涉夏，连获甘澍[16]，岁时丰稔，人无疵

1　录定策功：论拥立天子的功劳。
2　建立：古代立国君、皇后、太子，均可称为"建立"。
3　四海有系：关系到天下百姓的福祉。
4　同宗相后，披图案牒，以次建之：皇室的血统关系本是一脉先后相传，你只不过按照图牒的次序，确立了皇帝人选。
5　豪侈：豪华奢侈。
6　女倡：歌姬。
7　转盼：目光流转。
8　出桥门：李贤注引《东观记·段颎传》："出桥门谷也。"具体位置未可考。
9　灵武谷：古地名，位于贺兰山南麓，黄河青铜峡西岸。
10　比陈愚虑：屡次向朝廷上书陈述我的看法。比，屡次。
11　算：谋划，计划。
12　明监：亦作"明鉴"，明察，洞察。
13　猜恨：猜疑怨恨。
14　一气：混沌之气，古代认为是构成天地万物的本原。
15　攻剽发冢：攻陷县邑，抢夺人民财物，挖掘坟墓棺木，暴露死尸。剽，抢劫，掠夺。
16　甘澍：甘霖，甘雨。

疫[1]。上占天心，不为灾伤；下察人事，众和师克。昔先零作寇，赵充国徙令居内；煎当[2]乱边，马援迁之三辅。始服终叛，至今为鲠[3]。今旁郡户口单少，数为羌所创毒[4]，而欲令降徙，与之杂居，是犹种枳棘于良田，养虺蛇[5]于室内也。故臣奉大汉之威，建长久之策，欲绝其本根，不使能殖。本规三岁之费，用五十四亿。今适期年，所耗未半，而余寇残烬，将向殄灭。臣每奉诏书，军不内御[6]，愿卒斯言，一以任臣，临时量宜，不失权便[7]。"

秋，九月，太傅陈蕃、大将军窦武奏诛宦者曹节等。节等杀之，遂迁太后于南宫初，窦太后之立也，陈蕃有力焉。及临朝，政无大小，皆委于蕃。蕃与窦武同心戮力，以奖[8]王室。征天下名贤李膺、杜密、尹勋、刘瑜等，皆列于朝廷，与共参政事。于是天下之士莫不延颈想望太平。而帝乳母赵娆及诸女尚书[9]旦夕在太后侧，中常侍曹节、王甫等共相朋结，谄事太后。太后信之，数出诏命有所封拜。蕃、武疾之，尝共会朝堂，蕃私谓武曰："曹节、王甫操弄国柄，浊乱海内，今不诛之，后必难图。"武深然之。蕃大喜，以手推席而起。武乃引尚书令尹勋共定计策。会有日食之变，蕃谓武曰："昔萧望之困一石显，况今石显数十辈乎？蕃以八十之年欲为将军除害，今可因此斥罢宦官，以塞[10]天变。"武乃白太后曰："故事，黄门、常侍但当给事省内门户，主近署[11]财物耳。今乃使与政事，任重权，子弟布列[12]，专为贪暴。天下匈匈，正以此故。宜悉诛废[13]，以清朝廷。"太后曰："故事，世有宦官，但当诛其有罪者，

---

1 疢疫：灾害疫病。
2 煎当：疑为"当煎"。当煎羌，古代羌人部落之一，居牧于今青海省湟水流域。
3 鲠：鱼骨卡在嗓子里。
4 创毒：伤害。
5 虺蛇：毒蛇，亦喻恶人。
6 军不内御：朝廷不从内干预外部的军事行动。
7 权便：权宜，变通。
8 奖：辅助。
9 女尚书：古宫内女官名，管理、批阅宫外奏章、文书等。
10 塞：应付。
11 近署：与帝王接触密切的官署。
12 布列：遍布。
13 诛废：诛杀贬斥。

岂可尽废耶？"时中常侍管霸颇有才略，专制省内，武先白收霸及苏康等，皆坐死。武复数白诛节等，太后尤豫[1]未忍，蕃上疏言："侯览、曹节、公乘昕、王甫、郑飒等与赵夫人、诸尚书并乱天下，今不急诛，必生变乱。愿出臣章宣示左右，并令天下诸奸知臣疾之。"太后不纳。八月，太白犯房之上将，入太微[2]。刘瑜恶之，上书皇太后曰："按占书，宫门当闭，将相不利，奸人在主旁。愿急防之。"又与武、蕃书，劝以速断大计。于是武、蕃以朱寓为司隶校尉，刘祐为河南尹，虞祁为洛阳令。奏免黄门令[3]魏彪，以所亲小黄门山冰代之，收长乐尚书郑飒，送北寺狱[4]。蕃曰："此曹[5]子便当收杀，何复考为？"武令冰与尹勋杂考，辞连曹节、王甫。勋、冰即奏收节等，使刘瑜内奏。九月，武出宿[6]归府。典中书者先以告长乐五官史[7]朱瑀。瑀盗发[8]武奏，骂曰："放纵者自可诛耳，我曹何罪，而当尽见族灭？"因大呼曰："陈蕃、窦武奏白太后废帝，为大逆！"乃夜召所亲共普等十七人，歃血共盟。曹节请帝出御前殿，拔剑踊跃，赵娆等拥卫左右，闭诸禁门，召尚书官属，挟以白刃，使作诏版[9]，拜王甫为黄门令，持节至北寺狱，收勋、冰，杀之，出飒。还兵劫太后，夺玺绶。使飒等持节收武。武驰入步兵营，召会北军五校士[10]数千人屯都亭，下令军士曰："黄门、常侍反，尽力者封侯重赏。"陈蕃闻难，将官属诸生八十余人，并拔刃突入承明门，攘臂[11]呼曰："大将军忠以卫国，黄门反逆，何云窦氏不道耶？"王甫使剑士收蕃，蕃拔剑叱甫，辞色逾厉。遂被执，送北寺狱。即日杀之。时张奂征还。节等以奂新至，不知本谋，矫制使奂率五营士[12]讨武。

1　尤豫：犹豫，迟疑不定貌。
2　太白犯房之上将，入太微：金星侵犯房宿上将星，深入太微星座。
3　黄门令：古官名，隶少府，主宫中诸宦者，由宦者充任。
4　北寺狱：东汉黄门署属下的监狱。
5　此曹：这些人。
6　出宿：出居宫外。
7　长乐五官史：古官名，属五官中郎将，掌五官郎宿卫长乐宫门户。
8　盗发：私下拆开，私下泄露。
9　诏版：诏书，诏令。
10　北军五校士：北军五校尉营的将士。
11　攘臂：捋起袖子，露出胳膊，表示振奋。
12　营士：兵士。

甫将千余人出与奂合，使其士大呼武军曰："窦武反，汝皆禁兵，当宿卫宫省，何故随反者乎？"营府[1]素畏服中官，于是武军稍稍归甫，自旦至食时[2]，兵降略尽。武自杀，枭首都亭。收捕宗亲宾客，悉诛之。及刘瑜、冯述，皆夷其族。迁皇太后于南宫，徙武家属于日南，门生故吏皆免官禁锢。议郎巴肃始同谋，节等不知，但坐禁锢，后乃知而收之。肃自载诣县，县令解印绶，欲与俱去。肃曰："为人臣者，有谋不敢隐，有罪不逃刑。"遂被诛。曹节迁长乐卫尉，与王甫等六人皆封列侯。蕃友朱震收葬蕃尸，匿其子逸。事觉，系狱。震受考掠[3]，誓死不言，逸由是得免。武掾胡腾殡敛[4]武尸，行丧[5]，亦坐禁锢。武孙辅，年二岁，腾诈以为己子，与令史张敞共匿之，亦得免。张奂迁大司农，封侯。奂深病为节等所卖，固辞不受。

　　杨氏曰：曹节、王甫窃弄神器[6]，固天下所同疾。窦武以至亲操重柄，招延耆德[7]，相与协谋，剿除奸凶，其势易矣。然而身败功颓[8]，贻国后患者，几事不密，而祸成于尤豫也。张奂，北州人豪，素非中人之党。武不能乘机决策，收为己用，而乃迟回达旦，使逆贼得以欺奂而使之，岂不惜哉？

　　冬，十月晦，日食。

　　十二月，鲜卑、霫貊寇幽、并。

　　乌桓称王乌桓大人上谷难楼有众九千余落，辽西丘力居有众五千余落，自称王。辽东苏仆延有众千余落，自称峭王。右北平乌延有众八百余落，自称汗鲁王。

1　营府：武将。
2　自旦至食时：从清晨到吃早饭的时候。旦，清晨。食时，特指吃早饭的时候。
3　考掠：拷打。
4　殡敛：出殡殓葬。
5　行丧：举办丧事。
6　神器：帝王的印玺，借指帝位、国家权力。
7　招延耆德：招延，招请，延请。耆德，年高德劭、素孚众望者之称。
8　颓：衰败。

己酉二年（公元 169 年）

春，正月，尊慎园贵人董氏为孝仁皇后，以其兄子重为五官中郎将。

夏，四月，青蛇见御坐上。大风雨，雷雹[1]。诏公卿言事张奂上疏曰：“昔周公葬不如礼[2]，天乃动威。今武、蕃忠贞，未被明宥[3]，妖眚[4]之来，皆为此也。宜急为改葬，徙还家属，其从坐禁锢，一切蠲除。又，皇太后虽居南宫，而恩礼不接[5]。宜思大义顾复[6]之报。”上深嘉其言，而为宦者所制，不得从也。奂又与尚书刘猛等共荐王畅、李膺可参三公之选，节等疾[7]其言，遂下诏切责之。皆自囚廷尉，数日得出，以俸赎罪。郎中谢弼上封事曰：“皇太后幽隔空宫，如有雾露之疾[8]，陛下当何面目以见天下？孝和皇帝不绝窦氏之恩，前世以为美谈。礼，为人后[9]者为之子。今以桓帝为父，岂得不以太后为母哉？台宰[10]重器，国命所系。今之四公，唯刘宠断断[11]守善，余皆素餐[12]致寇之人，必有折足覆𫗧[13]之凶，可因灾异并皆罢黜。征王畅、李膺并居政事，庶灾变可消，国祚惟永[14]。”左右恶之，以他罪收弼，掠死于狱。光禄勋杨赐曰：“王者心有所想，虽未形颜色，而五星以之推移，阴阳为其变度。夫皇极[15]不建，则有龙蛇

1　雷雹：打雷下雹。
2　周公葬不如礼：周公死后埋葬的程序不合礼仪。
3　明宥：公开宽恕。
4　妖眚：灾异。
5　恩礼不接：恩遇、礼敬都不及时、周到。
6　顾复：父母的养育之恩。语出《诗·小雅·蓼莪》：“父兮生我，母兮鞠我。拊我畜我，长我育我，顾我复我，出入腹我。”
7　疾：厌恶，憎恨。
8　雾露之疾：因冒霜露、犯寒暑生病。
9　为人后：做别人的继承人。
10　台宰：宰相的高位。
11　断断：专诚守一。
12　素餐：无功受禄，不劳而食。
13　折足覆𫗧：鼎的足折断了，把鼎里的食物都洒了出来，常比喻力不能胜任，必至败事。𫗧，鼎内食物。语出《易》：“鼎折足，覆公𫗧，其形渥，凶。”
14　国祚惟永：国运永昌。国祚，国运。
15　皇极：皇帝。

之孽[1]。《诗》云:'惟虺惟蛇,女子之祥[2]。'惟陛下思乾刚之道,别内外之宜,抑皇甫[3]之权,割艳妻之爱,则蛇变可消,祯祥立应。"赐,秉之子也。

六月,以刘嚣为司空嚣素附诸常侍,故致位公辅。

秋,七月,段颎大破东羌,平之。封颎为新丰侯诏遣谒者冯禅说降汉阳散羌。段颎以羌虽暂降,必复为盗,不如乘虚放兵[4],势必殄灭。于是进营[5],去羌所屯四五十里,遣田晏、夏育将五千人先进,击破之。羌众东奔射虎谷[6],分兵守谷上下门。颎规[7]一举灭之,不欲复令散走。遣千人于西县[8]结木为栅,广二十步,长四十里,遮之。分遣晏、育等将七千人衔枚夜上西山,结营穿堑[9],去虏一里许。又遣张恺将三千人上东山,虏乃觉之。颎因与恺等挟东、西山,纵兵奋击,追至谷上下门。穷山深谷之中,处处破之,斩其渠帅以下万九千级。冯禅等所招降四千人,分置安定、汉阳、陇西三郡。于是东羌悉平。颎凡百八十战,斩三万八千余级,获杂畜四十二万四千余头,费用四十四亿,军士死者四百余人。更封新丰县侯,邑万户。

司马公曰:蛮夷戎狄,气类[10]虽殊,其就利避害,乐生恶死,亦与人同耳。御之得其道则附顺服从,失其道则离叛侵扰,固其宜也。是以先王之政,叛则讨之,服则怀之,处之四裔,不使乱礼义之邦而已。若不分臧否,不辨去来,悉艾杀[11]之,岂作民父母之意哉?且夫羌之所以叛者,为郡县所侵冤[12]故也。叛而不即诛者,将帅非其人故也。苟使良将驱而出之塞外,择良吏而牧之,则疆

1　龙蛇之孽:占象者认为,龙等本为祥瑞,但若出现非时,其行不常,则为妖孽君国之象。
2　惟虺惟蛇,女子之祥:毒蛇,女子的征兆。虺,古书上记载的一种毒蛇。
3　皇甫:周王室宠爱的女子家族。也代指女宠之族。
4　放兵:纵兵出击。
5　进营:进驻。
6　射虎谷:古地名,位于今甘肃省天水市麦积区西。
7　规:计划。
8　西县:古县名,治所位于今甘肃省天水市西南。
9　堑:防御用的壕沟。
10　气类:气质。
11　艾杀:斩割,芟除。
12　侵冤:侵凌之,使受冤屈。

场之臣也，岂得专以多杀为快耶？夫御之不得其道，虽华夏之民，亦将蜂起而为寇，又可尽诛耶？然则段纪明¹之为将，虽克捷²有功，君子所不与也。

九月，江夏蛮反，州郡讨平之。

丹阳山越³反，郡兵击破之。

冬，十月，复治钩党，杀前司隶校尉李膺等百余人初，李膺等虽废锢⁴，天下士大夫皆高尚其道而污秽朝廷，更相标榜，为之称号⁵。以窦武、陈蕃、刘淑为三君。君者，言一世之所宗也。李膺、荀昱、杜密、王畅、刘祐、魏朗、赵典、朱㝢为八俊。俊者，言人之英也。郭泰、范滂、尹勋、巴肃、宗慈、夏馥、蔡衍、羊陟为八顾。顾者，言能以德行引人者也。张俭、翟超、岑晊、范康、刘表、陈翔、孔昱、檀敷为八及。及者，言其能导人追宗⁶者也。度尚、张邈、王孝、刘儒、胡母班、秦周、蕃向、王章为八厨。厨者，言能以财救人者也。及陈、窦用事，复举拔膺等。陈、窦诛，膺等复废。宦官疾恶膺等，每下诏书，辄申党人之禁。侯览怨张俭尤甚。览乡人朱并上书告俭与同乡二十四人别相署号⁷，共为部党，图危社稷。诏刊章⁸捕俭等。十月，曹节讽有司奏诸钩党者虞放、李膺、杜密、朱㝢、荀昱、翟超、刘儒、范滂等，请下州郡考治⁹。是时，上年十四，问节等曰："党人何用为恶而欲诛之耶？"对曰："相举群辈¹⁰，欲为不轨。"上曰："不轨欲如何？"对曰："欲图社稷。"上乃可其奏。或谓李膺曰："可去矣！"对曰："事不辞难，罪不逃刑，臣之节也。吾年已六十，死生有命，去将安之¹¹？"乃诣诏狱，考死¹²。门生故吏并被禁锢。

1　段纪明：即段颎，段颎字纪明。
2　克捷：克敌制胜。
3　山越：古代对南方山区少数民族的通称。
4　废锢：革除官职，终身不再录用。
5　称号：赋予人某种称谓，以表明身份。
6　追宗：追随仿效。
7　别相署号：分别互起称号。
8　刊章：删去告发人姓名的捕人文书。
9　考治：拷问。
10　相举群辈：互相荐举同类。群辈，朋辈，同类。
11　安之：到哪里去。
12　考死：拷问致死。

侍御史景毅子顾为膺门徒，未有录牒，不及于谴[1]。毅慨然曰："本谓膺贤，遣子师之，岂可以漏脱名籍，苟安而已？"遂自表免归。汝南督邮吴导受诏捕范滂，至征羌[2]，抱诏书闭传舍，伏床而泣，一县不知所为。滂闻之，曰："必为我也。"即自诣狱。县令郭揖大惊，出，解印绶，引与俱亡，曰："天下大矣，子何为在此？"滂曰："滂死则祸塞[3]，何敢以罪累君，又令老母流离乎？"其母就与之诀[4]，曰："汝今得与李、杜[5]齐名，死亦何恨？"滂跪受教，再拜而辞。凡党人死者百余人，妻子皆徙边，天下豪杰及儒学有行义者，宦官一切指为党人。有怨隙者，因相陷害，睚眦之忿，滥入党中。或有未尝交关，亦罹祸毒[6]，其死、徙、废、禁者又六七百人。郭泰闻之，私为之恸曰："《诗》云：'人之云亡，邦国殄瘁[7]。'汉室灭矣，但未知'瞻乌爰止，于谁之屋[8]'耳！"泰虽好臧否，而不为危言核论[9]，故能处浊世而怨祸不及焉。张俭亡命困迫，望门投止[10]，莫不重其名行[11]，破家相容。后流转东莱[12]，止李笃家。外黄令毛钦操兵[13]到门，笃引钦就席曰："张俭负罪，岂得藏之？若审在此，此人名士，明廷[14]宁宜执之乎？"钦因起抚笃曰："蘧伯玉耻独为君子，足下如何专取仁义？"笃曰："今欲分之，明廷载半去矣[15]。"钦叹息而去。笃导俭出塞。其所经历伏重诛者以十

1　未有录牒，不及于谴：因为在名籍上没有写他的名字，所以没有受到处罚。
2　征羌：古县名，治所位于今河南省漯河市郾城区东南，属汝南郡。
3　祸塞：灾祸停止。
4　其母就与之诀：他的母亲前来和他诀别。
5　李、杜：李膺、杜密。
6　亦罹祸毒：也遭到惩处。罹，遭受苦难或不幸。
7　人之云亡，邦国殄瘁：贤人死亡了，国事危急。云亡，死亡。殄瘁，困穷，困苦。
8　瞻乌爰止，于谁之屋：看看乌鸦落在谁的屋子上，谁就是王。
9　危言核论：正直而翔实的言论。
10　望门投止：逃难或出奔时，见有人家就去投宿，求得暂时存身。后泛指在仓猝情况下，来不及选择存身的地方。望，看。投止，投宿。
11　名行：名声与品行。
12　流转东莱：流转，流离转徙。东莱，古郡名，辖今山东省胶莱河以东、岠嵎山以北和乳山河以东地区。
13　操兵：手执兵器。
14　明廷：汉代人对县令的敬称，也称明公、明大夫。
15　今欲分之，明廷载半去矣：仁义的气节现在就想和你分享，你已经获得了一半。

数，连引[1]、收考遍天下。俭与鲁国孔褒有旧，亡抵褒，不遇，褒弟融年十六，匿之。事泄，俭亡走，国相[2]收褒、融送狱，未知所坐。融曰："保纳舍藏[3]者，融也。"褒曰："彼来求我，非弟之过。"吏问其母，母曰："家事任长，妾当其辜。"一门争死。郡县疑，不能决，乃上谳之，诏独坐褒。及党禁解，俭乃还乡里。夏馥闻俭亡命，叹曰："孽自己作，空污良善。一人逃死，祸及万家，何以生为？"乃自翦须变形[4]，入林虑山[5]中，隐姓名，为冶家[6]佣，亲突烟炭，形貌毁瘁[7]，积二三年，人无知者。馥弟静载缣帛追饷之[8]，馥不受，曰："弟奈何载祸相饷乎？"初，中常侍张让父死，归葬颍川。虽一郡毕至，而名士无往者，让耻之。陈寔独吊焉。及诛党人，让以寔故，多所全宥[9]。初，太尉袁安子敞为司空，孙汤复为太尉。汤三子，成、逢、隗。成生绍，逢生术。至是，逢为司空，隗亦显官[10]。中常侍袁赦以逢、隗相家[11]，与之同姓，推崇以为外援，故袁氏贵宠于世，富奢[12]甚，不与他公族同。绍壮健有威容，爱士养名，宾客辐凑[13]。术亦以侠气闻。逢从兄[14]子闳，少有操行[15]，以耕、学为业。逢、隗数馈[16]之，无所受。闳见时方险乱[17]，而家门富盛，常对兄弟叹曰："吾先公福祚[18]，后世不

---

1 连引：牵连。
2 国相：鲁国的相，主要负责诸侯国内的民事。
3 保纳舍藏：收容并窝藏。
4 翦须变形：剃去胡子，改变容貌。
5 林虑山：古山名，原名隆虑山，东汉时避殇帝刘隆讳而改名，位于今河南省安阳市辖林州市西北。
6 冶家：以冶铸金属器物为生的人家。
7 亲突烟炭，形貌毁瘁：亲自挖烟炭，外形憔悴。毁瘁，因劳苦而憔悴。
8 载缣帛追饷之：带着缣帛，追着要馈赠于他。缣帛，绢类的丝织物，古代多用作赏赐酬谢之物。
9 全宥：宽赦过错或罪行，保全其生命。
10 显官：达官，高官。
11 相家：出身宰相之家。
12 富奢：富有而奢侈。
13 辐凑：同"辐辏"，形容人或物聚集，像车辐集中于车毂一样。
14 从兄：同祖伯叔之子年长于己者，即堂兄。
15 操行：操守和品行。
16 馈：泛指赠送。
17 险乱：危险，动荡不安。
18 福祚：福禄，福分。

能以德守之，而竟为骄奢，与乱世争权，此即晋之三郤[1]矣。"及党事起，闵欲投迹[2]深林。以母老，不忍去，乃筑土室四周于庭，不为户，自牖纳饮食[3]。母思闵时，往就视[4]。母去，便自掩闭，兄弟妻子莫得见也。潜身十八年，卒于土室。初，范滂等非讦[5]朝政，自公卿以下皆折节下之[6]，太学生争慕其风。申屠蟠独叹曰："昔战国之世，处士横议[7]，列国之主至于拥篲先驱[8]，卒有坑儒烧书之祸，今之谓矣。"乃绝迹于梁、砀之间[9]，因树为屋，自同佣人。居二年，滂等果罹党锢[10]之祸。

司马公曰：天下有道，君子扬于王庭，以正小人之罪，而莫敢不服。天下无道，君子囊括[11]不言，以避小人之祸，而犹或不免。党人生昏乱之世，不在其位。四海横流，而欲以口舌救之，以至身被淫刑[12]，祸及朋友，士类歼灭而国随以亡，不亦悲乎！夫惟郭泰既明且哲[13]，以保其身；申屠蟠见几而作，不俟终日[14]。卓乎，其不可及已！

是月晦，日食。

鲜卑寇并州。

1　三郤：春秋晋大夫郤锜、郤犨、郤至的合称。
2　投迹：举步前往，投身。
3　不为户，自牖纳饮食：只有窗而没有门，饮食都从窗口递进去。户，门。牖，窗。
4　往就视：前去探望。
5　非讦：非议，指斥。
6　折节下之：降低自己的身份，对他恭敬备至。折节，屈己下人。
7　处士横议：没有做官的读书人纵论时政。处士，古称有才德而隐居不仕的人，这里指没有做官的读书人。横议，放肆地进行议论。
8　拥篲先驱：拥篲，执帚。帚用以扫除清道，古人迎候宾客，常拥篲以示敬意。先驱，前行开路。
9　绝迹于梁、砀之间：在梁国和砀县之间消失，再也见不到他的行迹。砀县，古县名，治所位于今河南省商丘市辖永城市东北，汉属梁国。
10　党锢：禁止政治上朋党参政的现象。
11　囊括：括囊，喻闭口不言。
12　淫刑：滥用刑罚。
13　哲：聪明，有智慧。
14　见几而作，不俟终日：君子看到苗头就果断行动，不会整天等待、迟疑。几，苗头。终日，整天。

庚戌三年（公元 170 年）

春，三月晦，日食。

征段颎为侍中颎在边十余年，未尝一日蓐寝[1]，与将士同甘苦，故皆乐为死战，所向有功。

辛亥四年（公元 171 年）

春，正月，帝冠，赦唯党人不赦。

二月，地震，海溢。

三月朔，日食，大疫。

秋七月，立贵人宋氏为皇后。

冬，十月朔，帝朝太后于南宫帝以窦太后有援立[2]之功，率群臣朝南宫，亲馈[3]上寿。黄门令董萌因此数为太后诉冤，帝深纳之。供养资奉[4]，有加于前。曹节、王甫疾之，诬萌以谤讪[5]永乐宫，下狱，死。

鲜卑寇并州。

壬子熹平元年（公元 172 年）

春，正月，帝谒原陵司徒掾蔡邕曰："吾闻古不墓祭[6]。朝廷有上陵之礼，始谓可损。今见威仪，察其本意，乃知孝明皇帝至孝，恻隐[7]不易夺也。礼有烦而不可省者，此之谓也。"

胡氏曰：墓藏体魄，而致生之，是不智也；庙以宅神，而致死之，是不仁也。故圣人制礼专于庙享，而不祭于墓，其于理义精矣。明帝之举，蔡邕之议，

---

1 蓐寝：躺在褥子上睡觉。形容安心睡觉。蓐，通"褥"，坐、卧时铺在床、椅上面的垫子，褥子。
2 援立：扶立，也特指扶立帝、后及太子。
3 馈：进献，进食于人。
4 资奉：资给供养。
5 谤讪：诽谤。
6 墓祭：在坟墓前祭祀，扫墓。
7 恻隐：悲痛。

岂其不考于此而失之与？

三月，太傅胡广卒广周流四公¹三十余年，历事六帝，礼任²极优，所辟多天下名士，练达故事，明解朝章³，京师谚曰："万事不理问伯始⁴，天下中庸⁵有胡公。"然温柔谨悫⁶，常逊言恭色以取媚于时，无忠直之风，天下以此薄之。

夏，宦者侯览有罪，自杀览为长乐太仆⁷，坐专权骄奢，策收印绶，自杀。

六月，大水。

皇太后窦氏崩。秋，七月，葬桓思皇后⁸窦太后母卒于比景，太后忧思感疾⁹，崩于云台。宦者积怨窦氏，以衣车¹⁰载其尸置城南市舍¹¹。数日，曹节、王甫欲用贵人礼殡。帝不可，于是发丧成礼。节等欲别葬太后，而以冯贵人配祔¹²。诏公卿大会朝堂，令中常侍赵忠监议。太尉李咸时病，扶舆而起，捣椒自随¹³，谓妻子曰："若皇太后不得配食桓帝，吾不生还矣。"既议，坐者瞻望¹⁴中官，莫肯先言。廷尉陈球曰："皇太后以盛德良家，母临天下。遭时不造¹⁵，援立圣明¹⁶。因遇大狱¹⁷，迁居空宫。家虽获罪，事非太后。今若别葬，诚失天下之望。且冯贵人无功于国，何宜上配至尊？"李咸曰："臣本谓宜尔¹⁸，诚与意合。"

1　周流四公：历任太傅、太尉、司徒和司空。四公，太傅、太尉、司徒和司空。
2　礼任：礼遇信任。
3　练达故事，明解朝章：非常熟悉先朝的典章制度，并通晓当代的朝廷规章。
4　伯始：即胡广，胡广字伯始。
5　中庸：处事不偏不倚，无过与不及。
6　谨悫：厚重朴实。
7　长乐太仆：古官名，也称中太仆，为皇太后卿，掌太后车马，主驭。
8　桓思皇后：即窦太后。
9　感疾：患病。
10　衣车：古代贵族妇女所乘的一种前面开门、后面用帷幕遮蔽的车子，可卧息，亦兼载衣服。
11　市舍：集市中的客舍。
12　配祔：配享。
13　扶舆而起，捣椒自随：勉强扶持着起身，并且随身携带了毒药。扶舆，勉强扶持。
14　瞻望：远望。
15　不造：不幸。
16　圣明：皇帝的代称。
17　大狱：重大的案件，多指牵涉面广而处罚严厉者。
18　本谓宜尔：原来就认为应该如此。

于是公卿以下皆从球议。节、甫犹争之，咸复上疏曰："章德[1]虐害恭怀，安思家犯恶逆，而和帝无异葬之议，顺朝[2]无贬降之文。今长乐[3]尊号在身，亲尝称制，援立圣明，光隆皇祚[4]。太后以陛下为子，陛下岂得不以太后为母？子无黜母，臣无贬君，宜合葬宣陵，一如旧制。"帝从之。

诏司隶校尉刘猛论输左校有人书朱雀阙[5]，言曹节、王甫幽杀太后，诏司隶刘猛逐捕[6]。猛以其言直，不肯急捕。诏以段颎代猛。乃四出逐捕，及太学游生[7]系者千余人。奏猛，论输左校。

冬，十月，**杀渤海王悝**初，渤海王悝以不道贬为瘿陶王，因[8]王甫求复国，许谢钱五千万。既而桓帝遗诏复之，悝以非甫功，不与。甫以中常侍郑飒等与悝交通，乃使段颎收飒等，而奏飒等谋迎立悝。诏冀州刺史收悝，迫令自杀。妃妾、子女、傅、相以下百余人皆被诛。甫等十二人以功封列侯。

十一月，会稽妖贼许生称帝。

鲜卑寇并州。

癸丑二年（公元 173 年）

春，正月，大疫。

夏，六月，地震。

秋，七月，**以唐珍为司空**珍，中常侍衡之弟也。

冬，十二月，鲜卑寇幽、并。

是月晦，日食。

1　章德：即汉章帝窦皇后，谥号章德皇后。下文"恭怀"即汉章帝梁皇后，"安思"即汉安帝阎皇后。
2　顺朝：即汉顺帝时。
3　长乐：即长乐宫，太后居所。
4　光隆皇祚：光隆，光大发扬。皇祚，帝统，皇位。
5　朱雀阙：东汉时称位于洛阳北宫的南门。
6　逐捕：追捕。
7　游生：游学的学生。
8　因：依靠，凭借。

甲寅三年（公元 174 年）

冬，十一月，吴郡司马孙坚讨许生，斩之坚，富春[1]人。召募精勇[2]，得千余人，助州郡讨许生，大破，斩之。

十二月，鲜卑入北地，又寇并州。

乙卯四年（公元 175 年）

春，三月，立石经[3]于太学门外诏诸儒正五经文字，命议郎蔡邕为古文、篆、隶三体书之，刻石，立于太学门外，使后学取正[4]焉。碑始立，观视、摹写者车乘[5]日千余辆。

夏，四月，大水。

鲜卑寇幽州初，朝议以州郡相党，人情比周，乃制婚姻之家及两州人士不得对相监临[6]。至是，复有三互法[7]，禁忌转密，选用艰难，幽、冀二州久缺不补。蔡邕上疏曰："伏见幽、冀旧壤，铠马[8]所出，比年兵饥，渐至空耗。今者缺职经时[9]，吏民延属[10]，而三府选举，云避三互。十一州有禁，当取二州而已。又，二州之士或复限以岁月，狐疑迟淹[11]。两州悬空，万里萧条，无所管系[12]。昔韩安国起自徒[13]中，朱买臣出于幽贱[14]，并以才宜，还守本邦，岂复顾循三互，

1　富春：古郡名，辖今浙江省杭州市辖富阳市一带。
2　精勇：精锐的士兵。
3　石经：刻在石上的儒家经典。
4　取正：用作典范。
5　车乘：乘坐的车或作战的车。
6　对相监临：两方不能互相担任督察对方的上官。监临，监督。
7　三互法：东汉选任地方官员，为防止结党营私，规定凡婚姻之家及幽、冀两州人士，不得交互为官。
8　铠马：披带铠甲的马，战马。
9　经时：经历很长时间。
10　延属：引颈瞩目，形容急切盼望的样子。属，通"瞩"。
11　迟淹：停留，滞留。
12　管系：管辖。
13　徒：囚徒，罪犯。
14　幽贱：微贱，社会地位低下。

系以末制乎¹？臣愿蠲除近禁，其诸州刺史器用²可换者，无拘日月、三互，以差厥中³。”不从。

司马公曰：叔向有言："国将亡，必多制。"明王之政，谨择忠贤而任之。中外之臣，有功则赏，有罪则诛，无所阿私，法制不烦而天下大治。及其衰也，百官之任不能择人，而禁令益多，防闲益密，有功者以阂文⁴不赏，为奸者以巧法⁵免诛，上下劳扰⁶而天下大乱矣。孝灵之时，刺史二千石贪如豺虎，暴殄蒸民⁷，而朝廷方守三互之禁。以今视之，岂不适足为笑，而深可为戒哉？

六月，螟。

丙辰**五年**（公元176年）

夏，益州夷反。

大雩。

杀永昌太守曹鸾。更考⁸党人，禁锢五属⁹永昌太守曹鸾上书曰："夫党人者，或耆年渊德¹⁰，或衣冠英贤，皆宜股肱王室，左右大猷¹¹者也。而久被禁锢，辱在涂泥¹²。谋反大逆尚蒙赦宥¹³，党人何罪，独不开恕乎？所以灾异屡见，

1　并以才宜，还守本邦，岂复顾循三互，系以末制乎：都是因为他们的才能足以胜任，才被派回他们出身的本郡、本封国为官，难道还要顾及三互法的禁忌，受这种非根本制度的束缚。
2　器用：才具，才干。
3　以差厥中：以便选择最适合的人才。差，选择。
4　阂文：碍于条文。阂，限制。
5　巧法：取巧以避免触犯法令。
6　劳扰：劳苦烦扰。
7　暴殄蒸民：暴殄，灭绝，残害。蒸民，众民，百姓。
8　考：检查，查核。
9　禁锢五属：五服以内的亲属禁止做官及从事政治活动。
10　耆年渊德：耆年，高年，年纪大。渊德，德行高。
11　大猷：治国大道。
12　涂泥：泥泞的路途。
13　赦宥：宽恕，赦免。

水旱荐臻，皆由于斯。宜加沛宥[1]，以副天心。"帝大怒，槛车收鸾送狱，掠
杀[2]之。于是诏州郡更考党人门生故吏、父子兄弟在位者，悉免官禁锢，爰及[3]
五属。

鲜卑寇幽州。

丁巳六年（公元177年）

夏，四月，大旱、蝗以旱、蝗，诏令三公条奏长吏苛酷贪污者，罢免
之。平原相阳球坐严酷，征诣廷尉。帝以球前为九江太守讨贼有功，特赦之，
拜议郎。

鲜卑寇三边[4]。

以宣陵孝子[5]为太子舍人市贾[6]小民有相聚为宣陵孝子者数十人，诏皆除[7]
太子舍人。帝好文学，自造《皇羲篇》五十章，引诸生能为文赋者并待制[8]鸿
都门下。后诸为尺牍及工书鸟篆者[9]皆加引召，遂至数十人。侍中祭酒[10]乐松、
贾护多引无行趋势[11]之徒置其间，喜陈闾里小事，帝甚悦之，待以不次之位[12]。
又久不亲行郊庙之礼。会诏群臣各陈政要[13]，蔡邕上封事曰："夫迎气五郊[14]，清

1　沛宥：沛，盛大。宥，宽恕。
2　掠杀：拷打而死。
3　爰及：至于。爰，援引。
4　三边：东、西、北三方的边陲。
5　宣陵孝子：市井小民聚集在汉桓帝宣陵，为桓帝守孝，时人称这群人为"宣陵孝子"。
6　市贾：市肆中的商人。
7　除：任命。
8　待制：等待诏命。
9　诸为尺牍及工书鸟篆者：那些善于文辞和擅长书写鸟篆的人。尺牍，文辞。鸟篆，篆体
　　古文字，形如鸟的爪迹，故称。
10　侍中祭酒：古官名，初称侍中仆射，以久任侍中、年高望重者为之，为侍中长官。
11　无行趋势：无行，行为恶劣，品行不好。趋势，趋附权势。
12　不次之位：对于有才干的人不拘等级授予重要职位。次，顺序，等第。
13　政要：施政的要领。
14　迎气五郊：迎气，迎接四季，祈求丰年。五郊，东郊、南郊、西郊、北郊、中郊。古代
　　礼仪，帝王于五郊设祭迎气，立春之日迎春于东郊，祭青帝句芒；立夏之日迎夏于南
　　郊，祭赤帝祝融；立秋前十八日迎黄灵于中郊，祭黄帝后土；立秋之日迎秋于西郊，祭
　　白帝蓐收；立冬之日迎冬于北郊，祭黑帝玄冥。

庙¹祭祀，养老辟雍，皆帝者之大业，祖宗所祇奉²也。而有司数以藩国疏丧、宫内产生³及吏卒小污⁴废阙不行。忘礼敬之大，任禁忌之书，拘信小故⁵，以亏大典。自今齐制⁶宜如故典。国之将兴，至言⁷数闻，内知己政，外见民情。当使抱忠之臣展其狂直⁸。又，古者取士，必使诸侯岁贡⁹。孝武之世，郡举孝廉，又有贤良、文学之选，于是名臣辈出，文武并兴。汉之得人，数路而已。夫书画辞赋，才之小者，匡国治政，未有其能。陛下游意篇章，聊代博奕¹⁰，非以为教化取士之本。而诸生竞利，作者鼎沸。连偶¹¹俗语，有类俳优。或窃成文¹²，虚冒名氏，皆见拜擢¹³，难复收改。但不可复使治民及在州郡。昔孝宣会诸儒于石渠，章帝集学士于白虎，通经释义，其事优大，文武之道，所宜从之。宣陵孝子，虚伪小人，本非骨肉，群聚山陵，假名称孝，义无所依，至有奸轨之人，通容¹⁴其中。太子官属，宜搜选令德¹⁵，岂有但取丘墓凶丑之人¹⁶？其为不祥莫大焉。宜遣归田里，以明诈伪。"书奏，帝乃亲迎气北郊及行辟雍之礼。又诏宣陵孝子为舍人者，悉改为丞、尉焉。

秋，八月，遣校尉夏育等击鲜卑，败绩护乌桓校尉夏育上言："鲜卑寇边，自春以来三十余发，请征幽州诸郡兵出塞击之。一冬二春，必能擒灭。"

---

1 清庙：太庙，古代帝王的宗庙。
2 祇奉：敬奉。祇，敬，恭敬。
3 蕃国疏丧、宫内产生：蕃国疏丧，王畿之外远方之国的丧事。宫内产生，皇宫内妇女生小孩。
4 小污：病和死的讳称。
5 任禁忌之书，拘信小故：专门听信那些禁忌之书，过分相信小变故。拘信，过分相信。
6 齐制：斋戒祭祀的制度。
7 至言：最高超的言论，极其高明的言论。
8 狂直：疏狂率直。
9 岁贡：古代诸侯郡国定期向朝廷推荐人才的制度。
10 聊代博奕：姑且代替博戏、围棋这样的游戏。聊，姑且。博，古代的一种棋戏。奕，通"弈"，围棋。
11 连偶：连而成双，使成对偶。
12 成文：现成的文章。
13 拜擢：任用提拔。
14 通容：通同容纳。
15 令德：有高尚道德的人，也指美德。
16 丘墓凶丑之人：坟墓旁凶恶不善之人，此处指"宣陵孝子"。

先是，护羌校尉田晏坐事论刑，欲立功自效，因请王甫求得为将。乃拜晏为破鲜卑中郎将，大臣多不同者，乃召百官议。蔡邕议曰："自匈奴遁逃，鲜卑强盛，据其故地，称兵十万，才力劲健[1]，意智[2]益生。加以关塞不严，禁网多漏，精金良铁皆为贼有，汉人逋逃为之谋主，兵利马疾，过于匈奴。今育、晏虚计二载，自许有成。若祸结兵连，岂得中休[3]？当复征发、转运无已，是为耗竭诸夏，并力蛮夷。夫边陲之患，手足之疥搔[4]；中国之困，胸背之瘭疽[5]。方今郡县盗贼尚不能禁，况此丑虏而可伏乎？天设山河以别内外，苟无蹙国[6]之患则可矣，岂与虫蛆之虏，校[7]往来之数哉？今乃欲以齐民易丑虏，皇威辱外夷，就如其言，犹已危矣，况得失不可量邪？"帝不从。八月，遣育出高柳，晏出云中，各将万骑，出塞二千余里。檀石槐命三部大人各率众逆战，育等大败，丧其节传[8]辎重，各将数十骑奔还，死者什七八。槛车征下狱，赎为庶人。

冬，十月朔，日食。

地震。

鲜卑寇辽西，太守赵苞破之辽西太守赵苞到官，遣使迎母。道经柳城[9]，值鲜卑万余人入塞寇钞，劫质[10]苞母，载以击郡。苞出战对阵，贼出母示苞，苞悲号，谓母曰："为子无状，欲以微禄奉养朝夕，不图为母作祸。昔为母子，今为王臣，义不得顾私恩，毁忠节，唯当万死，无以塞罪。"母遥谓曰："人各有命，何得相顾以亏忠义？尔其勉之！"苞即时进战，贼悉摧破[11]，其母为贼所害。苞归葬讫，谓乡人曰："食禄而避难，非忠也；杀母以全义，非孝也。

1　才力劲健：才力，才能，能力。劲健，强健有力。
2　意智：心计，主见。
3　中休：中途休息，中间休息。
4　疥搔：疥疮。
5　瘭疽：局部皮肤炎肿化脓的疮毒，常生于手指头或脚趾头。
6　蹙国：丧失国土。
7　校：计较，考虑。
8　节传：玺节与传言。传言，传令的文书。
9　柳城：古县名，属辽西郡，治所位于今辽宁省朝阳市辖朝阳县西南。
10　劫质：挟持以为人质。
11　摧破：摧陷攻克。

如是，有何面目立于天下？"遂欧血而死。

程子曰：以君城降贼而求生其母，固不可矣，然亦当求所以生母之方，奈何不顾而遽战乎？必不得已，身往降之可也，徐庶于此，盖得之矣。

戊午**光和元年**（公元 178 年）

春，正月，合浦、交趾乌浒蛮[1]反。

二月朔，日食。

地震。

置鸿都门学鸿都门学诸生，皆敕州郡、三公举用辟召，或出为刺史、太守，入为尚书、侍中，有封侯赐爵者。士君子[2]皆耻与为列焉。既而诏为鸿都门学乐松等图像立赞，尚书令阳球谏曰："松等皆出于微蔑[3]，斗筲小人，偄眉承睫，微进明时[4]。而形图丹青，有识掩口。今大学、东观足以宣明圣化[5]，愿罢鸿都之选，以销天下之谤。"书奏，不省。

以张颢为太尉颢，中常侍奉之弟也。

夏，四月，地震。

侍中寺[6]雌鸡化为雄。

六月，有黑气堕温德殿庭中气如龙，长十余丈。

秋，七月，青虹[7]见玉堂殿庭中上以灾异诏问消复[8]之术，光禄大夫杨赐

---

1 乌浒蛮：亦称乌浒人，东汉对岭南部分少数民族的称呼。
2 士君子：有学问而品德高尚的人。
3 微蔑：出身卑贱。
4 偄眉承睫，微进明时：偄眉，低眉屈服。承睫，看人眼色，形容逢迎。微进，非分求进。明时，政治清明的时代。
5 圣化：天子的教化。
6 侍中寺：汉灵帝时所设官署名，以侍中为其长官，下有给事黄门侍郎等，掌随驾规谏，以备顾问。
7 青虹：彩虹。
8 消复：消除灾变，恢复正常。

对曰："今妾媵、阉尹¹共专国朝²，鸿都群小并各拔擢。乐松处常伯，任芝居纳言，以便辟之性受不次之宠，而令搢绅之徒委伏畎畞³，口诵尧、舜之言，身蹈绝俗⁴之行，委捐⁵沟壑，不见逮及⁶。冠、履倒易，陵、谷代处，幸赖皇天垂象谴告⁷。《周书》曰：'天子见怪则修德，诸侯见怪则修政，卿大夫见怪则修职，士庶人见怪则修身。'唯陛下斥远佞巧之臣，速征鹤鸣之士⁸，断绝尺一⁹，抑止盘游，冀上天还威，众变可弭¹⁰。"赐，秉之子也。蔡邕对曰："臣伏思诸异，皆亡国之怪也。天于大汉殷勤不已，故屡出祅¹¹变以当谴责，欲令人君感悟，改危即安。蜺¹²堕鸡化，皆妇人干政之所致也。前者乳母赵娆，谗谀骄溢，门史¹³霍玉，依阻为奸。今道路纷纷，复云有程大人者，察其风声，将为国患。宜高为堤防，明设禁令，深惟¹⁴赵、霍以为至戒。今太尉张颢为玉所进，光禄勋伟璋有名贪浊。又长水赵玹、屯骑盖升并叨时幸，荣富优足¹⁵。廷尉郭禧，纯厚老成；光禄大夫桥玄，聪达方直；故太尉刘宠，忠实守正，并宜为谋主，数见访问¹⁶。夫宰相大臣，君之四体，委任责成¹⁷，优劣已分，不宜听纳小吏，雕琢¹⁸大臣

1　妾媵、阉尹：妾媵，泛指侍妾。阉尹，管领太监的官。
2　国朝：本朝。
3　乐松处常伯，任芝居纳言，以便辟之性，受不次之宠，而令搢绅之徒委伏畎畞：乐松担任侍中，任芝做了尚书，都因为谄媚受到越级提拔的荣宠，却令士大夫们屈身乡村田野。常伯，周官名，君主左右管理民事的大臣，类侍中。纳言，古官名，主出纳王命，类尚书。畎畞，同"畎亩"，田野。搢绅，插笏于绅。绅，古代仕宦者和儒者围于腰际的大带。
4　绝俗：超出世俗，弃绝尘俗。
5　委捐：放弃，丢掉。
6　逮及：联络，连及。
7　皇天垂象谴告：上天降下灾异，对世人进行谴责警告。
8　鹤鸣之士：有才德声望的隐士。
9　尺一：古时诏板长一尺一寸，故称天子的诏书为"尺一"。此处借指假传圣旨。
10　弭：平息，停止。
11　祅：关中称天为"祅"。
12　蜺：通"霓"，虹的一种。
13　门史：守卫宫门的官吏。
14　深惟：深思，深入考虑。
15　长水赵玹、屯骑盖升并叨时幸，荣富优足：长水校尉赵、屯骑校尉盖升同时被宠幸，享尽荣华富贵。
16　访问：咨询，求教。
17　责成：责任，职责。
18　雕琢：比喻罗织罪名陷害。

也。圣朝[1]既自约厉[2]，左右亦宜从化。人自抑损[3]以塞咎戒[4]，则天道亏满，鬼神福谦[5]矣。"章奏，帝览而叹息。因起更衣，曹节于后窃视之，悉宣语左右。中常侍程璜使人飞章言邕私事，下洛阳狱，劾大不敬，弃市。中常侍河南吕强悯邕无罪，力为伸请[6]。诏减死一等，与家属髡钳，徙朔方，不得以赦令除。璜女夫阳球又与邕叔父有隙，遣客刺邕。客感其义，反以其情告之，由是得免。

八月，有星孛于天市。

冬，十月，废皇后宋氏，幽杀之后无宠，而姑为渤海王悝妃。王甫恐后怨之，因谮后挟左道[7]祝诅。帝信之，策收玺绶。后自至暴室，以忧死。父酆及兄弟并被诛。

是月晦，日食尚书卢植上言："党锢多非其罪，可加赦宥。宋后家属无辜，不得敛葬，宜敕收拾[8]，以安游魂。郡守、刺史一月数迁，纵不九载，可满三岁。请谒希求[9]，一宜禁塞[10]。选举之事，责成主者。天子无私，宜弘大务[11]，蠲略[12]细微。"不省。

鲜卑寇酒泉。

初开西邸卖官初开西邸卖官，二千石二千万，四百石四百万。其以德次应选者[13]半之，或三分之一。令、长随县丰约有贾，富者先入，贫者到官倍输[14]。

1　圣朝：尊称本朝，亦作为皇帝的代称。
2　约厉：约束磨砺。
3　抑损：限制，减省。
4　咎戒：上天所降的灾祸与警告。
5　福谦：使谦虚者得福。
6　伸请：向上级申明理由，提出请求。
7　左道：邪门旁道，多指非正统的巫蛊、方术等。
8　收拾：收埋。
9　希求：谋求，希冀求取。
10　禁塞：禁止。
11　大务：重大的事务。
12　蠲略：免除，废除。
13　以德次应选者：按着德行依次应该当选的。
14　令、长随县丰约有贾，富者先入，贫者到官倍输：县令、县长的官职根据每个县的大小、贫富等好坏情况价格不等，有钱的富人先交现钱买官，贫困的人到任以后照原定价格加倍偿还。贾，价格，价值。

又私令左右卖公卿，公千万，卿五百万。尝问侍中杨奇曰："朕何如桓帝？"对曰："陛下之于桓帝，亦犹虞舜比德唐尧。"帝不悦，曰："卿强项，真杨震子孙，死后必复致大鸟[1]矣。"奇，震曾孙也。

己未二年（公元 179 年）

春，大疫。

太尉桥玄罢玄幼子游门次[2]，为人所劫，登楼求货[3]，玄不与。司隶、河南围守玄家，不敢迫。玄瞋目呼曰："奸人无状，玄岂以一子之命而纵国贼乎？"促令攻之，子死。玄因上言："天下凡有劫质者，皆并杀之，不得赎以财宝，开张[4]奸路。"由是劫质遂绝。

地震。

夏，四月朔，日食。

宦者王甫伏诛。太尉段颎有罪，自杀王甫、曹节等奸虐弄权[5]，段颎以输货[6]得太尉，阿附之。王甫父、兄、子弟为卿、校、牧、守者布满天下，所在贪暴。养子吉为沛相，尤残酷。视事五年，凡杀万余人。尚书令阳球常拊髀[7]发愤曰："若阳球作司隶，此曹子安得容乎？"既而果迁司隶。甫使门生于京兆界辜榷[8]官财物七千余万，京兆尹杨彪发之。彪，赐之子也。球奏甫、颎等罪恶，悉收送洛阳狱，及甫子萌、吉。自临考之，五毒备极[9]。萌乃骂曰："前奉事吾父子如奴，奴敢反汝主乎？"父子悉死杖下。颎亦自杀。乃僵磔[10]甫

1　致大鸟：杨震死时，在安葬前十余日，有大鸟高丈余，集震丧前悲鸣泪下，下葬完毕就飞走了。
2　门次：门前。
3　求货：要求给付赎金。
4　开张：扩张。
5　奸虐弄权：奸虐，奸邪暴虐。弄权，把持权柄，滥用权力。
6　输货：捐献钱财。
7　拊髀：以手拍大腿，表示激动、赞赏等心情。
8　辜榷：搜刮，聚敛。
9　五毒备极：五种酷刑全都用尽。五毒，古代的五种酷刑。
10　僵磔：尸体僵硬后将肢体分裂。磔，古代一种酷刑，把肢体分裂。

尸于夏城门，大署榜[1]曰"贼臣王甫"。尽没入其财产，妻子皆徙比景。球遂欲以次表诛节等。乃敕中都官从事曰："且先去权贵大猾[2]，若公卿豪右[3]，从事自办之，何须校尉邪？"节等闻之，不敢出沐。会送虞贵人葬，节见磔甫尸，慨然拭泪[4]，直入省白帝曰："阳球，故酷暴[5]吏，好妄作[6]，不宜使在司隶，以骋毒虐[7]。"帝乃徙球为卫尉。于是曹节、朱瑀等权势复盛。郎中审忠上书极言："瑀等罪恶请与考验[8]，有不如言，愿受汤镬[9]之诛。"不报。

封中常侍吕强为都乡侯，不受强清忠[10]奉公，帝以众例封为都乡侯，强固辞不受，因上疏曰："宦官品卑人贱，妄授茅土，开国承家，小人是用，阴阳乖刺，罔不由兹[11]。采女数千，衣食之费日数百金。终年积聚，岂无忧怨？蔡邕对问[12]，毁刺贵臣，讥呵[13]宦官。陛下不密其言，令群邪咀嚼[14]，致邕刑罪。今群臣皆以邕为戒，臣知朝廷不复得闻忠言矣。段颎武勇冠世，勋烈独昭[15]。一身既毙，而妻子远播[16]，天下惆怅，功臣失望。宜征邕授任，反颎家属，则忠贞路开，众怨弭矣。"帝知其忠而不能用。

诏党锢从祖[17]以下皆释之上禄长[18]和海上言："礼，从祖兄弟别居异财，

1　署榜：开列姓名，张榜示人。
2　大猾：大奸，大恶人。
3　豪右：豪门大族。汉以右为上，故称豪右。
4　拭泪：擦眼泪。
5　酷暴：残酷暴虐。
6　妄作：无知而任意胡为。
7　毒虐：狠毒暴虐。
8　考验：审讯验实。
9　汤镬：煮着滚水的大锅，古代常作刑具，用来烹煮罪人。
10　清忠：清正忠诚。
11　小人是用，阴阳乖刺，罔不由兹：阴险小人得到任用，违背阴阳之道，全部都由此而起。乖刺，违逆。
12　对问：应诏回答帝王的问难。
13　讥呵：讥责非难。
14　咀嚼：诅咒，指摘。
15　武勇冠世，勋烈独昭：武勇，威武勇猛。冠世，超人出众，天下一流。勋烈独昭，功业特别显著。
16　远播：放逐到边远的地方。
17　从祖：从祖祖父、从祖王父的简称，祖父的亲兄弟。
18　上禄长：上禄县县长。上禄，古县名，治所位于今甘肃省陇南市成县西南。

恩义已轻，服属疏末[1]。而今党人锢及五族[2]，乖谬常法。"于是党锢自从祖以下皆得解释[3]。

中郎将张修杀匈奴单于。秋，七月，征下狱，死。

冬，十月，杀司徒刘郃、少府陈球、尚书刘纳、卫尉阳球初，郃兄侍中儵死于陈、窦之难。至是永乐少府陈球复说郃曰："曹节等放纵为害，可表徙卫尉阳球为司隶，以次收节等诛之。"郃曰："凶竖[4]多耳目，恐事未会，先受其祸。"尚书刘纳曰："为国栋梁，倾危不持，焉用彼相邪？"郃许诺，与阳球结谋。球小妻[5]，程璜之女。由是节等闻知，共白帝曰："郃等交通书疏，谋议不轨。"帝大怒。郃及陈球、刘纳、阳球皆下狱死。

巴郡板楯蛮[6]反。

鲜卑寇幽、并。

庚申三年（公元180年）

夏，四月，江夏蛮[7]反。

秋，地震。

冬，有星孛于狼、弧[8]。

鲜卑寇幽、并。

十二月，立贵人何氏为皇后后本南阳屠家，以选入掖庭，生皇子辩，故立之。征其兄进为侍中。后王美人生皇子协，后酖杀美人。帝怒，欲废后。

---

1 疏末：疏远。
2 五族：五服（分别为之服斩衰、齐衰、大功、小功、缌麻丧）内的亲族。
3 解释：解除，免除。
4 凶竖：凶恶的小人，多指宦官。
5 小妻：妾，小老婆。
6 板楯蛮：即古之巴人，主要分布在今天四川东北部的营山、阆中、巴中、渠县等广大地区，因巴人中的彭人助武王伐纣，使用木板作为楯牌，所以被称为板楯蛮。
7 江夏蛮：汉代江夏郡少数民族的总称，古称荆蛮，分布在今天湖北东部和河南淮河以南地区。
8 狼、弧：即狼星、弧矢星。狼星，古星名，古以为主侵掠。弧矢星，古星名，又名天弓，属井宿，简称弧，共九星，在天狼星东南，八星如弓形，外一星象矢。

中官固请，乃止。

　　作罼圭、灵昆苑司徒杨赐谏曰："先王造囿[1]，才足以修三驱[2]之礼，薪莱刍牧[3]，皆悉往焉。先帝左开鸿池，右作上林，不奢不约。今废田园，驱居人，畜禽兽，殆非'若保赤子'之义。宜惟卑宫、露台[4]之意，以慰民劳。"帝欲止，侍中任芝、乐松曰："昔文王之囿百里，人以为小；齐宣五里，人以为大。今与百姓共之，无害于政也。"帝悦，遂为之。

　　苍梧、桂阳贼攻零陵，太守杨琁击破之苍梧、桂阳贼攻郡县，零陵太守杨琁制马车数十乘，以排囊[5]盛石灰于车上，系布索[6]于马尾。又为兵车，专彀[7]弓弩。及战，令马车居前，顺风鼓灰，贼不得视。因以火烧布燃，马惊，奔突贼阵，因使后车弓弩乱发，钲鼓鸣震，群盗波骇[8]破散，追斩无数，枭[9]其渠帅，郡境以清。

辛酉**四年**（公元 181 年）

　　春，正月，调郡国马，置骒骥[10]厩丞以领之时豪右辜榷马匹，至二百万。

　　夏，交趾梁龙反，以朱儁为刺史，击斩之。

　　六月，雨雹。

　　秋，九月朔，日食。

　　鲜卑檀石槐死子和连代立，才力不及父而贪淫[11]，出攻北地，人射杀之。

1　囿：古代帝王养禽兽的园林。
2　三驱：古王者田猎之制，谓田猎时须让开一面，三面驱赶，以示好生之德。
3　薪莱刍牧：割草砍柴，放牧牛羊。
4　卑宫、露台：指夏禹宫室简陋，汉文帝拒绝兴建露台。
5　排囊：鼓风用的革囊。
6　布索：布制的绳。
7　彀：张满弓。
8　波骇：以物击水，一波动，众波随而扰动，比喻受到惊扰震动。
9　枭：悬头示众。
10　骒骥：指骏马。
11　贪淫：贪财好色。

子骞曼幼，兄子魁头立。后骞曼与魁头争国，众遂离散。魁头死，弟步度根立。

　　作列肆[1] **于后宫**是岁，帝作列肆于后宫，使诸采女贩卖，更相盗窃争斗。帝着商贾服，从之饮宴为乐。又于西园弄狗，着进贤冠，带绶。又驾四驴，躬自操辔。京师转相仿效，驴价遂与马齐。好为私蓄，每郡国贡献，先输中署[2]，名为"导行费"。吕强上疏谏曰："天下之财，莫不生之阴阳，归之陛下，岂有公私？今中尚方[3]敛诸郡之宝，中府积天下之缯，西园引司农之藏，中厩聚太仆之马，而所输之府，辄有导行之财。调广民困，费多献少，奸吏因其利，百姓受其敝。旧典，选举委任三府，尚书但受奏御，受试任用，责以成功。功无可察，然后付尚书举劾，下廷尉按罪。于是三公每有所选，参议掾属，咨其行状[4]，度其器能[5]。然犹有旷职废官，荒秽[6]不治。今但任尚书，或有诏用[7]，如是，三公得免选举之负，尚书亦复不坐，责、赏无归，岂肯空自劳苦乎？"书奏，不省。

壬戌**五年**（公元182年）

　　春，正月，诏公卿举刺史、二千石为民害者太尉许馘、司空张济承望内官[8]，受取货赂，其宦者子弟、宾客贪秽[9]，皆不敢问，而虚纠[10]边远小郡清修有惠化[11]者二十六人，吏民诣阙陈诉。司徒陈耽上言："公卿所举，率党其私，所

1　列肆：成列的商铺。
2　中署：宫廷内府。
3　中尚方：古代官署名，掌宫内营造杂作。下文"中府"为内库，"西园"为上林苑的别名，"中厩"为宫中的车马房。
4　行状：履历，事迹。
5　器能：才能。
6　荒秽：荒废。
7　诏用：皇帝直接下令任用。
8　内官：宦官，太监。
9　贪秽：贪污。
10　虚纠：毫无根据地检举。纠，检举。
11　惠化：地方官为人所称道的政绩和教化。

谓放鸱枭[1]而囚鸾凤。"帝以让馘、济，诸坐征[2]者悉拜议郎。

二月，大疫。

夏，四月，旱。

秋，七月，有星孛于太微。

板楯蛮寇巴郡。以曹谦为太守，降之板楯蛮寇乱巴郡，连年讨之，不能克。帝欲大发兵，以问益州计吏[3]程包，对曰："板楯七姓，自秦世立功，复其租赋。其人勇猛善战。永初、建和[4]，羌虏入寇，皆赖板楯连摧破之。冯绲南征，倚以成功。近益州郡乱，亦以板楯讨而平之。忠、功如此，本无恶心。长吏、乡亭[5]更赋至重，仆役棰楚，过于奴虏，亦有嫁妻卖子，或乃至自刭割[6]。陈冤州郡，不为通理[7]，阙庭悠远，不能自闻。故邑落[8]相聚以致叛戾[9]，非有谋主僭号[10]，以图不轨。今但选明能[11]牧守，自然安集，不烦征伐也。"帝从其言。选用太守曹谦，遣宣诏赦之，即时皆降。

八月，起四百尺观。

冬，帝校猎上林苑。

以桓典为侍御史典为御史，宦官畏之。典常乘骢马[12]，京师为之语曰："行行且止，避骢马御史！"

1　鸱枭：猫头鹰一类的鸟，用以比喻邪恶之人。
2　坐征：因获罪而被召回。
3　计吏：古代州郡掌簿籍并负责上计的官员。
4　永初、建和：永初，汉安帝刘祜年号，存续时间为公元 107 至 113 年。建和，汉桓帝刘志年号，存续时间为公元 147 至 149 年。
5　乡亭：古爵名，乡侯和亭侯，食邑较小的列侯。列侯大者食县，小者食乡、亭。
6　刭割：自杀。
7　通理：统辖治理。
8　邑落：村落，聚落。
9　叛戾：背叛，叛离。
10　僭号：冒用帝王的称号。
11　明能：精明能干。
12　骢马：青白色相杂的马。

癸亥**六年**（公元183年）

夏，大旱。

秋，金城河溢。

五原山岸[1]崩。

甲子**中平元年**（公元184年）

春，二月，黄巾贼张角等起初，巨鹿张角事黄老，以妖术教授，号
"太平道"，自称"大贤良师"。咒符水[2]以疗病，令病者跪拜首过[3]。遣弟子游
四方，转相诳诱[4]。十余年间，徒众数十万，自青、徐、幽、冀、荆、扬、兖、
豫，莫不毕应，填塞[5]道路。郡县反言角以善道教化，为民所归。杨赐上言：
"宜敕州郡简别[6]流民，护归本郡，以孤弱其党，然后诛其渠帅，可不劳而定。"
事留中。司徒掾刘陶复上疏申赐前议，帝殊不为意，方诏陶次第[7]《春秋》条
例[8]。角遂置三十六方。方，犹将军也，大方万余人，小方六七千，各立渠帅。
讹言："岁在甲子，天下大吉。"以白土书京城寺门及州郡官府，皆作"甲子"
字。大方马元义等先收荆、扬数万人，以中常侍封谞、徐奉等为内应，约以三
月五日内外俱起。至是，角弟子唐周告之，于是收元义，车裂。诏三公、司
隶按验宫省直卫[9]及百姓事角道者，诛杀千余人。下冀州逐捕。角等知事已露，
驰敕诸方，一时俱起，皆着黄巾为识。角自称天公将军，弟宝称地公将军，梁
称人公将军，所在燔劫[10]，长吏逃亡，旬月之间，天下响应。

1　山岸：濒临水域的陡峭山崖。
2　咒符水：念过咒语的符水。符水，画符箓或烧符箓于水中，谓饮之可以疗病。
3　首过：自己承认、交代过失。
4　诳诱：欺骗诱惑。
5　填塞：塞满，充满。
6　简别：甄别，鉴别。
7　次第：排比编次。
8　条例：著作的义例、体例。
9　直卫：宫省中的值宿警卫。
10　燔劫：烧杀抢掠。

三月，以何进为大将军，屯都亭。

赦党人，遣中郎将卢植讨张角，皇甫嵩、朱儁讨颍川黄巾帝召群臣会议。北地太守皇甫嵩以为宜解党禁，益出中藏钱、西园厩马以颁军士。吕强曰："党锢久积，人情怨愤，若不赦宥，与角合谋，为变滋大。请先诛左右贪浊，大赦党人，料简¹牧守能否，则盗无不平矣。"帝惧而从之。发天下精兵，遣中郎将卢植讨张角，皇甫嵩、朱儁讨颍川黄巾。嵩，规之兄子也。

杀中常侍吕强、侍中向栩、郎中张钧时赵忠、张让等贵宠²，上常言："张常侍是我父，赵常侍是我母。"由是宦官无所惮，第宅拟宫室³。上尝欲登永安候台⁴，宦官恐望见其居处，乃使人谏曰："天子不当登高，登高则百姓虚散⁵。"上自是不敢复升台榭。及谞、奉事发，上诘责诸常侍曰："汝曹常言党人欲为不轨，皆令禁锢，今党人更为国用，汝曹反与角通，为可斩未？"皆叩头求退，征还宗亲在州郡者。已而更共谮吕强，云与党人共议朝廷，数读《霍光传》。帝使中黄门持兵召强。强怒曰："丈夫欲尽忠国家，岂能对狱吏乎？"遂自杀。侍中向栩讥刺左右，让诬栩与角为内应，杀之。郎中张钧上书曰："张角所以能兴兵作乱，万民所以乐附之者，其源皆由十常侍宗亲、宾客典据⁶州郡，辜榷财利，侵掠⁷百姓。百姓冤无所诉，故聚为盗贼。宜斩十常侍，悬头南郊，以谢百姓。遣使者布告天下，可不须师旅而大寇自消。"帝以钧章示诸常侍，皆免冠、徒跣、顿首，乞自致洛阳诏狱，并出家财以助军费。有诏，皆冠履⁸视事如故。帝怒钧曰："此真狂子⁹也！十常侍固当有一人善者不？"御史遂诬奏钧学黄巾道，收掠，死狱中。

1　料简：清理检查。
2　贵宠：显贵而受宠信。
3　第宅拟宫室：仿照皇宫的式样修建宅第。第宅，宅第，宅邸。
4　候台：即烽火台，古代边境要地为守望报警而筑的高台。
5　虚散：流散。
6　典据：掌管，占据。
7　侵掠：用强力掠夺。
8　冠履：头戴帽，脚穿鞋。
9　狂子：狂妄无礼的人。

夏，四月，太尉杨赐免_{帝问赐以黄巾事，赐所对切直，帝不悦。坐寇贼免[1]。}

汝南太守赵谦讨黄巾，败绩_{谦击黄巾军，败。门下[2]袁秘、功曹封观等七人以身捍刃[3]，皆死。谦以得免。}

五月，皇甫嵩、朱儁与骑都尉曹操合军讨三郡黄巾，破平之_{朱儁与贼波才战，败。贼遂围皇甫嵩于长社，依草结营。会大风，嵩敕军士皆束苣[4]乘城，使锐士间出围外，纵火大呼，城上举燎[5]应之。嵩从城中鼓噪而出，奔击贼阵，贼惊，乱奔走。会骑都尉沛国曹操将兵适至，合军与战，大破之，斩首数万，遂讨汝南、陈国[6]黄巾，皆破之，三郡悉平。操父嵩为中常侍曹腾养子，不能审其生出本末，或云夏侯氏子也。操少机警，有权数[7]，而任侠放荡，不治行业[8]。时人未之奇也，唯桥玄及南阳何颙异焉。玄谓操曰："天下将乱，非命世之才[9]不能济也。能安之者，其在君乎？"颙见操，叹曰："汉家将亡，安天下者，必是人也。"时汝南许劭与从兄靖有高名[10]，好共核论[11]乡党人物，每月辄更其品题[12]，故汝南俗有"月旦评"焉。尝为郡功曹，府中莫不改操饰行。操往造劭而问之，曰："我何如人？"劭鄙之，不答。操劫[13]之，劭曰："子治世之能臣，乱世之奸雄。"操喜而去。后举孝廉为郎。至是平贼，迁济南相，奏免长吏阿附脏污者八人。朱儁护军司马傅燮上疏曰："臣闻天下之祸不由于}

1　坐寇贼免：因未能平息黄巾叛乱而被免职。
2　门下：食客，门客。
3　捍刃：抵御兵刃。
4　束苣：捆苇秆为火把。
5　燎：大火把。
6　陈国：汉诸侯国名，后改陈郡，辖今河南周口市及淮阳、商水、西华、太康、柘城、鹿邑等县。
7　权数：即权术。
8　行业：操行学业。
9　命世之才：顺应天命而降世的人才。
10　高名：很高的名望。
11　核论：深刻评议。
12　品题：品评的话题、内容。
13　劫：威逼，胁迫。

外，皆兴于内。是故虞舜先除四凶，然后用十六相，明恶人不去，则善人无由进也。今张角起赵、魏[1]，黄巾乱六州，此皆衅发萧墙[2]而祸延四海者也。臣奉辞伐罪[3]，战无不克。黄巾虽盛，不足为庙堂[4]忧也。臣之所惧，在于治水不自其源，末流[5]弥增其广。诚使张角枭夷[6]，黄巾变服[7]，臣之所忧，甫[8]益深耳。何者？夫邪正不宜共国，亦犹冰炭不可同器。彼知正人之功显，而危亡之兆见，皆将巧辞饰说，共长虚伪。若不详察，忠臣将复有杜邮之戮[9]矣。陛下宜思四罪[10]之举，速行谗佞之诛，则善人思进，奸凶自息。"赵忠恶之。燮功当封，忠谮之，帝犹识燮言，不之罪，然亦竟不封也。

交趾吏民作乱，以贾琮为刺史，平之交趾多珍货[11]，前后刺史多无清行[12]，故吏民怨叛，执刺史及合浦太守。三府选贾琮为刺史。琮到部，移书[13]告示，各使安其资业[14]，招抚荒散[15]，蠲复[16]徭役，诛斩渠帅，简选良吏。岁间荡定[17]，百姓以安，为之歌曰："贾父来晚，使我先反；今见清平[18]，吏不敢饭。"

卢植围张角于广宗[19]，槛车征还，遣中郎将董卓代之植连破张角，斩、

1　赵、魏：战国时赵国和魏国所在的地方，相当于今天山西、河北部分地区。
2　萧墙：照壁，大门外对着大门的墙壁。借以比喻内部。
3　奉辞伐罪：奉君主之正辞，讨伐有罪的人。
4　庙堂：朝廷，人君接受朝见、议论政事的殿堂。
5　末流：水流的下游。
6　枭夷：诛戮。
7　变服：改变服饰，意思是投降，不再着黄巾。
8　甫：开始。
9　杜邮之戮：典故名，秦名将白起与秦王不睦，不肯为将，称病不起。秦王免白起为士伍，遣之出咸阳，至杜邮，复使使者赐之剑，使自裁。后遂称忠臣无辜被杀为"杜邮之戮"。
10　四罪：舜治共工、骧兜、三苗、鲧四凶之罪。
11　珍货：珍贵的财宝。
12　清行：纯洁的品行。
13　移书：发送公文，布告。
14　资业：资财产业。
15　荒散：流亡在外的百姓。
16　蠲复：免除赋税或劳役。
17　岁间荡定：一年之间，叛乱全被扫荡平定。荡定，扫荡平定。
18　清平：太平。
19　广宗：古县名，治所位于今河北省邢台市威县东南。

获万余，角走广宗。植筑围凿堑[1]，垂[2]当拔之。帝遣小黄门左丰视军，求赂不得，还言于帝曰："广宗贼易破耳，卢中郎固垒息军，以待天诛[3]。"帝怒，槛车征植。减死一等，遣卓代之。

秋，七月，巴郡张脩反脩以妖术为人疗病，其法略与张角同，令病家出五斗米，号"五斗米师"。聚众寇郡县，时人谓之"米贼"。

八月，遣皇甫嵩讨张角。角死。冬，十月，与角弟梁、宝战，皆破斩之。以嵩为车骑将军，领冀州牧董卓以无功抵罪，乃诏遣嵩。时角已死，嵩与其弟梁战，梁众精勇，嵩不能克。乃闭营休士，伺贼小懈，潜夜勒兵，鸡鸣驰赴其阵，战至晡时，破之。斩梁，获首三万，溺死五万人。剖角棺，传首京师。复攻梁弟宝于下曲阳，斩之，斩、获十余万人。嵩能温恤[4]士卒，每军行顿止[5]，须营幔修立[6]，然后就舍。军士皆食，尔乃尝饭，故所向有功。

先零羌及凉州群盗北宫伯玉等反北地先零羌及枹罕、河关[7]群盗反，共立湟中义从胡北宫伯玉为将军。金城人边章、韩遂素著名西州，群盗诱而劫之，使专任军政，杀太守，烧州郡。初，武威太守倚恃权贵，恣行贪暴，凉州从事苏正和案致其罪。刺史梁鹄惧，欲杀正和以自解，访于汉阳长史盖勋。勋素与正和有仇，或劝勋因此报之，勋曰："谋事杀良，非忠也；乘人之危，非仁也。"乃谏鹄曰："夫绁食鹰隼，欲其鸷也。鸷而亨之，将何用哉[8]？"鹄乃止。正和诣勋求谢，勋不见，曰："吾为使君谋，非为正和也。"怨之如初。后刺史左昌盗军谷数十万，勋谏之。昌怒，使与从事别屯阿阳[9]以拒贼，欲以

1　堑：防御用的壕沟，护城河。
2　垂：将，快要。
3　天诛：上天讨伐。
4　温恤：体贴抚慰。
5　顿止：停留止息。
6　营幔修立：营幔，营帐。修立，修建。
7　枹罕、河关：枹罕，古县名，属陇西郡，治所位于今甘肃省临夏州临夏市西南。河关，古县名，属陇西郡，治所位于今甘肃省临夏州积石山保安族东乡族撒拉族自治县西北。
8　绁食鹰隼，欲其鸷也。鸷而亨之，将何用哉：拴着喂养鹰隼想要它凶猛，它凶猛了却要煮了它，将要用它干什么呢。绁，捆，拴。亨，烹。
9　阿阳：古县名，属天水郡，治所位于今甘肃省平凉市静宁县西南。

军事罪之。而勋战辄有功。至是群盗围昌于冀，昌召勋等自救。从事疑，不肯赴，勋怒曰："昔庄贾后期[1]，穰苴奋剑。今之从事岂重于古之监军哉？"从事惧而从之。勋至，诮让群盗，乃解围去。勋遂救校尉夏育于畜官[2]，为羌所败。勋余众不及百人，身被三创，坚坐不动，羌滇吾以身捍众曰："盖长史贤人，汝曹杀之为负天。"勋仰骂之。滇吾下马与勋，勋不肯上，群羌服其义勇，送还汉阳。

朱儁击南阳黄巾，连破之南阳黄巾余党更以赵弘为帅，众十余万，据宛城。朱儁围之，不拔。有司奏征儁。司空张温曰："临军易将，兵家所忌。宜假日月，责其成功。"帝乃止。儁击弘，斩之。贼帅韩忠复据宛拒儁，儁鸣鼓攻其西南，贼悉众赴之。儁自将精卒掩其东北，乘城而入。忠乃退保小城乞降。诸将欲听之，儁曰："兵固有形同而势异者。昔秦、项之际，民无定主，故赏附以劝来[3]耳。今海内一统，唯黄巾造逆[4]。纳降无以劝善，而更开逆意[5]，使贼利则进战，钝则乞降。纵敌长寇[6]，非良计也。"因急攻，不克。登土山望之，顾谓司马张超曰："吾知之矣。贼今外围周固[7]，内营逼急[8]，乞降不受，欲出不得，所以死战也。万人一心，犹不可当，况十万乎？不如撤围，并兵入城。忠见围解，势必自出。自出则意散，易破之道也。"既而解围，忠果出战。儁因击，大破斩之。余众复奉孙夏为帅，屯宛。儁急攻之。司马孙坚率众先登，拔城。夏走，儁追破之。于是黄巾破散，其余州郡所诛，一郡数千人。

豫州刺史王允讨黄巾，破之。征下狱，减死论允破黄巾，得张让宾客

1　后期：迟误期限。
2　畜官：为畜牧之官的泛称，掌养牧。
3　赏附以劝来：奖赏归降的人，从而鼓励更多的人来归降。赏附，奖赏归降的人。
4　造逆：发动叛乱。
5　逆意：叛逆的心志。
6　长寇：长贼人气焰。
7　周固：坚固。
8　逼急：急迫。

书，与黄巾交通，上之。帝责怒[1]让，竟不能罪也。让由是以事中[2]允，下狱，会赦，还故官。旬日间，复以他罪捕。杨赐不欲使更楚辱[3]，遣客谢之曰："张让凶慝[4]难量，幸为深计！"诸从事好气决[5]者，共流涕奉药而进之。允厉声曰："吾为人臣，获罪于君，当伏大辟以谢天下，岂有乳药[6]求死乎？"投杯而起，出就槛车。既至廷尉，大将军进与杨赐、袁隗共请之，得减死论。

乙丑二年（公元185年）

春，正月，大疫。

二月，南宫云台灾张让、赵忠说帝敛[7]天下田，亩税十钱，以修宫室，铸铜人。乐安太守陆康上疏谏曰："昔鲁宣税亩而蝝灾[8]自生，哀公增赋而孔门非之，岂有聚夺民物以营无用之铜人，捐舍圣戒[9]，自蹈[10]亡王之法哉？"内幸[11]谮康援引亡国以譬圣明，大不敬，槛车征诣廷尉。侍御史刘岱奏陈解释[12]，得免归田里。康，续之孙也。又诏发州郡材木文石[13]。黄门、常侍辄令谴呵不中者[14]，因强折贱买[15]，仅得本价十一[16]。复货[17]之。中者亦不即受，材木腐积[18]，宫室连年不

1　责怒：怒责，严责。
2　中：中伤。
3　楚辱：苦痛与耻辱。
4　凶慝：凶残邪恶。
5　气决：果敢而有魄力。
6　乳药：饮药，指服毒药。
7　敛：征收。
8　蝝灾：蝗灾。蝝，即蝗蝻，未生翅的蝗虫若虫。
9　捐舍圣戒：捐舍，抛弃。圣戒，圣人的告诫。
10　蹈：实行。
11　内幸：皇帝宠爱的姬妾。
12　解释：解救，解脱。
13　材木文石：材木，木材。文石，美石。
14　不中者：不合适的。中，合适，适当。
15　强折贱买：强迫折价，便宜买进。
16　十一：十分之一。
17　货：卖出。
18　腐积：堆积在一起腐朽了。

成。刺史、太守复增私调[1]，百姓呼嗟[2]。又令西园驺[3]分道督趣[4]，恐动州郡，多受赇赂。牧、守、茂才、孝廉迁除[5]，皆责助军、修宫钱。当之官者，皆先至西园谐价[6]，然后得去。巨鹿太守司马直以有清名，减责三百万。直怅然曰："为民父母而反割剥[7]百姓以称时求[8]，吾不忍也。"辞疾[9]，不听。行至孟津，上书极言，吞药自杀。书奏，帝为暂绝修宫钱。

黑山贼褚燕降自张角之乱，所在盗贼并起。博陵[10]张牛角、常山褚飞燕及黄龙、左校、于氐根、张白骑、刘石、左髭丈八、平汉大计、司隶缘城、雷公、浮云、白雀、杨凤、于毒、五鹿、李大目、白绕、眭固、苦蝤之徒，不可胜数。张牛角死，令其众奉飞燕为帅，部众浸广，殆至百万，号"黑山贼"。河北并被其害，朝廷不能讨。燕乃遣使乞降，遂拜燕平难中郎将，使领河北诸山谷事[11]。

三月，以崔烈为司徒时三公往往因常侍、阿保入钱西园而得之，段颎、张温等虽有功勤名誉，然亦先输货财。烈本冀州名士，至是因傅母入钱五百万，故得为司徒，而声誉顿衰。

北宫伯玉等寇三辅，遣皇甫嵩讨之时凉州兵乱不解，征发天下役赋[12]无已，崔烈以为宜弃凉州。诏会公卿百官议之。议郎傅燮厉言[13]曰："斩司徒，天下乃安！"尚书劾之。帝召问状，燮对曰："凉州，天下要冲[14]，国家藩卫[15]。今

1　私调：朝廷赋税之外私下征收的赋税。
2　呼嗟：呼号哀叹。
3　驺：主驾车马的小吏，骑士。
4　督趣：督责催促。
5　迁除：官职的升迁、除授。
6　谐价：论价，商定价格。
7　割剥：侵夺残害。
8　时求：当下弊政的需求。
9　辞疾：辞以有病。
10　博陵：古郡名，辖今河北省安平、深州、饶阳、安国等县市地。
11　河北诸山谷事：黄河以北山区的行政及治安事务。
12　役赋：劳役赋税。
13　厉言：声色严厉地说话。
14　要冲：处在交通要道的形胜之地。
15　藩卫：屏障。

牧御失和[1]，使一州叛逆。烈为宰相，不思所以弭之之策，乃欲割弃一方万里之土。若使左衽之虏得居此地，士劲甲坚，因以为乱，此天下之至虑[2]，社稷之深忧也。"帝从之。

夏，四月，大雨雹。

六月，封宦者张让等十二人为列侯以讨张角功也。

秋，七月，螟。

八月，罢皇甫嵩，遣车骑将军张温代之皇甫嵩之讨张角也，过邺，见赵忠舍宅逾制，奏没入之。又，张让私求钱，不与。二人奏嵩无功费多，征还，收印绶。以司空张温为车骑将军，讨北宫伯玉。拜董卓为破虏将军，统于温。

冬，十月，司空、临晋侯杨赐卒初，赐既免，帝阅故事，得赐与刘陶所上张角奏，乃封赐临晋侯，陶中陵乡侯。至是，复以赐为司空。薨，谥曰"文烈"。

杀谏议大夫刘陶、前司徒陈耽陶上疏陈八事，大较[3]言天下大乱皆由宦官。宦官共谮陶，收下黄门北寺狱，闭气而死。耽为人忠正，宦官怨之，亦诬陷，死狱中。

张温击凉州贼边章、韩遂，不利。十一月，将军董卓破走之张温将兵十余万屯美阳[4]，与边章、韩遂战，辄不利。十一月，董卓等攻破之，章、遂走榆中[5]。温遣周慎追之。参军事[6]孙坚说慎曰："贼城中无谷，当外转粮食。坚愿得万人断其运道，将军以大兵继后，贼必困乏，走入羌中[7]。并力追之，则凉州可定也。"慎不从，章、遂反断慎运道。慎惧，弃辎重而退。温又使董卓讨羌。卓粮绝，乃于所渡水中伪立堰以捕鱼，而潜从堰下过军。比贼追之，决。

1　牧御失和：治理失当。
2　至虑：最大的忧虑。
3　大较：大概，大略。
4　美阳：古县名，因在美水之阳而得名，治所位于今陕西省宝鸡市扶风县北。
5　榆中：古县名，治所位于今甘肃省兰州市城关区东岗镇一带。
6　参军事：古官名，也称参军，为王府、公府、军府、州府的佐吏，掌佐主帅参谋军事。
7　羌中：古地区名，秦汉时羌族居住的地区，即今青海、西藏及四川西北部、甘肃西南部。

水已深，不得渡，遂还屯扶风。温以诏书召卓，良久乃至。温责让之，卓应对不顺。孙坚前耳谓温曰："卓不怖罪而鸱张[1]大语，宜以召不时至，陈军法斩之。"温曰："卓素著威名于河陇[2]之间，今日杀之，西行无依。"坚曰："明公亲率王师，威震天下，何赖于卓？卓轻上无礼，一罪也；沮军疑众，二罪也；受任无功，应召稽留，三罪也。古之名将仗钺[3]临众，未有不断斩以成功者。今明公垂意于卓，不即加诛，亏损威刑，于是在矣[4]。"温不忍发。

造万金堂帝造万金堂于西园，引司农金钱、缯帛牣积[5]堂中，复藏寄小黄门、常侍家钱各数千万，又买田起第[6]于河间。

丙寅三年（公元186年）

春，二月，江夏兵赵慈反。

遣使就[7]拜张温为太尉三公在外始于温。

以宦者赵忠为车骑将军帝使忠论讨黄巾之功，执金吾甄举谓曰："傅南容前在东军，有功不侯，天下失望。今将军亲当重任，宜进贤理屈[8]，以副众心。"忠遣弟延致殷勤于傅燮曰："南容少答我常侍，万户侯不足得也。"燮正色拒之曰："遇[9]不遇，命也。有功不论，时也。傅燮岂求私赏哉？"忠愈恨，然惮其名，不敢害，出为汉阳太守。

修南宫，铸铜人帝使缮修南宫玉堂，铸四铜人、四钟，又铸天禄、虾

1　鸱张：像鸱鸟张翼一样，比喻嚣张、凶暴。
2　河陇：古地区名，即河西与陇右，相当于今天甘肃省西部地区。
3　仗钺：手持黄钺，表示将帅的权威，也引申指统帅军队。
4　亏损威刑，于是在矣：损害统帅威严和军中法规，就在这件事上。
5　牣积：堆积。
6　起第：建造府第。
7　就：到，往。此指使者到张温所在的地方，拜他为太尉。
8　理屈：以理折服对方。
9　遇：投合，赏识。

蟆¹，转水入宫。又作翻车、渴乌²，洒南北郊路，以为可省百姓洒道之费。

夏，五月晦，日食。

六月，荆州刺史讨赵慈，斩之。

冬，十月，武陵蛮³反，郡兵讨破之。

鲜卑寇幽、并。

征张温还。

丁卯 **四年**（公元187年）

春，二月，荥阳盗起，河南尹何苗讨破之。以苗为车骑将军苗，进之弟也。

韩遂围陇西，凉州杀刺史以应之，遂围汉阳，太守傅燮与战，死之韩遂杀边章及北宫伯玉，拥兵十余万，进围陇西。凉州刺史耿鄙率兵讨遂。鄙任治中⁴程球，球通奸利，士民怨之。傅燮谓鄙曰："使君统政日浅，民未知教。贼闻大军将至，必万人一心。不若息军养德，明赏必罚⁵。贼谓我怯，群争势离。然后率已教之民，讨成离之贼，其功可坐而待也。"不从。行至狄道，别驾⁶反，应贼，杀球及鄙，贼遂进围汉阳。城中兵少粮尽，燮子干年十三，言于燮曰："国家昏乱，遂令大人不容于朝。今兵不足以自守，宜还乡里，徐俟有道⁷而辅之。"言未终，燮慨然叹曰："汝知吾必死邪？圣达节⁸，次守节。

1　天禄、虾蟆：天禄，传说中兽名，汉代多以石雕其形以为饰。虾蟆，即蛤蟆，青蛙和蟾蜍的统称。

2　翻车、渴乌：翻车，一种在河边汲水用的机车，即后世常用的龙骨水车。渴乌，古代吸水用的曲筒。

3　武陵蛮：两汉时活动在武陵郡的少数民族，活动区域位于今湖南省西部至贵州省东界。

4　治中：古官名，全称治中从事史，也称治中从事，州刺史的高级佐官，主众曹文书，位仅次于别驾。

5　明赏必罚：即赏罚严明，该赏的必定赏，该罚的必定罚。

6　别驾：古官名，全称别驾从事史，为州府中总理众务之官，因其地位较高，出巡时不与刺史同车，别乘一车，故名。

7　有道：有道明君。

8　达节：不拘常规而合于节义。

殷纣暴虐，伯夷不食周粟而死。吾遭世乱，不能养浩然之志，食人之禄，又欲避其难乎？吾行，何之？必死于此！汝有才智，勉之勉之！主簿杨会，吾之程婴[1]也。"狄道人王国使人说燮曰："天下已非汉有，府君[2]宁有意为吾属帅乎？"燮按剑叱之，遂麾左右进兵，临阵战殁[3]。谥曰"壮节侯"。耿鄙司马马腾亦拥兵反，与韩遂合，共推王国为主，寇掠三辅。

渔阳张举、张纯反故中山相张纯与故泰山太守张举及乌桓大人丘力居等连盟，劫略蓟中，杀校尉、太守，众至十余万，屯肥如。举称天子，纯称弥天将军。移书州郡，告天子避位[4]，敕公卿奉迎。

冬，十月，长沙区星反。以孙坚为太守，讨平之。封坚乌程侯。

前太丘长陈寔卒寔在乡间[5]，平心率物[6]，其有争讼，辄求判正[7]，晓譬曲直，退无怨者。至乃叹曰："宁为刑罚所加，不为陈君所短！"杨赐、陈耽每拜公卿，群僚毕贺，辄叹寔未登大位，愧于先之。及卒，海内赴吊者三万余人。

戊辰五年（公元188年）

春，二月，有星孛于紫宫。

黄巾余贼寇太原、河东。

屠各胡[8]寇并州，杀刺史张懿。

以刘焉为益州牧，刘虞为幽州牧太常刘焉见王室多故，建议以为："四方兵寇，由刺史威轻，且用非其人所致。宜改置牧伯[9]，选清名[10]重臣以居其任。"侍中董扶私谓焉曰："京师将乱，益州分野有天子气。"会刺史郤俭赋敛烦扰，

---

1 程婴：春秋时晋国义士，晋卿赵盾及其子赵朔的友人，赵盾遭难，程婴义救赵氏孤儿。
2 府君：古代对郡相、太守的尊称。
3 战殁：战死，阵亡。
4 避位：让位，辞职。
5 乡间：泛指民众聚居之处。古以二十五家为间，一万二千五百家为乡。
6 平心率物：平心，用心公平，态度公正。率物，做众人的榜样。
7 判正：评定，评断。
8 屠各胡：古匈奴部落名，东汉时杂居西北沿边诸郡。
9 牧伯：古称州郡长官。
10 清名：清美的声誉。

谣言远闻，而耿鄙、张懿皆为盗所杀，朝廷遂从焉议，选列卿、尚书为州牧，各以本秩[1]居任。以焉为益州，虞为幽州。州任之重自此始。焉，鲁恭王之后。虞，东海恭王五世孙，尝为幽州刺史，民夷怀其恩信，故用之。焉入蜀，会贼杀郄俭，从事贾龙等破走之。选吏迎焉，徙治绵竹，务行宽惠[2]，以收人心。

南匈奴右部反，杀其单于羌渠诏发南匈奴兵配刘虞讨张纯，单于羌渠遣左贤王将骑诣幽州。国人恐发兵无已，于是右部醢落[3]反，与屠各胡合，凡十余万人，攻杀羌渠。

大水。

冀州刺史王芬自杀陈蕃子逸与襄楷会于冀州刺史王芬坐，楷曰："天文不利宦者，黄门、常侍真族灭矣。"逸喜。芬曰："若然者，芬愿驱除。"因上书言黑山贼攻劫郡县，欲以起兵。会帝欲北巡河间旧宅，芬等谋以兵诛诸常侍，因废帝而立合肥侯，以告曹操。操曰："夫废立之事，天下之至不祥也。古人有权成败、计轻重而行之者，伊、霍是也。然皆怀至忠之诚，据宰辅之势，因秉政之重，同众人之欲，故能计从事立。今诸君徒见曩者之易，未睹当今之难，而造作[4]非常，欲望必克，不亦危乎？"会北方夜半有赤气，东西竟天，太史言："北方有阴谋，不宜北行。"帝乃止，敕芬罢兵。俄而征之。芬惧，自杀。

秋，八月，置西园八校尉以小黄门蹇硕为上军校尉，袁绍、鲍鸿、曹操、赵融、冯芳、夏牟、淳于琼等七校尉皆统于硕。帝自黄巾之起，留心戎事。硕壮健有武略[5]，帝亲任之，虽大将军亦领属[6]焉。

冬，十月，青、徐黄巾复起。

1　本秩：本来的品级。
2　宽惠：宽厚仁爱。
3　右部醢落：古匈奴部落名，后附汉，入居塞内。"醢落"逐渐成为匈奴姓氏。
4　造作：制造。
5　武略：在行军打仗、指挥作战方面的才能。
6　领属：隶属，附属。

讲武[1]平乐观望气者以为京师当有大兵，两宫流血。帝欲厌[2]之，乃发四方兵，讲武于平乐观，起大坛，建华盖[3]。帝躬擐甲介马[4]，称无上将军，行陈三匝而还。问讨虏校尉盖勋曰："吾讲武如是，何如？"对曰："臣闻先王曜德[5]不观兵。今寇在远而设近阵，不足昭果毅[6]，只黩武[7]耳！"帝曰："善。恨见君晚，群臣初无是言也。"勋谓袁绍曰："上甚聪明，但蔽于左右耳。"与绍谋共诛嬖幸。蹇硕惧，出勋为京兆尹。

十一月，凉州贼王国围陈仓。以皇甫嵩为左将军，讨之。

遣骑都尉公孙瓒讨渔阳贼，走之。

己巳六年（公元189年）

春，二月，皇甫嵩击王国，大破之董卓谓皇甫嵩曰："陈仓危急，请速救之。"嵩曰："不然。百战百胜，不如不战而屈人兵。是以先为不可胜，以待敌之可胜。陈仓虽小，城守固备[8]，未易可拔。王国虽强，攻陈仓不下，其众必疲。疲而击之，全胜之道也。"国攻陈仓八十余日，不拔。疲敝解去，嵩进兵击之。卓曰："穷寇勿迫，归众勿追。"嵩曰："不然。前吾不击，避其锐也；今而击之，待其衰也。所击疲师，非归众也。国众且走，莫有斗志。以整击乱，非穷寇也。"遂独进。连战，大破之，斩首万余级。卓大惭恨，由是与嵩有隙。

三月，刘虞讨渔阳贼，斩张纯，余众降散[9]刘虞到部，遣使至鲜卑中，告以利害，责使送张举、张纯首，厚加购赏。丘力居等闻虞至，喜，各遣译[10]

1　讲武：讲习武事。
2　厌：压制。
3　华盖：古代帝王所乘车子上伞形的遮蔽物。
4　躬擐甲介马：躬，亲自。擐甲，穿上甲胄。介马，给战马披甲。
5　曜德：光大德泽。
6　果毅：果敢坚毅。
7　黩武：滥用武力。
8　城守固备：城守，城池的防守。固备，坚固而完备。
9　降散：投降或逃散。
10　遣译：派翻译来晋见。

自归。虞罢诸屯兵[1]，但留公孙瓒将万人屯右北平。三月，纯客杀纯，送首于虞。瓒志欲扫灭乌桓，而虞欲以恩信招降，由是有隙。

夏，四月朔，日食。

即拜刘虞为太尉。

遣大将军进讨韩遂蹇硕忌大将军进，与诸常侍共说帝遣进西击韩遂，帝从之。进知其谋，奏遣袁绍收徐、兖二州兵，须还而西，以稽[2]行期。

帝崩，皇子辩即位，尊皇后曰皇太后。太后临朝，封皇弟协为陈留王初，帝数失皇子，何后生辩，养于道人史子眇家，号曰"史侯"。王美人生协，董太后自养之，号曰"董侯"。群臣请立太子，帝以辩轻佻无威仪，欲立协，犹豫未决。会疾笃，属协于蹇硕，欲先诛何进而立协。使人迎进，进往。硕司马潘隐迎而白之，进惊，驰归营，引兵入屯百郡邸[3]，称疾不入。辩即位，年十四，太后临朝，封协为陈留王，年九岁。

以袁隗为太傅，与大将军进参录尚书事。进收宦者蹇硕，诛之进既秉政[4]，怨蹇硕图己。袁绍因劝进悉诛诸宦官。进以袁氏累世贵宠，而绍与从弟术皆为豪杰所归，因信用之。复博征智谋之士何颙、荀攸、郑泰等二十余人，与同腹心。硕不自安，与赵忠等谋诛进。中常侍郭胜，进同郡人，以告进。进使黄门令收硕，诛之。因悉领其屯兵。

五月，迁孝仁皇后于河间。骠骑将军董重自杀。六月，后暴崩[5]骠骑将军董重与何进权势相害，中官挟重为助。董太后每欲参干[6]政事，何太后辄禁塞之。董后忿詈[7]曰："汝今辀张[8]，怙[9]汝兄耶。吾敕骠骑断何进头，如反手

1　屯兵：守卫的兵。
2　稽：延迟。
3　百郡邸：诸郡在洛阳城中的办事处，合起来称为百郡邸。
4　秉政：掌握政权，执政。
5　暴崩：帝王或帝后突然死亡。
6　参干：参与并干涉。
7　忿詈：怒骂。
8　辀张：强横，嚣张。
9　怙：依靠，仗恃。

耳！"何太后告进。进与三公共奏孝仁皇后交通州郡，辜较财利。故事，藩后[1]不得留京师，请迁宫本国。举兵围骠骑府，收重，免官。重自杀。董后忧怖[2]，暴崩。民间由是不附何氏。

葬文陵[3]何进惩蹇硕之谋，称疾，不入陪丧，又不送山陵。

大水。

秋，七月，大将军进召董卓将兵诣京师。太后诏罢诸宦官。八月，宦官张让等入宫杀进，劫太后、帝出至河上。司隶校尉袁绍捕宦者，悉诛之。帝还宫，以卓为司空袁绍说何进曰："前窦武欲诛内宠而反为所害者，但坐言语漏泄。五营兵士皆服畏[4]中人，而窦氏反用之，自取祸灭。今将军兄弟并领劲兵，部曲、将吏皆英俊[5]名士，乐尽力命。事在掌握，此天赞[6]之时，不可失也。"进乃白太后，请尽罢中常侍以下，以三署[7]郎补其处。太后曰："中官统领禁省，汉家故事也。且先帝新弃天下，我奈何楚楚[8]与士人共对事[9]乎？"进难违太后意，且欲诛其放纵者。而太后母舞阳君及弟苗受宦官赂遗，数白太后，为其障蔽[10]，言："大将军专杀擅权，以弱社稷。"太后以为然。进又新贵，素敬惮中官，虽外慕大名而内不能断，故事久不决。绍等又为画策，多召四方猛将，使并引兵向京城，以胁太后，进然之。主簿陈琳谏曰："谚称：'掩目捕雀。'夫微物尚不可欺以得志，况国之大事，其可以诈立乎？

1　藩后：藩王的王后。
2　忧怖：忧愁害怕。
3　文陵：汉灵帝刘宏陵墓，位于今河南省洛阳市东北。
4　服畏：慑服畏惧。
5　英俊：才智卓越，俊逸超群。
6　天赞：天佑。
7　三署：汉时五官署、左署、右署之合称，各置中郎将以司之。郡国举孝廉以补三署郎，年五十以上属五官，其次分在左、右署。
8　楚楚：形容忧戚，凄苦。
9　对事：对质。
10　障蔽：遮蔽，遮盖。

今将军总皇威，握兵要，龙骧虎步[1]，高下在心，此犹鼓洪炉燎毛发耳。但当速发雷霆[2]，行权立断，则天人顺之。而反委释[3]利器，更征外助。大兵聚会，强者为雄，所谓倒持干戈，授人以柄，功必不成，只为乱阶[4]耳！"进不听。曹操闻而笑曰："宦者之官，古今宜有，但世主不当假之权宠[5]，使至于此。既治其罪，当诛元恶，一狱吏足矣，何至纷纷召外兵乎？欲尽诛之，事必宣露[6]，吾见其败也。"初，灵帝征董卓为少府，卓上书言："所将湟中义从及秦、胡兵，皆诣臣言：'禀赐[7]断绝，妻子饥冻。'牵挽臣车，使不得行。"及帝寝疾，玺书拜卓并州牧，令以兵属皇甫嵩。卓复上书言："士卒恋臣畜养之恩，乞将之北州[8]，效力边陲。"嵩从子郦说嵩曰："大人与卓怨隙已结，势不俱存。卓被诏委兵而上书自请，此逆命也[9]。彼度京师政乱，故敢踌躇不进，此怀奸[10]也。且凶戾无亲，将士不附。大人今为元帅，仗国威以讨之，无不济也。"嵩曰："违命虽罪，专诛亦有责也。不如显奏[11]，使朝廷裁之。"乃上书以闻。帝以让卓。卓亦不奉诏，驻兵河东。至是何进召之，使将兵诣京师。尚书郑泰、卢植皆谏，进不从。泰乃弃官去，谓荀攸曰："何公未易辅也。"进使骑都尉鲍信募兵泰山，并召东郡太守桥瑁屯成皋，使武猛都尉丁原将数千人寇河内，烧孟津，火照城中，皆以诛宦官为言。董卓闻召，即时就道[12]，并上书曰："张让等

1　总皇威，握兵要，龙骧虎步："总皇威，握兵要"，一身集皇家威望，手握兵权。龙骧虎步，象龙马昂首，如老虎迈步，形容气概威武雄壮。龙，高大的马，古称八尺以上的马为龙。骧，马高扬着头的样子。

2　雷霆：喻威猛、迅猛，亦借指威猛、迅猛的军队。

3　委释：舍弃。

4　乱阶：祸端，祸根。

5　权宠：权力和宠幸。

6　宣露：泄露。

7　禀赐：官家的赐与。

8　北州：指北方幽、并等州郡。

9　被诏委兵而上书自请，此逆命也：接到交出军权的诏书后，他却上书请求带走军队，这是违抗皇帝的诏命。

10　怀奸：心怀奸诈。

11　显奏：公开奏报。

12　就道：上路，动身。

窃幸承宠，浊乱海内。臣闻扬汤止沸，莫若去薪，溃痈虽痛，胜于内食[1]。今辄鸣钟鼓如[2]洛阳，请收让等，以清奸秽[3]！"太后犹不从。何苗谓进曰："始以贫贱依省内[4]以致富贵，国家之事，亦何容易？宜深思之。"卓至渑池，而进更狐疑，遣使宣诏止之。袁绍惧进变计，因胁之曰："交构已成，形势已露，将军复欲何待而不早决之乎？事久变生，复为窦氏矣。"进于是以绍为司隶校尉，王允为河南尹。绍促董卓，使驰驿[5]上奏，欲进兵平乐观。太后乃恐，悉罢中常侍、小黄门，使还里舍，皆诣进谢罪，唯所措置[6]。进谓曰："天下匈匈，正患诸君耳。今董卓垂至，诸君何不早各就国？"袁绍劝进便于此决之，再三不许。谋颇[7]泄。张让子妇，太后之妹也。让叩头谓曰："老臣得罪，当与新妇俱归私门[8]。愿复一入直，得暂奉望太后颜色[9]，然后退就沟壑，死不恨矣。"太后乃诏皆复入直。八月，进入长乐宫白太后，请尽诛诸常侍。张让、段珪相谓[10]曰："大将军称疾不临丧，不送葬，今欻[11]入省，此意何为？"使潜听，具闻其语。乃率其党数十人持兵伏省户下，斩进。即为诏，以樊陵为司隶，许相为河南尹。尚书疑之，曰："请大将军出共议。"中黄门以进头掷与曰："何进谋反，已伏诛矣。"进部曲将吴匡引兵烧南宫青琐门，让等将太后、少帝及陈留王，劫省内官属，从复道走北宫。尚书卢植执戈于阁道[12]窗下，仰数[13]段珪。珪

1　扬汤止沸，莫若去薪，溃痈虽痛，胜于内食：舀动沸腾的水，使它不沸腾，不如把烧水的木柴取出，将火灭掉。疮痈溃烂虽然疼痛，但胜于向内侵蚀脏腑。
2　如：到，去。
3　奸秽：邪恶污秽的人。
4　省内：宫禁之中，亦借指天子。
5　驰驿：驾乘驿马疾行。
6　措置：安排，料理。
7　颇：略微，稍。
8　私门：家门。
9　愿复一入直，得暂奉望太后颜色：我愿再入宫侍候一次，得以暂时见到太后，趋承旨意。入直，官员入宫值班供职。
10　相谓：交谈，互相告语。
11　欻：忽然。
12　阁道：即复道，楼阁间架空的通道。
13　数：责备。

惧，乃释太后。太后投阁[1]，得免。袁绍矫诏，召樊陵、许相，斩之。引兵屯阙
下，捕得赵忠等，斩之。吴匡等怨苗不与进同心，乃令军中曰："杀大将军者，
即车骑[2]也。吏士能为报仇乎？"皆流涕曰："愿致死！"遂攻杀苗。绍遂闭北
宫门，勒兵捕诸宦者，无少长，皆杀之。凡二千余人。或有无须而误死者。进
攻省内，让、珪等困迫[3]，遂将帝与陈留王数十人步出谷门，夜至小平津[4]，六玺[5]
不自随，公卿无从者，唯卢植及河南中部掾[6]闵贡夜至河上。贡厉声责让等，
因手剑斩数人。让等惶怖，叩头向帝辞曰："臣等死，陛下自爱。"遂投河而
死。贡扶帝与陈留王夜逐荧光[7]还至洛舍。明旦，帝乘一马、陈留王与贡共乘
一马南行，公卿稍有至者。董卓亦到，因与公卿奉迎于北芒阪[8]下。帝见卓兵
猝至，恐怖流涕。群公谓卓曰："有诏却兵[9]。"卓曰："公诸人为国大臣，不
能匡正王室，至使国家播荡[10]，何却兵之有？"卓与帝语，语不可了[11]。乃更与陈
留王语，问祸乱之由，王答，自初至终，无所遗失。卓大喜，以为贤。且自以
与董太后同族，而王为后所养，遂有废立之意。是日，帝还宫，失传国玺。鲍
信募兵适至，说绍曰："董卓将有异志，今不早图，必为所制。及其新至疲劳
袭之，可擒也。"绍不敢发。信乃引兵还泰山。卓步、骑不过三千，率[12]四五日
辄[13]夜潜出，明旦乃大陈旌鼓[14]而还，以为西兵复至，洛中无知者。俄而进及弟

1　投阁：从阁道跳下。
2　车骑：即车骑将军何苗。
3　困迫：艰难窘迫。
4　小平津：古黄河津渡名，位于今河南省洛阳市孟津县东北。
5　六玺：秦汉皇帝除传国玺之外，尚有六玺，皆白玉制、螭虎纽，用武都紫泥封：一，皇帝
　　行玺，用于封国；二，皇帝之玺，用于赐诸王侯；三，皇帝信玺，用于发兵；四，天子行
　　玺，用于召大臣；五，天子之玺，用于策封外国君主；六，天子信玺，用于祭天地鬼神。
6　河南中部掾：古官名，属河南尹，掌监察属县。
7　荧光：萤火虫发出的光。
8　北芒阪：北邙山的山坡。北芒，即北邙山，位于今河南省洛阳市北。阪，山坡。
9　却兵：部队后退。
10　播荡：流离动荡。
11　了：懂得，明白。
12　率：皆，都。
13　辄：总是，每次。
14　旌鼓：旌旗和战鼓。

苗部曲皆归之，卓又阴使丁原部曲吕布杀原而并其众。于是讽[1]朝廷，以久雨，策免司空刘弘而代之。蔡邕亡命江海，积十二年。卓闻其名而辟之，称疾不就。卓怒，詈曰："我能族人。"邕惧而应命。到，署祭酒[2]，甚见敬重，三日之间周历三台[3]，迁为侍中。

康熙御批：宦官张让等恣行不法，何进若止奏诛首恶，则可矣。乃必欲召兵尽杀而后快，斯为已甚，太后所以不许也。复召外兵以速乱，则又至愚极谬，宜其祸不旋踵[4]，皆因上之御下不得其道，所以小人乘机而动，自然之理也。

九月，袁绍出奔冀州。卓废帝为弘农王，奉陈留王协即位。遂杀太后何氏 董卓谓袁绍曰："天下之主宜得贤明。每念灵帝，令人愤毒[5]。董侯似可，今欲立之，能胜史侯否？为当且尔，刘氏种不足复遗[6]！"绍曰："汉有天下四百许年，恩泽深渥[7]，兆民戴之。今上富于春秋，未有不善宣于天下。公欲废嫡立庶，恐众不从公议也。"卓按剑叱绍，曰："竖子敢然！天下之事，岂不在我？尔谓董卓刀为不利乎？"绍勃然曰："天下健者岂惟董公？"引佩刀横揖[8]，径出。悬节于上东门，逃奔冀州。卓大会百寮[9]，奋首[10]而言曰："皇帝暗弱[11]，不可以奉宗庙，为天下主。今欲依伊尹、霍光故事，更立陈留王，何如？"皆惶恐莫敢对。卓又曰："有敢沮[12]大议，皆以军法从事！"坐者震动。

1　讽：用含蓄的话指责或劝告。
2　署祭酒：暂时担任博士祭酒。署，暂任，代理。祭酒，古官名，属太常，为博士之长，掌教授经学，备顾问应对。
3　周历三台：在三个不同的官署任职。三台，汉因秦制，以尚书为中台，御史为宪台，谒者为外台，合称三台。
4　不旋踵：来不及转身，形容时间极短。踵，脚后跟。
5　愤毒：愤恨。
6　为当且尔，刘氏种不足复遗：如果他也不行，刘氏就不值得再留种了。
7　深渥：恩泽深厚。
8　引佩刀横揖：把佩刀横过来，作了一个揖。
9　百寮：百官。
10　奋首：仰头。
11　暗弱：愚昧软弱。
12　沮：阻止。

卢植独曰："太甲不明，昌邑多罪，故有废立之事。今上行无失德，非前事之比也。"卓大怒，免植官。遂逃，隐于上谷。卓以议示袁隗，隗报如议。卓遂胁太后，策[1]废少帝为弘农王，立陈留王协为帝。隗解帝玺绶，扶下殿，北面称臣。太后鲠涕[2]，群臣含悲，莫敢言。卓又议："太后蹴迫永乐宫，至忧死，逆妇姑礼[3]。"乃迁永安宫，酖杀[4]之。公卿以下不布服[5]。

除公卿子弟为郎。补宦官侍殿上。

即拜刘虞为大司马。

卓自为太尉，领前将军事加节传、斧钺[6]、虎贲，更封郿侯。

遣使吊祭陈蕃、窦武及诸党人，复其爵位董卓与三公诣阙上书，追理[7]蕃、武及诸党人，悉复爵位，遣使吊祠，擢用子孙。

自六月雨，至于是月[8]。

冬，十月，葬灵思皇后[9]公卿会葬，素衣而已。

十一月，卓自为相国，赞拜不名，入朝不趋，剑履上殿[10]。

十二月，征处士申屠蟠，不至。以黄琬为太尉，杨彪为司徒，荀爽为司空初，尚书周毖、城门校尉伍琼说董卓矫桓、灵之政，擢用天下名士，以收众望，卓从之。于是征荀爽、申屠蟠等。就拜爽平原相。行至宛陵，迁光禄勋，视事三日，进拜司空。自征至是，九十五日。爽等皆畏卓之暴，无敢不至。独蟠得征书，人劝之行，笑而不答，竟以寿终。卓又以韩馥为冀州牧，刘

1　策：谋划，筹划。
2　鲠涕：哽咽流涕。鲠，通"哽"。
3　太后蹴迫永乐宫，至忧死，逆妇姑礼：何太后曾经逼迫婆婆董太皇太后，使她忧虑而死，违背了儿媳孝敬婆婆的礼制。永乐宫，代指居住于永乐宫的太皇太后。蹴迫，逼迫，欺压。蹴，通"蹙"。逆，违背。
4　酖杀：以毒酒杀人。
5　布服：穿丧服。
6　斧钺：上古用作作战的兵器，是军权和国家统治权的象征。
7　追理：追查处理。
8　是月：这个月，此处指九月。
9　灵思皇后：即何太后，汉灵帝刘宏第二任皇后，汉少帝刘辩生母。
10　入朝不趋，剑履上殿：入朝不趋，入朝可以不急步而行。剑履上殿，经帝王特许，重臣上朝时可不解剑，不脱履，以示殊荣。

岱、孔伷为兖、豫刺史，张邈、张咨为陈留、南阳太守。

以袁绍为勃海[1]**太守**洛中贵戚，室第[2]相望。卓放兵剽虏[3]，妻略妇女，不避贵贱。人情崩恐，不保朝夕。卓购求袁绍急，周毖、伍琼曰："绍恐惧出奔，非有他志。今急购之，势必为变。袁氏树恩四世，门生故吏遍天下，若收豪杰以聚徒众，则山东非公之有也。不如赦之，拜一郡守。绍喜于免罪，必无患矣。"卓乃即拜绍勃海太守。又以绍从弟术为后将军，曹操为骁骑校尉。术奔南阳。操变易姓名，间行东归。至陈留，散家财，合兵得五千人。是时豪杰多欲起兵讨卓者，袁绍在勃海，韩馥遣数部从事[4]守之，不得动摇。东郡太守桥瑁诈作三公移书州郡，陈卓罪恶，征兵赴难。馥得移[5]，请诸从事问曰："今当助袁氏耶？助董氏耶？"治中从事刘子惠曰："兴兵为国，何谓袁、董？"馥有惭色。乃作书与绍，听其起兵。

庚午**孝献皇帝初平元年**（公元 190 年）

春，正月，关东州郡起兵讨卓，推袁绍为盟主绍自号车骑将军，与河内太守王匡屯河内，韩馥留邺给军粮。孔伷屯颍川，刘岱、张邈、邈弟广陵太守超、山阳太守袁遗、济北相鲍信与桥瑁、曹操俱屯酸枣，袁术屯鲁阳，众各数万。豪杰多归心袁绍者，鲍信独谓操曰："君略不世出，殆天之所启乎？"

卓弑弘农王。

卓奏免太尉琬、司徒彪，以王允为司徒。杀城门校尉伍琼、尚书周毖卓议大发兵以讨山东，尚书郑泰曰："夫政在德，不在众也。"卓不悦，曰："如卿此言，兵为无用邪？"泰曰："非谓其然也，以为山东不足加大兵耳。

1　勃海：古郡名，辖今天津市、河北省安次以南，文安、阜城以东，山东省无棣、乐陵、宁津以北地区。
2　室第：住宅。
3　剽虏：掳掠。
4　部从事：古官名，又名州从事，即州刺史的从事，掌督促文书，察举非法。
5　移：移文，古时官府文书的一种，多用于不相统属的官署之间。

明公出自西州，少为将帅，闲习¹军事。袁本初公卿子弟，生长京师；张孟卓东平长者，坐不窥堂²；孔公绪清谈高论，嘘枯吹生³，并无军旅之才，临锋决敌，非公之俦也。况王爵不加，尊卑无序，不肯同心共胆，与齐进退。且山东承平日久，民不习战。天下所畏者，无若并、凉⁴之人与羌、胡义从。而明公拥之以为爪牙，譬犹驱虎兕⁵以赴犬羊，鼓烈风以扫枯叶，谁敢御之？无事征兵，以惊天下，使患役之民⁶相聚为非，弃德恃众，自亏威重也。"卓乃悦。既而又以山东兵盛，欲迁都以避之。表河南尹朱儁为己副。使者召拜，儁辞不受。因曰："国家西迁，必孤天下之望，以成山东之衅⁷，臣不知其可也。"卓大会公卿议之。杨彪曰："关中残破，都洛⁸已久，今无故捐宗庙，弃园陵，恐百姓惊动，必有糜沸之乱⁹。天下动之至易，安之甚难，惟明公虑焉。"卓作色¹⁰曰："公欲沮国计邪？"黄琬曰："此国之大事，杨公之言，得无可思¹¹？"卓不答。以灾异奏免琬、彪等，以王允为司徒。伍琼、周毖固谏迁都，卓大怒，曰："卓初入朝，二君劝用善士，故卓相从。而诸君到官，举兵相图，此二君卖卓，卓何用相负¹²？"收斩之。彪、琬惶恐谢罪。

卓征盖勋为议郎，皇甫嵩为城门校尉 盖勋为京兆尹，左将军皇甫嵩将兵三万屯扶风。勋密与嵩谋讨卓。卓素怨嵩，征为城门校尉，欲因杀之。嵩将行，长史梁衍说嵩曰："卓寇掠京邑，废立从意。今征将军，大则危祸，小则困辱。今卓在洛阳，天子来西，以将军之众迎接至尊，奉令讨逆，袁氏逼其东，将军迫其西，此成擒也。"嵩不从而就征。勋以众弱，不能独立，亦还

1　闲习：熟习。闲，通"娴"。
2　坐不窥堂：端坐不斜视，专心一意。
3　嘘枯吹生：枯萎了的吹气使生长，生长着的吹气使枯干。嘘，呵气。
4　并、凉：并州、凉州。
5　虎兕：虎与犀牛，比喻凶恶残暴的人。
6　患役之民：怕服兵役的百姓。
7　孤天下之望，以成山东之衅：会使天下人失望，反而给崤山以东的联军制造机会。
8　都洛：定都洛阳。
9　糜沸之乱：比喻世事混乱之甚，如糜粥沸于釜中。
10　作色：脸上现出怒色。
11　得无可思：难道不值得考虑吗。
12　卓何用相负：我董卓有什么对不起他们的。

京师。

三月，卓迁都长安，烧洛阳宫庙，发诸帝陵，车驾西迁董卓收诸富室，以罪恶诛之，没入其财物，死者不可胜计。悉驱徙[1]其余民数百万口于长安，步、骑驱蹙，更相蹈藉[2]。饥饿寇掠，积尸盈[3]路。卓自留屯毕圭苑中，悉烧宫庙、官府、居家[4]，二百里内无复鸡犬。又使吕布发诸帝陵及公卿冢墓，收其珍宝。三月，帝至长安，董卓未至，朝政大小皆委之王允。允外相弥缝[5]，内谋王室，甚有大臣之度，自天子及朝中皆倚允。允屈意承卓，卓亦雅信[6]焉。

卓杀太傅袁隗，灭其家。

长沙太守孙坚举兵讨卓。将军袁术据南阳，表坚领豫州刺史孙坚起兵，杀荆州刺史王叡。前至南阳，已数万人，杀太守张咨。至鲁阳，与袁术合兵。术由是得据南阳，表坚行[7]破虏将军，领豫州刺史。坚与官属会饮于鲁阳城东，董卓步、骑数万猝至。坚方行酒[8]谈笑，整顿部曲，无得妄动。后骑渐益，坚徐罢坐[9]，导引入城。乃曰："向坚所以不即起者，恐兵相蹈藉，诸君不得入耳。"卓兵见其整，不敢攻而还。

以刘表为荆州刺史时寇贼纵横，道路梗塞，表单马入宜城[10]，请南郡名士蒯良、蒯越，与之谋曰："今江南宗贼[11]甚盛，各拥众不附，若袁术因之，祸必至矣。吾欲征兵，恐不能集，其策焉出？"越曰："袁术骄而无谋，宗贼帅多贪暴，为下所患，若使人示之以利，必以众来。使君诛其无道，抚而用之，一

1　驱徙：驱逐迁徙。
2　步、骑驱蹙，更相蹈藉：命步兵、骑兵在后逼迫，马踏人踩。驱蹙，驱赶促迫。蹈藉，践踏，蹂躏。
3　盈：满。
4　居家：住宅，民房。
5　弥缝：补救，调和，斡旋。
6　雅信：素来信任。
7　行：兼任官职。
8　行酒：依次斟酒。
9　后骑渐益，坚徐罢坐：后来骑兵逐渐增多，孙坚才慢慢站起身。
10　宜城：古县名，治所位于今湖北省宜城市东南。
11　宗贼：以同族人为主而结伙的盗贼。

州之人有乐存之心，闻君威德，必襁负[1]而至矣。兵集众附，南据江陵，北守襄阳[2]，荆州八郡可传檄而定。公路[3]虽至，无能为也。"表曰："善！"乃使越诱宗贼帅。至者五十五人，皆斩之，而取其众。遂徙治襄阳，镇抚郡县，江南悉平。

曹操与卓兵战于荥阳，不克，还屯河内袁绍等诸军畏董卓之强，莫敢先进。曹操曰："举义兵以诛暴乱，大众已合，诸君何疑？向使董卓倚王室，据旧京[4]，东向以临天下，虽以无道行之，犹足为患。今焚烧宫室，劫迁[5]天子，海内震动，不知所归。此天亡之时也，一战而天下定矣。"遂引兵西，将据成皋。至荥阳，遇卓将徐荣，与战。操兵败，为流矢所中，马亦被创。从弟洪以马与操，曰："天下可无洪，不可无君。"遂夜遁，还酸枣。诸军十余万，日置酒高会，不图进取，操责让之。因为谋曰："诸君听吾计，使勃海引河内之众临孟津，酸枣诸将守成皋，据敖仓，塞镮辕、太谷[6]，全制[7]其险。使袁将军率南阳之军军丹、析[8]，入武关，以震三辅。皆高垒深壁，勿与战。益为疑兵，示天下形势，以顺诛逆，可立定矣。今兵以义动，持疑不进，失天下望，窃为诸君耻之。"邈等不能用。操乃还屯河内。顷之，酸枣食尽众散，刘岱杀桥瑁。

袁绍以臧洪领青州青州刺史焦和亦起兵，务及诸将西行，不为民人保障。兵始济河，黄巾已入其境。青州财富兵盛，和每望寇奔北。好卜筮，信鬼神。入见其人，清谈干云[9]；出观其政，赏罚淆乱[10]。州遂萧条，悉为丘墟[11]。顷之，

1　襁负：以带系财货负之于背。
2　襄阳：古县名，治所位于今湖北省襄阳市襄州区，以在襄水之阳，故名。
3　公路：即袁术，袁术字公路。
4　旧京：旧都，古都。
5　劫迁：劫持，胁迫迁徙。
6　太谷：古县名，治所即今山西省晋中市太谷县。
7　全制：完全控制。
8　丹、析：丹水、析县。丹水，古县名，治所位于今河南省南阳市淅川县西南。析县，古县名，治所位于今河南省南阳市西峡县。
9　干云：高入云霄。
10　淆乱：扰乱。
11　丘墟：废墟。

病卒。袁绍使广陵功曹臧洪领青州，以抚之。

　　夏，四月，以刘虞为太傅先是，幽部应接荒外[1]，资费甚广，岁常割青、冀赋调[2]二亿有余以足之。时处处断绝，委输不至，而虞敝衣绳屦，食无兼肉[3]，务存宽政，劝督农桑。开上谷胡市[4]之利，通渔阳盐铁之饶，民悦年登，谷石三十。青、徐士庶[5]避难归虞者百余万口，虞皆收视温恤[6]，为安立生业[7]，流民皆忘其迁徙焉。至是，拜太傅。而道路壅塞[8]，命不得通。

　　司空荀爽卒爽见卓忍暴[9]滋甚，必危社稷。其所举辟，皆取才略之士，将共图之。亦与王允及卓长史何颙等为内谋[10]。会病，薨。

　　卓坏五铢钱，更铸小钱悉取洛阳及长安铜人、钟虡、飞廉[11]、铜马之属以铸，由是货贱物贵，谷石至数万钱。

　　省孝和[12]以下庙号初，孝和庙号穆宗，孝安号恭宗，孝顺号敬宗，孝桓号威宗。至是，蔡邕议，以为宜皆省去，从之。

　　以公孙度为辽东太守度到官，以法诛灭郡中名豪[13]大姓百余家，郡中震栗。乃东伐高句骊，西击乌桓，分辽东为辽西、中辽郡，各置太守。越海[14]收东莱诸县，置营州[15]刺史。自立为辽东侯、平州牧。立汉二祖庙，承制郊祀天

1　幽部应接荒外：幽州照应边远地区。应接，支援，照应。
2　赋调：赋税。调，古代税收的一种。
3　敝衣绳屦，食无兼肉：身披破旧衣裳，脚穿草鞋，进餐时只吃一个肉菜。兼肉，两种肉食。
4　胡市：与胡人交易。
5　士庶：士人和普通百姓。
6　收视温恤：收视，收容照顾。温恤，体贴抚慰。
7　生业：赖以谋生的工作。
8　壅塞：堵塞不通。
9　忍暴：残忍暴虐。
10　内谋：暗中谋划。
11　钟虡、飞廉：钟虡，一种悬钟的格架，上有猛兽为饰。飞廉，神禽能致风气者，身似鹿，头如雀，有角而蛇尾，文如豹。武帝命以铜铸之，置飞廉观上。
12　孝和：即汉和帝刘肇。
13　名豪：有名的豪族。
14　越海：跨过大海。
15　营州：古州名，辖今河北省、辽宁省及朝鲜等地。

地，藉田[1]，乘鸾路，设旄头、羽骑[2]。

辛未二年（公元 191 年）

春，正月，关东诸将奉大司马刘虞为帝。虞不受关东诸将议，以朝廷[3]幼冲，逼于董卓，远隔关塞，不知存否。幽州牧刘虞，宗室贤俊，欲共立为主。曹操曰："吾等所以举兵而远近莫不响应者，以义动故也。今幼主微弱，制于奸臣，非有昌邑亡国之衅。而一旦改易，天下其孰安之？诸君北面，我自西向。"韩馥、袁绍以书告袁术。术阴有不臣之心，不利国家有长君，乃外托公议以拒之。馥、绍竟遣故乐浪太守张岐等赍议[4]上虞尊号。虞厉色叱之曰："今天下崩乱，主上蒙尘，吾被[5]重恩，未能清雪国耻。诸君各据州郡，宜共戮力[6]王室，而反造逆谋，以相垢污[7]邪？"馥等又请虞领尚书事，承制封拜[8]，复不听。欲奔匈奴以自绝，绍等乃止。

二月，卓自为太师位居诸侯、王上。

孙坚进兵击卓。卓败，西走。坚入洛阳，修塞[9]诸陵而还孙坚进屯阳人[10]，卓遣步、骑迎战。坚击破之，枭其都督。或谓袁术曰："坚若得洛，不可复制，此为除狼而得虎也。"术疑之，不运军粮。坚夜驰见术，曰："所以出身[11]不顾者，上为国家讨贼，下慰将军家门之私仇。而将军受浸润[12]之言，还相

1　藉田：古代天子、诸侯征用民力耕种的田。每逢春耕前，天子、诸侯躬耕藉田，以示对农业的重视。藉，通"籍"。
2　旄头、羽骑：旄头，古代皇帝仪仗中担任先驱的骑兵。羽骑，天子禁军羽林军的骑兵。
3　朝廷：代称天子。
4　赍议：携带奏议。
5　被：蒙受。
6　戮力：协力，通力合作。
7　垢污：肮脏，污浊。
8　承制封拜：承制，秉承皇帝旨意而便宜行事。封拜，赐爵授官。
9　修塞：修缮并堵塞。
10　阳人：古地名，位于今河南省汝州市西，北汝河以北。
11　出身：献身。
12　浸润：谗言。

嫌疑，何也？"术踧踖[1]，即调发军粮。卓遣说坚，欲与和亲。坚曰："卓逆天无道，今不夷汝三族，悬示四海，则吾死不瞑目，岂将与汝和亲邪？"复进军大谷[2]，距洛九十里。卓自出与战，败走。却[3]，屯渑池。坚进至洛阳，扫除宗庙，祠以太牢，得传国玺于城南甄官井中。分兵邀[4]卓。卓谓长史刘艾曰："关东军败数矣，皆畏孤，无能为也。惟孙坚小戆[5]，颇能用人，当语诸将，使知忌之。"乃使董越屯渑池，段煨屯华阴，牛辅屯安邑，以御山东[6]，而自引兵还长安。孙坚修塞诸陵，引军还鲁阳。

夏，四月，卓至长安卓至长安，公卿迎拜车下。卓因抵手谓皇甫嵩曰："义真，怖未乎？"嵩曰："明公以德辅朝廷，大庆[7]方至，何怖之有？若淫刑以逞，将天下皆惧，岂独嵩乎？"

六月，地震。

袁绍逐冀州牧韩馥，自领州事初，何进遣张杨募兵并州。会进败，杨留上党，有众数千人。至是归袁绍于河内，与南单于屯漳水[8]。韩馥以豪杰多归心袁绍，忌之，阴节其粮，欲使离散。绍客逢纪谓绍曰："将军举大事而仰人资给[9]，不据一州，无以自全。韩馥庸才，可密要[10]公孙瓒，使取冀州。馥必骇惧，因遣辩士为陈祸福，馥迫于仓卒，必有逊让[11]。"绍以书与瓒，瓒遂引兵至。馥与战，不利。会董卓入关，绍还军延津[12]，使馥所亲辛评、荀谌、郭图等

---

1 踧踖：恭敬而局促不安的样子。
2 大谷：古地名，一作太谷，位于今河南省洛阳市辖偃师市西南。
3 却：后退。
4 邀：拦截。
5 小戆：小傻子，戏谑语。
6 山东：崤山以东地区。
7 大庆：大可庆贺之事。
8 漳水：水名，有清漳水、浊漳水二源，均出今山西省东南部，在河北省南部边境汇合后称漳河。
9 资给：资助供给。
10 要：约请。
11 逊让：谦让。
12 延津：古关隘名，位于今河南省新乡市辖新乡县东南。

说馥曰："公孙瓒将燕代[1]之卒乘胜来南，其锋不可当。袁车骑[2]引军东向，其意亦未可量也，窃为将军危之。"馥惧曰："然则为之奈何？"谌曰："君自料宽仁容众，孰与袁氏？智勇过人，孰与袁氏？世布恩德，孰与袁氏？"馥曰："皆不如也。"谌曰："袁氏一时之杰，将军资三不如之势，久处其上，彼必不为将军下也。夫冀州，天下之重资[3]也。彼若与公孙瓒并力取之，危亡可立而待也。然袁氏，将军之旧，且为同盟。当今之计，若举冀州以让袁氏，彼必厚德[4]将军，瓒亦不能与之争矣。是将军有让贤之名，而身安于泰山也。"馥性恇怯[5]，因然[6]其计。馥长史耿武、别驾闵纯、治中李历闻而谏曰："袁绍孤客穷军，仰我鼻息，譬如婴儿在股掌之上，绝其哺乳，立可饿杀，奈何欲以州与之？"馥曰："吾袁氏故吏，且才不如本初，度德而让，古人所贵，诸君独何病焉？"馥乃避位让绍，从事皆弃馥去，独武、纯仗刃拒绍。绍皆杀之。承制以馥为奋威将军，而无所将御[7]。以沮授为奋武将军，使监护诸将。审配、田丰并以正直不得志于馥，绍以丰为别驾，配为治中，及许攸、逢纪、荀谌皆为谋主。绍又以朱汉为都官从事。汉尝为馥所不礼，于是发兵围馥第，收馥大儿，折其两足。绍收汉，杀之。馥犹忧怖，去依张邈。后绍使至，与邈耳语，馥谓图己，遂自杀。

袁绍表曹操为东郡太守 鲍信谓曹操曰："袁绍为盟主，因权专利，将自生乱，是复有一卓也。抑之，则力不能制，且可规[8]大河之南，以待其变。"操善之。会黑山白绕[9]等十余万众略东郡，操引兵击破之。袁绍因表操为东郡太

1　燕代：战国时燕国、代国所在地，泛指今河北西北部和山西东北部地区。
2　袁车骑：即袁绍，袁绍自号车骑将军。
3　重资：借以建功立业的要地。
4　厚德：深深地感激。
5　恇怯：胆小怕事，怯懦。
6　然：同意。
7　将御：统率。
8　规：谋划，谋求。
9　黑山白绕：黑山贼的首领，名字叫做白绕。

守，治东武阳[1]。

卓以张杨为河内太守南单于劫杨以叛袁绍，屯黎阳，故卓因而用之。

冬，十月，卓杀卫尉张温太史望气，言当有大臣戮死者。董卓使人诬告温罪，笞杀以应之。

黄巾寇勃海，校尉公孙瓒击破之。

公孙瓒攻袁绍，以刘备为平原相刘虞子和为侍中，帝使逃归，令虞以兵来迎。袁术留和，使以书与虞。虞遣骑诣和。公孙瓒亦遣其弟越以骑诣术，教术执和，夺其兵。虞、瓒由是有隙。是时，关东州郡务相兼并以自强大，袁绍、袁术亦自相离贰[2]。术遣孙坚击董卓未返，绍遣周昂袭夺坚阳城。坚叹曰："同举义兵，将救社稷，逆贼垂破，而各若此，吾当谁与戮力乎？"引兵击昂，走之。袁术遣公孙越助坚攻昂，越为流矢所中，死。公孙瓒怒曰："余弟死，祸起于绍。"遂出军屯磐河[3]，数绍罪恶，进兵攻之。冀州诸城多叛从瓒。初，涿郡刘备，中山靖王之后也。少孤贫，与母以贩履[4]为业。有大志，少语言，喜怒不形于色。尝与瓒同师卢植，因往依瓒。至是，瓒使与其将田楷徇青州有功，因以为平原相。备少与河东关羽、涿郡张飞友善，以羽、飞为别部司马[5]，分统部曲。备与二人寝则同床，恩若兄弟。而稠人广坐，侍立终日，随备周旋，不避艰险。常山赵云为郡将兵诣瓒，瓒曰："闻贵州人皆愿袁氏，君何独迷而能反乎？"云曰："天下汹汹[6]，未知孰是，民有倒悬之厄。鄙州论议，从仁政所在，不为忽袁公，私明将军也[7]。"刘备见而奇之，深加接纳[8]。云遂从备至平原，为备主骑兵。

1　东武阳：古县名，治所位于今山东省聊城市莘县东南。
2　离贰：有叛离的心意。
3　磐河：即钩磐河，古水名，位于今山东省德州市临邑县东北境。
4　履：鞋子。
5　别部司马：古官名，掌领兵征伐。大将军领兵五部（营），每部置校尉一人，军司马一人。其别营领属为别部司马，其兵多少随时宜。
6　汹汹：动乱不安。
7　不为忽袁公，私明将军也：并不是轻视袁绍而私下亲附将军您。
8　接纳：结交罗致。

袁术使孙坚击刘表。表军射杀之初，袁术得南阳，户口数百万，而术奢淫肆欲，征敛无度，百姓苦之，稍稍离散。既与袁绍有隙，各立党援以相图。术结公孙瓒而绍连刘表。术使孙坚击表，表遣其将黄祖逆战，坚击破之，遂围襄阳。表夜遣黄祖潜出，发兵欲还。坚逆，与战，祖败走。坚乘胜夜追祖，祖部兵[1]射坚，杀之。坚所举孝廉桓阶诣表，请坚丧，表义而许之。术由是不能胜表。

河南尹朱儁移书州郡，征兵讨卓初，董卓入关，留儁守洛阳，而儁潜与山东诸将通谋，东屯中牟[2]，移书州郡，征兵讨卓。徐州刺史陶谦遣精兵三千助之，余州郡亦皆有所给。

刘焉杀汉中太守，断斜谷阁[3]焉在益州阴图异计[4]。沛人张鲁自祖父陵以来世为五斗米道，客居于蜀。焉以为督义司马[5]，与合兵掩杀汉中太守，断斜谷阁，杀害汉使，作乘舆车[6]。时焉子璋为奉车都尉，在长安。帝使璋喻焉，焉留不遣。

管宁、邴原、王烈适辽东公孙度威行海外，中国人士避乱者多归之。北海管宁、邴原、王烈皆往依焉。宁少时与华歆为友，尝共锄菜，见地有金，宁挥锄不顾，歆提而掷之，人以是知其优劣。邴原游学八九年而归，师友以原不饮酒，会米、肉送之。原曰："本能饮酒，但以荒思废业，故断之耳。今当远别，可一饮。"于是共饮，终日不醉。宁、原俱以操尚[7]称，度虚馆[8]以候之。宁既见度，乃庐[9]于山谷，避难者渐来从之，旬月而成邑。宁每见度，语唯经典，不及世事。还山，专讲《诗》《书》，习俎豆，非学者无见也。由是

1　部兵：部下士兵。
2　中牟：古县名，治所位于今河南省郑州市中牟县东。
3　斜谷阁：即斜谷道。秦岭太白山发源的褒水向南流入汉水，斜水向北流入渭水，利用这两条河谷开辟的道路叫褒斜道，又叫斜谷道。
4　异计：不轨的图谋。
5　督义司马：古官名，位低于将军，掌领兵征战。
6　乘舆车：帝王乘坐的车。
7　操尚：德操志尚。
8　虚馆：空着馆舍等待，谓礼贤下士。
9　庐：造房子。

度安其贤，民化其德。邴原性刚直，清议以格物，度以下心不安之。宁谓原曰："潜龙以不见成德[1]。言非其时，皆招祸之道也。"密遣原逃归，度亦不复追也。烈器业[2]过人，善教诱[3]。有盗牛者，主得之，盗请罪曰："刑戮是甘，乞不使王彦方知也[4]。"烈闻而使人谢之，遗布一端[5]。或问其故，烈曰："盗惧吾闻其过，是有耻恶之心。既知耻恶，则善心将生，故与布，以劝为善也。"后有老父遗剑于路，行道一人见而守之，至暮，老父还，寻得剑，怪之，以事告烈。烈使推求[6]，乃先盗牛者也。诸有争讼曲直将质之于烈，或至途而反，或望庐而还，皆相推以直[7]，不敢使烈闻。度欲以为长史，烈辞之，为商贾以自秽[8]，乃免。

壬申三年（公元192年）

春，正月，卓遣校尉李傕、郭汜、张济击朱儁于中牟，破之。遂掠颍川初，荀淑有孙曰彧，少有才名，何颙见而异之，曰："王佐才也。"及天下乱，彧谓父老曰："颍川四战之地[9]，宜亟避之。"乡人多怀土，不能去。彧独率宗族去依韩馥。会袁绍已夺馥位，待以上宾之礼。彧度绍终不能定大业，闻曹操有雄略，乃去从操。操与语，大悦，曰："吾子房也。"以为奋武司马。至是傕、汜既破中牟，遂掠颍川，其乡人留者，多为所杀。

袁绍击公孙瓒于界桥[10]，大败之袁绍自出拒公孙瓒，战于界桥南二十里。瓒兵三万，甚锐，绍令麹义领精兵八百先登，强弩千张夹承[11]之。瓒轻其兵少，

1　成德：盛德。
2　器业：才能学识。
3　教诱：教育诱导。
4　刑戮是甘，乞不使王彦方知也：甘愿被诛杀，只求不让王烈知道。王彦方，即王烈，王烈字彦方。
5　一端：古代布帛二端相向卷，合为一匹，一端为半匹，其长度相当于二丈。
6　推求：根据已知的条件或因素去探索。
7　相推以直：互相推让，承认对方有道理。相推，互相推让。
8　自秽：自污。
9　四战之地：四面平坦，无险可守，容易受攻击的地方。
10　界桥：古地名，位于今河北省邢台市威县东。
11　夹承：从两侧扶助。

纵骑冲之。义兵伏盾下不动，未至数十步，一时同发，欢呼动地，大败瓒军，斩其将严纲。追至瓒营，拔其牙门[1]，余众皆走。初，兖州刺史刘岱与绍、瓒连和，绍令妻子居岱所，瓒亦遣从事范方将骑助岱。及瓒破绍军，语岱，令遣绍妻子，敕方："若岱不遣绍家，将骑还。"岱问程昱，昱曰："弃近援而求远助，此假人于越以救溺子[2]之说也。瓒非绍敌，终为所擒。"岱从之。方将其骑归，未至而瓒败。

夏，四月，王允使中郎将吕布诛董卓。诏允录尚书事，以布为奋威将军，共秉[3]朝政董卓以其弟旻为左将军，兄子璜为中军校尉，皆典兵事，宗族内外并列朝廷。侍妾怀抱中子皆封侯，弄以金紫[4]。车服僭拟，召呼三台，尚书以下诣府启事[5]。筑坞于郿[6]，高、厚皆七丈，积谷三十年储，自云："事成，雄据天下；不成，守此足以毕老。"卓忍[7]于诛杀，诸将言语有蹉跌[8]，便戮于前，人不聊生[9]。司徒王允与司隶校尉黄琬、仆射士孙瑞密谋诛卓。中郎将吕布，便[10]弓马，膂力[11]过人，卓爱信之，誓为父子。然卓性刚褊[12]，尝小失卓意，卓拔手戟[13]掷布，布拳捷[14]避之，卓意亦解。允素善待布，布见允言状，允因以诛卓之谋告之，使为内应。布曰："如父子何？"曰："君自姓吕，本非骨肉。掷戟之时，岂有父子情邪？"布遂许之。四月，帝有疾，新愈，大会未央殿。卓

1　牙门：古时驻军，主帅或主将帐前树牙旗为军门，称牙门。
2　假人于越以救溺子：专门去远方找善于游泳的越人来救眼前正在溺水的孩子。
3　秉：掌握，主持。
4　金紫：即金印紫绶，黄金印章和系印的紫色绶带，古代相国、丞相、太尉、大司空、太傅、太师、太保、前后左右将军及六宫后妃所掌，后代指高官显爵。
5　启事：陈述事情，多用于下对上。
6　郿：古县名，治所位于今陕西省宝鸡市眉县东。
7　忍：狠心，残忍。
8　蹉跌：失足跌倒，此处比喻失误。
9　聊生：赖以维持生活。
10　便：熟习。
11　膂力：体力。
12　刚褊：刚愎。
13　手戟：一种供手持或投掷的兵器，类似两把匕首直角形状交叉连体，一般是单手使用的。
14　拳捷：勇壮敏捷。

朝服乘车而入，陈兵夹道，屯卫周匝，令吕布等捍卫前后。王允使士孙瑞自书诏以授布。布令勇士十余人伪着卫士服，守北掖门。卓入，以戟刺之。卓衷甲[1]，不入，伤臂堕车，顾大呼曰："吕布何在？"布曰："有诏讨贼臣！"应声持矛刺卓，趣兵斩之。即出怀中诏版以令吏士曰："诏讨卓耳，余皆不问。"吏士皆称万岁。百姓歌舞于道，士女[2]卖衣装、市酒肉相庆。宗族在郿皆为其群下所杀。暴卓尸于市。卓素充肥[3]，守吏为大炷[4]，置脐[5]中燃之，光明达曙[6]，如是积日[7]。坞中有金二三万斤，银八九万斤，锦绮[8]、奇玩积如丘山。以王允录尚书事。吕布为奋威将军，假节[9]，仪比三司，封温侯，共秉朝政。卓之死也，蔡邕在王允坐，闻之惊叹。允勃然叱之曰："董卓，国之大贼，几亡汉室。君为王臣，所宜同疾，而怀其私遇[10]，反相伤痛，岂不共为逆哉？"即收付廷尉。邕谢曰："身虽不忠，愿黥首刖足[11]，继成汉史。"太尉马日磾谓允曰："伯喈旷世逸才[12]，多识汉事，当续成后史，为一代大典[13]。而所坐至微，诛之，无乃失人望乎？"允曰："昔武帝不杀司马迁，使作谤书流于后世。方今国祚中衰，戎马在郊，不可令佞臣执笔在幼主左右，既无益圣德，复使吾党蒙其讪议[14]。"日磾退而告人曰："王公其无后乎？善人，国之纪也；制作[15]，国之典也。灭纪废典，其能久乎？"邕遂死狱中。初，黄门侍郎荀攸、尚书郑泰、侍中种辑等谋曰：

1　衷甲：在衣服里面穿铠甲。
2　士女：泛指人民，百姓。
3　充肥：肥胖，壮实。
4　炷：灯芯。
5　脐：肚脐，在腹部正中。
6　达曙：达旦，整整一夜，直到天明。
7　积日：累日，连日。
8　锦绮：华丽的丝织品。
9　假节：掌地方军政的官往往加使持节、持节或假节的称号，使持节得诛杀中级以下官吏，持节得杀无官职的人，假节得杀犯军令者。
10　私遇：私人的恩惠。
11　刖足：断足，古代肉刑之一。
12　旷世逸才：当代少见的出众才能。旷世，绝代，空前。逸才，超人的才智。
13　大典：规模大的典籍、著作。
14　讪议：诋毁，非议。
15　制作：著述，创作。

"董卓骄忍无亲[1]，虽资强兵，实一匹夫耳，可直刺杀也。"事垂就[2]而觉，收系狱。会卓死，得免。

黄巾寇兖州，杀刺史刘岱。曹操入据之，自称刺史青州黄巾寇兖州，刘岱欲击之，济北相鲍信谏曰："今贼众百万，百姓皆震恐，士卒无斗志，不可敌也。然贼军无辎重，唯以钞略[3]为资，今不若畜士众之力，先为固守。彼欲战不得，攻又不能，其势必离散，然后选精锐，据要害，击之可破也。"岱不从。遂与战，果为所杀。曹操部将陈宫谓操曰："州今无主，而王命断绝，宫请说州中纲纪[4]，明府寻往牧[5]之，资之以收天下，此霸王之业也。"宫因往说别驾、治中，迎操领兖州刺史。贼众精悍，操兵寡弱，操抚循激励，明设赏罚，乘间设奇[6]，昼夜会战。战辄擒获，贼遂退走。鲍信战死。操追至济北，悉降之。得卒三十余万，收其精锐，号青州兵。诏以金尚为兖州刺史，将之部，操逆击[7]之。尚奔袁术。

李傕、郭汜等举兵犯阙[8]，杀司徒王允。吕布走出关初，吕布劝王允尽杀董卓部曲，允曰："此辈无罪，不可。"布欲以卓财物颁赐公卿、将校，允又不从。允素以剑客遇[9]布。布负其功劳，多自夸伐[10]，既失意望，渐不相平。允性刚棱[11]疾恶，初惧董卓，故折节下之。卓既歼灭，自谓无复患难，颇自骄傲，以是群下不甚附之。允始与士孙瑞议，特下诏赦卓部曲，既而疑曰："部曲，从其主耳。今若名之恶逆而赦之，恐适使深自疑，非所以安之也。"乃止。又议悉罢其军，或说允曰："凉州人素惮袁氏而畏关东，今若一旦解兵开关[12]，

1　骄忍无亲：骄忍，骄傲残忍。无亲，不近人情，苛刻。
2　垂就：将要成功。就，完成，成功。
3　钞略：抄掠，抢劫掠夺。
4　纲纪：古代公府及州郡主簿。
5　牧：统治，主管。
6　乘间设奇：找准机会施展奇谋。设奇，施展奇技，用奇谋。
7　逆击：迎击。
8　犯阙：举兵入犯朝廷。
9　遇：对待。
10　夸伐：夸耀，炫耀。伐，自夸。
11　刚棱：刚直而有锋芒。
12　解兵开关：解兵，解除武装，停止战争。开关，打开城门、宫门、关隘等的门户。

必人人自危。可以皇甫义真[1]为将军，就领其众，因使留陕，以安抚之。"允曰："不然。关东举义兵者，皆吾徒也。今若距险屯陕，虽安凉州，而疑关东之心，不可也。"时百姓讹言当悉诛凉州人，卓故将校遂转相恐动，皆拥兵自守。李傕等还至陕，遣使诣长安求赦，不得。傕等益惧，欲各解散，间行归乡里。校尉贾诩曰："诸君若弃军单行，则一亭长能束君矣。不如相率而西，以攻长安，为董公报仇。事济，奉国家以正天下。若其不合，走未后也。"傕等然之，乃相与结盟，率军数千，晨夜西行。随道收兵，比至长安，已十余万。与卓故部曲樊稠、李蒙等合围长安城，城峻[2]不可攻，守之八日。吕布军有叟兵[3]内反，引傕众入城，放兵虏掠。吕布与战，不胜，将数百骑驻马青琐门外，招王允同去。允曰："若蒙社稷之灵，上安国家，吾之愿也。如其不获，则奉身[4]以死之。朝廷幼少，恃我而已。临难苟免，吾不忍也。努力谢关东诸公，勤以国家为念。"太常种拂战死。傕、汜屯南宫掖门[5]，王允扶帝上宣平门避兵。傕等于城门下伏地叩头，曰："董卓忠于陛下，而无故为吕布所杀，臣等为卓报仇，非敢为逆也。请事毕诣廷尉受罪。"围门楼，共表请王允出，问太师何罪。允穷蹙[6]，乃下见之。傕等收司隶黄琬，杀之。王允以宋翼为冯翊，王宏为扶风。傕等欲杀允，乃先征翼、宏。宏遣使谓翼曰："汜、傕以我二人在外，故未危王公。今日就征，明日俱族，计将安出？"翼曰："虽祸福难量，然王命，所不得避也。"宏曰："关东义兵鼎沸，欲诛董卓，今若举兵共讨傕等，与山东相应，此转祸为福之计也。"翼不从。宏不能独立，遂俱就征。傕收允及翼、宏，并杀之，尸[7]王允于市，莫敢收者。故吏赵戬弃官收葬之。吕布自武关奔南阳，袁术待之甚厚。布恣兵钞掠，术患之。布不自安，去从张杨于河内。傕等购

1　皇甫义真：即皇甫嵩，皇甫嵩字义真。
2　峻：高而陡峭。
3　叟兵：东汉、三国时叟人被征募为兵者，作战英勇，称"叟兵"。叟人，古族名，分布于今四川西部、云南、贵州、甘肃部分地区。
4　奉身：尽职，献身。
5　掖门：宫殿正门两旁的边门。
6　穷蹙：窘迫，困厄。
7　尸：陈尸示众。

求布急，又逃归袁绍。既而复归张杨。始，允自专[1]讨卓之劳，士孙瑞归功不侯[2]，故得免于难。

司马公曰：《易》称："劳谦[3]，君子有终，吉。"士孙瑞有功不伐，以保其身，可不谓之智乎？

秋，七月，遣太傅马日磾、太仆赵岐和解关东。

九月，李傕、郭汜、樊稠、张济自为将军傕、汜、稠管[4]朝政，济出屯弘农。

以马腾为将军，屯郿董卓入关，召韩遂、马腾与图山东。至，会卓死，傕等皆以为将，遣遂还，留腾屯郿。

冬，十月，以刘表为荆州牧。

曹操遣使上书曹操辟毛玠为治中从事。玠言于操曰："今天下分崩，乘舆播荡，生民废业，饥馑流亡，公家无经岁之储[5]，百姓无安固[6]之志，难以持久。夫兵义者胜，守位以财[7]。宜奉天子以令不臣，修耕植以畜军资。如此，则霸王之业可成也。"操纳其言。遣使诣河内太守张杨，欲假途[8]西至长安，杨不听。董昭说杨曰："袁、曹虽睦，势不久群。曹今虽弱，然实天下之英雄也。宜通其上事[9]，并表荐之。若事有成，永为深分[10]。"杨从之。昭乃为操作书与傕、汜等致殷勤。傕、汜议留操使，黄门侍郎钟繇说曰："方今英雄并起，各矫命

1　自专：亲身独任其事。
2　归功不侯：功劳归给了王允，自己没有封侯。
3　劳谦：勤劳谦恭。
4　管：管理。
5　经岁之储：够一年用的储蓄。岁，一年。
6　安固：安定巩固。
7　兵义者胜，守位以财：奉行仁义的军队，才能取得胜利；拥有丰富的财源，才能巩固自己的地位。
8　假途：借路。
9　上事：向朝廷上书言事。
10　深分：深厚的交情。

专制，唯曹兖州乃心王室[1]，而逆其忠款[2]，非所以副[3]将来之望也。"催、汜从之。繇，皓之曾孙也。

征朱儁为太仆陶谦与诸守、相共奏记，推朱儁为太师。因移檄牧伯，欲以同讨李催，奉迎天子。会李催用尚书贾诩策，征儁入朝。儁乃辞谦议而就征，复为太仆。

范晔曰：皇甫嵩、朱儁并以上将之略，当仓卒之时，而舍格天[4]之大业，蹈匹夫之小谅[5]，卒狼狈虎口，为智士笑。岂天之长斯乱也，何智勇之不终乎？

癸酉**四年**（公元 193 年）

春，正月朔，日食。

袁术进兵封丘[6]，曹操击破之。术走寿春，自领扬州事术为刘表所逼，进兵北向，为曹操所破，走归。逐所置扬洲刺史陈瑀，据寿春，领州事。李催欲术为援，以为左将军。

袁绍以其子谭为青州刺史袁绍与田楷连战二年，士卒疲困，粮食并尽。互掠百姓，野无青草。绍以其子谭为青州刺史。楷与战，不胜。会赵岐来和解，瓒乃与绍和亲，各引兵去。

三月，魏郡兵与黑山贼于毒等共覆[7]邺城。

以陶谦为徐州牧徐州治中王郎劝刺史陶谦遣使奉贡，故有是命。仍以朗为会稽太守。

夏，六月，大雨雹。

华山崩裂。

---

1 乃心王室：忠心于朝廷。乃心，思念，怀念。
2 忠款：忠诚。
3 副：相称，符合。
4 格天：感通上天。
5 匹夫之小谅：普通老百姓所抱守的小节小信。小谅，小事情上的信用。
6 封丘：古县名，治所即今河南省新乡市封丘县。
7 覆：袭击，颠覆。

袁绍击于毒、左髭丈八等，皆斩之。

秋，曹操击徐州，陶谦走保郯前太尉曹嵩避难在琅邪，其子操迎之。嵩辎重百余辆，陶谦别将守阴平[1]，掩袭嵩于华、费[2]间，杀之。秋，操引兵击谦，攻拔十余城。至彭城，大战。谦败走郯，操坑杀[3]男女数十万口于泗水。攻郯，不克，乃去。攻破城邑，皆屠之，鸡犬亦尽，墟邑[4]无复行人。

冬，十月，地震。

有星孛于天市。

大司马刘虞讨公孙瓒，不克，见杀[5]虞与瓒积不相能[6]。虞遣使奉章[7]陈其暴掠之罪，瓒亦上虞禀粮不周[8]。二奏交驰，互相非毁，朝廷依违而已。瓒乃筑小城于蓟城东南以居，虞恐其终为乱，乃率兵十万讨之。时瓒部曲放散在外，仓卒掘城欲走。虞兵无部伍，不习战，又爱民庐舍，不听焚烧，戒军士曰："无伤余人，杀一伯珪[9]而已。"攻围不下。瓒乃简募[10]锐士数百人，因风纵火，直冲突[11]之。虞众大溃，瓒执虞。会诏遣使者段训增虞封邑，瓒乃诬虞前与袁绍等谋称尊号，胁训斩虞及妻子于蓟市，传首京师。故吏尾敦于路劫，归葬之。虞以恩厚得众心，北州流旧[12]莫不痛惜。初，虞欲遣使奉章诣长安，而难其人。众咸曰："右北平田畴年二十二，年虽少，然有奇才。"虞乃备礼，请以为掾而遣之。畴选家客二十骑，循间道至长安致命。诏以为骑都尉，不

1　阴平：古县名，治所位于今山东省枣庄市峄城区西南阴平镇。
2　华、费：华县、费县。华县，古县名，治所位于今山东省临沂市费县东北。费县，古县名，治所位于今山东省临沂市费县西北。
3　坑杀：活埋。
4　墟邑：墟，村落。邑，城镇。
5　见杀：被杀。
6　积不相能：长期以来不和睦。
7　奉章：捧着奏章。
8　禀粮不周：供应官粮照顾不周。禀粮，公家给予粮食。
9　伯珪：即公孙瓒，公孙瓒字伯珪。
10　简募：简选招募兵员。
11　冲突：猛冲突击。
12　流旧：外地迁入的人和祖居当地的人。

受。得报，驰还，比至，虞已死。畴谒、祭虞墓，陈发[1]章表，哭泣而去。瓒怒，购求，获畴，谓曰："汝不送章报[2]我，何也？"畴曰："汉室衰颓[3]，人怀异心，唯刘公不失忠节。章报所言，于将军未美，恐非所乐闻，故不进也。且将军既灭无罪之君，又仇守义之臣，畴恐燕赵[4]之士将皆蹈东海而死[5]，莫有从将军者也。"瓒乃释之。畴北归无终，率宗族及他附从者数百人，扫地[6]而盟曰："君仇不报，吾不可以立于世！"遂入徐无山[7]中，营深险平敞[8]地而居，躬耕以养父母。百姓归之，数年间至五千余家。畴谓其父老曰："今众成都邑，而莫相统一，又无法制以治之，恐非久安之道。畴有愚计，愿与诸君共施之，可乎？"皆曰："可。"畴乃为约束，相杀伤、犯盗、诤讼者，随轻重抵罪，重者至死，凡三十余条。又制为婚姻嫁娶之礼，兴学校讲授之业，班行于众，众皆便之，至道不拾遗。北边翕然服其威信，乌桓、鲜卑各遣使致馈遗[9]，畴悉抚纳，令不为寇。

十一月，地震。

1　陈发：将尘封已久的东西发掘出来公之于众。
2　章报：具奏章上报。
3　衰颓：衰落颓败。
4　燕赵：古燕国、赵国故地，即今河北省。
5　蹈东海而死：战国时齐国人鲁仲连的典故，语出《战国策》卷二十《赵策·秦围赵之邯郸》。鲁仲连不满秦国称帝的计划，曾说秦如称帝，自己则蹈东海而死，后用以表示宁死而不受强敌屈辱的气节、情操。
6　扫地：扫地设祭。
7　徐无山：古山名，位于今河北省唐山市玉田县东北。
8　深险平敞：深险，偏僻险要。平敞，平坦宽阔。
9　馈遗：馈赠。

卷

十三

起甲戌汉献帝兴平元年，尽戊子[1]汉献帝建安十三年凡十五年。

甲戌**兴平元年**（公元 194 年）

春，正月，帝冠。

二月，追尊母王夫人为灵怀皇后有司奏立长秋宫。诏曰："皇妣宅兆未卜[2]，何忍言后宫之选乎？"于是三公奏改葬皇妣王夫人，追上尊号曰灵怀皇后。

刘备救陶谦，谦表备为豫州刺史陶谦告急于田楷，楷与备救之。备遂归谦，谦表领豫州，屯小沛[3]。曹操军食亦尽，引兵还。

夏，四月，曹操复攻陶谦，还，击刘备，破之。陈留太守张邈迎吕布以拒操，操还，攻之曹操使荀彧、程昱守鄄城，复往攻陶谦，所过残灭。还，击破刘备于郯东。谦恐，欲走归丹阳。会张邈叛操，操乃引还。初，邈少时好游侠，袁绍及操皆与之善。及绍为盟主，有骄色。邈正议责绍，绍怒使操杀之，操不听，而邈终不自安。前九江守边让素有才名，操以讥议己而杀之，由是兖州士大夫皆恐惧。陈宫刚直壮烈[4]，内亦自疑，乃与邈弟超共谋叛操，说邈曰："今天下分崩，雄杰并起，君以千里之众，当四战之地，抚剑顾眄[5]，亦足以为人豪，而反受制于人，不亦鄙[6]乎？今州军东征，其处空虚，吕布壮士，善战无前[7]，若权[8]迎之，共牧兖州，观天下形势，以俟时事之变，此亦纵横之一时也。"邈从之。遂迎布为兖州牧。或知邈为乱，即勒兵设备，急召东郡守夏侯惇于濮阳。布遂据濮阳。豫州刺史郭贡率众数万来至城下，或言与布同谋。

1　戊子：即公元 208 年。
2　皇妣宅兆未卜：我母亲安葬的地方还未选定。皇妣，对亡母的敬称。宅兆，墓地。
3　小沛：古地名，即今江苏省徐州市沛县的别称。
4　壮烈：勇敢而有气节。
5　顾眄：回头看。
6　鄙：见识浅薄。
7　无前：无敌，无与相比。
8　权：暂且。

贡求见彧，彧将往，惇曰："君一州镇[1]也，往必危。"彧曰："贡与邈等分非素结[2]也，今来速，计必未定，及其未定说之，纵不为用，可使中立。若先疑之，彼将怒而成计。"贡见彧无惧意，谓鄄城未易攻，遂引兵去。是时兖州郡县皆应布，唯鄄城、范、东阿[3]不动。降者言："宫欲自将取东阿，又使汜嶷取范。"或谓昱曰："今举州皆叛，唯有此三城。宫等以重兵临之，非有以深结其心，三城必动。君，民之望也，宜往抚之。"昱乃归，过范，说其令靳允曰："闻吕布执君母弟、妻子，孝子诚不可为心[4]。今天下大乱，英雄并起，必有命世[5]能息天下之乱者，此智者所宜详择也。夫布粗中少亲，刚而无礼，匹夫之雄耳。宫等以势假合，不能相君也。曹使君智略[6]不世出，殆天所授。君必固范，我守东阿，则田单之功可立，孰与违忠从恶而母子俱亡乎？"允流涕许之。遂杀汜嶷，勒兵自守。

徐众[7]曰：允于曹公未成君臣，母，至亲也，于义应去。卫公子开方仕齐，积年不返，管仲以为不怀其亲，安能爱君？是以求忠臣必于孝子之门。允宜先救至亲。徐庶母为曹公所得，刘备遣庶归北，欲为天下者恕人子之情也，曹公亦宜遣允。

昱又遣别骑绝仓亭津[8]，宫不得渡。至东阿，令枣祗已拒城坚守，卒完三城以待操。布攻鄄城不能下，西屯濮阳。操曰："布不能据东平[9]，断亢父、泰山之道，乘险要我，而乃屯濮阳，吾知其无能为也。"乃进攻之。

---

1 州镇：一方之重镇。
2 素结：故交。
3 范、东阿：范县、东阿。范县，古县名，治所位于今山东省济宁市梁山县西北。东阿，古县名，治所位于今山东省聊城市阳谷县东北。
4 不可为心：意指心情十分沉重。
5 命世：著名于当世。
6 智略：智谋和才略。
7 徐众：东晋史学家，著有《三国评》，亦称《三国志评》。
8 仓亭津：又作苍亭津，位于今山东省聊城市阳谷县北古黄河上，为东汉、魏、晋时黄河南北重要渡口。
9 东平：古县名，治所位于今山东省泰安市东平县西北。

五月，将军郭汜、樊稠并开府[1]如三公。

六月，分凉州置雍州河西四郡以去凉州治[2]远，隔以河寇，求别置州。诏以邯郸商为雍州刺史。

京师地再震。

是月晦，日食。

秋，七月，以杨定为将军，开府。

自四月不雨，至于是月[3]谷一斛直钱五十万，长安中人相食[4]。帝令侍御史侯汶出太仓米、豆为贫人作糜[5]，饿死者如故。帝取米、豆各五升于御前作糜，得二盆。乃杖汶五十，于是悉得全济[6]。

九月，曹操攻吕布，不克，还走鄄城吕布有别屯[7]在濮阳之西，曹操夜袭，破之。布至，搏战[8]，相持甚急。司马典韦将应募者[9]进当之，矢至如雨，韦不视，谓等人[10]曰："虏来十步，乃白。"曰："十步。"又曰："五步乃白。"等人惧，疾言[11]虏至。韦持戟大呼而起，所抵[12]无不应手倒者。操乃得引去，遂入濮阳，烧其东门，示无反意。及战，军败，布骑得操而不识，释之。操突火而出，进，复攻之，与布相守百余日。粮尽，各引去。操还鄄城，布屯山阳。袁绍使人说操，欲使遣家居邺。操将许之，程昱曰："意者将军殆临事而惧，不然，何虑之不深也？夫袁绍有并天下之心，而智不能济也。将军自度能为之下乎？今兖州虽残，尚有三城；能战之士，不下万人。以将军之神武，与文若[13]、

1　开府：古代指高级官员（如三公、大将军、将军等）成立府署，选置僚属。
2　州治：一州最高行政长官的官署，亦指它的所在地。
3　是月：此处指七月。
4　人相食：人吃人。
5　糜：粥。
6　全济：保全，救活。
7　别屯：军队原驻地以外设立的军营。
8　搏战：拼搏战斗。
9　应募者：响应招募的人。
10　等人：合格的应募人员。
11　疾言：急遽地说话。
12　抵：触犯。
13　文若：即荀彧，荀彧字文若。

昱等收而用之，霸王之业可成也。愿将军更虑之。"操乃止。

刘焉卒，以其子璋为益州牧天火[1]烧绵竹城，刘焉徙治成都，疽发背而卒。州大吏赵韪等贪焉子璋温仁[2]，共上以为刺史，诏以为益州牧。

陶谦卒，刘备兼领徐州谦疾笃[3]，谓别驾麋竺曰："非刘备不能安此州。"谦卒，竺率州人迎备。备未敢当，曰："公路四世五公，海内所归。今近在寿春，君可以州与之。"典农校尉[4]陈登曰："公路骄豪[5]，非治乱之主。今欲为使君合步、骑十万，上可以匡主济民，下可以割地守境。若使君不见听许[6]，登亦未敢听使君也。"北海相孔融谓备曰："袁公路岂忧国忘家者邪？冢中枯骨，何足介意！今日之事，百姓与能[7]。天与不取，悔不可追。"备遂领徐州。

马日磾卒于寿春初，日磾与赵岐俱奉使至寿春。岐守志不挠[8]，袁术惮之。日磾颇有求于术，术借节视之，因夺不还，求去，不遣。日磾呕血而死。

袁术表孙策为怀义校尉初，孙坚娶钱唐[9]吴氏，生四男策、权、翊、匡及一女。坚从军于外，留家寿春。策年十余岁，已交结知名。舒人周瑜与策同年，亦英达夙成[10]，自舒来造[11]，推结分好[12]，劝策徙居舒。推道南大宅与策，升堂拜母，有无通共[13]。及坚死，策年十七，还葬曲阿[14]已，乃渡江，居江都[15]，结纳豪俊，有复仇之志。术上策舅吴景领丹阳太守，从兄贲为都尉。策往见术，涕泣

---

1 天火：由雷电或物质氧化时温度升高等自然原因引起的大火。
2 温仁：温厚仁爱。
3 疾笃：病势沉重。
4 典农校尉：古官名，掌管屯田区的农业生产、民政和租赋。
5 骄豪：骄矜纵恣。
6 听许：听而许之。
7 与能：推荐有才能的人。与，通"举"。
8 不挠：不弯曲，形容刚正不屈。
9 钱唐：古县名，治今浙江省杭州市西灵隐山麓，属会稽郡。
10 英达夙成：英达，英明通达。夙成，早成，早熟。
11 造：拜访。
12 推分分好：推结，推诚结交。分好，情义，友谊。
13 有无通共：互相接济，互通有无。
14 曲阿：古县名，治所即今江苏省镇江市辖丹阳市。
15 江都：古县名，治所位于今江苏省扬州市西南。

言曰："亡父昔从长沙入讨董卓，与明[1]使君会于南阳，同盟结好，不幸遇难，勋业不终。策感惟[2]旧恩，欲自凭结[3]，愿明使君垂察[4]其诚！"术甚奇之，然未肯还其父兵，谓曰："丹阳精兵之地，可往召募。"策遂迎其母诣曲阿，依舅氏，召募，得数百人。为泾县大帅祖郎所袭，几至危殆。于是复往见术，术以坚余兵千余人还策，表拜怀义校尉。许以为九江太守，已而更用陈纪。又使攻庐江太守陆康，谓曰："今若得康，庐江真卿有也。"策攻，拔之。术复用其故吏刘勋，策益失望。

以刘繇为扬州刺史繇，岱之弟也，素有盛名，诏用为扬州。以袁术已据寿春，欲南渡江。吴景、孙贲迎置曲阿。久之，繇以景、贲本术所置，迫逐[5]之。景、贲退屯历阳，繇遣将屯横江[6]以拒之。

乙亥二年（公元195年）

春，正月，曹操败吕布于定陶。

即拜袁绍为右将军。

二月，李傕杀樊稠，攻郭汜，劫帝入其营董卓初死，三辅民尚数十万户。傕等放兵劫掠，加以饥馑，二年之间，民相食略尽。李傕、郭汜、樊稠矜[7]功争权，傕以稠勇而得众，忌之，请稠会议，于坐杀之。由是诸将转相疑贰[8]。傕、汜各治兵相攻，傕遂将兵围宫，以车三乘迎帝，放兵入掠宫人、御物[9]，并取金帛，遂放火烧宫殿、官府，居民悉尽。帝复使公卿和傕、汜，汜留

1　明：圣明的。
2　感惟：感念。
3　凭结：依附结纳。
4　垂察：俯察，赐予审察。
5　迫逐：驱逐。
6　横江：古渡口名，位于今安徽省马鞍山市和县东南，与采石矶隔江相对，为长江下游重要津渡。
7　矜：自夸，自尊自大。
8　疑贰：猜忌离心。
9　御物：帝王专用之物。

太尉杨彪、大司农朱儁等十人以为质。儁愤懑，发病死。

夏，四月，立贵人伏氏为皇后。

郭汜攻李傕。傕迁帝于北坞郭汜议攻李傕，杨彪曰："群臣共斗，一人劫天子，一人质公卿，可乎？"汜怒，欲手刃之。彪曰："卿尚不奉[1]国家，吾岂求生耶？"汜乃止。傕召羌、胡数千，以御物与之，许以宫人，欲令攻汜。汜遂将兵夜攻傕门，矢及帝帷。傕复移乘舆幸北坞，使校尉监坞门，内外隔绝，侍臣皆有饥色。帝求米及牛骨以赐左右，傕以臭牛骨与之。司徒赵温与傕书曰："公前屠陷[2]王城，杀戮大臣，今为眭眦之隙，以成千钧[3]之仇。朝廷欲令和解，诏命不行，而复欲转乘舆于黄白城[4]，此诚老夫所不解也。于《易》，一为过，再为涉，三而弗改，灭其顶，凶[5]。不如早共和解。"傕大怒，欲杀温，其弟应谏之，数日乃止。闰月，帝使谒者仆射皇甫郦和傕、汜。郦先诣汜，汜从命。又诣傕，傕不肯，曰："君观吾方略、士众，足办郭多[6]否？多又劫质公卿，而君苟欲左右之邪？"郦曰："近者董公之强，将军所知也。吕布受恩而反图之，此有勇而无谋也。今汜质公卿而将军胁主，谁轻重乎？张济与汜有谋，杨奉知将军所为非是，将军虽宠之，犹不为用也。"傕呵[7]之出。郦诣省门，白："傕不肯奉诏，辞语不顺。"帝恐傕闻之，亟令郦去。

李傕自为大司马。

曹操攻拔定陶，吕布走归刘备，留广陵太守张超守雍丘吕布将薛兰、李封屯巨野[8]，曹操攻之，斩兰等。操以陶谦已死，欲遂取徐州，还乃定布。荀彧曰："昔高祖保关中，光武据河内，皆深根固本以制天下。进足以胜敌，退

1　奉：尊奉。
2　屠陷：屠杀攻陷。
3　千钧：古三十斤为一钧，千钧即三万斤，常用来形容器物之重或力量之大。
4　黄白城：古地名，位于今陕西省咸阳市三原县东北。
5　一为过，再为涉，三而弗改，灭其顶，凶：第一次为过分，第二次就陷入水中，第三次还不改，就将被淹没，大凶。
6　郭多：即郭汜。
7　呵：怒责。
8　巨野：古县名，治所位于今山东省菏泽市巨野县东北。

足以坚守，故虽有困败，而终济大业。将军本以兖州首事[1]，且河、济，天下之要地，是亦将军之关中、河内也，不可以不先定。今分兵东击陈宫，以其间收熟麦，一举而布可破也。若舍而东，多留兵则不足用，少留兵则布乘虚寇暴[2]，民心益危，是无兖州也。若徐州不定，将军当安所归乎？且谦虽死，徐州未易亡也。彼惩往年之败，必坚壁清野以待将军，攻之不拔，略之无获，不出十日，则十万之众未战而自困耳。前讨徐州，威罚实行，其子弟念父兄之耻，必无降心，就能破之，尚不可有也。夫事固有弃此取彼者，以大易小可也，以安易危可也，权一时之势，不患本之不固可也。今三者莫利，愿将军熟虑之。"操乃止。布复与陈宫将万余人来战，操兵皆出收麦，在者不能千人，屯西有大堤，操隐兵堤里，出半兵挑战。既合，伏发，大破之，攻拔定陶，分兵平诸县。布东奔刘备，张邈从之，留弟超守雍丘。布见备，甚尊敬之，请备于帐中坐妇床上，令妇向拜，酌酒[3]饮食，名备为弟。备见布语言无常，外然之，而内不悦。

六月，将军张济迎帝东归。秋，七月，发长安，以济为骠骑将军，开府李傕、郭汜相攻连月，死者以万数。傕将杨奉谋杀傕，事泄，叛去。傕众稍衰。张济自陕至，欲和傕、汜，迁乘舆权幸弘农[4]。帝亦思旧京，遣使宣谕，十反[5]，汜、傕许和。计未定，而羌、胡数来窥省门，曰："天子在此中耶？李将军许我宫人，今皆何在？"帝患之，使谓将军贾诩曰："卿前奉职公忠[6]，故升荣宠[7]。今羌、胡满路，宜思方略。"诩乃召羌、胡大帅饮食之，许以封赏，羌、胡皆引去，傕由此单弱。七月，车驾东出，夜到霸陵，从者皆饥。张

---

1 首事：首先起事。
2 寇暴：侵夺劫掠。
3 酌酒：倒酒，喝酒。
4 权幸弘农：暂时移驾弘农县。弘农，古县名，治所位于今河南省三门峡市辖灵宝市北。
5 遣使宣谕，十反：派遣使者到李傕、郭汜营中传达圣旨，反复十次。
6 公忠：尽忠为公。
7 荣宠：君王的恩宠。

济赋给[1]有差。催出屯池阳[2]。郭汜欲令帝幸高陵，公卿及济以为宜幸弘农，议之不决。帝遣使谕汜曰："弘农近郊庙，勿有疑也。"汜不从。帝遂终日不食。汜闻之，曰："可且幸近县。"八月，幸新丰。汜复谋胁帝还都郿，侍中种辑知之，密告杨定、董承、杨奉，令会新丰。汜自知谋泄，乃弃军入南山。

八月，曹操围雍丘。张邈为其下所杀。

冬，十月，以曹操为兖州牧。

十二月，帝至弘农，张济与催、汜合，追帝至陕。帝渡河，入李乐营郭汜党复谋胁乘舆西行。杨定、董承将兵迎天子幸杨奉营。东至华阴，将军段煨具服御资储[3]，欲上幸其营。煨与杨定有隙，定党言煨欲反，杨彪、赵温、刘艾皆曰："段煨不反，臣等敢以死保之。"帝疑之。定将与奉、承攻煨，请帝为诏。帝曰："煨罪未著，奉等攻之，而欲令朕有诏耶？"固请，弗听。奉等乃辄攻煨营，不下。煨供给御膳，禀赡百官，无二意。诏和解之。定等还营。李催、郭汜闻定攻煨，相招共救之，因欲劫帝而西。杨定单骑亡走荆州。张济与奉、承不相平，乃复与催、汜合。车驾遂幸弘农，济、催、汜共追乘舆，大战于东涧[4]。承、奉军败，百官、士卒死者不可胜数，弃御物、符策[5]、典籍，略无所遗。露次曹阳[6]，承、奉乃谲[7]催等与连和，而密遣间使至河东，招故白波帅[8]李乐、韩暹、胡才及南匈奴右贤王去卑，并率其众数千骑来，共击催等，大破之。车驾发东[9]，催等复来战，奉等大败，死者甚于东涧。李乐曰："事急矣，陛下宜御马上。"曰："不可舍百官而去，此何辜哉？"兵相连缀四十里，

1　赋给：分配发给食物。
2　池阳：古县名，治所位于今陕西省咸阳市泾阳县西北，以在池水之阳得名。
3　资储：积蓄，储备。
4　东涧：古地名，位于今河南省商丘市睢县东。
5　符策：符契简策。
6　露次曹阳：露次，止宿野外。曹阳，古地名，位于今河南省三门峡市辖灵宝市东北。
7　谲：欺诈。
8　白波帅：白波军的将领。白波，黄巾军余部郭太等人在西河白波谷（今山西省临汾市襄汾县永固镇）重新起义，号为白波军。
9　车驾发东：皇帝的车马向东进发。

至陕，乃结营自守。虎贲、羽林不满百人，李乐惧，欲令车驾御船过砥柱[1]，出孟津。杨彪以为河道险难，乃使乐夜渡，具船[2]举火为应。上与公卿步出营，皇后兄伏德扶后，御船同济者，杨彪以下才数十人。到大阳[3]，幸李乐营。河内太守张杨使数千人负米贡饷。上御牛车，幸安邑，河东太守王邑奉献绵帛[4]，悉赋[5]公卿以下。群帅竞求拜职，刻印不给[6]，至乃以锥画之。乘舆居棘篱[7]中，门户无关闭。帝又遣太仆韩融与催、汜等连和，催乃放百官，归宫人。已而粮尽，张杨来朝，谋以乘舆还洛阳，诸将不听。是时长安城空四十余日，强者四散，赢[8]者相食，二三年间，关中无复人迹。沮授说袁绍曰："将军累叶台辅，世济忠义[9]。今州域粗定，兵强士附，西迎大驾，即宫邺都[10]，挟天子而令诸侯，畜士马以讨不庭[11]，谁能御之？"郭图、淳于琼曰："汉室陵迟，为日久矣。今欲兴之，不亦难乎？且英雄并起，先得者王。今迎天子自近，动辄表闻[12]，从之则权轻，违之则拒命，非计之善者也。"授曰："今迎朝廷，于义为得，于时为宜，若不早定，必有先之者矣。"绍不从。

孙策击刘繇于曲阿，破走之孙坚旧将丹阳朱治见袁术政德[13]不立，劝孙策归取江东。策说术曰："家有旧恩在东，愿助舅讨横江。横江拔，因投[14]本土召募，可得三万兵，以佐明使君定天下。"术知其恨，而以刘繇据曲阿，王朗在会稽，谓策未必能定，乃许之。表策为折冲校尉，将兵千余人，骑数十四，

1　砥柱：古山名，位于今河南省三门峡市陕县东北，在黄河急流中，形状像柱子，故名。
2　具船：准备船只。
3　大阳：古县名，治所位于今山西省运城市平陆县西南，因在大河之阳而得名。
4　绵帛：丝绵、绢帛的总称。
5　赋：给予，授予。
6　不给：不暇，来不及。
7　棘篱：用荆棘做成的篱笆。
8　赢：瘦弱，疲劳。
9　累叶台辅，世济忠义：几代都是国家重臣，世代匡扶忠义。累叶，累世。
10　邺都：古城名，位于今河北省邯郸市临漳县西南，春秋时齐桓公始筑，战国时魏文侯曾奠都此地。
11　不庭：不朝于王庭者。
12　动辄表闻：动辄，动不动就。表闻，上表申闻于上。
13　政德：政事和德行。
14　投：投奔。

行收兵，比至历阳，众五六千。周瑜自丹阳将兵迎之，助以资粮，进攻横江，拔之。渡江转斗，所向皆破，莫敢当其锋者。百姓闻孙郎至，皆失魂魄。及策至，军士奉令不敢虏掠，鸡犬菜茹，一无所犯，民乃大悦，竞以牛酒劳军。策为人美姿颜[1]，能笑语，性阔达听受[2]，善用人，是以士民见者莫不尽心，乐为致死。策攻刘繇于曲阿。繇使太史慈侦视[3]轻重，独与一骑卒[4]遇策于神亭[5]。策从骑十三，慈便前斗，正与策对，策掣[6]得慈手戟，慈亦得策兜鍪[7]。会两家兵骑来赴，于是解散。繇兵败走，策入曲阿，劳赐将士，发恩布令，告谕诸县："乐从军者，一身行，复除门户，不乐者不强。"旬日之间，四面云集，得见兵二万余人，马千余匹，威震江东。术表策行殄寇将军。策将吕范言于策曰："今将军事业日大，士众日盛，而纪纲犹有不整者，范愿暂领都督，佐将军部分[8]之。"策曰："子衡既士大夫，加手下已有大众，岂宜复屈小职，知军中细事乎？"范曰："不然。今舍本土而托将军者，非为妻子也，欲济世务[9]也。譬犹同舟涉海，一事不牢，即俱受其败。此亦范计，非但将军也。"策笑。范出，便释褠，着袴褶[10]，执鞭诣阁下启事，自称领都督。自是军中肃睦[11]，威禁大行。策以张纮为正议校尉，彭城张昭为长史，常令一人居守，一人从征讨。待昭以师友之礼，文武之事一以委之。每得北方士大夫书疏，专归美于昭，策欢笑曰："昔管子相齐，一则仲父，二则仲父，而桓公为霸者宗。今子布贤，我能用之，其功名独不在我乎？"刘繇将奔会稽，许劭曰："会稽富实，策之所贪，

---

1 姿颜：姿容，面貌。
2 阔达听受：阔达，豁达。听受，听从与接受。
3 侦视：侦察，探视。
4 骑卒：骑兵。
5 神亭：古地名，位于今江苏省常州市辖金坛市西北。
6 掣：执持，拉住。
7 兜鍪：古代战士戴的头盔，秦汉以前称为胄。
8 部分：部署，安排。
9 世务：世情，时势。
10 便释褠，着袴褶：于是脱去单衣，换上便于骑马的军服。褠，直袖的单衣。袴褶，服装名，名字起于汉末，为骑服，上穿褶，下着裤，外不加裘裳，故称。
11 肃睦：安宁和睦。

且穷在海隅[1]，不可往也。不如豫章，北连豫壤[2]，西接荆州。若收合[3]吏民，遣使贡献，足下受王命，孟德、景升[4]必相救济。"繇从之。

刘繇攻豫章，笮融走，死。以华歆为太守初，陶谦以笮融为下邳相，使督广陵、下邳、彭城粮运。融遂断以自入，大起浮屠祠[5]，课[6]人读佛经，招致旁郡好佛者至五千余户。每浴佛[7]，设食布席数十里，费以巨亿计。及曹操击破陶谦，融乃将男女万口走广陵，太守赵昱待以宾礼。融利广陵资货[8]，遂乘酒酣杀昱，放兵大掠。走依彭城相薛礼于秣陵[9]，复杀礼。又诈杀豫章太守朱皓而领其郡。刘繇讨之，融败走，死。诏以华歆为太守。

孙策遣其将朱治据吴郡丹阳都尉朱治逐吴郡太守许贡而据其郡，贡南依山贼严白虎，后策皆击杀之。

雍丘溃，张超自杀。袁绍围东郡，执太守臧洪，杀之张超在雍丘，曹操围之急。超曰："惟臧洪当来救吾。"众曰："袁、曹方睦，洪为袁所表用[10]，必不败好[11]以招祸。"超曰："子源天下义士，终不背本。但恐见制强力[12]，不相及[13]耳。"洪时为东郡太守，徒跣号泣，从绍请兵，将赴其难，绍不与。请自率所领以行，亦不许。雍丘遂溃，超自杀。洪由是怨绍，绝不与通。绍兴兵围之，历年不下。令陈琳以书谕之，洪复书曰："仆小人也，中因行役[14]，蒙主人

---

1 穷在海隅：远在海边。
2 豫壤：即豫州。
3 收合：收集，聚集。
4 孟德、景升：曹操、刘表。曹操字孟德，刘表字景升。
5 浮屠祠：又名浮屠仁祠，祭祀佛陀之祠，即我国早期的佛寺。
6 课：按规定的内容和分量讲授或学习。
7 浴佛：相传农历四月八日为释迦牟尼生日，这一天佛教徒用各种名香浸水洗佛像。
8 资货：钱财货物。
9 秣陵：古县名，治所位于今江苏省南京市江宁区南。
10 表用：上表推荐，请予任用。
11 败好：败坏盟好。
12 见制强力：被袁绍的强大力量控制。
13 相及：赶上。
14 行役：因服兵役、劳役或公务而出外跋涉。

倾盖[1]，遂窃大州。自谓究竟[2]大事，共尊王室，岂悟[3]本州被侵，郡将遘[4]厄，请师见拒，辞行被拘，使洪故君遂至沦没，区区微节[5]，无所获申。斯所以忍悲挥戈，收泪告绝[6]者也。行矣孔璋[7]，足下徼利[8]于境外，臧洪投命[9]于君亲。吾子托身于盟主，臧洪策名[10]于长安。子谓余身死而名灭，仆亦笑子生而无闻焉。"绍遂增兵急攻。城中粮谷已尽，洪呼将吏士民谓曰："洪于大义，不得不死。诸君无事，可先城未败，将妻子出。"皆垂泣曰："明府与袁氏本无怨隙，今为本朝郡将之故，自致残困，吏民何忍当舍明府去也？"初尚掘鼠煮筋角[11]，后无可复食者。内厨有米三升，以为薄糜[12]，遍颁士众。又杀其爱妾以食之。将士流涕，无能[13]仰视。男女七八千人，相枕而死，莫有离叛者。城陷，生执洪，谓曰："今日服未？"洪据地瞋目[14]曰："诸袁事汉，四世五公，可谓受恩。今王室衰弱，无扶翼[15]之意，欲因际会，希冀非望[16]，多杀忠良以立奸威[17]。惜洪力劣，不能推刃为天下报仇，何谓服乎？"绍杀之。洪邑人陈容，少亲慕洪，时在绍坐，起谓绍曰："将军举大事，欲为天下除暴，而先诛忠义，岂合天意？"绍惭，使人牵出，谓曰："汝非臧洪俦[18]，空复尔为[19]！"容顾曰："仁义岂有常，蹈之则君子，背之则小人。今日宁与臧洪同日而死，不与将军同日而生也。"

1　倾盖：途中相遇，停车交谈，双方车盖往一起倾斜，形容一见如故或偶然的接触。
2　究竟：结束，完毕。
3　悟：理解，明白。
4　遘：碰上。
5　微节：谦词，细小的节操。
6　告绝：宣告绝迹。
7　孔璋：即陈琳，陈琳字孔璋。
8　徼利：谋利，求利。
9　投命：舍命，拼命。
10　策名："策名委质"的省称，因仕宦而献身于朝廷之事。
11　筋角：动物的筋与角，古时多用于制弓。
12　薄糜：稀粥。
13　无能：不能有所作为，没有办法做到。
14　据地瞋目：据地，以手按着地，席地而坐。瞋目，瞪大眼睛表示愤怒。
15　扶翼：辅佐，扶助。
16　非望：非分的希望。
17　奸威：淫威，邪恶的威势。
18　俦：同类。
19　空复尔为：再讲这些话有什么用。

遂复见杀，在坐无不叹息，窃相谓曰："如何一日杀二烈士？"

刘虞故吏鲜于辅迎虞子和，攻公孙瓒，破之公孙瓒既杀刘虞，尽有幽州，恃其才力，不恤百姓，记过忘善，睚眦必报。衣冠善士[1]有材秀[2]者，必抑困[3]，使在穷苦之地。或问其故，瓒曰："衣冠皆自以职分当贵，不谢人惠。"故所宠爱，类多商贩、庸儿[4]，所在侵暴，百姓怨之。刘虞从事鲜于辅等以燕国阎柔素有恩信，推为乌桓司马，招诱胡、汉数万人，与瓒所置渔阳太守邹丹战，斩之。乌桓峭王亦率种人及鲜卑七千余骑随辅南迎虞子和，与袁绍将麹义合兵十万共攻瓒，破瓒于鲍丘[5]，斩首二万余级。于是代郡、广阳[6]、上谷、右北平各杀瓒所置长吏，瓒军屡败。先是，有童谣曰："燕南垂，赵北际，中央不合大如砺[7]，唯有此中可避世。"瓒自谓易[8]地当之，遂徙镇易，为围堑[9]十重，筑京[10]高十丈，为楼其上，以铁为门，专与姬妾居。疏远宾客，无所亲信，谋臣猛将稍稍乖散[11]。自此之后，希复攻战[12]。或问其故，瓒曰："我昔谓天下指麾可定[13]，至于今日，兵革方始。观此，非我所决。不如休兵力耕，以救凶年。兵法，百楼[14]不攻。今吾诸营楼橹[15]数十重，积谷三百万斛，食尽此谷，足以待天下之事矣。"

1　衣冠善士：衣冠，穿衣戴冠，代称缙绅、士大夫。善士，有德之士。
2　材秀：才能优秀。
3　抑困：抑制使困苦。
4　庸儿：平庸的人。
5　鲍丘：古地名，位于今北京市密云区西南。鲍丘亦为水名。
6　广阳：古郡名，辖今北京市及河北省廊坊、霸州、固安、涿州、新城、定州、雄县、易县、定兴等地。
7　燕南垂，赵北际，中央不合大如砺：燕国南疆，赵国北界，中央合不到一起的地方，大如砺石。
8　易：古县名，治所位于今河北省雄安新区雄县西北。
9　围堑：围绕营垒的壕沟。
10　京：人工筑起的高土堆。
11　乖散：背离，离散。
12　希复攻战：很少再外出打仗。
13　指麾可定：一经调度安排，局势马上可以平定。指麾，指挥。麾，军队指挥用的旗子。
14　百楼：古代瞭望敌情的高台。百，极言楼之高大。
15　楼橹：古代军中用以瞭望、攻守的无顶盖高台，建于地面或车、船之上。

丙子建安元年（公元196年）

春，二月，**修洛阳宫**董承、张杨欲以天子还洛阳，杨奉、李乐不欲，由是诸将更相疑贰。张杨使董承先缮修洛阳宫。五月，帝遣使至杨奉、李乐、韩暹营，求送至洛阳，奉等从诏。

夏，六月，**刘备与袁术战于盱眙。吕布袭取下邳，备降于布，遂与并兵击术**袁术攻刘备以争徐州。备使司马张飞守下邳，自将拒术于盱眙、淮阴，相持经月[1]，更[2]有胜负。术与吕布书，劝令袭下邳，许助以军粮。布引军东下，飞败走，布虏备妻子及将吏家口[3]。备收余兵东取广陵，与术战，又败。饥饿困踬[4]，请降于布。布亦怨术运粮不继，乃召备，复以为豫州刺史，与并势击术，使屯小沛。布自称徐州牧。

秋，七月，**帝还洛阳**杨奉、韩暹奉帝东还，张杨以粮迎道路。七月，至洛阳。张杨谓诸将曰："天子当与天下共之，朝廷自有公卿，杨当出捍外难。"遂还野王，杨奉亦出屯梁[5]，韩暹、董承留宿卫。时宫室烧尽，百官披荆棘，依墙壁间。州郡委输不至，尚书郎以下自出采稆[6]，或饥死墙壁间，或为兵士所杀。

曹操入朝，自为司隶校尉、录尚书事曹操在许，谋迎天子。众以为山东未定，韩暹、杨奉负功[7]恣睢，未可卒制[8]。荀彧曰："昔晋文公纳周襄王而诸侯景从[9]，汉高祖为义帝缟素而天下归心。自天子蒙尘[10]，将军首唱义兵，徒以山东扰乱，未遑远赴。今銮驾旋轸[11]，东京榛芜[12]，诚因此时，奉主上以从人望，大

1　经月：整月。
2　更：轮流。
3　家口：家属。
4　困踬：同"困踬"，处境窘迫。
5　梁：古县名，治所位于今河南省汝州市西南。
6　采稆：采集野生的粮食。稆，野生的稻禾，也泛指植物落粒自生、野生。
7　负功：自恃有功。
8　未可卒制：不能迅速制服。卒，急速。
9　景从：如影随形，比喻追随之紧或趋从之盛。
10　蒙尘：蒙受风尘，也特指君主因战乱逃亡在外。
11　銮驾旋轸：銮驾，天子的车驾，天子车驾有銮铃，故称。旋轸，还车，回车。
12　东京榛芜：东京，东都洛阳。榛芜，草木丛杂，形容荒凉的景象。

顺也。秉至公以服天下，大略也。扶弘义[1]以致英俊，大德也。四方虽有逆节，其何能为？若不时定，使豪杰生心，后虽为虑，亦无及矣。"操乃遣曹洪将兵西迎天子，董承等拒之，洪不得进。议郎董昭以杨奉兵马最强而少党援[2]，作操书与奉[3]曰："方今群凶猾夏[4]，四海未宁，必须众贤，以清王轨[5]。将军当为内主[6]，吾为外援。今吾有粮，将军有兵，有无相通，足以相济，死生契阔[7]，相与共之。"奉得书喜，语诸将共表操为镇东将军。韩暹矜功专恣[8]，董承患之，因潜召操。操乃将兵诣洛阳。既至，奏韩暹、张杨之罪。帝以暹、杨有功，诏勿问。以操领司隶校尉，录尚书事。操于是诛有罪，赏有功，矜[9]死节，封董承等十三人为列侯。

曹操迁帝于许，自为大将军，封武平侯操引董昭问计，昭曰："此下诸将，人殊意异，今留匡弼，事势[10]不便，惟有移驾幸许耳。然朝廷播越[11]，新还旧京，跂望[12]获安，今复徙驾，不厌众心。夫行非常之事，乃有非常之功，愿将军算其多者。"操曰："此孤本志也。"乃奉车驾东迁，自为大将军，封武平侯。始立宗庙、社稷于许。自是政归曹氏，天子守位[13]而已。

孙策取会稽，太守王朗降孙策引兵渡浙江，会稽功曹虞翻说太守王朗曰："策善用兵，不如避之。"朗不从。发兵拒策于固陵。策数战不克。策叔父静说策曰："朗负阻[14]城守，难可卒拔。查渎[15]南去此数十里，宜从彼据其内，

1　弘义：大义，正道。
2　党援：结援相助的党与。
3　作操书与奉：用曹操的名义给杨奉写信。
4　猾夏：扰乱中原。猾，扰乱，侵犯。夏，华夏，古代指中原地区。
5　王轨：王朝的秩序或制度。
6　内主：身处于内，而与外部相呼应者。
7　死生契阔：生死离合。契，合。阔，离。
8　矜功专恣：矜功，自恃功劳。专恣，专横放肆。
9　矜：怜悯，崇尚。
10　事势：形势，情况。
11　播越：逃亡，流离失所。
12　跂望：提起脚后跟远望。
13　守位：保持地位或职位。
14　负阻：依恃险阻。
15　查渎：古地名，又名查浦、柤渎、柤塘，位于今浙江省杭州市萧山区西南。

所谓攻其无备、出其不意者也。"策从之。夜，多燃火为疑兵，分军投查渎道，袭高迁屯[1]。朗大惊，遣周昕逆战，策破斩之。朗遁走，策追击，大破之，朗乃降。策自领会稽太守，复命翻为功曹，待以交友之礼。策好游猎[2]，翻谏曰："明府喜轻出[3]微行，从官不暇严[4]，吏卒常苦之。夫白龙鱼服，困于豫且[5]。愿少留意。"策曰："君言是也。"然不能改。

　　冬，十月，曹操攻杨奉，走之车驾东迁，杨奉自梁欲邀之，不及。操征奉，奉南奔袁术。

　　以袁绍为太尉，曹操自为司空诏书下绍，责以地广兵多，而不闻勤王之师，但擅相讨伐。绍上书陈诉[6]。乃以绍为太尉。绍耻班在曹操下，辞不受。操惧，请以大将军让绍，而自为司空，行车骑将军事。

　　曹操以荀彧为侍中、尚书令，荀攸为军师，郭嘉为祭酒操以荀彧为侍中，守[7]尚书令。问以策谋之士，彧荐其从子攸及颍川郭嘉。操征攸，与语，大悦，曰："公达，非常人也。吾得与之计事，天下当何忧哉？"以为军师。初，郭嘉往见袁绍，绍甚敬礼之，居数十日，谓辛评、郭图曰："袁公徒欲效周公之下士，而不知用人之机，多端寡要[8]，好谋无决，欲与共济天下大难，定霸王之业，难矣。吾将更举以求主，子盍行乎[9]？"二人不寤，嘉遂去之。操召见，与论天下事，喜曰："使孤成大业者，必此人也。"嘉出，亦喜曰："真吾主也。"操表嘉为司空祭酒。

1　高迁屯：古地名，位于今浙江省杭州市萧山区东北。
2　游猎：出游打猎。
3　轻出：随便外出。
4　严：警戒。
5　白龙鱼服，困于豫且：传说中的白龙，一旦化为鱼，普通的渔夫豫且就可以射杀它。白龙鱼服，白龙化为鱼在渊中游。豫且，春秋时宋国渔人。
6　陈诉：陈述诉说。
7　守：散官低而充高级职事官称"守某官"。相对应，散官高而充低级职事官，称"行某官"。
8　多端寡要：头绪太多，不得要领。端，头绪。要，重要。
9　子盍行乎：你们何不一起离开呢。

以孔融为将作大匠北海太守孔融志在靖难[1]，而才疏意广[2]，讫无成功。高谈清教[3]，可玩而诵[4]，论事考实，难可悉行。但能张磔[5]网罗，而目理[6]甚疏；造次[7]能得人心，久久亦不愿附也。所任多剽轻[8]小才。至于尊事名儒郑玄，执子孙礼，易其乡名曰郑公乡，及清隽[9]之士左承祖、刘义逊等，皆备在座席，而不与论政。曰："此民望[10]，不可失也。"时袁、曹、公孙首尾相连，融孤立不与通。承祖劝融自托强国，融不听而杀之，义逊弃去。青州刺史袁谭攻融，自春至夏，战士余数百人，流矢交集，而融犹隐几[11]读书，谈笑自若。城陷，乃奔东山[12]。曹操与融有旧，征为将作大匠。谭既破融，威惠甚著，其后信任群小，肆志奢淫，声望遂衰。

募民屯田许下[13]，州郡并置田官中平[14]以来，民弃农业，诸军并起，率乏粮谷，饥则寇略[15]，饱则弃余[16]，瓦解流离，无敌自破者不可胜数。袁绍军仰桑椹，袁术取给蒲蠃[17]。枣祇请建置屯田，曹操从之。以祇为屯田都尉，任峻为典农中郎将。募民屯田许下，得谷百万斛。于是州郡例置田官，所在仓廪皆满。故操征伐四方，无运粮之劳。

吕布复攻刘备，备走归许。诏以为豫州牧，遣东屯沛袁术畏吕布，乃为子求婚，布许之。术遣将纪灵等攻刘备，备求救于布。布曰："术若破备，

1　靖难：平定变乱。
2　才疏意广：才干有限而抱负很大。疏，粗疏。广，广大。
3　高谈清教：高谈，侃侃而谈，大发议论。清教，高明的教诲，对人的意见的尊称。
4　可玩而诵：可以玩味传诵。
5　张磔：铺陈，铺叙引申。
6　目理：条目纹理。
7　造次：善辩。
8　剽轻：轻薄，轻浮。
9　清隽：清高超群。
10　民望：有德行、才能而享有声望的人。
11　隐几：靠着几案，伏在几案上。
12　东山：古地名，位于今山东省潍坊市辖昌邑市东，俗名土埠，亦名东京埠。
13　许下：指许地，详注见前"许"。
14　中平：汉灵帝刘宏的第四个年号，存续时间为公元184至189年。
15　寇略：侵犯劫掠。
16　弃余：抛弃多余之物。
17　蒲蠃：蚌蛤、海螺一类的贝类。上文"桑椹"即桑葚，桑树的果穗，味甜，可以吃。

则北连泰山诸将，吾为在术围中，不得不救也。"驰往赴之。谓灵等曰："玄德，布弟也，为诸君所困，故来救之。"灵等乃罢。备合兵得万余人，布恶之，攻备。备败走，归曹操。操厚遇之，以为豫州牧。或谓操曰："备有英雄之志，今不早图，后必为患。"操以问郭嘉，嘉曰："有是[1]。然公起义兵，为百姓除暴，推诚杖信[2]以招俊杰，犹惧其未[3]也。今备有英雄名，以穷归己而害之，是以害贤为名也。如此，则智士将自疑，回心[4]择主，公谁与定天下乎？夫除一人之患以沮四海之望，安危之机也，不可不察。"操笑曰："君得之矣！"遂益其兵，给粮食，使东至沛，收散兵以图吕布。初，备在豫州，举袁涣茂才，至是为布所留，使作书骂辱备，涣不可。布大怒，以兵胁之。涣颜色不变，笑而应之曰："涣闻唯德可以辱人，不闻以骂。使彼固君子邪，且不耻将军之言。彼诚小人邪，将复将军之意[5]，则辱在此不在彼。且涣他日之事刘将军，犹今日之事将军也。如一旦去此，复骂将军，可乎？"布惭而止。

张济攻穰城[6]，败死。族子[7]绣以其众归荆州张济自关中引兵入荆州，攻穰城，中流矢死。荆州官属皆贺，刘表曰："济以穷来，主人无礼，至于交锋，此非吾意，牧受吊，不受贺也。"使人纳其众。众闻之喜，皆归心焉。济族子绣代领其众，屯宛。初，帝既出长安，贾诩往依段煨。至是归绣，说绣使附刘表，绣从之。诩往见表，表以客礼待之。诩曰："表，平世三公才也，不见事变，多疑无决，无能为也。"

刘表立学校，作雅乐刘表爱民养士，从容自保，境内无事，学士归之者以千数。表乃起立学校，讲明经术，命故雅乐郎杜夔作雅乐。欲庭观之，夔曰："今将军号不为天子，合乐而庭作之[8]，无乃不可乎？"表乃止。杜袭、繁

1　有是：是这样。
2　杖信：凭靠信义。
3　未：不来。
4　回心：改变心意。
5　复将军之意：回骂将军你。复，重复。
6　穰城：古县名，治所即今河南省邓州市。
7　族子：同族兄弟之子。
8　合乐而庭作之：当庭演奏雅乐。合乐，诸乐合奏。

钦避乱荆州，表俱待以宾礼。钦数见奇于表，袭喻之曰："吾所以与子俱来者，徒欲全身以待时耳。岂谓刘牧当为拨乱之主，而规[1]长者委身哉？子若见能不已[2]，非吾徒也，吾与子绝矣。"钦慨然曰："请敬受命。"祢衡少有才辩[3]，而尚气刚傲[4]，孔融荐之于操。衡骂辱操，操怒曰："祢衡竖子，孤杀之，犹雀鼠[5]耳。顾此人素有虚名，远近将谓孤不能容之。"乃送与刘表。衡称表之美盈口，而好讥贬[6]其左右，左右谮之。表怒，以江夏太守黄祖性急，送衡与之。后衡众辱[7]祖，祖杀之。

丁丑二年（公元 197 年）

春，正月，曹操击张绣，降之。绣叛，袭操，杀其子昂曹操讨张绣，军于淯水，绣举众降。操纳张济之妻，绣恨之，袭击操军，杀操长子昂。操中流矢，败走，诸军大乱。平虏校尉于禁独整众而还，道逢青州兵劫掠人，禁数其罪而击之。青州兵走诣操。禁既至，先立营垒，不时谒[8]。或谓禁宜促诣[9]公辩之。禁曰："今贼在后，追至无时，不先为备，何以待敌？"徐凿堑安营[10]讫，乃入谒，具陈其状。操曰："淯水之难，吾犹狼狈，将军在乱能整，讨暴坚垒，有不可动之节，虽古名将，何以加之？"于是封益寿亭侯。

以钟繇为司隶校尉，督关中诸军袁绍与操书，辞语骄慢。操谓荀彧、郭嘉曰："今将讨不义而力不敌，何如？"对曰："刘、项之不敌，公所知也。

1　规：劝告。
2　见能不已：一被赏识就不能自制。
3　才辩：才智机辩。
4　尚气刚傲：尚气，好胜，意气用事。刚傲，刚强高傲。
5　雀鼠：麻雀和老鼠。
6　讥贬：讥刺贬低。
7　众辱：当众侮辱。
8　不时谒：没有立即去拜见曹操。
9　促诣：赶快去拜见。
10　凿堑安营：挖好壕沟，安好营寨。

今绍有十败，公有十胜，绍虽强，无能为也。绍繁礼[1]多仪，公体任自然[2]，此道胜也。绍以逆动，公奉顺以率天下，此义胜也。桓、灵[3]以来，政失于宽，绍以宽济宽，故不摄[4]；公纠之以猛，而上下知制[5]，此治胜也。绍外宽内忌[6]，用人而疑之，所任唯亲戚子弟；公外易简而内机明[7]，用人无疑，唯才所宜，不间远近，此度胜也。绍多谋少决，失在后事[8]；公得策辄行，应变无穷，此谋胜也。绍高议揖逊[9]，以收名誉，士之好言饰外者多归之；公以至心[10]待人，不为虚美，士之忠正远见而有实者皆愿为用，此德胜也。绍见人饥寒，恤念[11]之，形于颜色，其所不见，虑或不及；公于目前小事时有所忽，至于大事，与四海接，恩之所加，皆过其望，虽所不见，虑无不周，此仁胜也。绍大臣争权，谗言惑乱，公御下以道，浸润不行，此明胜也。绍是非不可知；公所是进之以礼，所不是正之以法，此文胜也。绍好为虚势，不知兵要；公以少克众，用兵如神，军人恃之，敌人畏之，此武胜也。”操笑曰：“如卿所言，孤何德以堪之？”嘉又曰：“绍方北击公孙瓒，可因其远征东取吕布。若绍为寇，布为之援，此深害也。”或亦曰：“不先取吕布，河北未易图也。”操曰：“然。吾所惑者，又恐绍侵扰关中，西乱羌、胡，南诱蜀、汉，是我独以兖、豫抗天下六分之五也，为将奈何？”或曰：“关中将帅以十数，莫能相一，唯韩遂、马腾最强。今若抚以恩德，遣使连和，虽不能久安，比[12]公安定山东，足以不动。侍中钟繇有智谋，若属以西事，公无忧矣。”操乃表繇以侍中，守司隶校尉，持节督

1　**繁礼**：繁琐的礼节。
2　**体任自然**：顺应自然，不拘泥于繁文缛节。
3　**桓、灵**：汉桓帝、汉灵帝。
4　**摄**：治理。
5　**制**：节制，自制。
6　**外宽内忌**：外表上看似宽宏，内心却多猜忌戒备。
7　**外易简而内机明**：外表平易近人，内心机敏善察。
8　**后事**：下决心解决事情的时候已经晚了。
9　**高议揖逊**：高议，大发议论。揖逊，即揖让。
10　**至心**：最诚挚之心，诚心。
11　**恤念**：体恤挂念。
12　**比**：及，等到。

关中诸军，特使不拘科制[1]。繇至长安，移书腾、遂等，为陈祸福。腾、遂各遣子入侍。

袁术称帝。杀故兖州刺史金尚 袁术以谶言[2]"代汉者当途高"，自云名字应之。又以袁氏出陈，为舜后，以黄代赤，德运[3]之次，遂有僭逆[4]之谋。闻孙坚得传国玺，拘坚妻而夺之，议称尊号。主簿阎象进曰："昔周自后稷至于文王，积德累功，三分天下有其二，犹服事殷。明公虽弈世克昌[5]，未若有周之盛；汉室虽微，未若殷纣之暴也。"术默然。术聘处士张范，范使其弟承谢之。术谓曰："孤以土地之广，士民之众，欲徼福[6]齐桓，拟迹[7]高祖，何如？"承曰："在德不在强。夫用德以同天下之欲，虽由匹夫之资而兴霸王之功，不足为难；若苟欲僭拟干时[8]而动，众之所弃，谁能兴之？"术不悦。孙策闻之，与术书曰："汤、武虽有圣德，假使时无失道，无由逼而取也。今主上非有恶于天下，徒以幼小胁于强臣，异于汤、武之时。且董卓贪淫骄陵[9]，志无纪极[10]，至于废主自兴，亦犹未也，而天下同心疾之，况效尤[11]而甚焉者乎？忠言逆耳，驳议[12]致憎，苟有益于尊明[13]，无所敢辞。"术始料策必与己合，及得其书，愁沮发疾[14]，策遂绝之。至是僭号于寿春，自称"仲家"，置百官，郊祀天地。沛相陈珪少与术游，术质其子，而以书召之。珪答书曰："足下阴谋不轨，以身试祸，欲吾营私阿附，有死不能也。"术欲以金尚为太尉，尚不许而逃去，术

---

1 科制：制度，程式。
2 谶言：古代巫师、方士等以谶术所作的预言。
3 德运：王朝的气运，帝祚。
4 僭逆：越礼犯上。
5 弈世克昌：弈世，累世，世世代代。弈，通"奕"。克昌，子孙昌盛。
6 徼福：祈福，求福。
7 拟迹：仿效。
8 干时：违反时势。
9 贪淫骄陵：贪淫，贪得无厌。骄陵，骄横凶暴。
10 纪极：终极，限度。
11 效尤：仿效坏的行为。
12 驳议：辩驳纠正他人的议论。
13 尊明：圣明之君。
14 愁沮发疾：愁沮，悲愁沮丧。发疾，发病。

杀之。

三月，以袁绍为大将军，兼督冀、青、幽、并四州。

夏，五月，蝗。

以吕布为左将军。布击袁术兵，破之袁术遣使以称帝告吕布，因求迎妇，布遣女随之。陈珪恐徐、扬合从，为难未已[1]，往说布曰："曹公奉迎天子，辅赞[2]国政，将军宜与协同策谋，共存大计。今与术结婚，必受不义之名，将有累卵之危[3]矣！"布亦怨术初不已受[4]也，女已在途，乃追还绝婚，械送[5]其使，枭首许市。珪欲使子登诣曹操，布固不肯。会诏以布为左将军，操复遗布手书，深加慰纳。布大喜，即遣登奉章谢恩，并答操书。登见操，因陈布勇而无谋，轻于去就[6]，宜早图之。操即增珪秩中二千石，拜登广陵太守，令阴合部众为内应。始，布因登求徐州牧不得，登还，布怒，拔戟斫几[7]曰："卿父劝吾协同曹操，绝婚公路，今吾所求无获，而卿父子显重[8]，但为卿所卖耳！"登不为动，徐对之曰："登见曹公言：'养将军譬如养虎，当饱其肉，不饱则将噬[9]人。'公曰：'不如卿言。譬如养鹰，饥即为用，饱则扬去。'其言如此。"布意乃解。袁术遣其大将张勋等与韩暹、杨奉步、骑数万，七道攻布。布惧不敌，珪曰："暹、奉与术，卒合[10]之师耳。谋无素定，不能相维[11]，子登策之，比于连鸡[12]，势不俱栖，立可离也。"布用珪策，与暹、奉书曰："二将军亲拔大驾，而布手杀董卓，俱立功名，今奈何与袁术同为贼乎？不如相与并力破术，为国除

1　为难未已：为难，发难，起事。未已，不止。
2　辅赞：辅佐襄助。
3　累卵之危：好比堆叠起来的蛋，极容易打碎，比喻情况极其危险。累，堆积。
4　不己受：不肯接纳自己。
5　械送：加刑具押送。
6　轻于去就：轻率地离开一个地方去投靠另一个地方，比喻反复无常。轻，轻率。去就，去留。
7　斫几：砍几案。
8　显重：位高势重。
9　噬：咬。
10　卒合：仓猝之间集合起来。
11　相维：相连。
12　连鸡：捆绑在一起的鸡，比喻互相牵制、不能并容的几种势力。

害。"且许悉以术军资与之。暹、奉大喜，从布进军。暹、奉兵同时叫呼，并到勋营，勋等散走，杀伤、堕水死者殆尽。泰山贼帅臧霸破莒[1]，得其资实[2]，布自往求之。其督将[3]高顺谏曰："将军威名远近所畏，何求不得，而自行求略？万一不克，岂不损邪？"布不从。霸等拒之，无获而还。顺为人清白有威严，少言辞，所将七百余兵，号令整齐，每战必克。布后疏顺，以魏续有内外之亲[4]，夺其兵以与续，当战则复令顺将，顺亦终无恨意。布性决易[5]，所为无常。顺每谏曰："将军举动不肯详思，忽有失得，动辄言误，误岂可数乎？"布知其忠，而不能从。

袁术遣盗杀陈王宠初，陈王宠有勇，善射。黄巾贼起，宠治兵自守，国人畏之，不敢离叛。国相骆俊素有威恩[6]，邻郡人多归之，有众十余万。袁术求粮，俊拒绝之，术遣客诈杀[7]俊及宠，陈由是破败。

以孙策为会稽太守，讨袁术。

秋，九月，曹操击袁术，破走之曹操东征袁术。术弃军走，留其将桥蕤等拒操。操击斩之。术走，渡淮，时天旱岁荒，士民冻馁[8]，术由是遂衰。沛国许褚勇力绝人，聚众归操，操曰："此吾樊哙也。"即日拜都尉。

下故太尉杨彪狱，寻赦出之杨彪与袁术婚姻，曹操恶之，奏收下狱，劾以大逆[9]。孔融闻之，不及朝服，往见操曰："杨公四世清德[10]，海内所瞻[11]。父子兄弟罪不相及，况以袁氏归罪杨公乎？"操曰："此国家之意。"融曰："假使成王杀召公，周公可得言不知乎？"操使许令满宠按彪狱，融与荀彧皆属宠勿

1　莒：古县名，治所即今山东省日照市莒县。
2　资实：军需物资。
3　督将：古官名，领兵千人，掌征伐。
4　内外之亲：内亲和外亲，同姓和外姓的亲戚。
5　决易：轻率多变。
6　威恩：声威和恩泽。
7　诈杀：用欺诈的手段杀死。
8　冻馁：寒冷饥饿，受冻挨饿。
9　大逆：危害君父、宗庙、宫阙等的罪行。
10　清德：高洁的品德。
11　瞻：仰慕。

加考掠。宠无所报[1]，考讯[2]如法。数日，求见曰："杨彪考讯，无他辞语。此人有名海内，若罪不明白，必大失民望，窃为明公惜之。"操即日赦出彪。彪见汉室衰微，政在曹氏，遂称脚挛[3]，积十余年不行，由是得免于祸。

以金尚子玮为郎中马日磾丧至京师，朝廷议欲加礼[4]，孔融曰："日磾以上公之尊，秉旄节[5]之使，而曲媚[6]奸臣，为所牵率[7]。圣上哀矜[8]，未忍追按[9]，不宜加礼。"朝廷从之。尚丧至，诏百官吊祭，拜其子玮为郎中。

刘备诱杨奉，杀之韩暹、杨奉寇掠徐、扬间，刘备诱奉，斩之。暹与郭汜、胡才皆为人所杀，李乐病死。

戊寅三年（公元198年）

春，曹操复击张绣荀攸曰："绣与刘表相恃为强，然绣以游军[10]仰食[11]于表，表不能供也，势必乖离。不如缓之，可诱而致也。若急之，其势必相救。"操不从，围绣于穰。

夏，四月，诏将军段煨等讨李傕，夷三族[12]。

曹操引兵还。五月，刘表救张绣，操击破之。绣复追败操军初，袁绍每得诏书，患其有不便于己者，欲移天子自近，使说曹操以许下埤湿[13]，洛阳

1　无所报：不加理睬。
2　考讯：拷打审问。
3　脚挛：小腿痉挛，即两小腿拘急挛曲，难以伸直。脚，汉时指小腿。
4　加礼：厚于常规的礼仪。
5　旄节：古代使者所持的竹节，以牦牛尾作饰。旄，通"旌"。
6　曲媚：曲意奉承。
7　牵率：株连，拖累。
8　哀矜：哀怜。
9　追按：追究查办。
10　游军：无固定防地、流动出击的军队。
11　仰食：依靠他人给食。
12　夷三族：古刑罚名，诛灭三族。三族，说法不一，有指父母、兄弟、妻子，有指父族、母族、妻族。
13　埤湿：低洼潮湿。

残破，宜徙都鄄城以就全实[1]，操拒之。田丰曰："徙都之计既不克[2]从，宜早图许，奉迎天子，动托诏书，号令海内，此算之上者。不尔，终为人所擒，虽悔无益也。"绍不从，而亡卒[3]有以丰谋白操者。操解穰围而还，张绣率众追之。刘表遣兵救绣，屯于安众[4]，守险以绝军后。操与荀彧书曰："吾到安众，破绣必矣。"及到安众，操军前后受敌。操乃夜凿险伪遁[5]。表、绣悉军来追，操纵奇兵夹攻，大破之。他日，或问其故，操曰："虏遏吾归师，而与吾死地[6]，吾是以知胜矣。"绣之追操也，贾诩止之，绣不听，败还。诩登城谓曰："促[7]更追之，更战必胜。"绣从之，果以胜还。乃问诩曰："绣以精兵追退兵而公曰必败，以败卒击胜卒而公曰必克，悉如公言，何也？"诩曰："将军虽善用兵，非曹公敌也。曹公军新退，必自断后，故知必败。曹公既无失策，力未尽而一朝引退，必国内有故[8]也。已破将军，必轻军速进，留诸将断后。诸将虽勇，非将军敌，故虽用败兵而战必胜也。"绣乃服。

秋，九月，吕布复攻刘备。冬，曹操击布，杀之吕布复与袁术通，遣高顺、张辽攻刘备。九月，破沛城，虏备妻子，备单身走。曹操欲自击布，诸将皆曰："刘表、张绣在后，而远袭吕布，其危必也。"荀攸曰："表、绣新破，势不敢动。布骁猛[9]，又恃袁术，若纵横淮、泗间，豪杰必应之。今乘其初叛，众心未一，往可破也。"操曰："善。"比行，泰山屯帅[10]臧霸等皆附于布。操与刘备遇于梁，进至彭城。陈宫谓布："宜逆击[11]之，以逸击劳，无不克也。"布曰："不如待其来攻，蹙着泗水中[12]。"十月，操屠彭城。广陵太守陈登率郡兵

---

1 全实：境域完整，地方富裕。
2 克：能。
3 亡卒：溃逃的士兵。
4 安众：古县名，治所位于今河南省邓州市东北。
5 凿险伪遁：凿险，开凿险道。伪遁，假装逃跑。
6 死地：无法生存的危险境地，绝境。
7 促：赶快。
8 故：意外或不幸的事变。
9 骁猛：勇敢威武。
10 屯帅：首领。
11 逆击：迎击。
12 蹙着泗水中：逼迫他们跳入泗水中淹死。蹙，逼迫。

为操先驱，进至下邳。布屡战皆败，还保城，不敢出。欲降，陈宫曰："曹操远来，势不能久。将军若以步、骑出屯于外，宫将余众闭守于内，若向将军，宫引兵而攻其背；若但攻城，则将军救于外。不过旬月[1]，操军食尽，击之可破也。"布然之。布妻曰："宫与高顺素不和，必不同心共守。如有蹉跌，将军当于何自立乎？且曹氏待公台[2]如赤子，犹舍而归我。今将军厚公台不过曹氏，而欲委全城，捐妻子，孤军远出，若一旦有变，妾岂得复为将军妻哉？"布乃止。张杨素与布善，欲救之，不能，乃出兵遥为之势。十一月，杨将杨丑杀杨以应操，别将睦固复杀丑，将其众北合袁绍。杨性仁和[3]，无威刑[4]，下人谋反发觉，对之涕泣，辄原[5]不问，故及于难。操围下邳久，疲敝欲还。荀攸、郭嘉曰："吕布勇而无谋，今屡战皆北，锐气衰矣。三军以将为主，主衰则军无奋意。陈宫有智而迟[6]，今及布气之未复，宫谋之未定，急攻之，布可拔也。"乃引沂泗[7]灌城。月余，布益困迫。十二月，布将魏续等共执陈宫、高顺，率其众降。布登白门楼，兵围之急，布令左右取其首诣操，左右不忍，乃下降。布见操曰："明公之所患不过于布，今已服矣。若令布将骑，明公将步，天下不足定也[8]。"操命缓[9]布缚，刘备曰："不可。明公不见吕布事丁建阳[10]、董太师乎？"操颔[11]之。操谓宫曰："奈卿老母妻子何？"宫曰："宫闻以孝治天下者，不害人之亲；施仁政于天下者，不绝人之祀。老母妻子存否，在明公，不在宫也。"操未复言。宫请就刑，遂出，不顾。操为之泣涕，并布、顺皆缢杀之。

---

1 旬月：十天至一个月，指较短的时日。
2 公台：即陈宫，陈宫字公台。
3 仁和：仁爱温和。
4 威刑：严厉的刑法。
5 原：原谅。
6 有智而迟：有智谋，但机变不够。
7 沂泗：泗水和沂水的并称。
8 天下不足定也：天下很容易就平定了。
9 缓：放松，放宽。
10 丁建阳：即丁原，曾为吕布的主子，丁原与董卓发生冲突，董卓得知吕布唯利是图，并未得到重用，便遣使挑拨，诱使吕布将其杀害。
11 颔：点头，表示同意。

召宫母养之，终其身，嫁宫女，抚视[1]其家，皆厚于初。张辽、臧霸等皆降。初，操有兖州，以徐翕、毛晖为将。及兖州乱，翕、晖皆叛，亡命投霸。操语备，令霸送二首。霸曰："霸所以能自立者，以不为此也。霸受主公生全[2]之恩，不敢违命；然王霸之君，可以义告[3]，愿将军为之辞[4]。"备以霸言白，操叹息谓霸曰："此古人之事，而君能行之，孤之愿也。"以翕、晖为太守。陈登以功加伏波将军。

以刘备为左将军备从操还许，操表以为左将军，礼之愈重。

以孙策为讨逆将军，封吴侯孙策遣张纮献方物[5]，曹操欲抚纳之，表策为讨逆将军，封吴侯，以纮为侍御史。袁术以周瑜为居巢[6]长，临淮鲁肃为东城[7]长。瑜、肃知术无成，弃官，渡江从策。策自将讨祖郎于陵阳[8]，擒之。谓曰："尔昔袭孤，斫孤马鞍，今创军立事，除弃宿恨[9]，汝勿恐怖。"即破械[10]，署门下贼曹[11]。又讨太史慈于勇里[12]，擒之，解缚，捉其手曰："宁识神亭时邪？若卿尔时[13]得我云何[14]？"慈曰："未可量也。"策大笑曰："今日之事，当与卿共之。闻卿有烈义[15]，天下智士也，但所托未得其人耳。孤是卿知己，勿忧不如意也。"即署门下督[16]。军还，祖郎、太史慈俱在前导军，人以为荣。会刘繇卒于豫章，

1　抚视：抚养照看。
2　生全：保全生命。
3　可以义告：可以用大义来说服。
4　为之辞：为我美言。
5　方物：本地物产，土产。
6　居巢：古县名，治所位于今安徽省合肥市辖巢湖市东北。
7　东城：古县名，治所位于今安徽省滁州市定远县东南。
8　陵阳：古县名，治所位于今安徽省池州市青阳县南。
9　宿恨：旧有的仇恨。
10　破械：砸开枷锁等刑具。
11　门下贼曹：古官名，郡守、县令的属官，主盗贼事，门下五吏之一。贼曹、督盗贼、功曹、主簿、主记为门下五吏。
12　勇里：古县名，治所位于今安徽省宣城市泾县西北。
13　尔时：其时，彼时。
14　云何：怎么办，如何。
15　烈义：刚正而有节义。
16　门下督：即"门下督盗贼"，古官名，门下五吏之一，主兵卫，任巡察、导从等事。

扬州士众万余人欲奉华歆为主。歆以为："因时擅命[1]，非人臣所宜。"谢遣[2]之。其众未有所附。策命慈往抚安[3]之，谓曰："刘牧往责吾为袁氏攻庐江，吾先君兵数千人，尽在公路许[4]。吾志在立事，安得不屈意以求之乎？其后不遵臣节，谏之不从，丈夫义交[5]，苟有大故，不得不离，吾交、求公路及绝之本末如此，恨不及其生时与共论辨也。今儿子[6]在豫章，卿往视之，并宣孤意于其部曲，乐来者与俱来，不乐者且安慰之。并观华子鱼所以牧御方规[7]何如。卿须几兵，多少随意。"慈曰："兵不宜多，将数十人足矣。"左右皆曰："慈必不还。"策曰："子义舍我，当复从谁？子义虽气勇有胆烈[8]，然非纵横之人，其心秉道义，重然诺，一以意许知己，死亡不相负，诸君勿忧也。"果如期而慈反，谓策曰："华子鱼，良德[9]也，然无他方规，自守而已。僮芝自擅[10]庐陵[11]，番阳别立宗部海昏、上缭，不受发召[12]，子鱼但视之而已。"策拊掌[13]大笑，遂有兼并之志。

袁绍攻公孙瓒，围之袁绍连年攻公孙瓒，不能克。欲与释憾[14]连和，瓒不答而增修守备。绍于是大兴兵以攻瓒。先是，瓒别将有为敌所围者，瓒不救，曰："救一人使后将恃救，不肯力战。"及绍来攻，瓒南界别营知不见救，或降或溃，绍军径至其门。瓒众日蹙[15]。

1　因时擅命：抓住时机擅自发号施令。擅命，擅自发号施令，不受节制。
2　谢遣：辞谢遣散。
3　抚安：安抚，安顿抚慰。
4　公路许：袁术事先答应给予。公路，袁术的字。许，事先答应给予。
5　义交：以义相交。
6　儿子：刘繇的儿子。
7　所以牧御方规：如何治理郡务的方法。方规，方法。
8　胆烈：有胆量而且勇敢刚烈。
9　良德：品德高尚。
10　自擅：独自占据。
11　庐陵：古县名，治所位于今江西省吉安市泰和县西北。
12　番阳别立宗部海昏、上缭，不受发召：番阳地方势力首领另外在海昏、上缭设立宗部，不接受豫章郡的命令。番阳，古县名，治所位于今江西省上饶市辖鄱阳县东北。海昏，古县名，治所位于今江西省九江市永修县西北。上缭，古地名，即上缭营，位于今江西省九江市永修县西。
13　拊掌：拍手。
14　释憾：消除仇怨。
15　日蹙：一天比一天困窘。蹙，困窘。

己卯**四年**（公元 199 年）

春，三月，瓒自焚死黑山帅张燕率兵救瓒，瓒密使人赍书，使起火为应，瓒欲自内出战。绍候得其书，如期举火。瓒遂出战，绍设伏击之，瓒大败，复还自守。绍为地道，穿其楼下，烧之，楼辄倾倒，稍至京中。瓒乃悉缢[1]其姊妹妻子，然后引火自焚。

诏渔阳太守鲜于辅都督[2]**幽州**渔阳田豫说太守鲜于辅曰："曹氏奉天子以令诸侯，终能定天下，宜早从之。"辅乃率其众以奉王命。诏以辅为建忠将军，都督幽州六郡。

袁绍承制以乌桓蹋顿为单于初，乌桓王丘力居死，子楼班年少，从子蹋顿有武略，代立。袁绍攻公孙瓒，蹋顿助之，绍承制皆赐以单于印绶。又以阎柔得乌桓心，因加宠慰[3]，以安北边。其后诸部奉楼班为单于，以蹋顿为王，然蹋顿犹秉[4]计策。

以董承为车骑将军。

夏，袁术北走。诏刘备将兵邀之，术还走，死术既称帝，淫侈滋甚，媵御[5]数百，无不兼罗纨，厌粱肉[6]。自下饥困，莫之收恤[7]。既而资实[8]空尽，不能自立，乃烧宫室，奔其部曲陈简，复为简所拒，士卒散走，不知所为。乃遣使归帝号于绍。袁谭迎术，欲从下邳北过。曹操遣刘备邀之。复走寿春。六月，至江亭[9]，坐簧床[10]而叹曰："袁术乃至此乎？"因愤慨呕血，死。术从弟胤率其部曲奉术枢及妻子奔庐江太守刘勋于皖[11]城。故广陵太守徐璆得传国玺，献之。

1　缢：勒死，吊死。
2　都督：总领，统领。
3　宠慰：以恩宠抚慰。
4　秉：坚持。
5　媵御：姬妾。
6　兼罗纨，厌粱肉：身穿绫罗绸缎一层层，吃厌了精美的饭菜。
7　收恤：收容救济。
8　资实：军需物资。
9　江亭：古地名，位于今湖北省荆州市辖松滋市北。
10　簧床：无褥垫之榻。
11　皖：古县名，治所位于今安徽省安庆市潜山县北。

　　秋，八月，曹操进军黎阳。九月，还许，分兵守官渡[1]袁绍益骄，贡御稀简[2]。简[3]精兵十万，骑万匹，欲以攻许。沮授谏曰："近师出历年，百姓疲敝，仓库无积，未可动也。宜务农息民，遣使献捷[4]。若不得通，乃表曹操隔我王路[5]，然后进屯黎阳，渐营河南，益作舟船，缮修器械，分遣精骑抄其边鄙[6]，令彼不得安，我取其逸，如此可坐定也。"郭图、审配曰："以明公之神武，引强众以伐曹操，易如覆手[7]，何必乃尔？"授曰："夫救乱诛暴，谓之义兵；恃众凭强，谓之骄兵。义者无敌，骄者先灭。曹操奉天子以令天下，今举师南向，于义则违。且庙胜之策，不在强弱。曹操法令既行，士卒精练，非公孙瓒坐而受攻者也。今弃万安[8]之术而兴无名之师，窃为公惧之。"图、配曰："武王伐纣，不为不义，况兵加曹操，而云无名？且以公今日之强，将士思奋，不及时以定大业，所谓'天与不取，反受其咎'。监军之计在于持守[9]，而非见时知几之变也。"绍纳图言。图等因是谮授曰："授监统[10]内外，威震三军。"绍乃分授所统，使与郭图、淳于琼各典一军。许下诸将闻绍南兵皆惧，曹操曰："吾知绍之为人，志大而智小，色厉而胆薄[11]，忌克[12]而少威，兵多而分画不明，将骄而政令不一，土地虽广，粮食虽丰，适足以为吾奉也[13]。"孔融谓荀彧曰："绍地广兵强，田丰、许攸，智士也，为之谋；审配、逢纪，忠臣也，任其事；颜良、文丑，勇将也，统其兵，殆难克乎？"彧曰："绍兵虽多而法不整，丰刚而犯上，攸贪而不治，配专而无谋，纪果而自用，此数人者势不相容，必生内

1　官渡：古地名，位于今河南省郑州市中牟县东北。
2　贡御稀简：贡御，进贡。稀简，稀少简略。
3　简：选拔。
4　献捷：古代打胜仗后，进献所获的俘虏及战利品。
5　王路：通往朝廷之路。
6　边鄙：边疆，边远的地方。
7　覆手：把手掌向下一翻，比喻事情容易办成。
8　万安：万全。
9　持守：保持，坚持。
10　监统：监督统领。
11　色厉而胆薄：神色严厉而内心脆弱。色，神色。厉，严厉，凶猛。薄，脆弱。
12　忌克：心存妒忌而欲凌驾于人。
13　适足以为吾奉也：正好是为我们准备的。

变。颜良、文丑，一夫之勇耳，可一战而擒也。"八月，操进军黎阳，使臧霸等入青州，于禁屯河上。九月，操还许，分兵守官渡。

冬，十一月，张绣来降袁绍遣人招张绣，并与贾诩书结好。绣欲许之，诩于绣坐上显谓[1]绍使曰："归谢袁本初，兄弟不能相容，而能容天下国士乎？"绣谓诩曰："若此，当何归？"诩曰："不如从曹公。"绣曰："袁强曹弱，又先与曹为仇，从之如何？"诩曰："此乃所以宜从也。夫曹公奉天子以令天下，其宜从一也；绍强盛，我以少众从之，其必不以我为重，曹公众弱，其得我必喜，宜从二也；夫有霸王之志，固将释私怨以明德于四海，其宜从三也。愿将军无疑。"十一月，绣率众降，操执手欢宴，拜扬武将军，表诩为执金吾。

复置盐官。徙司隶校尉治弘农关中诸将以袁、曹方争，皆中立顾望。凉州牧韦端使从事杨阜诣许。阜还，诸将问袁、曹胜败，阜曰："袁公宽而不断，好谋而少决。不断，则无威；少决，则后事。今虽强，终不能成大业。曹公有雄才远略，决机[2]无疑，法一而兵精，能用度外之人[3]，所任各尽其力，必能济大事者。"操使御史卫觊镇抚关中。时四方大有还民[4]，诸将多引为部曲。觊书与荀彧曰："关中膏腴之地，顷遭荒乱，人民流入荆州者十万余家。今归者无以自业，诸将各竞招怀[5]以为部曲，郡县贫弱，不能与争，兵家遂强，一旦变动，必有后忧。夫盐，国之大宝[6]也。乱来放散[7]，宜如旧置使者监卖，以其值益市犁牛[8]，若有归民，以供给之，勤耕积粟以丰殖[9]关中。远民闻之，必日夜竞还。又使司隶留治关中，以为之主，则诸将日削，官民日盛，此强本弱

1　显谓：公开告诉。
2　决机：依据时机采取适宜决策。决，通"抉"，选择。
3　度外之人：与某人或某集团没有关系或关系不近的人。度外，心在计度之外。
4　还民：回归的老百姓。
5　招怀：招抚怀柔。
6　大宝：珍贵的财宝，宝贝。
7　放散：挥霍。
8　以其值益市犁牛：用盐专卖取得的收益去买耕牛。犁牛，耕牛。
9　丰殖：积聚财富。

敌之利也。"或以白操，从之。关中由是服从。

刘表遣从事中郎韩嵩诣许 袁绍使人求助于刘表，表许之而竟不至，亦不援曹操。从事中郎韩嵩曰："今两雄相持，天下之重在于将军。若欲有为，起乘其敝可也。如其不然，固将择所宜从。曹操善用兵，贤俊多归之，其势必举[1]袁绍，然后移兵以向江、汉，恐将军不能御也。今莫若举荆州以附曹操，操必重德[2]，将军长享福祚，此万全之策也。"表狐疑不断，乃遣嵩诣许，曰："君为我观其衅[3]。"嵩曰："圣达节次守节[4]。嵩，守节者也。夫君臣名定，以死守之。今策名委质[5]，唯将军所命，虽赴汤蹈火，死无辞也。将军能上顺天子，下归曹公，使嵩可也；如其犹豫，嵩至京师，天子假嵩一职，不获辞命[6]，则成天子之臣，将军之故吏耳。在君为君，则嵩守天子之命，义不得复为将军死也。惟加重思[7]，无为[8]负嵩。"表强之。至许，诏拜嵩侍中、零陵太守。及还，盛称朝廷之德，劝表遣子入侍。表大怒，以为怀贰[9]，大会，陈兵，将斩之。嵩不为动。徐曰："将军负嵩，嵩不负将军。"具陈前言。表乃囚之。

孙策袭庐江，取之。徇豫章，太守华歆降 庐江太守刘勋以袁术部曲众多，不能赡[10]，遣从弟偕求米于上缭诸宗帅，不能满数。偕召勋，使袭之。孙策恶勋兵强，伪卑辞[11]以事勋，请出兵以为外援。刘晔曰："上缭虽小，城坚池深，攻难守易，不可旬日而举也。兵疲于外而国内虚，策乘虚袭我，则后不能独守。是将军进屈于敌，退无所归。若军必出，祸今至矣。"勋不听，遂伐上缭。至海昏，宗帅皆逃，了无所得。时策引兵西击黄祖，行及石城[12]，闻勋在海

1　举：拿下。
2　重德：大德，厚德。
3　衅：征兆。
4　守节：坚守节操。
5　策名委质：因仕宦而献身于朝廷之事。
6　辞命：辞令。
7　重思：反复考虑。
8　无为：别做，不做。
9　怀贰：怀有贰心，不忠。
10　赡：供给。
11　卑辞：言辞谦恭。
12　石城：古县名，治所位于今安徽省池州市贵池区西南。

昏，策乃与周瑜袭皖城，克之，得术、勋妻子，抚视之，及其部曲三万余人。攻勋，破之。勋北归许。策收其余兵，得二千余人及船千艘，遂进击祖。刘表遣将来救，策与战，大破之，获船六千艘。策盛兵将徇豫章，屯于椒丘[1]，谓虞翻曰："华子鱼自有名字[2]，然非吾敌也。若不开门让城，金鼓[3]一震，不得无所伤害。卿便在前，具宣孤意。"翻乃往见华歆，曰："窃闻明府与鄙郡故王府君齐名中州[4]，常怀瞻仰[5]。"歆曰："孤不如王会稽也。"翻复曰："不审豫章资粮器仗[6]，士民勇果[7]，孰与鄙郡？"歆曰："大不如也。"翻曰："明府言不如王会稽，谦光之谭[8]耳。精兵不如会稽，实如尊教[9]。孙讨逆[10]智略超世[11]，用兵如神，前定刘扬州[12]，君所亲见。南定鄙郡，亦君所闻也。今守孤城，资粮不足，不早为计，悔无及也。今大军已次椒丘，明日日中迎檄不至[13]者，与君辞矣。"歆乃夜作檄，明旦，遣吏赍迎[14]。策便进军，歆葛巾[15]迎策。策曰："府君年德名望，远近所归。策年幼稚，宜修子弟之礼。"便向歆拜，礼为上宾。收载刘繇丧，善遇其家。

孙盛[16]曰：歆既无夷、皓韬邈之风[17]，又失王臣匪躬之节[18]，挠心交臂，位夺节

1　椒丘：古地名，位于今江西省南昌市新建区东北。
2　名字：名誉，名声。
3　金鼓：四金和六鼓，古代军队行军作战时代表行军与战斗的信号。四金指錞、镯、铙、铎，六鼓指雷鼓、灵鼓、路鼓、鼖鼓、鼛鼓、晋鼓。
4　中州：指今河南一带。河南古属豫州，豫州位于九州的中心，故名。
5　瞻仰：仰慕，敬仰。
6　器仗：武器的总称。
7　勇果：勇敢果断。
8　谦光之谭：谦光，尊者谦虚而显示其光明的美德。谭，通"谈"，言论。
9　实如尊教：实在和您的判断一样。
10　孙讨逆：即孙策，曾受封讨逆将军，故称。
11　超世：杰出不凡，异乎寻常。
12　刘扬州：即前扬州刺史刘繇。
13　迎檄不至：迎接孙将军的檄文还没送到。
14　赍迎：带着檄文去迎接。
15　葛巾：用葛布制作的头巾。
16　孙盛：东晋史学家，著有《魏氏春秋》《魏氏春秋异同》《晋阳秋》，今仅存佚文。
17　夷、皓韬邈之风：伯夷与商山四皓那样隐退远避、不慕荣利的高风亮节。韬邈，隐退远避。
18　匪躬之节：不顾自身利益而尽忠王室的节操。匪，表示否定，相当于"无"。躬，自身利益。

堕^1，咎孰大焉？

　　功曹魏腾忤策意，策将杀之，策母吴夫人倚大井^{2}谓曰："汝新造^{3}江南，其事未集，方当优贤礼士，舍过录功。魏功曹在公尽规^4，汝今日杀之，则明日人皆叛汝，吾不忍见祸之及，当先投此井中耳。"策大惊，释之。

　　曹操复屯官渡。

　　刘备起兵徐州讨曹操。操遣兵击之初，董承称受帝衣带中密诏，与刘备谋诛曹操。操从容谓备曰："今天下英雄，惟使君与操耳。本初之徒，不足数也。"备方食，失匕箸^5。值雷震，备因曰："圣人云'迅雷风烈必变'，良有以也^6。"遂与承及种辑等同谋。会操遣备邀袁术，备遂杀徐州刺史，留关羽守下邳，身还小沛，郡县多叛操为备。备众数万人，遣使与袁绍连和。操遣长史刘岱击之，不克。备谓曰："使汝百人来，无如我何。曹公自来，未可知耳。"

庚辰**五年**（公元 200 年）

　　春，正月，操杀车骑将军董承，遂击备，破之。备奔冀州董承谋泄，操杀承等，皆夷三族。操欲自讨刘备，诸将皆曰："与公争天下者，袁绍也。今绍方来而弃之东，绍乘人后，若何？"操曰："刘备，人杰也，今不击，必为后患。"郭嘉曰："绍性迟而多疑，来必不速。备新起，众心未附，急击之，必败。"操师遂东。田丰说袁绍曰："曹、刘连兵^7，未可卒解^8。公举军而袭其后，可一往而定。"绍辞以子疾，丰举杖击地曰："嗟乎！遭难遇之时，而以婴儿

1　挠心交臂，位夺节堕：屈从邪恶儒生的游说，和横行之徒走得很近，官位被夺，气节
　　堕毁。
2　大井：大井的栏杆。
3　新造：新建立，新建成。
4　尽规：竭力谏诤。
5　匕箸：食具，羹匙和筷子。
6　良有以也：某种事情的产生的确是有原因的。
7　连兵：交兵，交战。
8　卒解：立即分出胜负。

病失其会，惜哉！事去矣。"操击刘备，破之，获其妻子。进拔下邳，擒关羽。备奔青州，归袁绍。绍去邺二百里迎之。驻月余，亡卒稍归之。

二月，曹操还官渡，袁绍进军黎阳。夏，四月，绍遣兵攻白马，操击破之，斩其将颜良、文丑操还官渡，绍乃议攻许。田丰曰："曹操既破刘备，则许下非复空虚。且操善用兵，众虽少，未可轻也。今不如以久持[1]之，外结英雄，内修农战[2]，然后简其精锐，乘虚迭出，救右则击其左，救左则击其右，使我未劳而彼已困，不及三年，可坐克[3]也。今释庙胜之策，而决成败于一战，若不如志[4]，悔无及也。"绍不从。丰强谏，绍械系之。于是移檄州郡，数操罪恶。二月，进军黎阳。沮授临行，会其宗族，散财与之，曰："势存则威无不加，势亡则不保一身，哀哉！"绍遣颜良攻白马，沮授曰："良性促狭[5]，虽骁勇，不可独任。"绍不听。四月，操救白马，荀攸曰："今兵少不敌，必分其势乃可。公到延津，若将渡兵向其后者，绍必西应之，然后轻兵袭白马，掩其不备，颜良可擒也。"操从之。绍分兵西。操乃引军兼行趋白马，良来逆战。关羽望见良麾盖[6]，策马刺良于万众之中，斩其首而还，绍军莫能当。遂解白马之围，徙其民而西。绍渡河追之，沮授曰："胜负变化，不可不详。今宜留屯延津，分兵官渡，若其克获[7]，还迎不晚。设其有难，众弗可还。"绍不从。授临济[8]叹曰："上盈其志，下务其功[9]，悠悠黄河，吾其济乎？"遂以疾辞。绍不许，而意恨之。军至延津南，操勒兵驻营南阪[10]下，令骑解鞍放马。是时白马辎重就道，诸将以为敌骑多，不如还保营。荀攸曰："此所以饵敌[11]，

1　久持：长期维持。
2　农战：屯田。
3　坐克：不战而胜。
4　如志：随顺意愿，实现志愿。
5　促狭：气量狭小，心胸不宽。
6　麾盖：将帅用的旌旗伞盖。
7　克获：战胜并有所掳获。
8　临济：要渡河时。
9　上盈其志，下务其功：主上狂妄自大，下边将领只会贪功。
10　阪：山坡。
11　饵敌：设置钓饵以引诱敌人中计。

如何去之？"操顾攸而笑。绍骑将文丑与刘备将五六千骑前后至。诸将曰："可上马。"操曰："未也。"有顷，骑至稍多，或分趋辎重。操曰："可矣。"乃皆上马，纵击，大破之，斩丑。丑、良皆绍名将，再战擒之，绍军夺气[1]。初，操壮[2]关羽之为人，而察其无留意，使张辽以其情问之。羽叹曰："吾极知曹公待我厚，然吾受刘将军恩，誓以共死，不可背之。要当立效[3]以报曹公乃去耳。"辽以报操，操义之。及杀良，操知其必去，重加赏赐。羽尽封其所赐，拜书[4]告辞，而奔刘备于袁军。左右欲追之，操曰："彼各为其主，勿追也。"操还军官渡，阎柔遣使诣操，操以柔为乌桓校尉。鲜于辅来见，操以为度辽将军，还镇幽土[5]。

　　孙策卒，弟权代领其众策欲乘虚袭许，部署未发。会先所杀吴郡太守许贡奴客因其出猎，伏篁竹[6]中射之，中颊，创甚[7]。召张昭等谓曰："中国方乱，以吴、越之众，三江[8]之固，足以观成败，公等善相吾弟。"呼权，佩以印绶，谓曰："决机于两阵[9]之间，与天下争衡，卿不如我；举贤任能，各尽其心，以保江东，我不如卿。"遂卒，时年二十六。权悲号，未视事。昭曰："孝廉[10]，此宁哭时邪？"乃易权服，扶上马，使出巡军。上表朝廷，下移属城[11]，中外将校，各令奉职。周瑜自巴丘[12]将兵赴丧，留与张昭共掌众事。时策虽有会稽、吴郡、丹阳、豫章、庐江、庐陵[13]，然深险之地，犹未尽从，流寓[14]之士，皆以安危去

1　夺气：挫伤锐气，丧失勇气。
2　壮：以……为壮美，赞赏。
3　立效：立功。
4　拜书：写信给别人的敬词。
5　幽土：即幽州。
6　篁竹：竹名。
7　创甚：伤得很重。
8　三江：《汉书·地理志》以今江苏太湖尾闾吴淞江为南江，安徽芜湖市至江苏宜兴市间长江通太湖的青弋江、水阳江、胥溪和荆溪为中江，长江下游干流为北江，合称三江。
9　两阵：两军阵前。
10　孝廉：即孙权。孙权十五岁时曾被举孝廉，因此称"孝廉"。
11　下移属城：通知属下的郡县城池。
12　巴丘：古县名，治所位于今江西省吉安市峡江县西南，属庐陵郡。
13　庐陵：古郡名，辖今江西省永新、峡江、乐安、石城以南地区。
14　流寓：流落他乡居住。

就为意，未有君臣之固，而昭、瑜等谓权可与共成大业，遂委心¹而服事焉。

秋，袁绍遣刘备略汝颍²，曹操击走之。备复以绍兵至汝南汝南黄巾刘辟等叛曹操应袁绍，绍遣刘备将兵助辟，郡县多应之。阳安³都尉李通急录户调⁴，朗陵⁵长赵俨以书与荀彧曰：“今阳安百姓困穷，邻城并叛，易用倾荡⁶，乃一方安危之机也。且此郡人执忠守节，在险不贰⁷，以为国家宜垂慰抚⁸，而更急敛绵绢，何以劝善？”彧即白操，悉以绵绢还民，上下欢喜，郡内遂安。时操制新科⁹，下州郡，颇增严峻，而调绵绢方急。长广¹⁰太守何夔言于操曰：“先王辨九服之赋以殊远近，制三典之刑以平治乱¹¹。愚以为此郡宜依远域、新邦之典，其民间小事，使长吏临时随宜，上不背正法，下以顺百姓之心。比及三年，民安其业，然后乃可齐之以法也。”操从之。刘备略汝颍之间，操使曹仁击破走之，尽复收诸叛县。备还说绍南连刘表。绍遣备复至汝南，操遣将击之，为备所杀。

九月朔，日食。

袁绍攻曹操于官渡。冬，十月，操袭破其辎重，绍军大溃袁绍军阳武，沮授说曰：“北兵虽众而劲果¹²不及南，南兵虽精而资储¹³不如北。南幸于急战，北利在缓师。宜徐持久，旷以日月¹⁴。”绍不从。八月，绍进营稍前，东

1　委心：倾心。
2　汝颍：汝南和颍川地区。
3　阳安：古郡名，辖今河南省驻马店市确山县北部。
4　急录户调：紧急征收按户征收的赋税。录，收集，征收。户调，按户征收的赋税。
5　朗陵：古县名，治所位于今河南省驻马店市确山县西南。
6　倾荡：分崩离析，沦亡。
7　不贰：专一，无二心。
8　慰抚：安慰，抚慰。
9　新科：新立的科条。
10　长广：古郡名，辖今山东省青岛、莱阳、莱西、即墨诸市及海阳县地。
11　先王辨九服之赋以殊远近，制三典之刑以平治乱：古代的君王把赋税按照距王畿远近分为九等，而且根据治乱的不同情况订立了轻典、中典、重典三种刑法标准。九服，王畿以外的九等地区。
12　劲果：刚毅果敢。
13　资储：积蓄，储备。
14　旷以日月：拖延时间。

西数十里。操亦分营与相当，出兵战，不胜，复还坚壁[1]。绍为高橹[2]，起土山，为地道攻之。操众少粮尽，士卒疲乏，百姓多叛。操与荀彧书，议欲还许，以致[3]绍师。彧报曰："绍悉众聚官渡，欲与公决胜败。公以至弱当至强，若不能制，必为所乘，是天下之大机[4]也。且绍，布衣之雄耳，能聚人而不能用。以公之神武明哲[5]而辅以大顺，何向而不济[6]？今谷虽少，未若楚、汉在荥阳、成皋间也。是时刘、项莫肯先退者，以为先退则势屈也。公以十分居一之众，画地而守之，扼其喉而不得进，已半年矣。情见势竭[7]，必将有变。此用奇之时，不可失也。"操乃坚壁持之。绍运谷车数千乘至官渡，操击，烧之。十月，绍复遣军运谷，使淳于琼等将兵送之。沮授说绍："可别为支军[8]于表，以绝曹操之钞[9]。"许攸曰："曹操悉师拒我，许下势必空弱。若分遣轻军，星行[10]掩袭，许可拔也。许拔，则奉迎天子以讨操，操成擒矣。如其未溃，可令首尾奔命[11]，破之必矣。"绍皆不从。会攸家犯法，审配收系之，攸怒，遂奔操。操闻其来，跣[12]出迎之，抚掌笑曰："子卿远来，吾事济矣。"既入坐，谓操曰："袁氏军盛，何以待之？今有几粮乎？"操曰："可支一月，为之奈何？"攸曰："袁氏辎重万余乘，在故市、乌巢[13]。屯军无严备[14]，若以轻兵袭之，燔其积聚，不过三日，袁氏自败也。"操大喜，乃留荀攸、曹洪守营，自将步、骑五千，用袁

1　坚壁：坚固的壁垒。
2　高橹：即楼橹，军中用以瞭望、攻守的无顶盖的高台，建于地面或车、船之上。
3　致：招致，招引。
4　大机：事物变化的枢要、关键。
5　明哲：明智，洞察事理。
6　不济：不成功。济，成功。
7　情见势竭：真实情况败露，声势衰竭。
8　支军：主力部队以外的别部。
9　钞：掠取，抢掠。
10　星行：早夜急行，连夜急行。
11　首尾奔命：首尾不能兼顾，疲于奔命。
12　跣：光着脚。
13　故市、乌巢：故市，古县名，治所位于今河南省郑州市辖荥阳市东北。乌巢，古地名，因其南临乌巢泽而得名，位于今河南省新乡市封丘县西北。
14　严备：严密戒备。

军旗帜，衔枚缚马口，夜从间道出，人抱束薪[1]至屯，放火急击之。绍闻操击琼，谓其子谭曰："就操破琼，吾拔其营，彼固无所归矣。"乃使其将高览、张郃等攻操营。郃曰："曹公兵精，往必破琼，请先救之。"郭图固请攻操营。郃曰："曹公营固，攻之必不拔。若琼等见擒，吾属尽为虏矣。"绍但遣轻骑救琼，而以重兵攻营，不能下。骑至乌巢，操大破之，斩琼等，尽燔其粮谷。绍军恟惧[2]，郭图惭，复谮张郃。郃遂与览焚攻具[3]，诣操营降。于是绍军惊扰，大溃。绍及谭等幅巾乘马，与八百骑渡河。操追之不及，尽收其辎重、图书、珍宝。余众降者，操尽坑之，前后所杀七万余人。沮授为操军所执，大呼曰："授不降也。"操与之有旧，遂赦而厚遇焉。授寻谋归袁氏，操乃杀之。操收绍书中，得许下及军中人书，皆焚之，曰："当绍之强，孤犹不能自保，况众人乎？"冀州城邑多降于操。绍走至黎阳北岸，入其将蒋义渠营。义渠避帐而处之，使宣号令。众闻绍在，稍复归之。或谓田丰曰："君必见重矣。"丰曰："公貌宽而内忌，不亮[4]吾忠。若胜而喜，犹能赦我；今战败而恚，吾不望生。"绍谓逢纪曰："田别驾前谏止[5]吾，吾亦惭之。"纪曰："丰闻将军之退，拊手大笑，喜其言之中也。"绍于是谓僚属曰："吾不用田丰言，果为所笑。"遂杀之。绍为人宽雅[6]，有局度[7]，喜怒不形于色，而性矜愎[8]自高，短于从善，故至于败。

有星孛于大梁[9]。

以刘馥为扬州刺史庐江梅乾等聚众数万在江淮间，曹操表馥刺扬州。时扬州独有九江[10]，馥单马造合肥[11]空城，建立州治，招怀乾等。恩化[12]大行，流民

1　束薪：捆扎起来的柴木，一捆薪柴。
2　恟惧：纷扰惊惧。
3　攻具：攻城用的器械。
4　亮：相信，信任。
5　谏止：劝阻。
6　宽雅：宽大能容。雅，酒器，此处喻容积。
7　局度：才干气度。
8　矜愎：骄傲执拗。
9　大梁：古星次名，在十二支中为酉，在二十八宿中为胃、昴、毕三星宿。
10　时扬州独有九江：当时扬州属下只有九江郡控制在曹操手中。
11　合肥：古县名，治所位于今安徽省合肥市西，属九江郡。
12　恩化：恩惠教化。

归者以万数。于是广屯田，兴陂堨[1]，官民有畜[2]，乃聚诸生，立学校。又高为城垒，多积木石，以修战守之备。

以孙权为讨虏将军曹操闻孙策死，欲因丧伐之。张纮谏曰："乘人之丧，既非古义，若其不克，成仇弃好，不如因而厚之。"操即表权为讨虏将军，领会稽太守。操欲令纮辅权内附，乃以纮为会稽都尉。纮至吴，太夫人以权年少，委纮与张昭共辅之。纮思惟补察，知无不为[3]。鲁肃将北还，周瑜止之，因荐于权曰："肃才宜佐时[4]，当广求其比[5]以成功业。"权即见肃，与语，悦之。宾退，独引肃合榻[6]，对饮问计，肃曰："汉室不可复兴，曹操不可卒除。为将军计，惟有保守江东，以观天下之衅耳。若因北方多务[7]，剿除黄祖，进伐刘表，竟长江所极[8]，据而有之，此王业也。"张昭毁[9]肃年少粗疏，权益贵重之。权料诸小将兵少而用薄者，并合之。别部司马吕蒙军容鲜整[10]，士卒练习[11]。权大悦，增其兵，宠任之。功曹骆统劝权尊贤接士，勤求损益，飨赐之日，人人别进，问其燥湿，加以密意，诱谕使言，察其志趣[12]，权纳用焉。

刘表攻长沙、零陵、桂阳，皆下之刘表攻长沙、零陵、桂阳，皆平之。于是表地方数千里，带甲十余万，遂不供职贡[13]，郊祀天地，居处服用，僭拟乘舆焉。

---

1 陂堨：蓄水塘。
2 畜：积蓄。
3 思惟补察，知无不为：一心一意补过误，察得失，知道是应该做的，就一定去做。
4 佐时：辅佐当世之君治理国家。
5 比：接近，匹敌。
6 合榻：并合坐具或共用一榻。
7 多务：事务繁多。
8 竟长江所极：把长江流域全部控制。
9 毁：说别人坏话，诽谤。
10 鲜整：鲜明整齐。
11 练习：熟练谙习。
12 尊贤接士，勤求损益，飨赐之日，人人别进，问其燥湿，加以密意，诱谕使言，察其志趣：尊敬贤才，接纳各地士人，勤于征询对自己的意见，在宴会赏赐的日子每个人都分别接见，询问生活起居，以示亲近，鼓励发言，观察他们的能力与志向。诱谕，诱导教谕。
13 职贡：古代称藩属或外国对于朝廷按时的贡纳。

益州司马张鲁据汉中，从事赵韪作乱张鲁以刘璋暗懦[1]，遂据汉中。初，南阳、三辅民流入益州者数万家，刘焉悉收以为兵。璋性宽柔[2]，无威略[3]，东州人[4]侵暴旧民，璋不能禁。赵韪素得人心，因士民之怨遂作乱，攻璋，赂荆州，与连和，蜀郡、广汉、犍为皆应之。

辛巳六年（公元 201 年）

春，三月朔，日食。

夏，四月，曹操击袁绍仓亭[5]军，破之曹操以袁绍新破，欲以其间击刘表。荀彧曰："绍既新败，其众离心，宜乘其困遂定之。而欲远师江汉，若绍收其余烬[6]，乘虚以出人后，则公事去矣。"操乃扬兵[7]河上，击绍仓亭军，破之。

秋，九月，击刘备于汝南，备奔荆州操击备于汝南，备奔刘表。表闻备至，自出郊迎，以上宾礼待之。益其兵，使屯新野。备在荆州数年，尝于表坐起至厕，慨然流涕。表怪，问备，备曰："平常身不离鞍，髀肉[8]皆消，今不复骑，髀里肉生。日月如流，老将至矣，而功业不建，是以悲耳。"

赵韪围成都，败死韪既败死，其党巴郡太守庞羲欲为乱，遣吏程祁宣旨于其父汉昌[9]令畿，不得。羲怒，使人谓畿曰："不从太守，祸将及家。"畿曰："乐羊食子[10]，非无父子之恩，大义然也。今虽羹祁[11]以赐畿，畿啜[12]之矣。"羲

1　暗懦：愚昧懦弱。
2　宽柔：宽缓和柔。
3　威略：声威谋略。
4　东州人：即南阳、三辅等地的流民。
5　仓亭：古地名，位于今河南省濮阳市南乐县西。
6　余烬：被火烧剩的灰烬，此处比喻残余兵卒，残存者。
7　扬兵：举兵。
8　髀肉：大腿上的肉。
9　汉昌：古县名，治所即今四川省巴中市。
10　乐羊食子：乐羊担任魏将去攻打中山国，他的儿子在那里，中山的国君就烹煮了他的儿子，赐用他儿子的肉烹成的肉羹给他，乐羊不为所动，坐在营帐中吃了这肉羹，最终灭了中山国。
11　羹祁：把程祁做成肉羹。
12　啜：喝。

乃止。

张鲁取巴郡。诏以鲁为汉宁[1]太守张鲁以鬼道教民，使病者自首[2]其过，为之请祷，实无益于治病。然小人昏愚[3]，竞共事之。犯法者三原[4]，然后行刑。不置长吏，皆以祭酒[5]为治。民夷便乐之。后遂袭取巴郡，朝廷力不能征，遂就宠鲁为汉宁太守，通贡献[6]而已。民有地中得玉印者，群下欲尊鲁为汉宁王，阎圃谏曰："汉川[7]之民，户出十万，财富土沃，四面险固。上匡天子，则为桓、文，次及窦融，不失富贵。今承制署置[8]，势足斩断[9]，不烦于王。愿且不称，勿为祸先。"鲁从之。

壬午七年（公元 202 年）

春，正月，曹操复进军官渡。夏，五月，袁绍卒，幼子尚袭行州事，长子谭出屯黎阳，操攻败之袁绍惭愤[10]，发病，呕血薨。初，绍有三子：谭、熙、尚。绍后妻[11]刘氏爱尚，绍欲以为后，乃以谭继兄后，出为青州刺史。沮授谏曰："世称万人逐兔，一人获之，贪者悉止，分定[12]故也。谭当为嗣，而斥[13]使居外，祸其始此矣。"绍曰："吾欲令诸子各据一州，以视其能。"于是以熙为幽州刺史，甥高干为并州刺史。逢纪、审配素为谭所疾，辛评、郭图皆附于谭，而与配、纪有隙。及绍薨，众以谭长，欲立之。配等恐谭立而评等为

1　汉宁：古郡名，张鲁改汉中郡置，辖今陕西省秦岭以南，留坝、勉县以东，乾祐河流域及湖北省郧县、保康以西，米仓山、大巴山以北地。
2　自首：自行投案，承认罪责。
3　昏愚：糊涂而愚蠢。
4　三原：饶恕三次。
5　祭酒：天师道中首领的称号。
6　贡献：贡品。
7　汉川：汉水流域。
8　署置：部署设置，常指选用官吏。
9　势足斩断：形势上完全独立自主。
10　惭愤：羞愧愤恨。
11　后妻：男人续娶的妻子。
12　分定：名分确定。
13　斥：驱逐。

害，遂矫绍遗命，奉尚为嗣。谭至，不得立，自称车骑将军，屯黎阳。尚少与之兵，而使纪随之。谭求益[1]兵，配等不与，谭怒，杀纪。曹操攻谭，尚自将助之，与操相拒。谭、尚数败。

袁尚遣郭援、高干徇河东。钟繇击破之，斩援尚遣其将郭援、高干共攻河东，发使与马腾等连兵。援所经城邑皆下，河东郡吏贾逵守绛，援攻之急，父老约援不害逵乃降，援许之。既而以兵劫之，欲使为将，逵不动。左右使叩头，逵叱之曰："安有国家长吏为贼叩头？"援怒，将斩之，或伏其上以救之。吏民皆乘城呼曰："负约杀我贤君，宁俱死耳！"乃囚之壶关[2]。有祝公道者，夜盗出之。操使钟繇围南单于于平阳，未拔而援至。繇使张既说马腾，为言利害。腾疑未决。傅干说曰："智者转祸为福。今曹公与袁氏相持，而高干、郭援合攻河东，曹公虽有万全之计，不能禁河东之不危也。将军诚能引兵讨援，内外击之，其势必举。是将军一举断袁氏之臂，解一方之急，曹公必重德将军[3]，将军功名无与比矣。"腾乃遣子超将兵与繇会。初，诸将以郭援众盛，欲释平阳去[4]。繇曰："袁氏方强，援之来，关中阴与之通，所以未悉叛者，顾[5]吾威名故耳。若弃而去，示之以弱，所在之民，谁非寇仇[6]？纵吾欲归，其得至乎？此为未战先自败也。且援刚愎好胜，必易[7]吾军，若渡汾[8]为营，及其未济击之，可大克也。"援至，果径前渡汾，未半，繇击破之。南单于亦降。援，繇之甥也。校尉庞德斩之，繇见其头而哭。德谢[9]繇，繇曰："援虽吾甥，国之贼也，何谢之有？"

1　益：增加。
2　壶关：古县名，治所位于今山西省长治市北。
3　重德将军：感念将军的大德。
4　释平阳去：放弃平阳逃走。释，舍弃，抛弃。
5　顾：顾虑，顾及。
6　所在之民，谁非寇仇：当地的百姓，谁不是我的敌人。
7　易：轻视。
8　汾：古水名，即汾河，位于今山西省中部，为黄河第二大支流。
9　谢：道歉。

曹操责孙权任子[1]，权不受命曹操下书责孙权任子。权召群僚会议，张昭等犹豫不决。权引周瑜诣吴夫人前定议。瑜曰："昔楚国初封，不满百里，继嗣贤能，广土开境，遂据荆、扬，至于南海[2]，传业延祚[3]九百余年。今将军承父兄余资，兼六郡之众，兵精粮多，将士用命。铸山煮海[4]，境内富饶，有何逼迫而欲送质？质一入，不得不与曹氏相首尾[5]，与相首尾，则命召不得不往，如此，见制于人。极不过一侯印，仆从十余人，车数乘，马数匹，岂与南面称孤同哉？不如勿遣，徐观其变。若曹氏能率义[6]以正天下，将军事之未晚；若为暴乱，彼自亡之不暇，焉能害人？"吴夫人曰："公瑾议是也。公瑾与伯符[7]同年，小一月耳，我视之如子，汝其兄事之。"遂不送质。

癸未八年（公元203年）

春，二月，曹操攻黎阳，谭、尚败走。夏，四月，操追至邺而还。谭攻尚，不克曹操攻黎阳，谭、尚败走，还邺。操追至邺，诸将欲遂攻之，郭嘉曰："袁绍爱此二子，莫适立也[8]。今权力相侔，各有党与，急之则相保，缓之则争心生。不如南向荆州，以待其变，变成而后击之，可一举定也。"操曰："善。"留贾信守黎阳而还。谭谓尚曰："今曹军退，人怀归志，及其未济，出兵掩之，可令大溃，此策不可失也。"尚疑之，谭大怒，攻尚。谭败，引兵还南皮[9]。谭别驾王修自青州来救，谭欲更还攻尚，修曰："兄弟者，左右手也。今与人斗而断其右手，曰'我必胜'，其可乎？夫弃兄弟而不亲，天下其谁亲之？彼谗人离间骨肉以求一朝之利，愿塞耳勿听也。若斩佞臣数人，复相亲

1　任子：人质，为取信对方而用作抵押的人。
2　南海：指极南地区。
3　传业延祚：帝王之业代代相传，不断延续下去。
4　铸山煮海：开采山中铜矿以铸造钱币，烧煮海水而获得食盐，比喻善于开发自然资源。
5　首尾：比喻相呼应。
6　率义：行义。
7　伯符：即孙权的哥哥孙策，孙策字伯符。
8　莫适立也：没有一个适合做继承人的。
9　南皮：古县名，治所位于今河北省沧州市南皮县东北。

睦¹，以御四方，可横行于天下。”谭不从。

　　秋，八月，操击刘表。尚围谭于平原²。冬，十月，操还救，却之操击刘表，军于西平³。袁尚攻袁谭，大破之。谭奔平原，尚围之急。谭遣辛评弟毗诣曹操请救。刘表以书谏谭曰：“君子违难⁴不适仇国，交绝不出恶声，况忘先人之仇，弃亲戚之好，而为万世之戒，遗同盟之耻哉？若冀州不弟⁵，君当降志辱身⁶，以济事⁷为务，事定之后，使天下平其曲直，不亦为高义耶？”又与尚书曰：“青州天性峭急⁸，迷于曲直。君当先除曹操，以卒先公之恨，事定之后，乃议曲直之计，不亦善乎？若迷而不反，则是韩卢、东郭自困于前，而遗田父之获也⁹。”谭、尚皆不从。毗至西平，操群下多以为刘表方强，宜先平之。荀攸曰：“天下方有事，而刘表坐保江、汉之间，其无四方之志可知矣。袁氏据四州之地，带甲数十万，绍以宽厚得众心，使二子和睦以守其成业¹⁰，则天下之难未息也。令兄弟遘恶¹¹，其势不两全，若有所并则力专，力专则难图也。及其乱而取之，天下定矣。此时不可失也。”操从之，谓毗曰：“谭必可信，尚必可克不？”毗对曰：“明公无问信与诈也，直当论其势耳。袁氏兄弟相伐，本谓天下可定于己。而一旦求救于明公，此可知也。今其兵革败于外，谋臣诛于内，兄弟谗阋¹²，国分为二，连年战伐¹³，介胄生虮虱¹⁴，加以旱、蝗，饥馑并臻。

1　亲睦：亲厚和睦。
2　平原：古县名，治所位于今山东省德州市平原县西南。
3　西平：古县名，治所位于今河南省驻马店市西平县西。
4　违难：避难。
5　不弟：不悌，对兄长或长辈不恭顺。
6　降志辱身：降低自己的意志，屈辱自己的身分。
7　济事：成事。
8　峭急：严厉急躁。
9　韩卢、东郭自困于前，而遗田父之获也：韩卢狗和东郭兔互相追逐，先行自困，让耕田老农不劳而获。
10　成业：基业。
11　遘恶：结怨，交恶。遘，通“构”。
12　谗阋：攻讦争吵。
13　战伐：征战，战争。
14　虮虱：虱子及其卵。

今往攻邺，尚不还救，即不能自守。还救，则谭踵其后[1]。此乃天亡尚之时也。天以尚与明公，明公不取而伐荆州，荆州丰乐[2]，国未有衅。二袁不务远略而内相图，朝不谋夕，民命靡继[3]，而不绥之，欲待他年。他年或登，又自知亡而改修厥德[4]，失所以用兵之要矣。今因其请救而抚之，利莫大焉。且四方之寇，莫大于河北。河北平，则六军[5]盛而天下震矣。"操曰："善。"乃许谭平[6]。十月，至黎阳。尚闻操渡河，乃释平原还邺。操引军还。

孙权遣兵讨山越，平之孙权西伐黄祖，破其舟军[7]，而山寇复动。权还，使吕范等讨之，又以吕蒙等守剧县[8]令、长，悉平之。贺齐讨建安[9]，料[10]出兵万人，权以为平东校尉。

甲申九年（公元204年）

春，二月，袁尚复攻谭。夏，四月，曹操攻邺。秋，七月，尚还战，败走幽州。操遂入邺，自领冀州牧正月，曹操济河，遏淇水入白沟，以通粮道[11]。二月，尚复攻谭于平原，留审配守邺。操为土山、地道以攻之。又攻绝其粮道。五月，凿堑围城，周回[12]四十里。初令浅，示若可越。配望见，笑之，不出争利。操一夜浚之，广深二丈，引漳水灌之，城中饿死者过半。七月，尚

1　踵其后：跟在后面攻击。
2　丰乐：岁丰熟，民安乐。
3　民命靡继：百姓的生命没有保障。
4　自知亡而改修厥德：醒悟到自己已濒临危亡而痛改前非。
5　六军：天子所统领的军队。
6　平：和好。
7　舟军：水军。
8　剧县：山越最为活跃的县。剧，猛烈。
9　建安：古县名，治所位于今福建省南平市辖建瓯市南。
10　料：选择，挑选。
11　曹操济河，遏淇水入白沟，以通粮道：曹操渡过黄河，派人堵住淇水，使共流入白沟，以便运输军粮。白沟，即卫河，原为一小水，位于今河南省鹤壁市浚县西南，东北流至黎山西北，与宿胥故渎合。
12　周回：环绕，回环。

将万余人还救邺，先使主簿李孚入城。孚着平上帻[1]，投暮[2]诈称都督，历北围而东，呵责[3]守围将士，随轻重行罚。遂历操营，前至南围，责怒守者，收缚之，因开其围，驰到城下，呼城上人得入。操闻笑曰："此非徒得入也，方且复出。"孚知围不可复冒[4]，乃请配悉出城中老弱以省谷，夜持白幡[5]出降，孚随辈[6]出，突围得去。尚兵既至，配出兵城北，操逆击之，败还。尚亦破走，依曲漳[7]为营，操遂围之。尚惧，求降，不听，众溃，奔中山。审配杀辛毗家属，令士卒坚守死战，伏弩射操，几中。配兄子荣开门内操兵。配拒战被执，毗以马鞭击其头而骂之，配顾曰："狗辈，正由汝曹，破我冀州，恨不得杀汝也，且汝今日能杀生[8]我耶？"操引见配，欲活之。配意气壮烈，终无挠辞[9]，遂斩之。操乃临祀[10]绍墓，哭之流涕。慰劳绍妻，还其家人宝物，赐缯絮、廪食。初，绍与操共起兵，绍问操曰："若事不辑[11]，则方面何所可据？"操曰："足下意以为何如？"绍曰："吾南据河，北阻燕、代，兼戎狄之众，南向以争天下，庶可以济乎？"操曰："吾任天下之智力，以道御之，无所不可。"九月，诏以操领冀州牧，操让还兖州。初，尚遣从事牵招至上党，闻尚走，说高干以并州迎之，不从。招乃诣操，复为从事。操又辟崔琰为别驾，谓曰："昨案户籍，可得三十万众，故为大州也。"对曰："今九州幅裂[12]，二袁亲寻干戈，冀方蒸庶[13]，暴骨原野，未闻王师存问风俗，救其涂炭，而唯以校计[14]甲兵为先，斯

1　平上帻：武官所戴的一种平顶头巾。
2　投暮：傍晚。
3　呵责：呵斥。
4　冒：侵犯，违犯。
5　白幡：战败者表示投降的白旗。
6　随辈：追随众人。
7　曲漳：漳水拐弯处。
8　杀生：生杀，谓主宰生死。
9　挠辞：屈服的言辞。
10　临祀：亲临祭祀。
11　辑：安定，和睦。
12　幅裂：如布幅的撕裂。
13　冀方蒸庶：冀方，泛指中原地区。蒸庶，民众，百姓。
14　校计：计算，核算。

岂鄃州士女所望于明公哉？"操改容谢之。许攸恃功骄嫚[1]，操竟杀之。

冬，十月，有星孛于东井。

高干以并州降，复以为刺史。

十二月，曹操攻平原，拔之。袁谭走保南皮袁谭复背曹操，操与书责之，然后进讨。谭拔平原，走保南皮。操入平原，略定诸县。

公孙度卒，子康袭行郡事曹操表度为武威将军，封永宁乡侯。度曰："我王辽东，何永宁也？"藏印绶于武库。是岁卒，子康嗣。

丹阳郡吏杀其太守孙翊，翊妻徐氏讨杀之丹阳督妫览、丞戴员杀太守孙翊。览欲逼娶翊妻徐氏，徐绐之曰："乞须晦日[2]设祭除服，然后听命。"潜使所亲语翊旧将孙高、傅婴等，与共图览。高、婴涕泣许诺，密呼翊时侍养[3]者二十余人，与盟誓合谋。晦日，设祭，徐哭泣尽哀毕，乃除服，熏香沐浴，言笑欢悦。览密觇[4]，无复疑意。徐呼高、婴置户内，使人召览入。适得一拜，徐大呼："二君可起！"高、婴俱出，共杀览，余人即就外杀员。徐氏乃还缞绖[5]，奉览、员首以祭翊墓，举军震骇。孙权族诛览、员余党，擢高、婴为牙门[6]。

乙酉十年（公元 205 年）

春，正月，曹操攻南皮，克之，斩袁谭曹操攻南皮，袁谭出战，士卒多死。操欲缓之，议郎曹纯曰："今县师[7]深入，难以持久，若进不能克，退必丧威。"乃自执桴鼓[8]以率攻者，遂克之。谭出走，追斩之。告谕吏民，各安故业。斩郭图等及其妻子。王修诣操，乞收葬谭尸，许之，辟为司空掾。郭嘉说

1　骄嫚：骄傲怠慢。
2　晦日：农历每月最后一天。
3　侍养：奉养。
4　密觇：暗中窥探。
5　缞绖：丧服，亦指服丧。
6　牙门：武将。
7　县师：深入敌方、缺乏后援的孤军。
8　桴鼓：战鼓。

操多辟青、冀、幽、并名士为掾属，操从之。官渡之战，袁绍使陈琳为檄书，数操罪恶，连及家世，极其丑诋。及是琳归操，操曰："卿昔为本初移书，但可罪状孤身，何乃上及父、祖邪？"琳谢罪，操释之，使与阮瑀俱管记室[1]。

幽州将吏逐刺史袁熙，遣使降操。熙、尚俱奔乌桓袁熙为其将焦触、张南所攻，与尚俱奔辽西乌桓。触自号幽州刺史，驱率[2]守、令背袁向曹，陈兵数万，杀白马而盟，令曰："敢违者斩！"众莫敢仰视，各以次歃[3]。别驾韩珩曰："吾受袁公父子厚恩，今其破亡，智不能救，勇不能死，于义阙[4]矣。若乃北面曹氏，所不能为也。"一座[5]失色。触曰："夫举大事当立大义，事之济否不待一人，可卒珩志，以厉事君[6]。"乃舍之。

夏，四月，黑山贼帅张燕降。

冬，十月，**高干复叛，诏以杜畿为河东太守**高干复以并州叛，守壶关口。河内张晟，众万余人，寇崤渑[7]间。河东太守王邑被征，郡掾卫固、范先等诣钟繇，请留之。繇不许。固等与干通谋。曹操谓荀彧曰："关西诸将外服内贰[8]，张晟寇乱，南通刘表，固等因之，将为深害。当今河东，天下之要地也，君为我举贤才以镇之。"彧曰："京兆杜畿，勇足以当难，智足以应变。"操乃以畿为河东太守。固等使兵绝陕[9]，畿至数月不得渡。操遣夏侯惇讨固等，未至，畿曰："河东有三万户，非皆欲为乱也。今兵迫之急，欲为善者无主，必惧而听于固。固等势专，必以死战。讨之不胜，为难未已；讨之而胜，是残一郡之民也。且固等未显绝王命，外以请故君为名，必不害新君。吾单车直往，

1　记室：古官名，诸王、三公及大将军属官，掌章表、书记、文檄。
2　驱率：驱使率领。
3　歃：饮血。
4　阙：欠缺，不完善。
5　一座：全部在座的人。
6　以厉事君：以勉励忠心事主的人。
7　崤渑：古地名，又称崤塞，位于今河南省三门峡市陕县东南、渑池县西，是崤山与渑池间交通要隘。
8　外服内贰：表面服顺，内里怀有二心。
9　绝陕：切断黄河上的陕津渡口。

出其不意，固为人多计而无断，必伪受吾。吾得居郡一月，以计縻之[1]，足矣。"
遂诡道从郖津渡[2]。范先欲杀畿，乃于门下斩杀主簿以下三十余人，畿举动自
若。于是固曰："杀之无损，徒有恶名，且制之在我。"遂奉之。畿曰："卫、
范，河东之望[3]也，吾仰成[4]而已。然君臣有定义[5]，成败同之，大事当共平议。"
以固为都督，行丞事，领功曹。将校、吏兵三千余人，皆先督之。固欲大发兵，
畿曰："今大发兵，众情必扰，不如徐以赀[6]募兵。"固以为然，从之，得兵甚
少。畿又曰："人情顾家，诸将掾史可分遣休息，急缓召之不难。"固等恶逆
众心，又从之。于是善人在外，阴为己援；恶人分散，各还其家。会白骑攻东
垣[7]，高干入濩泽[8]。畿乃单将数十骑赴坚壁而守之，吏民多举城助畿者。固等与
干、晟共攻，不下，略无所得。会操征马腾等至，击晟、固等，破斩之。于是
畿务崇宽惠，民有辞讼，为陈义理，遣归谛思[9]之，父老皆自相责怒，不敢讼。
劝耕桑，课畜牧，百姓丰实[10]。然后兴学校，举孝弟，修戎事，讲武备，河东遂
安。畿在河东十六年，常为天下最。

以荀悦为侍中时政在曹氏，悦志在献替[11]，而谋无所用，故作《申鉴》五
篇奏之，其大略曰："为政之术，先屏四患，乃崇五政。伪乱俗，私坏法，放
越轨，奢败制[12]，四者不除，则政末由[13]行矣，是谓四患。兴农桑以养其生，审

1　以计縻之：用计策稳住他。
2　诡道从郖津渡：走捷径从郖津渡过黄河。诡道，间道，捷径。郖津渡，古黄河渡口，又
　名陌底渡，位于今山西省运城市芮城县陌南镇南。
3　望：有名的人。
4　仰成：依赖别人取得成功。
5　定义：明确的大义。
6　赀：财货。
7　白骑攻东垣：白骑，鲜卑骑兵。东垣，古县名，治所位于今山西省运城市垣曲县西。
8　濩泽：古泽薮名，位于今山西省晋城市阳城县西㽘峡山下。相传舜渔于濩泽，即此。
9　谛思：熟思。
10　丰实：丰裕殷实。
11　献替："献可替否"的简称，进献可行者，废去不可行者。
12　伪乱俗，私坏法，放越轨，奢败制：以虚伪败坏风俗，用私心破坏法纪，行为放荡超越
　正常尺度，奢侈靡费损坏国家制度。
13　末由：无由。

好恶以正其俗，宣文教以彰其化，立武备以秉[1]其威，明赏罚以统其法，是谓五政。人不畏死，不可惧以罪；人不乐生，不可劝以善。故在上者，先丰民财以定其志，是谓养生。善恶要乎功罪[2]，毁誉效于准验[3]，听言责事，举名察实，无或[4]诈伪以荡众心。故俗无奸怪[5]，民无淫风[6]，是谓正俗。荣辱者，赏罚之精华也，故礼教、荣辱以加君子，化[7]其情也；桎梏、鞭扑[8]以加小人，化其形也。若教化之废，推中人而坠于小人之域；教化之行，引中人而纳于君子之途，是谓彰化。在上者必有武备以戒不虞[9]，安居则寄之内政，有事则用之军旅，是谓秉威。赏罚，政之柄也。人主不妄赏，非爱其财也，赏妄行，则善不劝矣。不妄罚，非矜[10]其人也，罚妄行，则恶不惩矣。赏不劝，谓之止善；罚不惩，谓之纵恶。在上者能不止下为善，不纵下为恶，则国法立矣。是谓统法。四患既蠲，五政又立，行之以诚，守之以固，简而不怠，疏而不失，垂拱揖让[11]，而海内平矣。"悦，爽之兄子也。

丙戌十一年（公元 206 年）

春，正月，有星孛于北斗[12]。

曹操击高干，斩之。以梁习为并州刺史时荒乱[13]之余，胡狄雄张，吏民

1　秉：主持，掌握。
2　功罪：功劳和罪过。
3　准验：事实的验证。
4　无或：不要。
5　奸怪：奸邪不正。
6　淫风：放荡的风气。
7　化：感化，转变人心。
8　鞭扑：用鞭子或棍棒抽打。
9　不虞：意料不到的事。
10　矜：怜惜，怜悯。
11　揖让：礼乐文德。
12　北斗：大熊星座的一部分恒星，七颗亮星在北天排列成斗形。七颗星名是天枢、天璇、天玑、天权、玉衡、开阳和摇光。前四颗称斗魁，又名璇玑；后三颗称斗柄，又名玉衡。
13　荒乱：年荒世乱。

亡叛，入其部落。兵家拥众，各为寇害[1]。习到官，诱喻[2]招纳，皆礼召其豪右，稍荐举，使诣幕府。次发诸丁强[3]以为义从。又因大军出征，令诸将分请以为勇力[4]。吏兵已去之后，稍移其家，前后送邺，凡数万口。其不从命者，兴兵致讨。单于恭顺，名王稽颡，服事供职，同于编户[5]。边境肃清，百姓布野[6]，勤劝农桑，令行禁止。习乃贡达[7]名士常林、杨俊之徒，后皆显名[8]。

以仲长统为尚书郎[9]初，山阳仲长统游学至并州，过高干。干善遇之，访以世事。统谓干曰："君有雄志而无雄才，好士而不能择人，所以为君深戒也。"干不悦，统去之。干死，荀彧举统为尚书郎。统尝著论曰《昌言》，其略曰："豪杰之当天命者，未始有天下之分[10]者也。无天下之分，故战争者竞起焉。角智者皆穷，角力者皆负，形不堪复忧，势不足复校[11]，乃始羁首系颈，就我之衔绁耳[12]。及继体之时，豪杰之心既绝，士民之志已定，贵有常家，尊在一人。当此之时，虽下愚[13]之才居之，犹能使恩同天地，威侔鬼神。彼见天下莫敢与之违，自谓若天地之不可亡也，乃奔其私嗜[14]，骋其邪欲，君臣宣淫[15]，上下同恶，荒废庶政，弃忘人物。信任亲爱者，尽佞谄容说[16]之人；宠贵隆丰[17]者，

1　寇害：贼寇之害。
2　诱喻：诱导教喻。
3　丁强：健壮的人。
4　勇力：勇猛而有气力的人。
5　编户：编入户口的平民。
6　布野：布满田野。
7　贡达：推荐。
8　显名：显扬名声，名声显扬。
9　尚书郎：古官名，尚书分曹办事，担任曹务的称尚书郎。初上台称守尚书郎，中岁满称尚书郎，三年称侍郎。
10　天下之分：统一天下的名分。
11　形不堪复忧，势不足复校：形势不允许再对抗，也不足以再较量。
12　始羁首系颈，就我之衔绁耳：才开始被捉住头，捆住颈，置于我们的控制之下。衔绁，马的嚼口和缰绳，形容制驭，驾驭。
13　下愚：极愚蠢的人。
14　私嗜：个人嗜好。
15　宣淫：公然淫乱，毫无避忌。
16　佞谄容说：佞谄，谄媚奉承。容说，存身，容身。
17　宠贵隆丰：宠贵，尊荣显贵。隆丰，贵显，富贵。

尽后妃姬妾之家。遂至熬天下之脂膏，斫生民之骨髓，怨毒无聊[1]，祸乱并起，中国扰攘[2]，四夷侵叛，土崩瓦解，一朝而去，昔之为我哺乳之子孙者，今尽是我饮血之寇仇也。至于运徙势去，犹不觉悟者，岂非富贵生不仁，沉溺致愚疾邪？存亡以之迭代[3]，治乱从此周复[4]，天道常然之大数[5]也。"

乌桓寇边乌桓乘天下乱，略有汉民十余万户，蹋顿尤强，为绍所厚，故袁尚兄弟归之，数入塞为寇，欲助尚复故地。曹操将击之，先凿平虏、泉州渠[6]以通运。

丁亥十二年（公元207年）

春，二月，曹操封功臣为列侯。

夏，操击乌桓。秋，八月，破之，斩蹋顿。袁熙、袁尚奔辽东，公孙康斩之曹操将击乌桓，诸将皆曰："袁尚，亡虏[7]耳，夷狄贪而无亲，岂能为尚用？今深入征之，刘备必说刘表以袭许，万一为变，事不可悔。"郭嘉曰："公虽威震天下，胡恃其远，必不设备。因其无备，卒然击之，可破灭也。且袁绍有恩于民夷，而尚兄弟生存。今舍而南征，尚因乌桓之资，招其死主之臣，以生蹋顿之心，恐青、冀非己之有也。表，坐谈客[8]耳，自知才不足以御备，重任之则恐不能制，轻任之则备不为用，虽虚国[9]远征，公无忧矣。"操从之。行至易，嘉曰："兵贵神速。今千里袭人，辎重多，难以趋利[10]。不如轻兵

1　无聊：贫穷无依。
2　扰攘：骚乱，纷乱。
3　迭代：更替。
4　周复：循环，反复。
5　天道常然之大数：天地运行常态的大势。常然，常态，自然之性。大数，大势。
6　平虏、泉州渠：平虏，起自呼沱（今滹沱河），下入泒水（上游即今沙河，故道下游至天津市区入海）。泉州渠，为沟通潞河和沟河而凿，渠因在泉州县（位于今天津市武清区境内）而名。
7　亡虏：逃亡的罪人。
8　坐谈客：缺乏实际能力的清谈客。
9　虚国：空其国。
10　趋利：求胜，取胜。

兼道[1]以出，掩其不意。"初，袁绍数遣使召田畴，又即授将军印，使统其众，畴皆拒之。然每忿乌桓多杀其本郡冠盖，意欲讨之，而力未能。至是操遣使辟之，畴即至，随军次无终。时方夏水雨，而滨海洿下[2]，泞滞[3]不通，虏亦遮守蹊要[4]，军不得进。畴曰："此道秋、夏有水，浅不通车马，深不载舟船，为难久矣。旧北平郡治在平冈[5]，道出卢龙[6]，达于柳城。自建武以来，陷坏断绝，尚有微径[7]。若回军从卢龙口越白檀[8]之险，出空虚之地，路近而便，掩其不备，蹋顿可不战而擒也。"操令畴将其众为乡导[9]，上徐无山，堑山堙谷五百余里，经白檀，历平冈，涉[10]鲜卑庭，东指柳城。未至二百里，虏乃知之。尚、熙与蹋顿等将数万骑逆[11]军。八月，操登白狼山[12]，卒与虏遇，纵兵击之，虏众大崩，斩蹋顿，降者二十余万。尚、熙奔辽东，尚有数千骑。或劝操遂击之，操曰："吾方使公孙康送尚、熙首，不烦兵矣。"九月，引还。康果斩尚、熙首送之。诸将或问操，操曰："彼素畏尚、熙，吾急之则并力，缓之则自相图，其势然也。"操枭尚首，令敢哭者斩。牵招独设祭悲哭，操义而举之。时天寒且旱，二百里无水，军又乏食，杀马数千匹以为粮，凿地三十余丈方得水。既还，科问[13]前谏者，皆厚赏之，曰："孤前行，乘危以徼幸，不可以为常。诸君之谏，万安之计，是以相赏，后勿难言之。"封田畴为亭侯。畴曰："吾始为刘公报仇，率众遁逃。志义[14]不立，反以为利，非本志也。"固让不受。后操复欲封之，

1　兼道：兼程，加倍赶路。
2　洿下：低洼。
3　泞滞：泥水淤积难行。
4　遮守蹊要：遮守，拦截防守。蹊要，险要。
5　平冈：古县名，即平刚县，治所位于今辽宁省朝阳市辖凌源市西南。
6　卢龙：古县名，治所即今河北省秦皇岛市卢龙县。
7　微径：小路。
8　白檀：古县名，治所位于今河北省承德市滦平县东北，因白檀山而名。
9　乡导：向导，带路的人。乡，通"向"。
10　涉：经过。
11　逆：迎击，迎战。
12　白狼山：一名白鹿山，又称白狼堆，即位于今辽宁省朝阳市喀喇沁左翼蒙古族自治县南大阳山。
13　科问：查问。
14　志义：志向节操。

畴上疏陈诚[1]，以死自誓，操使畴所善夏侯惇喻之，畴曰："畴负义逃窜之人耳，蒙恩全活，为幸多矣，岂可卖卢龙之塞以易赏禄哉？必不得已，请效死，刎首于前。"言未卒，涕泣横流。惇以白操，操知不可屈，乃拜议郎。操之北伐也，刘备说刘表袭许，表不能用。至是，表谓备曰："不用君言，故为失此大会[2]。"备曰："今天下分裂，日寻干戈[3]，事会[4]之来，岂有终极乎？若能应之于后者，则此未足为恨也。"

冬，十月，有星孛于鹑尾[5]。

孙权母吴氏卒吴氏病笃，引见张昭，属以后事而卒。

刘备见诸葛亮于隆中[6]初，琅邪诸葛亮寓居襄阳[7]隆中，每自比管仲、乐毅，时人莫之许[8]也，惟颍川徐庶、崔州平然之。州平，烈之子也。刘备访士于襄阳司马徽。徽曰："儒生俗士，岂识时务？识时务者在乎俊杰，此间自有伏龙、凤雏。"备问为谁，曰："诸葛孔明、庞士元也。"徐庶亦谓备曰："诸葛孔明，卧龙也，将军岂愿见之乎？"备曰："君与俱来。"庶曰："此人可就见[9]，不可屈致[10]也，将军宜枉驾顾之[11]。"备由是诣亮，凡三往，乃见。因屏[12]人，曰："汉室倾颓[13]，奸臣窃命[14]，孤不度德量力，欲信大义于天下，而智术[15]浅短，遂用猖蹶[16]，至于今日。然志犹未已，君谓计将安出？"亮曰："今曹操已

1　陈诚：表达出一片赤诚之心。
2　大会：大好机会。
3　寻干戈：动用刀兵。寻，用。
4　事会：机遇，时机。
5　鹑尾：古星次名，指翼、轸二宿，古以为楚之分野。
6　隆中：古地名，位于今湖北省襄阳市襄城区西。
7　襄阳：古郡名，辖今湖北省襄阳、宜城、远安等市县地。
8　莫之许：不认可。
9　就见：前去拜见。
10　屈致：委屈招致。
11　枉驾顾之：屈驾去拜访他。枉驾，屈驾，称人来访或走访的敬辞。顾，拜访。
12　屏：退避。
13　倾颓：衰亡，衰败。
14　窃命：盗用国家权柄，即专权，窃国。
15　智术：计谋，手段。
16　猖蹶：颠覆，失败。

拥百万之众，挟天子而令诸侯，此诚不可与争锋。孙权据有江东已历三世，国险而民附，贤能为之用，此可与为援而不可图也。荆州北据汉沔[1]，利尽南海[2]，东连吴会[3]，西通巴、蜀，此用武之国，而其主不能守，此殆天所以资将军也。益州险塞[4]，沃野千里，天府[5]之土。刘璋暗弱，张鲁在北，民殷国富而不知存恤[6]，智能之士[7]思得明君。将军既帝室之胄[8]，信义著于四海，若跨有荆、益，保其岩阻[9]，西和诸戎，南抚夷越[10]，外结孙权，内修政理，天下有变，则命一上将将荆州之军以向宛洛[11]，将军身率益州之众出于秦川[12]，百姓孰敢不箪食壶浆[13]以迎将军者乎？诚如是，则霸业可成，汉室可兴矣。”备曰：“善。”于是与亮情好[14]日密。关羽、张飞不悦，备解之曰：“孤之有孔明，犹鱼之有水也。愿诸君勿复言。”羽、飞乃止。徽清雅[15]，有知人之鉴[16]。同县庞德公素有重名，徽兄事之。亮每至其家，独拜床下，德公初不令止。士元名统，德公从子也，少朴钝[17]，未有识者，唯德公与徽重之。德公常谓孔明为卧龙，士元为凤雏，德操为水鉴[18]。故德操与备语而称之。

1　汉沔：汉水和沔水。据《水经注》，汉水北源出自今陕西汉中市留坝县西，一名沮水者为沔水；西源出自今汉中市宁强县北者为汉水。两水合流后通称汉水。
2　利尽南海：南方直通南海。南海，泛指南方的海。
3　吴会：东汉分会稽郡为吴、会稽二郡，并称“吴会”。后亦泛称此两郡故地为吴会。
4　险塞：崎岖阻塞。
5　天府：天然的府库，比喻物产富饶。
6　存恤：爱抚，爱惜。
7　智能之士：拥有智谋与才能的人。
8　胄：后代子孙。
9　岩阻：险阻之处。
10　夷越：古代对长江中下游以南各族聚居地区之称。
11　宛洛：二古邑的并称，即今之河南省南阳市和洛阳市。
12　秦川：古地区名，泛指今陕西、甘肃的秦岭以北平原地带，因春秋、战国时地属秦国而得名。
13　箪食壶浆：百姓用箪盛饭、用壶盛汤来欢迎他们爱戴的军队。食，食物。浆，汤。
14　情好：交谊，友情。
15　清雅：清高拔俗。
16　知人之鉴：同“知人之明”，能认识人品行和才能的眼力。
17　朴钝：朴实而不聪敏。
18　德操为水鉴：司马徽是“水镜”。德操，司马徽的字。

戊子十三年（公元 208 年）

春，正月，曹操还邺，作玄武池以肄[1]舟师。

孙权击江夏太守黄祖，破斩之初，巴郡甘宁将僮客[2]八百人归刘表，观表事势，终必无成，欲东入吴。黄祖在夏口[3]，军不得过，乃留依祖。三年，祖以凡人畜之。孙权击祖，祖军败走，权校尉凌操急追之。宁射杀操，祖得免。军罢，还营，待宁如初。都督苏飞数荐宁，不用，乃白以为邾长[4]。宁遂亡奔孙权，周瑜、吕蒙共荐达之。宁献策曰："今汉祚日微，曹操终为篡盗[5]。南荆形便[6]，诚国之西势也。宁观刘表，虑既不远，儿子又劣，至尊[7]当早图之，不可后操。图之之计，宜先取黄祖。祖今昏耄[8]已甚，财谷并乏，左右贪纵，吏士心怨，舟船战具，顿废[9]不修，怠于耕农，军无法伍[10]，至尊今往，其破可必。一破祖军，鼓行而西，据楚关[11]，大势弥广[12]，即可渐规巴、蜀矣。"权深纳之。张昭难曰："今吴下业业[13]，若军果行，恐必致乱。"宁谓昭曰："国家以萧何之任付君，君居守而忧乱，奚以希慕古人乎[14]？"权举酒属宁曰："兴霸，今年行讨[15]，如此酒矣，决以付卿。但当勉建[16]方略，何嫌张长史之言乎？"权遂西击黄祖。

1　肄：练习。
2　僮客：奴仆。
3　夏口：古地名，又称沔口，为夏水（汉水）入长江之口，位于今湖北省武汉市黄鹄山东北。
4　邾长：邾县的县长。邾县，古县名，治所位于今湖北省黄冈市黄州区西北。
5　篡盗：篡权盗位。
6　形便：地理形势有利。
7　至尊：皇帝的代称。
8　昏耄：昏聩，糊涂。
9　顿废：废弃。
10　法伍：规定的军队编制。
11　楚关：楚国关塞，泛指楚境。
12　弥广：更加广大。
13　业业：危惧貌。
14　奚以希慕古人乎：用什么来效法古代名臣呢。
15　行讨：进行讨伐。
16　勉建：努力制定。

祖横两蒙冲[1]，挟守沔口，大绁系矴[2]，千弩交射，军不得前。将军董袭、司马凌统各将敢死百人，人被两铠[3]，乘大舸[4]，突入蒙冲里。袭以刀断绁，蒙冲乃横流，大兵遂进。祖令陈就逆战。吕蒙亲枭就首。于是水陆并进，遂屠其城。祖挺身走，追斩之。又欲杀苏飞，甘宁下席，叩头流涕，言："飞旧恩，乞其首领[5]。"权乃舍之。凌操子统欲杀宁，权命统不得仇之，令宁屯他所。

　　夏，六月，罢三公官。曹操自为丞相操以崔琰为西曹掾，毛玠为东曹掾，司马朗为主簿，弟懿为文学掾。琰、玠并典选举，其所举用皆清正[6]之士，虽有盛名而行不由本[7]者，终莫得进。拔敦实，斥华伪，进冲逊，抑阿党[8]。由是士以廉节[9]自励，虽贵宠，舆服[10]不敢过度。长吏还者，垢面羸衣[11]，独乘柴车[12]。军吏入府，朝服徒行[13]。吏洁于上，俗移于下。操闻之，叹曰："用人如此，使天下人人自治，吾复何为哉？"懿少聪达，多大略。琰谓朗曰："君弟聪亮明允，刚断英特[14]，非子所及也。"操闻而辟之，懿辞以风痹[15]。操怒，欲收之，懿惧，就职。操幼子仓舒卒，操伤惜[16]之甚。掾邴原有女早亡，操欲求与仓舒合葬。原辞曰："嫁殇[17]，非礼也。原之所以自容于明公，公之所以待原者，以能

1　蒙冲：具有良好防护的进攻性快艇，又作艨冲、艨艟。
2　挟守沔口，大绁系矴：封锁沔口，用粗大的棕绳捆住巨石，作为碇石，固定船身。绁，绳索。
3　铠：铠甲，古代作战时穿的护身衣。
4　大舸：大船。
5　首领：脑袋。
6　清正：清廉公正。
7　行不由本：品行不佳，不守本分。
8　拔敦实，斥华伪，进冲逊，抑阿党：选拔敦厚诚实的人才，排斥虚浮诈伪之人，进用谦虚恭谨的长者，抑制结党营私的小人。敦实，敦厚诚实。华伪，虚浮诈伪。冲逊，谦虚恭谨。阿党，逢迎上意，徇私枉法，比附于下，结党营私。
9　廉节：清廉有节操。
10　舆服：车舆冠服与各种仪仗。古代车舆与冠服都有定式，代表尊卑等级。
11　垢面羸衣：蓬头垢面，衣服破烂。
12　柴车：简陋无饰的车子。
13　徒行：步行。
14　聪亮明允，刚断英特：聪亮，聪明亮察。明允，明察而诚信。刚断，果断。英特，才智超群。
15　风痹：亦作"风痹"，因风寒、湿侵袭而引起的肢节疼痛或麻木的病症。
16　伤惜：哀伤惋惜。
17　嫁殇：男女夭亡后，生者为之议婚，嫁女而合葬之。

守训典¹而不易也。若听明公之命，则是凡庸²也，明公焉以为哉？”操乃止。

以马腾为卫尉以腾子超为偏将军，代统其众。

秋，七月，曹操击刘表。

八月，操杀太中大夫孔融，夷其族融恃其才望³，数戏侮⁴曹操，又上书言："宜准古王畿之制，千里寰⁵内不以封建诸侯。"操疑融所论建⁶渐广，益惮之。融与御史大夫郗虑有隙，虑承操旨，奏："融昔在北海，招合⁷徒众，欲规不轨。与孙权使语，谤讪朝廷。又与祢衡更相赞扬，衡谓'仲尼不死'，融答'颜回复生'，大逆不道。"操遂收融，并其妻子皆杀之。初，京兆脂习与融善，每戒融刚直太过，必罹世患⁸。及融死，许下莫敢收者。习往抚尸，曰："文举舍我死，吾何用生为？"操收习，欲杀之，既而赦之。

刘表卒。九月，操至新野，表子琮举州降初，刘表二子，琦、琮。表为琮娶其后妻蔡氏之侄，蔡氏遂爱琮而恶琦。琦不自宁，与诸葛亮谋自安之术，亮不对。后乃与亮升楼去梯，谓曰："今日上不至天，下不至地，言出子口，而入吾耳，可以言未？"曰："君不见申生在内而危，重耳居外而安⁹乎？"琦意感悟。会黄祖死，琦求代其任，表乃以琦为江夏太守。表卒，琮嗣。未几，曹操军至，蒯越等曰："逆顺有大体，强弱有定势。以人臣而拒人主，逆道也；以新造之楚而御中国，必危也。且将军自料何如刘备？若备不足御曹公，则虽全楚不能以自存也。若足御曹公，则备不为将军下也。"琮从之。操至新野，琮举州降，操遂进兵。

---

1 训典：王者教导民众的法则。
2 凡庸：平庸的人。
3 才望：才能方面的声望。
4 戏侮：戏弄侮辱。
5 寰：古代帝王京城周围千里以内的地方，后也用以泛指天下、宇宙。
6 论建：建议。
7 招合：招揽聚合。
8 世患：世间的祸患。
9 申生在内而危，重耳居外而安：春秋时晋太子申生在国中遭到危险，而他弟弟重耳在外流亡却能平安。

刘备奔江陵，操追至当阳[1]，及之。备走夏口刘备屯樊[2]，琮降而不以告。备久乃觉，则操已在宛[3]矣，备乃大惊。或劝备攻琮，荆州可得，备曰："刘荆州临亡托我以孤遗[4]，背信自济[5]，死何面目以见刘荆州乎？"将其众去，过襄阳，呼琮。琮惧，不能起。琮左右及荆州人多归备。备过辞表墓，涕泣而去。比到当阳，众十余万人，辎重数千辆，日行十余里，别遣关羽乘船会江陵。或谓备："宜速行保江陵。今拥大众，被甲者少，曹公兵至，何以拒之？"备曰："夫济大事必以人为本，今人归吾，吾何忍弃去？"

习凿齿[6]曰：玄德颠沛险难[7]而信义愈明，势逼事危而言不失道。追景升之顾[8]，则情感三军；恋赴义之士，则甘与同败。终济大业，不亦宜乎！

琮将王威曰："曹操闻将军既降，刘备已走，必懈弛[9]无备，轻行单进。若给威奇兵数千，徼之于险，操可获也。获操，即威震四海，非徒保守今日而已。"琮不纳。操以江陵有军实，恐刘备据之，乃释辎重，将精骑急追之，及于当阳之长坂[10]。备弃妻子，与诸葛亮、张飞、赵云等数十骑走。徐庶母为操所获，庶辞备，指其心曰："本欲与将军共图王霸之业者，以此方寸地[11]也。今已失老母，方寸乱矣，无益于事，请从此别。"遂诣操。张飞拒后[12]，据水断桥[13]，瞋目横矛，曰："身是张益德也，可来共决死。"操兵无敢近者。云抱备子禅，

1　当阳：古县名，治所位于今湖北省荆门市西南。
2　樊：古地名，位于今湖北省襄阳市境内，与襄阳城隔汉水相望，自古为兵家必争之地。
3　宛：古地名，位于今湖北省荆门市南。
4　孤遗：无父母的子女。
5　自济：自成其事。
6　习凿齿：东晋著名史学家、文学家，一生著作等身，主要有《汉晋春秋》五十四卷。
7　险难：险阻艰难。
8　顾：照顾，关怀。
9　懈弛：松散懈怠。
10　长坂：古地名，亦名长坂坡、绿林长坂、栎林长坂，位于今湖北省宜昌市辖当阳市东北。
11　方寸地：指心。
12　拒后：断后。
13　据水断桥：立在河边拆毁桥梁，阻断敌人追击，形容胆识过人，勇敢善战。

与关羽船会，得济沔[1]，遇刘琦众万余人，与俱到夏口。

操进军江陵曹操进军江陵，释韩嵩之囚，以为大鸿胪。初，袁绍在冀州，遣使迎汝南士大夫。西平和洽以为冀州土平民强，英杰所利，四战之地，不如荆州土险民弱，易依倚也，遂从刘表。表以上客待之。洽曰：“所以不从本初，辟争地也[2]。昏世之主，不可黩近[3]。久而不去，谗慝[4]将兴。”遂南之武陵。表辟刘望之为从事，而其友二人皆以谗诛，望之又以正谏[5]不合，投传[6]告归。弟廙谓曰：“赵杀鸣犊，仲尼回轮[7]。今兄既不能法柳下惠和光于内，则宜模范蠡迁化于外[8]，坐而自绝于时，殆不可也。”望之不从，寻亦见害。廙奔扬州。于是操以洽、廙为掾属，从人望也。刘璋遣别驾张松致敬于操。松为人短小放荡，操已定荆州，走刘备，不存录[9]松。松怨之，归，劝璋绝操，与刘备相结，璋从之。

习凿齿曰：昔齐桓一矜其功而叛者九国，曹操暂自骄伐[10]而天下三分，皆勤之于数十年之内，而弃之于俯仰之顷，岂不惜乎？

冬，十月朔，日食。

曹操东下，孙权遣周瑜、鲁肃等与刘备迎击于赤壁[11]，大破之。操引还初，鲁肃言于孙权曰：“荆州与国邻接，江山险固[12]，沃野万里，士民殷富，

1　济沔：渡过汉水。
2　辟争地也：辟，躲避。争地，战争双方必然争夺的险要之地。
3　昏世之主，不可黩近：乱世中昏庸的君主，不可过于亲近。黩近，亲近。
4　谗慝：邪恶奸佞，邪恶奸佞之人。
5　正谏：直言规劝。
6　投传：投弃符信，借指弃官，辞职。
7　赵杀鸣犊，仲尼回轮：春秋时晋国大夫赵鞅杀死窦鸣犊，孔子就中途返回，不再前往晋国。
8　既不能法柳下惠和光于内，则宜模范蠡迁化于外：既然不能效法柳下惠那样，与世沉浮，随波逐流，就应该以范蠡为榜样，远远地迁到统治者的管辖范围以外去。
9　存录：存，恤问，劳问。录，惦记。
10　骄伐：骄傲自夸。
11　赤壁：古地名，说法有二，一即位于今湖北省武汉市江夏区西赤矶山，二即位于今湖北省咸宁市辖赤壁市西北赤壁镇北赤壁山。
12　险固：险要坚固。

　　若据而有之，此帝王之资也。今刘表新亡，二子不协，军中诸将，各有彼此[1]。刘备天下枭雄，与操有隙。若与彼协心，上下齐同，则宜抚安，与结盟好。如有离违[2]，宜别图之，以济大事。肃请得奉命吊表二子，并慰劳其军中用事者，及说备使抚表众，同心一意，共治曹操，备必喜而从命。如其克谐[3]，天下可定也。今不速往，恐为操所先。"权即遣肃行。到夏口，闻操已向荆州，晨夜兼道，比至南郡，而琮已降。肃遂迎备于当阳长坂，宣权旨，致殷勤之意。且曰："孙讨虏[4]聪明仁惠，敬贤礼士，江表[5]英豪，咸归附之。已据有六郡，兵精粮多，足以立事。今为君计，莫若遣腹心[6]自结于东，以共济世业。"备甚悦。肃又谓诸葛亮曰："我，子瑜友也。"即共定交。子瑜者，亮兄瑾也，为权长史。备进住樊口[7]。操将顺江东下。亮谓备曰："事急矣，请奉命求救于孙将军。"遂与肃俱诣孙权，见于柴桑[8]，说曰："海内大乱，将军起兵江东，刘豫州收众汉南，与曹操并争天下。今操芟夷大难[9]，略已平矣，遂破荆州，威震四海。英雄无用武之地，故豫州遁逃至此，愿将军量力而处之。若能以吴越之众与中国抗衡，不如早与之绝；若不能，何不按兵束甲，北面而事之？今将军外托服从之名，而内怀犹豫之计，事急而不断，祸至无日[10]矣。"权曰："苟如君言，刘豫州何不遂事之乎？"亮曰："田横，齐之壮士耳，犹守义不辱，况刘豫州王室之胄，英才盖世，众士慕仰[11]，若水之归海。若事之不济，此乃天也，安能复为之下乎？"权勃然[12]曰："吾不能举全吴之地，十万之众，受制于人。吾计决矣！非刘豫州莫可以当曹操者，然豫州新败，安能抗此难乎？"亮曰："豫州

1　彼此：不一致，不一致的意见。
2　离违：不和睦，不团结。
3　克谐：能够成功。克，能。谐，和谐。
4　孙讨虏：即孙权，曾受封讨虏将军。
5　江表：长江中下游以南地区古称。
6　腹心：亲信。
7　樊口：古地名，位于今湖北省鄂州市西北樊港（今鄂州市西南长港河）入江处。
8　柴桑：古县名，治所位于今江西省九江市西南，因柴桑山得名。
9　芟夷大难：削平大乱。芟夷，铲除，削平。
10　祸至无日：祸害就在眼前了。
11　慕仰：仰慕。
12　勃然：因生气或惊慌等变脸色的样子。

军虽败于长坂，今战士还者及关羽水军精甲[1]万人，刘琦合江夏战士亦不下万人。曹操之众远来疲敝，闻追豫州，轻骑一日一夜行三百余里，此所谓'强弩之末，势不能穿鲁缟[2]'者也。故兵法忌之，曰：'必蹶上将军[3]。'且北方之人不习水战。又，荆州之民附操者，逼兵势耳，非心服也。今将军诚能命猛将统兵数万，与豫州协规[4]同力，破操军必矣。操军破，必北还，如此则荆、吴之势强，鼎足[5]之形成矣。成败之机，在于今日。"权大悦。时操遗权书曰："近者奉辞伐罪[6]，刘琮束手[7]。今治水军八十万众，方与将军会猎于吴。"权以示群下，莫不失色。张昭等曰："曹公，豺虎也，挟天子以征四方，拒之不顺。且将军大势可以拒操者，长江也。今操得荆州水军，蒙冲斗舰[8]乃以千数，浮以沿江，水陆俱下，此为长江之险已与我共之矣，而势力众寡又不可论。愚谓大计，不如迎之。"鲁肃独不言。权起更衣[9]，肃追于宇[10]下。权知其意，执肃手曰："卿欲何言？"肃曰："向[11]察众人之议，专欲误将军，不足与图大事。今肃可迎操耳，如将军，不可也。何以言之？今肃迎操，操当以肃还付乡党[12]，品其名位[13]，犹不失下曹从事，乘犊车，从吏卒，交游士林[14]，累官故不失州郡也。将军迎操，欲安所归乎？愿早定大计，莫用众人之议也。"权叹息曰："诸人持议，甚失孤望。今卿廓开大计，正与孤同。"时周瑜受使至番阳，肃劝权召瑜还。瑜至，谓权曰："操虽托名汉相，实汉贼也。将军以神武雄才，兼仗父兄之

1　精甲：精兵。
2　鲁缟：古代鲁地出产的一种白色生绢，以薄细著称。
3　必蹶上将军：必定会使上将军受挫。蹶，倒下，跌倒。
4　协规：共同谋划。
5　鼎足：鼎有三条腿，比喻三方面对峙的局势。
6　奉辞伐罪：根据某种理由，讨伐有罪的。
7　束手：捆绑双手，表示停止抵抗。
8　斗舰：古代大战船。
9　更衣：婉辞，上厕所。
10　宇：屋檐。
11　向：刚才。
12　乡党：家乡，乡里。
13　名位：名声和地位。
14　士林：文人士大夫阶层。

烈，割据江东，地方数千里，兵精足用，英雄乐业，当横行天下，为国家除残去秽[1]。况操自送死，而可迎之耶？请为将军筹之。今北土[2]未平，马超、韩遂为操后患。而操舍鞍马，杖[3]舟楫，与吴越争衡。又今盛寒，马无稿草[4]，驱中国士众远涉江湖之间，不习水土，必生疾病。此数者，用兵之患也，而操皆冒行[5]之。将军擒操，宜在今日。瑜请得精兵数万人，进住夏口，保为将军破之。"权曰："老贼欲废汉自立久矣，徒忌二袁、吕布、刘表与孤耳。今数雄已灭，惟孤尚存。孤与老贼势不两立，君言当击，甚与孤合，此天以君授孤也。"因拔刀斫前奏案[6]，曰："诸将吏敢有复言当迎操者，与此案同。"乃罢会。是夜，瑜复言权曰："诸人徒见操书言水、步八十万而各恐惧，甚无谓也。今以实校之，彼所将中国人[7]不过十五六万，且已久疲，所得表众亦极[8]七八万耳，尚怀狐疑。夫以疲病之卒御[9]狐疑之众，众数虽多，甚不足畏。瑜得精兵五万，自足制之，愿将军勿虑。"权抚其背曰："公瑾，卿言至此，甚合孤心。子布、文表[10]各顾妻子，深失所望。独卿与子敬[11]与孤同耳，此天以卿二人赞孤也。已选三万人，船、粮、战具俱办，卿与子敬、程公[12]便在前发，孤当续发人众，多载资粮，为卿后援。"遂以周瑜、程普为左右督，与备并力逆操。以鲁肃为赞军校尉，助画方略。刘备望见瑜船，乘单舸[13]往见瑜，问战卒[14]有几，瑜曰："三万人。"备曰："恨少。"瑜曰："此自足用，豫州但观瑜破之。"备深愧喜。

1　除残去秽：清除社会上的残暴、腐朽势力。残，残暴。秽，污秽，比喻恶势力。
2　北土：泛指北方地区。
3　杖：通"仗"，凭倚，依靠。
4　稿草：禾类植物的茎秆，常用作马匹的饲料，因以借指马匹的饲料。
5　冒行：贸然行动，贸然实行。
6　奏案：放奏章的几案。案，古时狭长的桌子。
7　中国人：生长、居住在中原地区的人。
8　极：最多，达到极点。
9　御：统率，率领。
10　子布、文表：指张昭、秦松。张昭字子布，秦松字文表。
11　子敬：即鲁肃，鲁肃字子敬。
12　程公：即程普。
13　舸：船。
14　战卒：兵士，战士。

进，与操遇于赤壁。时操军已有疾疫，初一交战，操军不利，引次江北[1]。瑜等在南岸。瑜部将黄盖曰："今寇众我寡，难与持久。操军方连船舰[2]，首尾相接，可烧而走也。"乃取蒙冲斗舰十艘，载燥获枯柴[3]，灌油其中，裹以帷幕，上建旌旗，豫备走舸[4]，系于其尾。先以书遗操，诈云欲降。时东南风急，盖以十舰最著前，中江举帆[5]，余船以次俱进。操军吏士皆出营立观，指言盖降。去北军二里余，同时发火，火烈风猛，船往如箭，烧尽北船，延及[6]岸上营落[7]。顷之，烟炎张天[8]，人马烧、溺死者甚众。瑜等率轻锐继其后，雷鼓[9]大进，北军大坏。操引军走，遇泥泞，道不通，悉使羸兵[10]负草填之，蹈藉死者甚众。天又大风，刘备、周瑜水陆并进，追至南郡。操军死者泰半[11]。操乃留曹仁守江陵，乐进守襄阳，引军北还。甘宁径进取夷陵，守之。益州将袭肃举军降[12]，瑜以肃兵益吕蒙。蒙盛称肃有胆略，且慕化远来，于义宜益，不宜夺也。权善其言，还肃兵。曹仁围甘宁，蒙谓瑜曰："留凌公绩[13]于江陵，蒙与君行，解围释急，势亦不久。蒙保公绩能十日守也。"瑜从之，大破仁兵于夷陵。于是将士形势自倍[14]，瑜乃渡江，屯北岸，与仁相拒。

十二月，孙权围合肥。

刘备徇荆州江南诸郡，降之刘备表刘琦为荆州刺史，引兵南徇武陵、长沙、桂阳、零陵，皆降。庐江营帅[15]雷绪率部曲数万口归备。备以诸葛亮为

1　引次江北：退到长江北岸驻扎。
2　船舰：战船。
3　燥获枯柴：干燥的获草，干枯的柴木，指易燃之物。获，获草，似芦苇。
4　走舸：轻快的小船。
5　中江举帆：到江中心升起船帆。中，到中心，动词。举，升起，扬起。
6　延及：扩展到，延伸到。
7　营落：营盘，军营。落，聚居的地方。
8　烟炎张天：火焰遮满天空。炎，通"焰"。
9　雷鼓：大鼓发出的如雷鼓声。
10　羸兵：疲弱的士兵。
11　泰半：大半。
12　举军降：率领全军投降。
13　凌公绩：即凌统，统字公绩。
14　形势自倍：声势倍增。形势，气势，声势。
15　营帅：军队的主帅。

军师中郎将，督诸郡赋税，以充军实。

孙权使其将贺齐讨黟贼[1]，平之丹阳黟贼帅陈仆等二万户屯林历山[2]，四面壁立[3]。齐募轻捷士，夜于隐处以铁戈拓山[4]而上，县布以援下人[5]。得上者百余人，分布四面，鸣鼓角[6]。贼守路者皆惊，走还。大军上攻，破之。以其地为新都郡[7]，齐为太守。

1　黟贼：黟县的盗贼。黟县，古县名，治所位于今安徽省黄山市黟县东。
2　林历山：古山名，位于今安徽省黄山市黟县南。
3　壁立：陡峭的山崖像墙壁一样陡立。
4　以铁戈拓山：用铁戈挖开岩石间缝隙。
5　县布以援下人：悬下布带，把下边的人拉上去。
6　鼓角：古代军队中用来发出号令的战鼓和号角。
7　新都郡：古郡名，辖今安徽省歙县、休宁、黟县、祁门、绩溪、黄山市大部及江西省婺源、浙江省淳安等县地。

卷

十四

起己丑汉献帝建安十四年，尽丁未[1]汉帝禅建兴五年凡十九年。

己丑十四年（公元 209 年）

春，三月，孙权引兵还孙权围合肥，久不下。率轻骑欲身往突敌，长史张纮谏曰："麾下[2]恃盛壮之气，忽强暴之虏，三军之众，莫不寒心。虽斩将搴旗[3]，威震敌场[4]，此乃偏将之任，非主将之宜也。愿抑贲育[5]之勇，怀霸王之计。"权乃止。操遣兵救合肥，久而不至。扬州别驾蒋济诈言救至，遣使赍书语城中，权军获之，遂引兵还。

秋，七月，曹操军合肥，开芍陂[6]屯田。

冬，十月，荆州地震。

十二月，操军还谯操留张辽、乐进、李典屯合肥而还。辽军中尝有谋反者，夜惊乱起火，一军尽扰。辽曰："是不一军尽反，必有造变[7]者，欲以惊动人耳。"乃令军中其不反者安坐，辽将亲兵数十人中陈[8]而立，俄顷[9]皆定，即得首谋者杀之。

孙权表刘备领荆州牧周瑜攻曹仁岁余，所杀伤甚众，仁委[10]城走。权以瑜领南郡太守，屯江陵。程普领江夏太守，治沙羡[11]。吕范领彭泽[12]太守，吕蒙领寻阳[13]令。刘备表权行车骑将军，领徐州牧。会刘琦卒，权以备领荆州牧，

1　丁未：即公元 227 年。
2　麾下：对将帅的敬称。
3　斩将搴旗：拔取敌旗，斩杀敌将，形容勇猛善战。搴，拔取。
4　敌场：敌阵。
5　贲育：战国时勇士孟贲和夏育的并称，借指勇士。
6　芍陂：又名期思陂，古代淮水流域水利工程，相传系春秋时孙叔敖所凿，位于今安徽省淮南市寿县东。
7　造变：制造事变。
8　中陈：居中的阵地、营垒，一般为主帅所在地。
9　俄顷：很短的时间。
10　委：抛弃，舍弃。
11　沙羡：古县名，治所位于今湖北省武汉市江夏区西金口。
12　彭泽：古郡名，治所位于今江西省九江市彭泽县。
13　寻阳：古县名，治所位于今湖北省黄冈市黄梅县西南。

周瑜分南岸地以给备。备立营于油口[1]，改名公安。权以妹妻备。妹才捷[2]刚猛，有诸兄风，侍婢百余人，皆执刀侍立，备每入，心常凛凛[3]。曹操密遣辩士蒋干布衣葛巾，私行说周瑜。瑜出迎，立谓之曰："子翼良苦，远涉江湖，为曹氏作说客邪？"因延干与周观[4]营中，行视仓库、军资、器仗讫，还饮宴，示之侍者、服饰、珍玩之物。因谓干曰："丈夫处世，遇知己之主，外托君臣之义，内结骨肉之恩，言行计从，祸福共之，假使苏、张[5]更生，能移其意乎？"干但笑，终无所言。还白操，称瑜雅量高致[6]，非言辞所能间[7]也。

庚寅十五年（公元 210 年）

春，曹操下令求才丞相掾和洽言于操曰："天下之人，才、德各殊，不可以一节取也[8]。俭素过中，自以处身则可，以此格物，所失或多。今朝廷之议，吏有着新衣、乘好车者，谓之不清；形容[9]不饰、衣裳敝坏[10]者，谓之廉洁。至令士大夫故污辱[11]其衣，藏其舆服，朝府大吏，或自挈壶飧[12]以入官寺。夫立教观俗，贵处中庸，为可继也。今崇一概难堪[13]之行以检殊涂[14]，勉而为之，必有疲瘁[15]，而或容隐伪[16]矣。"操善之。下令曰："孟公绰为赵、魏老则优，不可以为滕、薛大夫。若必廉士而后可用，则齐桓其何以霸世？二三子其佐我明

---

1 油口：古地名，一名油江口，位于今湖北省荆州市公安县西北。
2 才捷：才智敏捷。
3 凛凛：惊恐畏惧貌。
4 周观：纵观，遍览。
5 苏、张：即苏秦、张仪，战国时的纵横家。
6 雅量高致：气度宽宏，情致高雅。
7 间：离间。
8 不可以一节取也：不能只用一个标准来选拔人才。
9 形容：外貌，模样。
10 敝坏：破旧，衰败。
11 污辱：弄脏。
12 自挈壶飧：自己从家里带饭。壶飧，壶盛的汤饭熟食。
13 难堪：难以忍受。
14 殊涂：亦作"殊途"，异途，不同途径。
15 疲瘁：疲劳困苦。
16 隐伪：不为人知的奸伪之事。

扬仄陋，惟才是举[1]，吾得而用之。"

二月朔，日食。

冬，曹操作铜爵台于邺。

十二月，操让还三县操下令曰："孤始举孝廉，自以本非岩穴知名之士，恐为人所凡愚[2]，欲好作政教以立名誉，故在济南除残去秽，平心选举。以是为豪强所忿，恐致家祸，故以病还乡里。乃于谯东五十里筑精舍[3]，欲秋、夏读书，冬、春射猎，为二十年规[4]，待天下清乃出仕耳。然不能得如意，征为典军校尉，意遂更欲为国家讨贼立功，使题墓道言'汉故征西将军曹侯之墓'，此其志也。遭值董卓之难，兴举义兵，破降黄巾，又讨击袁术，摧破袁绍，枭其二子，复定刘表，遂平天下。身为宰相，人臣之贵已极，意望已过矣。设使国家无有孤，不知当几人称帝，几人称王。或者见孤强盛，妄相忖度[5]，言有不逊之志，每用耿耿[6]。然欲孤便尔委兵归国，实不可也。何者？诚恐离兵为人所祸，既为子孙计，又己败则国家倾危，是以不得慕虚名而处实祸也。然封兼四县，食户三万，何德堪之？今上还阳夏、柘、苦[7]三县，户二万，但食武平[8]万户，且以分损谤议[9]，少减孤之责也。"

孙权南郡守将周瑜卒，权以鲁肃代领其兵刘表故吏士多归刘备，备以周瑜所给地少，不足以容其众，乃自诣孙权求都督荆州。瑜上疏曰："刘备以枭雄之姿，而有关羽、张飞熊虎之将，必非久屈为人用者。谓宜徙备置吴，盛为筑宫室，多其美女玩好，以娱其耳目，而分羽、飞各置一方，使如瑜者挟

1　二三子其佐我明扬仄陋，惟才是举：诸位要帮助我选拔出身微贱而德才兼备的人，只要有才能就进荐上来。二三子，诸君，诸位。明扬仄陋，选拔出身微贱而德才兼备的人。
2　凡愚：平庸愚昧。
3　精舍：书斋。
4　规：计划，打算。
5　忖度：推测，揣度。忖，推测，仔细考虑。
6　言有不逊之志，每用耿耿：说我有篡位的野心，每一想到这里，心中就感到不安。不逊，不顺。
7　柘、苦：柘县、苦县。柘县，古县名，治所位于今河南省商丘市柘城县北。苦县，古县名，治所位于今河南省周口市鹿邑县东。
8　武平：古县名，治所位于今河南省周口市鹿邑县西北。
9　分损谤议：同时接受别人的非难指责，分担责任。

与攻战，大事可定也。今猥割土地以资业[1]之，聚此三人俱在疆场，恐蛟龙得云雨，终非池中物也。"权不从。备还乃闻之，叹曰："天下智谋之士，所见略同。前时孔明谏孤莫行，其意亦虑此也。"瑜诣京见权，曰："今曹操新败，忧在腹心，未能与将军连兵相事也。乞与奋威俱进，取蜀而并张鲁，因留奋威固守其地，与马超结援[2]。瑜还，与将军据襄阳以蹙操，北方可图也。"权许之。奋威者，权从弟瑜也。周瑜还治行装，道病困，与权笺[3]曰："修短[4]，命矣，诚不足惜。但恨微志未展，不复奉教命[5]耳。今曹操在北，疆场未静。刘备寄寓[6]，有似养虎。此朝士旰食[7]之秋，至尊垂虑[8]之日也。鲁肃忠烈，临事不苟，可以代瑜。傥所言可采，瑜死不朽矣。"卒于巴丘。权闻之哀恸[9]，曰："公瑾有王佐之资，今忽短命，孤何赖哉？"自迎其丧于芜湖[10]，为子登娶其女，而以女妻其子循、胤。初，瑜见友[11]于孙策，太夫人又使权以兄奉之。时诸将、宾客为礼尚简，而瑜便执臣节。程普以年长，数陵侮[12]瑜，瑜折节下之，终不与校[13]。普后自敬服，乃告人曰："与公瑾交，若饮醇醪[14]，不觉自醉。"权以肃代瑜。肃劝权以荆州借刘备，与共拒曹操，权从之。初，权谓吕蒙曰："卿今当途[15]掌事，不可不学。"蒙辞以军中多务。权曰："孤岂欲卿治经为博士邪？但当涉猎，见往事耳。卿言多务，孰若孤？孤常读书，自以为大有所益。"蒙乃始就学[16]。

1　资业：以钱财、物资资助。
2　结援：结为外援。
3　笺：书信的代称。
4　修短：长短，指人的寿命。
5　教命：教令，上对下的告谕。
6　寄寓：寄居，依附。
7　旰食：晚食，事务繁忙不能按时吃饭。
8　垂虑：用心考虑。
9　哀恸：悲痛至极。
10　芜湖：古县名，治所位于今安徽省芜湖市芜湖县北。
11　见友：被当作朋友。
12　陵侮：凌辱，欺压。
13　校：计较，考虑。
14　醇醪：味厚的美酒。
15　当途：掌握权力。
16　就学：从师学习。

及肃过寻阳，与蒙论议，大惊曰："卿今者才略，非复吴下阿蒙！"蒙曰："士别三日，即更刮目相待，大兄[1]何见事之晚乎？"肃遂拜蒙母，结友而别。

刘备以庞统为治中从事刘备以庞统守耒阳[2]令，不治，免。鲁肃遗备书曰："士元非百里才也，使处治中、别驾之任，始当展其骥足[3]耳。"诸葛亮亦言之。备与统谭[4]，大器之，遂用统为治中，亲待亚亮，并为军师中郎将。

孙权以步骘为交州[5]刺史初，士燮为交趾太守，表其三弟领合浦、九真、南海太守。燮体器[6]宽厚，中国士人多往依之。雄长一州，震服百蛮。而交州刺史张津好鬼神事，常着绛帕头[7]，读道书[8]，为其将所杀。至是，权以骘为刺史，燮率兄弟奉承节度[9]，遣子入质。由是岭南始服于权。

辛卯**十六年**（公元211年）

春，正月，曹操以其子丕为五官中郎将，为丞相副。

三月，遣钟繇击张鲁。

马超、韩遂等反。秋，曹操击破之初，操遣钟繇讨张鲁，而使夏侯渊等出河东与繇会。仓曹属[10]高柔谏曰："大兵西出，韩遂、马超疑为袭己，必相扇动[11]。宜先招集[12]三辅，三辅苟平，汉中可传檄而定也。"操不从。关中诸将果疑之，马超、韩遂等十部皆反，其众十万，屯据潼关[13]。七月，操自将击之。八

1　大兄：对朋辈的敬称。
2　耒阳：古县名，治所即今湖南省衡阳市辖耒阳市。
3　骥足：比喻高才。
4　谭：通"谈"。
5　交州：古州名，辖今广东省、广西壮族自治区大部及越南横山、班杜一线以北诸省。
6　体器：禀性和器度。
7　绛帕头：红色包发头巾。帕头为古代男子裹头巾帻。
8　道书：道家典籍。
9　奉承节度：接受管辖。奉承，遵行、承受。节度，管辖、管理。
10　仓曹属：古官名，仓曹的副长官，佐掾掌管仓库、粮食等事。
11　扇动：煽动，鼓动。
12　招集：招抚。
13　屯据潼关：屯据，驻扎据守。潼关，古关隘名，古为桃林塞地，故址位于今陕西省渭南市潼关县东北。

月，至潼关。潜遣二将渡蒲阪津[1]，据河西为营。闰月，操北渡河。兵众先渡，操独与虎士[2]百余人留南岸断后。马超将步、骑万余人攻之，矢下如雨，操犹据胡床[3]不动。许褚扶操上船，船工中流矢死，褚左手举鞍蔽操，右手刺船[4]。校尉丁斐放牛马以饵[5]贼，贼乱取之，操乃得渡。遂自蒲阪渡西河，循河为甬道而南。超等退拒渭口[6]，操乃多设疑兵，潜遣兵入渭作浮桥，而夜分兵结营于渭南。超等夜攻营，伏兵击破之。九月，进军，悉渡。超等数挑战，不许。固请割地，送任子，贾诩以为可伪许之。操复问计，诩曰："离之而已。"操曰："解。"韩遂请与操相见。操与遂有旧，于是交马语移时[7]，不及军事，但说京都旧故，拊手欢笑。时秦、胡观者前后重沓[8]，操笑谓之曰："尔欲观曹公邪？亦犹人也，非有四目两口，但多智耳！"既罢，超等问遂："公何言？"遂曰："无所言也。"超等疑之。他日，操与遂书，多所点窜[9]，如遂改定者。超等愈疑遂。操乃与克日[10]会战，大破之，遂、超奔凉州。操追至安定而还，诸将问曰："初，贼守潼关，渭北道缺，不从河东击冯翊而反守潼关，引日[11]而后北渡，何也？"操曰："若吾入河东，贼必引守诸津，则西河未可渡。吾故盛兵向潼关，使贼悉众南守，而西河之备虚，故二将得取西河。然后引军北渡，贼不能与吾争。连车树栅[12]，为甬道而南，既为不可胜，且以示弱。渡渭为坚垒，虏至不出，所以骄之也。故贼不为营垒而求割地。吾顺言许之，使不为备，因畜士卒之力，一旦击之，所谓疾雷不及掩耳。兵之变化，固非一道也。"始，关中诸将每一

1　蒲阪津：古渡口名，一名蒲津，位于今山西省运城市辖永济市蒲州镇与陕西省大荔县朝邑镇之间黄河上。
2　虎士：勇猛如虎的战士。
3　胡床：一种可以折叠的轻便坐具，又称交床。
4　刺船：撑船。
5　饵：引诱。
6　渭口：渭河汇入黄河的入口，位于今陕西省渭南市潼关县境内。
7　移时：经历一段时间。
8　重沓：重叠堆积。
9　点窜：删改，修改。
10　克日：约定日期。
11　引日：拖延时日。
12　连车树栅：连车，车子连接不断。树栅，构筑栅栏。

部到，操辄有喜色。诸将问其故，操曰："关中长远[1]，若贼各依险阻，征之不一二年不可定也。今皆来集，其众虽多，莫适为主[2]，一举可灭，吾是以喜。"乃留夏侯渊屯长安，以张既为京兆尹，招怀流民，兴复县邑。

冬，刘璋遣使迎刘备。备留兵守荆州而西。璋使备击张鲁扶风法正为刘璋军议校尉，璋不能用，又为州里俱侨客者[3]所鄙[4]，正邑邑[5]不得志。别驾张松与正善，亦自负其才，忖璋不足与有为，因劝璋结刘备。璋曰："谁可使者？"松乃举正。正辞谢，佯为不得已而行。还，为松说备有雄略，密谋奉戴[6]以为州主。会钟繇欲向汉中，璋惧。松因说曰："曹公兵无敌于天下，若因张鲁之资以取蜀土，谁能御之？刘豫州，使君之宗室，而曹公之深仇也，善用兵，若使之讨鲁，鲁必破。鲁破则益州强，曹公虽来，无能为也。今州中诸将恃功骄豪，欲有外意。不得豫州则敌攻其外，民攻其内，必败之道也。"璋然之。遣正迎备。主簿黄权谏曰："左将军有骁名[7]，今以部曲遇之，则不满其心；以客礼待之，则一国不容二君。若客有泰山之安，则主有累卵之危。不若闭境以待时清。"从事王累自倒悬于州门以谏，璋一无所纳。正至荆州，阴说备取益州。备疑未决。庞统曰："荆州荒残[8]，人物殚尽[9]，东有孙车骑，北有曹操，难以得志。今益州户口百万，土沃财富，诚得以为资，大业可成也。"备曰："今指与吾为水火者，曹操也。操以急，吾以宽；操以暴，吾以仁；操以谲，吾以忠。每与操反，事乃可成耳。今以小利而失信义于天下，奈何？"统曰："乱离[10]之时，固非一道所能定也。且兼弱攻昧[11]，逆取顺守，古人所贵。若

---

1 长远：辽远。
2 莫适为主：没有一个适合做主帅。
3 州里俱侨客者：与他一起客居益州的同乡。
4 鄙：鄙视，轻视。
5 邑邑：忧郁不乐貌。
6 奉戴：奉事拥戴。
7 左将军有骁名：刘备有勇武的名声。左将军，即刘备，刘备官拜左将军。骁名，勇武的名声。
8 荒残：荒芜残破。
9 殚尽：空竭。
10 乱离：因遭战乱而流离失所。
11 兼弱攻昧：并吞弱小的，攻击昏乱的。

事定之后，封以大国，何负于信[1]？今日不取，终为人利耳。"备以为然。乃留诸葛亮、关羽等守荆州，自将步卒数万而西。孙权闻备西上，遣船迎妹。而夫人欲将备子禅去，张飞、赵云勒兵截江，乃得禅还。刘璋敕在所供奉[2]，赠遗[3]以巨亿[4]计。巴郡太守严颜拊心[5]叹曰："此所谓'独坐穷山，放虎自卫'者也。"备北诣涪[6]，璋率兵三万往会之。张松令法正白备，于会袭璋。庞统曰："如此则无用兵之劳，而坐定一州，不可失也。"备曰："初入他国，恩信未著，此不可也。"欢饮百余日。璋增备兵，厚加资给，使击张鲁。备北到葭萌[7]，厚树恩德，以收众心。

壬辰**十七年**（公元 212 年）

春，正月，曹操还邺，赞拜不名，入朝不趋，剑履上殿操之西征也，河间民田银反，扇动幽、冀。世子丕欲自讨之，功曹常林曰："今大军在远，外有强敌，将军为天下之镇[8]，轻动远举，虽克不武。"乃遣将军贾信讨灭之。余贼请降，议者皆曰："公有旧法，围而后降者不赦。"程昱曰："此乃扰攘之际，权时之宜。今天下略定，不可诛也。必欲诛之，宜先启闻[9]。"议者皆曰："军事有专无请[10]。"昱曰："凡专命者，谓有临时之急耳。今此贼制在贾信之手，故老臣不愿将军行之也。"丕曰："善。"即白操，操果不诛。既而闻昱之谋，甚悦，曰："君非徒明于军计，又善处人父子之间。"故事，破贼文书，以一为十。居府长史[11]国渊上首级，皆以实数。操问其故，渊曰："夫征讨外寇，

1　何负于信：对信义有什么违背。
2　敕在所供奉：命令沿途各郡、县为刘备提供所需物资。
3　赠遗：赠送，亦指赠送的财物。
4　巨亿：数以亿计，极言其多。
5　拊心：拍胸，表示哀痛或悲愤。
6　涪：古县名，属广汉郡，治所位于今四川省绵阳市涪江东岸。
7　葭萌：古县名，属蜀郡，治所位于今四川省广元市西南。
8　镇：军事上重要的地方。
9　启闻：禀报，报告。
10　有专无请：可以专断，不必请示。
11　居府长史：古官名，曹操出征时临时置，掌留守事务。

多其斩获之数者，欲以大武功，聋民听也。河间在封域之内，银等叛逆，虽克捷有功，渊窃耻之。"操大悦。

夏，五月，诛马腾，夷三族。

六月晦，日食。

秋，七月，螟。

鄜[1]贼梁兴作乱，左冯翊郑浑讨平之鄜贼梁兴寇略冯翊，诸县恐惧，皆寄治[2]郡下，议者以为当移就险阻。冯翊郑浑曰："兴等破散，藏、窜山谷，虽有随者，率胁从耳。今当广开降路，宣谕威信，而保险自守，此示弱也。"乃聚吏民，治城郭，为守备，募民逐贼，得其财物、妇女，十以七赏。民大悦，皆愿捕贼。贼之失妻子者皆降，浑责其得他妇女，然后还之。于是转相寇盗，党与离散。又遣吏民有恩信者告谕之，出者相继。乃使诸县长吏各还本治，以安集之。兴将余众聚鄜城，浑讨斩之，余党悉平。

孙权徙治建业初，张纮以秣陵山川形胜，劝孙权以为治所，刘备亦劝权居之。权于是作石头城[3]，徙治秣陵，改号建业。

权长史张纮卒纮还吴迎家，道病，授子靖留笺[4]曰："自古有国家者，咸欲修德政以比隆盛世，至于其治，多不馨香[5]。非无忠臣贤佐也，由主不胜其情，弗能用耳。夫人情惮难而趋易，好同而恶异，故与治道相反。传曰：'从善如登，从恶如崩。'言善之难也。人君承基据势[6]，无假于人，而忠臣挟难进之术，吐逆耳之言，其不合也，不亦宜乎？故明君寤之，求贤如饥渴，受谏而不厌，抑情损欲，而以义断恩[7]也。"权省书，为之流涕。

1　鄜：古县名，治所位于今陕西省延安市洛川县东南。
2　寄治：地方官署侨居他地。
3　石头城：古地名，位于今江苏省南京市西清凉山上。
4　留笺：指人臣死时留下的奏章，即遗表。
5　馨香：比喻可流传后世的好名声。
6　承基据势：承基，继承基业。据势，占有权势。
7　以义断恩：用大义割断私恩。指秉公行事，不徇私情。

权作濡须坞[1]吕蒙闻曹操欲东兵，说孙权夹濡须水口立坞。诸将皆曰：
"上岸击贼，洗足入船，何用坞为？"蒙曰："兵有利钝，战无百胜，如有邂
逅[2]，敌步、骑蹙人，不暇及水，其得入船乎？"权遂从之。

冬，十月，曹操击孙权，至濡须。侍中、光禄大夫、参军事荀彧自
杀董昭言于曹操曰："自古以来，人臣匡世[3]，未有今日之功。有今日之功，未
有久处人臣之势者也。今明公耻有惭德[4]，乐保名节，然使人以大事疑己，诚不
可不重虑[5]也。"乃与诸将议，以丞相宜进爵国公，九锡备物，以彰殊勋[6]。荀彧
以为："曹公本兴义兵以匡朝宁国，秉忠贞之诚，守退让之实。君子爱人以德，
不宜如此。"操由是不悦。及击孙权，表请彧劳军于谯，因辄留彧，以侍中、
光禄大夫持节参丞相军事。操向濡须，彧以病留寿春，饮药而卒。彧行义修整
而有智谋，好推贤进士，故时人皆惜之。

十二月，有星孛于五诸侯[7]。

刘备据涪城备在葭萌，庞统言于备曰："今阴选精兵，昼夜兼道，径袭[8]
成都，一举便定，此上计也。杨怀、高沛，璋之名将，各杖[9]强兵，据守关头[10]，
闻数谏璋，使遣将军还荆州。将军遣与相闻，说荆州有急，欲还救之。二子喜，
必来见，因此执之，进取其兵，乃向成都，此中计也。退还白帝[11]，连引[12]荆州，
徐还图之，此下计也。若沉吟[13]不去，将致大困，不可久矣。"备然其中计。及

1　濡须坞：亦称濡须城，故址位于今安徽省马鞍山市含山县西南古濡须水口。
2　邂逅：意外，万一。
3　匡世：挽救世道，扶正世道。
4　惭德：因言行有缺失而内愧于心。
5　重虑：考虑周密。
6　殊勋：特殊功勋。
7　五诸侯：古星名，属井宿，有星五颗。
8　径袭：突袭。
9　杖：通"仗"，倚靠。
10　关头：边关之地。
11　白帝：古城名，东汉初公孙述筑，位于今重庆市奉节县东白帝山上。
12　连引：联合。
13　沉吟：迟疑，犹豫。

曹操攻孙权，权呼备自救。备贻[1]书璋曰："孙氏与孤本为唇齿，而关羽兵弱，今不往救则曹操必取荆州，转侵州界，其忧甚于张鲁。鲁自守之贼，不足虑也。"因求益万兵及资粮[2]，璋但许兵四千，余皆给半。备因激怒其众曰："吾为益州征强敌，师徒勤瘁[3]，而积财吝赏[4]，何以使士大夫死战乎？"张松书与备曰："今大事垂立[5]，如何释此去乎？"璋闻之，收斩松，敕关戍[6]勿复得与备通。备大怒，召怀、沛，责以无礼，斩之。勒兵径至关头，并其兵，进据涪城。

癸巳十八年（公元213年）

春，正月，曹操引兵还操进军濡须口，号四十万。孙权率众七万御之，相守月余。操见其舟船、器仗、军伍整肃[7]，叹曰："生子当如孙仲谋！如刘景升儿子，豚犬[8]耳。"权为笺与操，说："春水方生，公宜速去。"操撤军还。

并十四州为九州。

徙滨江郡县初，曹操在谯，恐滨江郡县为孙权所略，欲徙令近内，以问蒋济，曰："昔军官渡，徙燕、白马[9]民，民不得走，贼亦不敢钞。今欲徙淮南民，何如？"对曰："是时兵弱贼强，不徙必失之。今明公威震天下，民无他志。人情怀土，实不乐徙，惧必不安。"操不从。既而民转相惊，户十余万皆东渡江，江西遂虚，合肥以南惟有皖城。

夏，五月，曹操自立为魏公，加九锡以冀州十郡封曹操为魏公，以丞相领冀州牧如故。又加九锡：大辂、戎辂各一，玄牡二驷；衮冕之服，赤舄副焉；轩县之乐，六佾之舞；朱户以居，纳陛以登；虎贲三百人；铁钺各一；彤

---

1 贻：赠送。
2 资粮：物资粮草。
3 师徒勤瘁：师徒，士卒，亦借指军队。勤瘁，辛苦劳累。
4 积财吝赏：积累了很多财富，却舍不得赏赐给下属，形容非常吝啬。吝，舍不得。
5 垂立：马上就可以完成了。垂，将，快要。
6 关戍：边界上的关隘、城堡。
7 整肃：严肃。
8 豚犬：猪和狗。
9 燕、白马：即燕县、白马县。燕县，古县名，治所位于今河南省新乡市延津县东北。白马县，古县名，治所位于今河南省滑县东。

弓一，彤矢百，玈弓十，玈矢千；秬鬯一卣，珪、瓒副焉[1]。

大雨水。

刘璋遣将吴懿等拒刘备，败绩，皆降。备进围洛城[2]益州从事广汉郑度谓刘璋曰：“左将军悬军[3]袭我，野谷是资[4]，莫若尽驱巴西[5]、梓潼[6]民内涪水以西，其仓廪野谷，一皆烧除[7]，高垒深沟，请战勿许。不过百日，彼将自走，走而击之，此必擒矣。”备闻而恶之，法正曰：“璋终不能用，无忧也。”璋果谓其群下曰：“吾闻拒敌以安民，未闻动民以避敌也。”遣其将吴懿等拒备，皆败退。懿诣军降。复遣李严、费观督军，严、观亦降。备军益强，分遣诸将平下属县。进围洛城，守将张任出战，败死。

秋，七月，魏始建宗庙、社稷。

魏公操纳三女为贵人。

八月，马超入凉州，杀刺史。九月，参军事杨阜起兵攻之，超奔汉中初，曹操追马超至安定，引军还。参凉州军事杨阜言于操曰：“超有信、布之勇，得羌、胡心。若不设备，陇上[8]诸郡非国家之有也。”操还，超果率羌、胡击陇上诸郡，取之，惟冀城[9]固守。自正月至八月，救兵不至。刺史韦康及太守欲降，杨阜号哭谏曰：“阜等率父兄子弟以义相励，有死无二，以为使君

1　大辂、戎辂各一，玄牡二驷；衮冕之服，赤舄副焉；轩县之乐，六佾之舞；朱户以居，纳陛以登；虎贲三百人；铁、钺各一，彤弓一，彤矢百，玈弓十，玈矢千；秬鬯一卣，珪、瓒副焉：御用大车和兵车各一辆，各配有四匹黑色雄马驾车；龙袍、冠冕并配上红色的礼鞋；诸侯享用的三面悬挂的乐器和三十六个人演出的方阵舞；住宅的大门可以漆成红色，登堂的台阶可以修在檐下；虎贲卫士三百人；象征权威的兵器斧、钺各一柄；朱红色的弓一把，朱红色的箭一百支，黑色的弓十把，黑色的箭一千支；祭神用的美酒一罐，并配有玉圭和玉勺。
2　洛城：古地名，位于今四川省眉山市东坡区东北。
3　悬军：深入敌方的孤军。
4　野谷是资：靠抢掠田野的庄稼为食。
5　巴西：古郡名，辖今四川省阆中、武胜以东，广安、渠县以北，万源、开江以西地区。
6　梓潼：古郡名，辖今四川省江油、安县以东，绵阳、盐亭以北，剑阁以西，陕西省宁强、四川省青川以南地区。
7　烧除：烧毁去除。
8　陇上：泛指今陕北、甘肃及其以西一带地方。
9　冀城：古县名，属天水郡，治所位于今甘肃省天水市甘谷县西南。

守此城，今奈何弃垂成之功，陷不义之名乎？"康等不听，开门迎超。超入，遂杀康等。曹操使夏侯渊救冀，超逆战，败之。会杨阜丧妻，求假以葬。阜外兄[1]姜叙拥兵屯历城[2]。阜见叙及其母，歔欷悲甚。叙曰："何为乃尔？"阜曰："守城不能完，君亡不能死，亦何面目以视息[3]于天下？马超背父叛君，虐杀州将，岂独阜之忧责[4]，一州士大夫皆蒙其耻。君拥兵专制而无讨贼之心，此赵盾所以书'弑君'也[5]。超强而无义，多衅，易图耳。"叙母慨然曰："咄[6]！伯奕，韦使君遇难，亦汝之负，岂独义山哉[7]？人谁不死？死于忠义，得其所矣。但当速发，我不以余年[8]累汝也。"叙乃与赵昂、尹奉等合谋，又使人至冀，结梁宽、赵衢，使为内应。时超已取昂子月为质，昂谓妻异曰："吾谋如是，当奈月何？"异厉声应曰："雪君父之大耻，丧元[9]不足为重，况一子哉？"九月，阜与叙、昂、奉讨超。衢因谲说超，使自出战，而与宽闭门，尽杀超妻子。超袭历城，得叙母，并赵月皆杀之。与阜战，败，奔汉中。张鲁欲妻之，或曰："有人若此，不爱其亲，焉能爱人？"鲁乃止。

　　冬，十一月，**魏初置尚书、侍中、六卿**以荀攸为尚书令，凉茂为仆射，毛玠、崔琰、常林、徐奕、何夔为尚书，王粲、杜袭、卫觊、和洽为侍中，钟繇为大理[10]，王修为大司农，袁涣为郎中令，行御史大夫事，陈群为御史中丞。涣得赏赐，皆散之，家无所储，乏则取之于人，不为皦察[11]之行，然时人皆服其清。时有传刘备死者，群臣皆贺，唯涣独否。操欲复肉刑，令曰：

1　外兄：同母异父兄。
2　历城：古地名，位于今甘肃省陇南市西和县北。
3　视息：仅存视觉、呼吸等，谓苟全活命。
4　忧责：责任，重任。
5　此赵盾所以书"弑君"也：君主本非赵盾所杀，因不能极力阻止，赵盾被史官记载为"弑君"。
6　咄：呵斥声。
7　伯奕，韦使君遇难，亦汝之负，岂独义山哉：姜叙，韦刺史遇难，也有你的责任，难道只是杨阜一个人的责任吗？伯奕，姜叙的字。义山，杨阜的字。
8　余年：一生中剩余的年月，指晚年，暮年。
9　丧元：掉头颅，亦泛指献出生命。
10　大理：掌刑法的官。
11　皦察：明察，引申为苛求。

"昔陈鸿胪以为死刑有可加于仁恩者[1]，御史中丞能申其父之论乎？"群对曰："臣父纪以为汉除肉刑而增笞法，本兴仁恻[2]，而死者更众，所谓名轻而实重者也。名轻则易犯，实重则伤民。且杀人偿死，合于古制。至于伤人，或残毁其体，而裁剪毛发，非其理也。若用古刑，使淫者下蚕室[3]，盗者刖其足，则永无淫放穿窬[4]之奸矣。夫三千之属，虽未可悉复，若斯数者，时之所患，宜先施用。汉律殊死之罪，仁所不及也，其余逮死[5]者，可易以肉刑。则所刑之与所生，足以相贸[6]矣。今以笞死之法易不杀之刑，是重人肢体而轻人躯命[7]也。"议者唯钟繇与群议同，余皆以为未可行。操以军事未罢，顾[8]众议而止。

甲午十九年（公元 214 年）

春，张鲁遣马超围祁山[9]。夏侯渊击却之。

三月，魏公操进位诸侯王上改授金玺、赤绂、远游冠[10]。

夏，四月，旱。

五月，雨水。

闰月，孙权使其将吕蒙攻皖城，破之初，曹操遣庐江太守朱光屯皖，大开稻田。吕蒙言于孙权曰："皖田肥美，若一收孰[11]，彼众必增，宜早除之。"权乃亲攻皖城。诸将欲作土山，添攻具，吕蒙曰："治攻具及土山，必历日乃成。城备既修，外救亦至，不可图也。且吾乘雨水以入，若留经日，水必向

1　昔陈鸿胪以为死刑有可加于仁恩者：从前大鸿胪陈纪认为死刑有仁慈的一面。陈纪为陈群的父亲。
2　仁恻：仁爱怜悯。
3　蚕室：古代执行宫刑及受宫刑者所居的狱室。
4　淫放穿窬：淫放，纵欲放荡。穿窬，凿穿或翻越墙壁进行盗窃。
5　逮死：达到死刑标准。
6　相贸：互相变易。
7　躯命：生命。
8　顾：顾虑。
9　祁山：古山名，位于今甘肃省陇南市礼县东。
10　金玺、赤绂、远游冠：金制印玺、帝王和诸侯专用的红色绶带，以及诸侯王专用的远游冠。
11　收孰：亦作"收熟"，谷物成熟而收获之。

尽，还道艰难[1]，蒙窃危之。今观此城，不能甚固，以三军锐气，四面并攻，不移时可拔。及水以归，全胜之道也。"权从之。蒙荐甘宁为升城督。宁持练缘城[2]，蒙以精锐继之，手执枹鼓，士卒皆腾踊[3]。侵晨[4]进攻，食时破之。获朱光及男女数万口。权拜蒙为庐江太守，还屯寻阳。

马超奔刘备。备入成都，自领益州牧，以诸葛亮为军师将军诸葛亮留关羽守荆州。与张飞、赵云将兵溯流克巴东[5]，破巴郡，获太守严颜，飞呵[6]颜曰："何以不降？"颜曰："卿等无状，侵夺我州。我州但有断头将军，无降将军也。"飞怒，令牵去斫头。颜容止不变，曰："斫头便斫头，何为怒邪？"飞壮而释之，引为宾客。分遣云从外水[7]定江阳[8]、犍为，飞定巴西、德阳[9]。庞统中流矢，卒。法正笺与刘璋曰："左将军旧心依依[10]，实无薄意。可图变化，以保尊门[11]。"璋不答。洛城溃，备进围成都。亮、飞、云引兵来会。马超知张鲁不足与计事，亦来请降。备令引军屯城北，城中震怖。使从事中郎简雍入说刘璋。时城中尚有精兵三万人，谷帛[12]支一年，吏民咸欲死战。璋言："父子在州二十余年，无恩德以加百姓。百姓攻战三年，肌膏草野[13]者，以璋故也，何心能安？"遂开城出降，群下莫不流涕。备迁璋公安[14]，尽归其财物，佩以振威将军印绶。备入成都，自领益州牧，以诸葛亮为军师将军，董和为掌军中郎将，并署左将军府事，马超为平西将军，法正为蜀郡太守，许靖为左

1　水必向尽，还道艰难：大水必定渐渐退走，我们回兵的路会碰到阻碍。
2　持练缘城：手持白色熟绢，身先士卒攀上城墙。
3　腾踊：腾跃。
4　侵晨：天快亮的时候。
5　巴东：古郡名，辖今四川省开县、万县市以东，大宁河中上游流域一带。
6　呵：怒责。
7　外水：古水名，四川以涪江为内水，岷江为外水。
8　江阳：古郡名，辖今四川省泸州、泸县、合江、隆昌、富顺、内江、纳溪、江安、叙永、古蔺、兴文等市县地。
9　德阳：古郡名，辖今四川省广汉、德阳、什邡、绵竹、金堂等市县地。
10　旧心依依：留恋故人。
11　尊门：对人家族的敬称。
12　谷帛：谷物与布帛，亦泛指衣食一类的生活资料。
13　肌膏草野：暴尸荒野。
14　公安：古县名，治所位于今湖北省荆州市公安县北，古油水入江之口。

将军长史，庞羲为司马。和为蜀郡太守，清俭公直[1]，为民夷所爱信，蜀中推为循吏[2]，故备举而用之。备自新野南奔，荆楚群士从之如云，而刘巴独北诣曹操。操辟为掾，遣招纳长沙、零陵、桂阳。会备略有三郡，巴欲由交州道还京师。时诸葛亮在临蒸[3]，以书招之，巴不从而入蜀，备深恨之。及璋迎备，巴谏曰："备，雄人[4]也，入必为害。"既入，巴复谏曰："若使备讨张鲁，是放虎于山林也。"璋不听。巴闭门称疾。备攻成都，令军中曰："有害巴者，诛及三族。"及得巴，甚喜，以为西曹掾。时益州郡县皆望风景附[5]，独黄权闭城坚守，须璋稽服[6]乃降，备以为将军。李严，本璋所授用[7]；吴懿、费观等，璋之婚亲；彭羕，璋所摈弃。备皆处之显任[8]，尽其器能。有志之士无不竞劝[9]，益州之民是以大和。初，刘璋以许靖为蜀郡太守。成都将溃，靖谋逾城出降，备以此薄之，不用。法正曰："天下有获虚誉而无其实者，许靖是也。然今始创大业，天下之人不可户说[10]，宜加敬重，以慰远近之望。"备乃礼而用之。军用不足，备以为忧。刘巴请铸直百钱[11]，平诸物价，令吏为官市。备从之。数月之间，府库充实。或欲以成都名田宅分赐诸将，赵云曰："霍去病以匈奴未灭，无用家为。今国贼非但匈奴，未可求安也。须天下都定，各反桑梓[12]，归耕本土，乃其宜耳。益州人民初罹兵革，田宅皆可归还，令安居复业，乃可役调[13]，得其欢心。不宜夺之，以私所爱也。"备从之。备留霍峻守葭萌城。璋将向存率万余人，

1　清俭公直：清俭，清廉俭朴。公直，公正耿直。
2　循吏：奉公守法的官吏。
3　临蒸：古县名，治所即今湖南省衡阳市。
4　雄人：才能超群的人。
5　景附：如影附身，比喻依附密切。
6　稽服：拜服，敬服。
7　授用：任用。
8　显任：显要的职位。
9　竞劝：争相劝勉。
10　户说：挨家挨户地告谕解说。
11　直百钱：刘备所铸的一种货币，一枚金属钱币抵币值一百。
12　桑梓：借指故乡。典出《诗经・小雅・小弁》："维桑与梓，必恭敬止。"家乡的桑树和梓树是父母种的，对它要表示敬意。
13　役调：服役与征户税。

攻围一年。峻兵才数百人，伺其怠隙[1]，选精锐出击，大破斩之。备以为梓潼太守。法正一飱[2]之德、睚眦之怨，无不报复。或谓诸葛亮曰："法正太横，宜稍抑之。"亮曰："主公之在公安也，北畏曹操，东惮孙权，近则惧孙夫人生变于肘腋[3]。法孝直为之辅翼，令翻然[4]翱翔，不可复制。今奈何禁止孝直，使不得少行其意邪？"亮治颇尚严峻，人多怨者，法正谓曰："昔高祖入关，约法三章，秦民知德。愿君缓刑弛禁，以慰此州之望。"亮曰："君知其一，未知其二。秦以无道，政苛民怨，匹夫大呼，天下土崩。高祖因之，可以弘济[5]。刘璋暗弱，自焉以来，有累世之恩，文法羁縻[6]，互相承奉[7]，德政不举，威刑不肃。君臣之道，渐以陵替[8]。宠之以位，位极则贱；顺之以恩，恩竭则慢[9]。所以致敝[10]，实由于此。吾今威之以法，法行则知恩；限之以爵，爵加则知荣。荣、恩并济，上下有节，为治之要，于斯著矣。"备以蒋琬为广都长，不治，大怒。亮请曰："蒋琬，社稷之器，非百里之才也。其为政以安民为本，不以修饰为先，愿主公重加察之。"备雅[11]敬亮，乃不加罪。

　　秋，七月，魏公操击孙权操留少子植守邺，以邢颙为植家丞[12]。颙防闲以礼，无所屈挠，由是不合。庶子[13]刘桢，美文辞，植亲爱之。桢曰："君侯[14]采庶子之春华，忘家丞之秋实，为上招谤，其罪不小，愚实惧焉。"

1　怠隙：懈怠的机会。
2　飱：简单的饭食。
3　肘腋：胳膊肘与胳肢窝，比喻切近的地方。
4　翻然：迅速而彻底地。
5　弘济：广为救助。
6　羁縻：束缚，控制。
7　承奉：奉承讨好。
8　陵替：衰落。
9　宠之以位，位极则贱；顺之以恩，恩竭则慢：给予臣下以高官表示宠爱，官位无法再高时，反而被臣下轻视；顺从臣下的要求施加恩惠，无法再施加的时候，臣下便会轻狂怠慢。
10　致敝：导致破败。
11　雅：很，极。
12　家丞：古官名，太子家令之副，佐令掌太子家事。诸侯王国、侯国也多设此官。
13　庶子：古官名，掌诸侯、卿大夫庶子的教养等事。
14　君侯：用为对达官贵人的敬称。

　　魏荀攸卒攸深密有智防，谋谟帷幄[1]，时人及子弟莫知其所言。操尝称："荀文若[2]之进善，不进不休；荀公达之去恶，不去不止。"又称："二荀论人，久而益信，吾殁世[3]不忘。"

　　枹罕[4]宋建反。冬，十月，讨斩之。诸羌皆降建自号平汉王。

　　十一月，魏公操弑皇后伏氏及皇子二人帝自都许以来，守位而已，左右侍御莫非曹氏之人者。议郎赵彦尝为帝陈言时策[5]，操恶而杀之。操后以事入见殿中，帝不任其惧[6]，因曰："君若能相辅，则厚[7]；不尔，幸垂恩相舍。"操失色，俛仰[8]求出。旧仪：三公领兵朝见，令虎贲执刃挟之。操出，汗流浃背，自后不复朝请[9]。董承女为贵人，操诛承，求贵人杀之。帝以贵人有妊[10]，为请，不得。伏后惧，与父完书，令密图之。至是事泄，操使郗虑持节策[11]收皇后玺绶，以尚书令华歆为之副，勒兵入宫，收后。后闭户，藏壁中。歆坏户发壁，就牵后出。时帝在外殿，后被发徒跣，行泣过，诀曰："不能复相活邪？"帝曰："我亦不知命在何时！"顾谓虑曰："郗公，天下宁有是邪？"遂将后下暴室，以幽死[12]。所生二皇子，皆酖杀之，兄弟及宗族死者百余人。

　　十二月，操以高柔为丞相理曹掾[13]旧法，军征士亡，考竟其妻子[14]。而亡者犹不息。操欲更重其刑，并及父母兄弟。柔启曰："士卒亡军，诚在可疾，然窃闻其中时有悔者。愚谓乃宜贷其妻子，以诱其还心。猥复重之，柔恐自今

1　深密有智防，谋谟帷幄：深沉缜密，善于料事而又明哲自保，运筹帷幄，拟定作战策略。
2　荀文若：即荀彧，荀攸的叔叔，文若是他的字。下文"荀公达"即荀攸，公达是他的字。
3　殁世：终生，终其一生。
4　枹罕：古郡名，辖今甘肃省临夏、广河、东乡、永靖等市县地。
5　时策：适合当下时代的谋略、计策。
6　不任其惧：无法控制自己的恐惧。
7　君若能相辅，则厚：您若能辅佐我，就宽厚些。厚，宽厚，深厚。
8　俛仰：形容时间短暂。
9　朝请：泛称朝见皇帝。诸侯春天朝见皇帝叫朝，秋天朝见皇帝叫请。
10　妊：怀孕。
11　节策：符节和策书。
12　以幽死：幽禁而死。
13　理曹掾：古官名，丞相府属官，主理曹，掌刑狱。
14　军征士亡，考竟其妻子息：军队征来的士兵逃跑了，还要追究他们的妻子、儿女。

军士见一人亡逃，诛将及己，亦且相随而走，不可复得杀也。此重刑非所以止亡，乃所以益走耳。"操善之。

乙未二十年（公元 215 年）

春，正月，立贵人曹氏为皇后操之女也。

三月，魏公操击张鲁。

夏，五月，韩遂为其下所杀。

刘备、孙权分荆州。备使关羽守江陵，权使鲁肃屯陆口[1]初，刘备在荆州，周瑜、甘宁等数劝孙权取蜀。权遣使谓备曰："刘璋不武[2]，不能自守，若使操得蜀，则荆州危矣。今欲先攻取璋，次取张鲁，一统南方，虽有十操，无所忧也。"备报曰："益州民富地险，刘璋虽弱，足以自守。今曹操方欲观兵[3]吴会，而同盟无故自相攻伐，使承其隙，非长计也。"权不听。遣孙瑜率水军住夏口。备遏[4]之，不得过，谓曰："汝欲取蜀，吾当被发入山，不失信于天下也。"权不得已，召瑜还。及备攻璋，留关羽守江陵，与鲁肃数生疑贰，肃常以欢好抚之。及备得益州，权令诸葛瑾从备求荆州，备曰："吾方图凉州，凉州定，乃尽以荆州相与耳。"权曰："此假[5]而不反，乃欲以虚辞引岁[6]也。"遂置长沙、零陵、桂阳长吏，羽逐之。权遣吕蒙取三郡，惟零陵太守郝普不降。备自至公安，遣羽争三郡。孙权进住陆口，使鲁肃将万人屯益阳[7]以拒羽，召吕蒙还助肃。蒙得书秘[8]之，夜，召诸将授以方略。晨，当攻零陵，而诈谓普故人邓玄之曰："左将军在汉中为夏侯渊所围，关羽在南郡，至尊[9]身自临

1　陆口：古地名，又作蒲圻口、蒲矶口、陆溪口，位于今湖北省咸宁市嘉鱼县西南。
2　不武：无将帅之才。
3　观兵：显示兵力。
4　遏：阻止，禁止。
5　假：借。
6　引岁：拖延岁时。
7　益阳：古县名，治所位于今湖南省益阳市东。
8　秘：隐藏。
9　至尊：指孙权。封建时代称皇帝为至尊。

之。彼方首尾倒县，救死不给，岂有余力复营此哉？君可见之，为陈祸福。"玄之见普，具宣蒙意，普惧，出降。蒙乃赴益阳。鲁肃邀羽相见，因责数[1]羽，羽曰："乌林[2]之役，左将军身在行间，勠力破敌，岂得徒劳，无一块土，而足下来欲收地邪？"肃曰："不然。始与豫州觐[3]于长坂，豫州之众不当一校，计穷虑极，图欲远窜。主上矜愍[4]豫州身无处所，不爱土地士民之力，以济其患。而豫州私独饰情，愆德堕好[5]。今已藉手[6]西州，又欲翦并荆土，斯盖凡夫所不忍行，而况整领[7]人物之主乎？"羽无以答。会闻曹操将攻汉中，备乃求和于权。权令诸葛瑾报命。遂分荆州，以湘水[8]为界：长沙、江夏、桂阳以东属权，南郡、零陵、武陵以西属备。瑾每奉使至蜀，与其弟亮但公会[9]相见，退无私面。

秋，七月，**魏公操取汉中，走张鲁，留将军夏侯渊、张郃守之而还**操至阳平[10]。张鲁欲降，其弟卫不肯，率众拒关坚守。初，操以降人多言张鲁易攻，阳平城下南北山相远，不可守，信以为然。至是身履[11]，不如所闻，乃叹曰："他人商度[12]，少如人意。"攻阳平诸屯，山峻难登，士卒伤夷，军食且尽，操意沮，欲还。会前军夜迷，误入张卫别营，营中大惊退散。操进兵攻之，卫等夜遁，鲁奔南山，入巴中[13]。左右欲悉烧宝货仓库，鲁曰："本欲归命国家，而意未得达。今避锋锐，非有恶意。宝货仓库，国家之有。"遂封藏[14]而

1　责数：责备数说。
2　乌林：古地名，位于今湖北省咸宁市嘉鱼县西，长江北岸。乌林近赤壁，乌林之役应指赤壁之战。
3　觐：进见，访谒。
4　矜愍：哀怜，怜悯。
5　私独饰情，愆德堕好：自私自利，虚情假意，辜负恩德，损坏我们的友好关系。
6　藉手：借助。
7　整领：统率，率领。
8　湘水：即今湘江，湖南省最大的河流。
9　公会：因公事相会晤。
10　阳平：即阳平关，古关隘名，位于今陕西省汉中市勉县西。
11　身履：亲身经历。
12　商度：商讨。
13　巴中：古地区名，即今四川盆地。
14　封藏：封闭收藏。

去。操入南郑，遣人慰谕[1]之。主簿司马懿言于操曰："刘备以诈力虏刘璋，蜀人未附，而远争江陵，此机不可失也。今克汉中，益州震动，进兵临之，势必瓦解。圣人不能违时，亦不可失时也。"操曰："人苦无足，既得陇，复望蜀邪？"刘晔曰："刘备，人杰也，有度而迟[2]。得蜀日浅，蜀人未附也。今破汉中，蜀人震恐，其势自倾。因而压之，无不克也。若少缓之，诸葛亮明于治国而为相，关羽、张飞勇冠三军而为将，蜀民既定，据险守要，则不可犯矣。今不取，必为后忧。"操不从。居七日，蜀降者说："蜀一日数十惊，守将虽斩之而不能安也。"操谓晔曰："今尚可击否？"晔曰："今已小定[3]，未可击也。"乃还。以夏侯渊督张郃、徐晃等守汉中。

八月，孙权攻合肥，大败而还曹操之征张鲁也，为教[4]与合肥护军薛悌，署函边曰："贼至乃发。"及是孙权率众十万围合肥，悌发函，教曰："若孙权至者，张、李将军出战，乐将军守，护军勿得与战。"诸将以众寡不敌，疑之。张辽曰："公远征在外，比救至，彼破我必矣。是以教指及其未合逆击之，折其盛势[5]，以安众心，然后可守也。"乐进等莫对[6]。辽怒，将独出，李典素与辽不睦，慨然曰："此国家大事，顾君计何如耳，吾岂可以私憾而忘公义乎？请从君而出。"于是夜募敢从之士，明旦陷阵冲垒，入至麾下。权大惊走，撤军还，至逍遥津[7]北，辽将步、骑奄[8]至。甘宁、吕蒙力战捍敌，凌统率亲近扶权出围，乘骏马上津桥，桥南已撤，丈余无版[9]。亲近谷利使权持鞍缓控，于后着鞭，遂得超度[10]。贺齐率三千人在津南迎权，入船，齐涕泣曰："至尊人主，

---

1 慰谕：解释宽慰。
2 有度而迟：做事有章法，但决策缓慢。
3 小定：稍得安定。
4 为教：写了一份指令。
5 教指及其未合逆击之，折其盛势：指示趁敌人未集结时予以迎头痛击，以摧折敌军锋芒。
6 莫对：没有回应。
7 逍遥津：古为淝水上的渡口，位于今安徽省合肥市东北。
8 奄：突然。
9 桥南已撤，丈余无版：桥南部的桥板已撤去，有一丈多宽没有桥板。
10 持鞍缓控，于后着鞭，遂得超度：抓住马鞍，放松缰绳，在后面猛烈用鞭抽马，加强马的冲势，趁势飞跃过去。超度，跳过。

常当持重。今日之事，群下震怖，若无天地，愿以此为终身之诫！"权自前收其泪曰："大惭，谨已刻心，非但书绅也[1]。"

冬，十月，始置名号侯[2]以赏军功。

十一月，张鲁出降，以为镇南将军，封其属阎圃为列侯。

习凿齿曰：阎圃谏鲁勿王，而曹公追封之，将来之人，孰不思顺？塞其本源而末流自止，其此之谓与？

刘备遣兵击巴賨，破之张鲁之走巴中也，黄权言于刘备曰："若失汉中，则三巴[3]不振，此为割蜀之股、臂也。"备乃使权迎鲁。会诸夷帅朴胡、杜濩、任约已降于曹操，而鲁亦降，权遂击胡等，破之。操遣张郃徇三巴，备遣巴西太守张飞击之，郃走还。

丙申二十一年（公元 216 年）

夏，四月，魏公操进爵为王，操杀尚书崔琰初，崔琰荐杨训，操礼辟[4]之。及操进爵，训发表[5]称颂。或笑训希世浮伪[6]，谓琰失举。琰取其草[7]视之，与训书曰："省表，事佳耳[8]。时乎，时乎，会当有变。"琰本意，讥论[9]者好谴呵而不寻情理。有与琰不平者，白之。操怒，收琰付狱，髡为徒隶。白者复云："琰对宾客虬须[10]直视，若有所瞋。"遂赐琰死。毛玠伤琰无辜，心不悦。人复白玠怨谤，亦收付狱。桓阶、和洽为之陈理，操曰："此捐君臣恩义，妄为死友怨叹，

1　谨已刻心，非但书绅也：我把这次教训铭刻在心中，不仅仅写在束身的大带上。
2　名号侯：古封爵名，有封号而无食邑的侯。
3　三巴：古地区名，巴郡、巴东、巴西的合称，相当于今天四川省嘉陵江和綦江流域以东的大部分地区。
4　礼辟：以礼征召。
5　发表：进上表章。
6　浮伪：虚伪。
7　草：草稿。
8　省表，事佳耳：看了你的上表，事情做得很好。
9　讥论：讥刺和议论。
10　虬须：蜷曲的胡须。

殆不可忍也。"洽曰："臣非敢曲理玠以枉大伦[1]也。以玠历年荷宠[2]，刚直忠公，为众所惮，不宜有此。然人情难保，要宜考核，两验其实。今不忍致之于理，更使曲直之分不明。"操曰："所以不考，欲两全玠及言事者耳。"洽曰："玠信有谤言，当肆之市朝[3]，若无此言，言事者诬大臣以误主听，臣窃不安。"操卒不穷治，玠遂免黜。时西曹掾丁仪用事，玠之获罪，仪有力焉，群下侧目。何夔、徐奕独不事仪，仪谮奕，出之。傅选谓夔宜少下[4]之，夔曰："为不义，适足害身，焉能害人？"琰从弟林，尝与陈群共论冀州人士，称琰为首，群以智不存身[5]贬之。林曰："大丈夫为有邂逅耳，即如卿诸人，良足贵乎[6]？"

五月朔，日食。

以裴潜为代郡太守代郡乌桓三大人皆称"单于"，恃力骄恣，太守不能治。至是潜单车之郡，单于惊喜。潜抚以恩威，遂皆詟服[7]。

秋，七月，南匈奴单于入朝于魏，遂留居邺初，南匈奴久居塞内，与编户大同[8]，而不输贡赋。议者恐其户口滋蔓[9]，浸难禁制，欲豫为之防。至是单于呼厨泉入朝于魏，操因留之于邺，使右贤王去卑监其国。单于岁给绵、绢、钱、谷如列侯，子孙袭号。分其众为五部，各立其贵人为帅，选汉人为司马以监督之。

八月，魏以钟繇为相国。

丁酉二十二年（公元 217 年）

1　曲理玠以枉大伦：强辞夺理地为毛玠辩护，破坏臣下对君王绝对服从这一最高准则。
2　荷宠：蒙受恩宠。
3　玠信有谤言，当肆之市朝：毛玠如果确实有诽谤主上的言论，应该斩首示众。肆，处死刑后陈尸示众。
4　下：谦让，居人之下。
5　智不存身：才智不足以保护自身。
6　大丈夫为有邂逅耳，即如卿诸人，良足贵乎：大丈夫只看有没有机会遇到明主罢了，如果像各位一样，就算高贵了吗。
7　詟服：畏惧服从。
8　大同：主要的方面一致。
9　滋蔓：生长蔓延，常喻祸患的滋长扩大。

　　春，正月，魏王操击孙权。三月，权降初，权护军蒋钦与徐盛有隙，至是，钦持诸军节度[1]，每称其善。权问之，钦曰："盛忠而勤强[2]，有胆略器用，好万人督也[3]。今大事未定，臣当助国求才，岂敢挟私恨以蔽贤乎？"权既请降，留将军周泰督濡须。诸将以泰寒门[4]，不服。权会诸将乐饮，命泰解衣，手指其创痕问之，因把其臂流涕，曰："幼平，卿为孤兄弟，战如熊虎，被创数十，吾亦何心不待卿以骨肉之恩，委卿以兵马之重乎？"诸将乃服。

　　夏，四月，魏王操用天子车、服，出入警跸冕十二旒，乘金根车，驾六马，设五时副车[5]。

　　六月，魏以华歆为御史大夫。

　　冬，十月，魏以世子丕为王太子初，操娶丁夫人，无子。妾刘氏，生子昂。卞氏生四子，丕、彰、植、熊。于是出[6]丁夫人，而立卞氏为继室。植性机警，多艺能[7]，才藻敏赡[8]，操爱之。操欲以女妻丁仪，丕以仪目眇[9]，止之。仪由是怨丕，与弟廙及杨修数称植才，劝操立以为嗣。操以函密访于外，尚书崔琰露板[10]答曰："《春秋》之义，立子以长。五官将[11]仁孝聪明，宜承正统，琰以死守之。"丕使人问太中大夫贾诩以自固[12]之术。诩曰："愿将军恢崇德度[13]，躬素士[14]之业，朝夕孜孜[15]，不违子道，如此而已。"他日，操屏人问诩，诩

────────

1　持诸军节度：负责指挥各路军队。
2　勤强：勤勉有勇力。
3　好万人督也：是个统帅万人的杰出将领。
4　寒门：寒微的门第。
5　冕十二旒，乘金根车，驾六马，设五时副车：戴的冠冕有十二条玉串，可以乘坐黄金装饰的根车，用六匹马驾车，可以陈设随从帝王车驾的五色副车。根车，用自然圆曲的树木做车轮装配成的车子，古代以为帝王有盛德，则山出根车，为祥瑞之兆。
6　出：遗弃，休弃。
7　艺能：技艺才能。
8　才藻敏赡：才藻，才思文采。敏赡，敏捷而丰富。
9　目眇：一只眼睛瞎。
10　露板：奏章。因其不缄封，故称。
11　五官将：即曹丕，曾任五官中郎将。
12　自固：巩固自身的地位，确保自己的安全。
13　恢崇德度：恢崇，发扬光大。德度，道德气度。
14　素士：布衣之士，贫寒的读书人。
15　孜孜：形容勤勉，不懈怠。

嘿然不对。操问其故，诩曰："属有所思，故不即对耳。"操曰："何思？"诩曰："思袁本初、刘景升父子也。"操大笑。操尝出征，丕、植并送。植称述功德，发言有章[1]，左右属目，操亦悦焉。丕怅然自失，吴质耳语曰："王当行，流涕可也。"及辞，丕涕泣而拜，操及左右咸歔欷，于是皆以植多华辞而诚心不及也。植既任性而行，不自雕饰[2]，丕御之以术，矫情自饰，宫人左右并为之称说，故遂定为太子。丕抱议郎辛毗颈而言曰："辛君知我喜否？"毗以告其女宪英，宪英曰："太子，代君主宗庙、社稷者也。代君，不可以不戚[3]；主国，不可以不惧。宜戚宜惧，而反以为喜，何以能久？魏其不昌乎？"久之，植乘车行驰道中，开司马门[4]出。操大怒，公车令坐死。由是重诸侯科禁，而植宠日衰。

　　刘备进兵汉中，魏王操遣将军曹洪拒之法正说刘备曰："曹操一举而降张鲁，定汉中，不因此势以图巴、蜀，而留夏侯渊、张郃屯守，身遽北还，此非其智不逮，而力不足也，必将内有忧逼[5]故耳。今策渊、郃才略，不胜国之将帅，举众往讨，必可克之。克之之日，广农积谷，观衅伺隙，上可以倾覆寇敌，尊奖王室；中可以蚕食雍、凉，广拓境土；下可以固守要害，为持久之计。此盖天以与我，时不可失也。"备乃进兵，遣张飞、马超、吴兰等屯下辨。操遣曹洪拒之。

　　孙权陆口守将鲁肃卒，权以吕蒙代之孙权以严畯代肃，督兵镇陆口。畯固辞以"朴素书生，不闲[6]军事"，权乃以吕蒙代之。众嘉畯能以实让。

　　权遣陆逊讨丹阳山越，平之吴郡陆逊言于权曰："克敌宁乱，非众不济，而山寇未平，难以图远。可大部伍[7]，取其精锐。"权从之，命逊部伍东三

1　章：章法。
2　雕饰：伪饰，做作。
3　戚：忧愁，忧虑。
4　司马门：皇宫的外门。
5　忧逼：忧患侵迫。
6　闲：通"娴"，熟悉，熟练。
7　大部伍：扩充军队。部伍，泛指部队。

郡，强者为兵，赢者补户，得精卒数万人。宿恶[1]荡除，所过肃清，还屯芜湖。会稽太守淳于式表逊枉取民人[2]。逊后诣都，言次[3]，称式佳吏。权曰："式白君，而君荐之，何也？"逊对曰："式意欲养民，是以白逊，逊岂可复毁式以乱圣听乎？"权曰："此诚长者之事，顾人不能为耳。"

戊戌二十三年（公元 218 年）

春，正月，少府耿纪、司直韦晃起兵讨魏王操，不克，死之时有金祎者，自以世为汉臣，乃发愤与纪、晃起兵，欲挟天子以伐魏，南援刘备，不克而死。

三月，有星孛于东方。

夏，四月，代郡、上谷乌桓反，魏王操遣其子彰击破之魏王操召裴潜为丞相理曹掾，潜曰："潜于百姓虽宽，于诸胡为峻。今继者必以潜为治过严，而事加宽惠。彼素骄恣，过宽必弛；既弛，又将摄[4]之以法，此怨叛所由生也。以势料之，代必复叛。"后数十日，反问[5]果至。操使其子彰讨之。彰少善射御，膂力过人。操戒曰："居家为父子，受事为君臣，动以王法从事，尔其戒之！"

刘备击张郃，不克刘备屯阳平关，攻郃等，不克，急书发益州兵。诸葛亮以问从事犍为杨洪，洪曰："汉中，益州咽喉，存亡之机会[6]。若无汉中，则无蜀矣。此家门之祸也，发兵何疑？"时法正从备北行，亮于是表洪领蜀郡太守，众事皆办，遂使即真[7]。初，犍为太守李严辟洪为功曹，严未去犍为而洪已为蜀郡。洪举门下书佐何祗有才策[8]。洪尚在蜀郡，而祗已为广汉太守。是以西

1　宿恶：元凶，大恶人。
2　枉取民人：不顾法令，任意搜刮百姓。
3　言次：言谈之间。
4　摄：通"慑"，怕，使害怕。
5　反问：反叛的消息。
6　机会：关键，要害。
7　即真：官吏由代理而转为正式职务。
8　才策：才智和谋略。

土咸服诸葛亮能尽时人之器用也。

　　秋，七月，魏王操击刘备。九月，至长安。

己亥二十四年（公元219年）

　　春，正月，刘备击夏侯渊，破斩之初，夏侯渊战虽数胜，魏王操常戒之曰："为将当有怯弱时，不可但恃勇也。将当以勇为本，行之以智计。若但任勇，则一匹夫敌耳。"及与刘备相拒逾年，备自阳平南渡沔水，缘山稍前，营于定军山[1]。渊引兵争之。法正曰："可击矣。"备使讨虏将军黄忠乘高鼓噪攻之，渊军大败，遂斩之。张郃引兵还，督军[2]杜袭收敛散卒，推郃为军主[3]，众心乃定。

　　二月晦，日食。

　　三月，魏王操出斜谷[4]。刘备将赵云击其军，败之。夏，五月，操引还。备遂取汉中操自长安出斜谷，军遮要[5]以临汉中。刘备曰："曹公虽来，无能为也，我必有汉川矣。"乃敛众拒险，终不交锋。操运米北山下，黄忠引兵欲取之，过期不还。赵云将数十骑出营视之，值操扬兵大出，云遂前突其阵，且斗且却。魏兵散而复合，追至营下。云入营，开门偃旗息鼓。魏兵疑云有伏，引去。云以劲弩射魏兵，魏兵惊骇，自相蹂践[6]，堕水死者甚多。相守积月，魏军士多亡。五月，操引兵还长安，备遂有汉中。操恐备北取武都氐[7]以逼关中，问雍州刺史张既，既曰："可劝使北去就谷[8]以避贼，前至者厚其宠赏[9]，则先者知利，后必慕之。"操从之，徙氐五万余落出居扶风、天水界。备

1　定军山：古山名，位于今陕西省汉中市勉县南。
2　督军：汉代监督军队的官员，后成为统领军队大将的称呼。
3　军主：一军的主将。
4　斜谷：褒斜道的东口，位于今陕西省宝鸡市眉县西南。
5　遮要：拦截于要害之处。
6　蹂践：蹂踏，践踏。
7　武都氐：居住于武都地区的氐人。氐，古族名，分布于今天甘肃、陕西、四川三省相邻地带。
8　就谷：荒年到有收成的地方去就食。
9　宠赏：帝王给以赏赐。

遣将军孟达攻房陵[1]，杀其太守。又遣养子中郎将封与达会攻上庸[2]，太守申耽举郡降。

秋，七月，刘备自立为汉中王备设坛场[3]于沔阳[4]，陈兵列众，群臣陪位。奏以备为汉中王，读讫，备拜受玺绶，御王冠。立子禅为王太子，拔牙门将军魏延领汉中太守，以镇汉川。备还治成都，以许靖为太傅，法正为尚书令，关羽、张飞、马超、黄忠皆进位有差。遣司马费诗即授羽印绶。羽闻黄忠位与己并，怒曰："大丈夫终不与老兵同列！"不肯受拜。诗谓羽曰："夫立王业者，所用非一。昔萧、曹与高祖少小亲旧，而陈、韩亡命后至。论其班列[5]，韩最居上，未闻萧、曹以此为怨。今王以一时之功隆崇[6]汉升，然意之轻重，宁当与君侯齐乎？且王与君侯譬犹一体，同休等戚[7]，祸福共之。愚谓君侯不宜计官号之高下、爵禄之多少为意也。仆一介之使，衔命之人，君侯不受拜，如是便还，但相为[8]惜此举动，恐有后悔耳。"羽大感悟，遽即受拜。

魏王操号其夫人为王后。

八月，汉中将关羽取襄阳关羽使糜芳守江陵，傅士仁守公安，羽自率众攻曹仁于樊。仁使于禁、庞德等屯樊北。八月，大霖雨，汉水溢，平地数丈。禁与诸将登高避水，羽乘大船遂攻之。禁等穷迫[9]，遂降。庞德力战，矢尽，战益怒，气愈壮，而水浸盛，吏士尽降。德乘小船欲还仁营，船覆，为羽所得，立而不跪。羽谓曰："何不早降？"德骂羽，羽杀之。急攻樊城，城多崩坏，众皆恟惧。或曰："可及围未合，乘轻船夜走。"满宠曰："山水速疾，冀其不

1　房陵：古郡名，辖今湖北省房县、保康、竹山、竹溪等县及神农架林区北部地。
2　上庸：古郡名，辖今湖北省竹山、竹溪二县，十堰市及陕西省平利、镇坪二县地。
3　坛场：古代设坛举行祭祀、继位、盟会、拜将等大典的场所。
4　沔阳：古县名，治所位于今陕西省汉中市勉县东。
5　班列：官阶，品级。
6　隆崇：推崇，器重。
7　同休等戚：同欢乐，共忧患，形容关系密切，利害一致。亦偏指共患难。
8　相为：相助，相护。
9　穷迫：穷困窘迫。

久[1]。闻羽遣别将已在郏[2]下，自许以南，百姓扰扰[3]，羽所以不敢遂进者，恐吾军掎其后耳。今若遁去，洪河[4]以南，非复国家有也。君宜待之。"仁曰："善。"乃沉白马与军人盟誓，同心固守。城不没者数板[5]。羽乘船临城，外内断绝。羽又遣别将围襄阳，刺史胡修、太守傅方皆降。操闻庞德死，流涕曰："吾知于禁三十年，何意临危反不及庞德耶？"

魏王操杀丞相主簿杨修初，杨修、丁仪谋立曹植为魏嗣，丕患之，以车载废簏[6]内吴质，与之谋。修以白操。丕惧，告质，质曰："无害也。"明日，复以簏载绢入，修复白之，推验[7]，无人。操由是疑。后植以骄纵见疏，修亦不敢自绝。每当就植，虑事有阙，忖度操意，豫作答教[8]十余条敕门下，随问答之。于是教裁出，答已入[9]。操怪其捷，推问[10]，始泄。遂收杀之。

关中营帅许攸降攸拥众不附，而有慢言[11]，操怒，欲伐之。群臣多谏，操横刀于膝，作色不听。长史杜袭入，欲谏，操逆[12]谓之曰："吾计已定，卿勿复言。"袭曰："若殿下计是邪，臣方助殿下成之；若殿下计非邪，虽成，宜改之。殿下逆臣，令勿言，何待下之不阐[13]乎？"操曰："许攸慢吾，如何可置？"袭曰："今豺狼当路，而狐狸是先。人将谓殿下避强攻弱，进不为勇，退不为仁。臣闻千钧之弩，不为鼷鼠发机；万石之钟，不以莛撞起音[14]。今区区之许攸，何足以劳神武哉？"操曰："善。"遂厚抚攸，攸即归服。

---

1 山水速疾，冀其不久：山洪来去迅速，希望不会滞留很久。山水，山洪。
2 郏：古县名，治所即今河南省平顶山市郏县。
3 扰扰：形容纷乱。
4 洪河：古水名，淮河支流，位于今河南省东南部。
5 城不没者数板：未被水淹没的城墙也仅有数板高。板，八尺。
6 簏：竹篾编的盛物器，形状不一。
7 推验：审问验证。
8 答教：准备用来解答问题的答案。
9 教裁出，答已入：魏王曹操的训诲刚刚送过来，曹植的答辞就已经送进去了。
10 推问：推究审问。
11 慢言：口出放肆之言。
12 逆：迎。
13 阐：开明。
14 千钧之弩，不为鼷鼠发机；万石之钟，不以莛撞起音：千钧之力的强弩，不射鼷鼠这样的小兽；万石的大钟，不会被草的茎撞响。莛，某些草本植物的茎。

冬，十月，孙权使吕蒙袭取江陵。魏王操率师救樊。关羽走还，权邀，斩之。十二月，蒙卒自许以南，往往遥应[1]关羽，羽威震华夏。曹操议徙许都以避其锐，司马懿、蒋济曰："于禁等为水所没[2]，非战攻之失，于国家大计未足有损。刘备、孙权外亲内疏，关羽得志，权必不愿也。可遣人劝权蹑[3]其后，许割江南以封权，则樊围自解。"操从之。初，鲁肃常劝孙权以曹操尚存，宜且抚辑[4]关羽，与之同仇，不可失也。及吕蒙代肃，以为羽素骁雄[5]，有兼并之心，且居国上流，其势难久，密言于权曰："今令征虏[6]守南郡，潘璋住白帝，蒋钦将游兵循江应敌，蒙为国家前据襄阳，如此，何忧于操，何赖于羽？且羽君臣矜其诈力，所在[7]反复，不可以腹心待也。"权曰："今欲先取徐州，然后取羽，何如？"对曰："今操抚集幽、冀[8]，未暇东顾，徐土往自可克。然地势陆通[9]，今日取之，操后旬[10]必来争，虽以七八万人守之，犹当怀忧。不如取羽，全据长江，形势益张[11]，易为守也。"权善之。权尝为其子求婚于羽，羽骂其使，不许。至是，蒙上疏曰："羽讨樊而多留备兵，必恐蒙图其后故也。蒙常有病，乞分士众还建业[12]，以治疾为名。羽闻之，必撤备兵，尽赴襄阳。大军浮江昼夜驰上，袭其空虚，则南郡可下，而羽可擒也。"遂称病笃。权乃露檄[13]召蒙还，阴与图计。下至芜湖，陆逊谓曰："关羽接境[14]，如何远

---

1 遥应：远远地配合呼应。
2 没：淹没。
3 蹑：追踪。
4 抚辑：安抚团结。
5 骁雄：勇猛威武。
6 征虏：即征虏将军孙皎，孙权堂弟。
7 所在：到处。
8 抚集幽、冀：安抚幽州、冀州。抚集，安抚聚集。
9 陆通：道路通达平坦。
10 后旬：一旬之后。旬，时间单位，十天为一旬。
11 益张：更加壮大。
12 建业：古县名，孙权都城，治所位于今江苏省南京市。
13 露檄：发布公告。
14 接境：地界相连，交界。

下¹？"蒙曰："诚如来言²，然我病笃。"逊曰："羽务北进，未嫌³于我。今闻君病，必益无备。若出其不意，羽可擒也。下见至尊，宜好为计。"蒙曰："羽素勇猛，未易图也。"蒙至都，权问："谁可代卿者？"蒙对曰："陆逊意思⁴深长，才堪负重，而未有远名⁵，非羽所忌，无复是过也⁶。若用之，当令外自韬隐⁷，内察形便⁸，然后可克。"权乃召逊代蒙。逊至陆口，为书与羽，称其功美，深自谦抑。羽意大安，稍撤兵以赴樊。逊具启形状⁹，权遂发兵袭羽。权欲令孙皎与蒙分督左右，蒙曰："若以征虏能，宜用之；以蒙能，宜用蒙。昔周瑜、程普为左右督攻江陵，事决于瑜，普恃久将，遂共不睦¹⁰，几败国事，此目前之戒也。"权寤，乃以蒙为大督。曹操使徐晃屯宛以助曹仁，孙权为笺与操，请以讨羽自效，及乞不漏¹¹，令羽有备。群臣咸言宜密之。董昭曰："军事尚权，宜内露之¹²。使羽闻权上而还自护，则围速解，且可使两贼相持，坐待其敝。秘而不露，使权得志，非计之上也。又，围中将吏，不知有救，傥有他意，为难不小。露之为便。且羽为人强梁¹³，自恃二城守固，必不速退。"操即敕徐晃以权书射着围里及羽屯中。围里闻之，志气百倍。羽果犹豫不能去。操自洛阳南救曹仁，驻军摩陂¹⁴。晃攻羽，破之。羽撤围退，然舟船犹据沔水。吕蒙至寻阳，尽伏其精兵舳舻¹⁵中，使白衣摇橹，作商贾服，昼夜兼行。羽所置江边屯候¹⁶，

---

1 远下：远远离开。
2 诚如来言：确实像您前来讲的那样。
3 嫌：避忌。
4 意思：意图，思虑。
5 远名：声名的远播。
6 无复是过也：没有人比他更合适的了。
7 韬隐：隐藏不露。
8 形便：形势发展的有利时机。
9 具启形状：把全部情况向孙权作了汇报。形状，情况，情形。
10 普恃久将，遂共不睦：程普自恃是老将，因此双方不和睦。久将，旧将，老将。
11 乞不漏：请求不要把消息泄露出去。
12 军事尚权，宜内露之：军事上崇尚因时制宜，应该悄悄把消息放出去。权，权变，权宜。
13 强梁：凶暴，强横。
14 摩陂：古地名，位于今河南省平顶山市郏县东南。
15 舳舻：船头和船尾的并称，多泛指首尾相接的船。
16 屯候：斥候，哨兵。

尽收缚之。麋芳、傅士仁素皆嫌羽轻己，羽之出军，供给军资不悉相及[1]，羽言还当治之。芳、仁咸惧，于是即降。蒙入江陵，释于禁，得关羽及将士家属，皆抚慰之，令军中不得干历人家[2]，有所求取。蒙麾下同郡人，取民家一笠以覆官铠[3]，蒙犹以为犯军令，垂涕斩之。于是军中震栗，道不拾遗。旦暮使亲近存恤[4]耆老，问所不足，给医药，赐衣粮。关羽走还，曹仁会诸将议，咸曰："今因羽危惧[5]，可追擒也。"赵俨曰："权、羽连兵，恐我承其两疲，故顺辞求效耳。今羽已孤进[6]，更宜存之，以为权害。若深入追北，则权将改虞于彼，而生患于我矣[7]，王必以此为深虑。"仁乃解严[8]。操闻羽走，恐诸将追之，果疾敕仁如俨所策。羽数使人与蒙相闻，蒙辄厚遇其使，周游城中，家家致问，或手书示信，使还人知家门无恙，见待[9]过于平时，皆无斗心。权至江陵，荆州将吏悉归附，独治中从事潘濬称疾不见。权遣人舆致[10]，濬伏而不起，涕泣交横[11]。权慰谕恳恻[12]，濬起拜谢，即以为治中，荆州军事一以咨之。从事樊伷诱导诸夷西附汉中，外白[13]遣万人讨之。濬曰："以五千兵往足矣。"权曰："卿何以轻之？"濬曰："伷能弄唇吻[14]，而实无才略。尝为州人设馔，比至日中，食不可得，而十余自起[15]，此亦侏儒观一节之验[16]也。"权大笑，即遣濬将五千人往，果斩平之。权以蒙为南郡太守，逊为右护军，皆封侯。使逊屯夷陵，守峡口[17]。关羽遁走，

1　不悉相及：没有全部送到。
2　干历人家：骚扰住户。干历，骚扰。人家，住户。
3　官铠：朝廷发放的铠甲，意即公物。
4　存恤：慰问救济。
5　危惧：担忧害怕。
6　孤进：孤单势散。
7　改虞于彼，而生患于我矣：从专注防备关羽，改为给我们制造事端。
8　解严：解除非常的戒备措施。
9　见待：被对待。
10　舆致：用床抬来。
11　交横：纵横交错。
12　恳恻：诚恳痛切。
13　外白：外面有人奏请。
14　唇吻：嘴唇，比喻议论、口才。
15　食不可得，而十余自起：客人仍无饭菜可吃，十余人自己起身离去。
16　侏儒观一节之验：如同看侏儒演戏，看一节就可知道他有多少伎俩。
17　峡口：古地名，即西陵峡口，位于今湖北省宜昌市夷陵区西。

兵皆解散，才十余骑。权先使潘璋断其径路。十二月，获羽，斩之。遂定荆州。初，全琮上疏陈关羽可取之计，权恐事泄，寝而不答。至是，谓琮曰："君前陈此，孤虽不相答，今日之捷，抑¹亦君之功也。"权复以刘璋为益州牧，驻秭归，未几而卒。吕蒙未及受封，疾发，亦卒。权哀痛殊甚²，后谓陆逊曰："公瑾雄烈³，胆略兼人，遂破孟德，开拓荆州，邈焉寡俦⁴。子敬因公瑾致达⁵于孤，一见便及帝王大略，此一快也。后孟德东下，诸人皆欲迎之，子敬驳言不可，劝孤急呼公瑾，付任⁶以众，逆而击之，此二快也。后虽劝吾借玄德地，是其一短，不足以损其二长。故孤常以方⁷邓禹也。子明⁸少时，孤谓不辞剧易⁹，果敢有胆而已。及身长大，学问开益¹⁰，筹略¹¹奇至，可次公瑾，但言议英发¹²不及之耳。图取关羽，胜于子敬。子敬云'羽不足忌'，此内不能办，外为大言耳，孤亦恕之，不苟责也。然其作军屯营，不失令行禁止，路无拾遗，法亦美矣。"曹操欲徙荆州残民，司马懿曰："荆楚轻脆易动，关羽新破，诸为恶者，藏窜¹³观望。徙其善者，既伤其意，将令去者不敢复还。"操从之。是后亡者悉还。

　　以孙权为票骑将军，领荆州牧曹操表孙权为票骑将军，假节，领荆州牧，封南昌侯。权上书称臣于操，称说天命¹⁴。操以示外，曰："是儿欲踞¹⁵吾着炉火上邪！"陈群等皆曰："汉祚已终，非适今日。殿下功德巍巍¹⁶，群生注

1　抑：用在句首，无义。
2　殊甚：很，非常，形容程度深。
3　雄烈：勇武刚烈。
4　邈焉寡俦：很少能够有人和他相比。
5　致达：推荐。
6　付任：把事情交给别人去做。
7　方：比拟。
8　子明：即吕蒙，吕蒙字子明。
9　剧易：轻重，难易。
10　开益：启发，增益。
11　筹略：谋略。
12　言议英发：言谈议论，才华横溢。英发，才华显露，神采焕发。
13　藏窜：隐藏逃避。
14　称说天命：劝曹操顺应天命，即位称帝。称说，陈述。
15　踞：蹲坐。
16　巍巍：崇高伟大。

望[1]，故孙权在远称臣。此天人之应，异气齐声，殿下宜正大位，复何疑哉？"操曰："若天命在吾，吾为周文王矣。"

　　司马公曰：教化，国家之急务也，而俗吏慢之。风俗，天下之大事也，而庸君忽之。夫惟明智君子，深识长虑，然后知其为益之大而收功之远也。光武遭汉中衰，绍恢前绪[2]，征伐四方，日不暇给，乃能敦尚[3]经术，宾延儒雅[4]，开广学校，修明礼乐。继以明、章，通道[5]先志，临雍拜老，横经问道[6]。自公卿大夫至于郡县之吏，咸选用经明行修之人，是以教立于上，俗成于下。自三代既亡，风化之美，未有若东汉之盛者也。及孝和以降[7]，可谓乱矣。然上则有袁安、杨震、李固、杜乔、陈蕃、李膺之徒，面引廷争，用公义以扶其危；下则有符融、郭泰、范滂、许邵之流，立私论以救其败，是以政治虽浊，而风俗不衰。当是之时，苟有明君作而振之，则汉祚未可量也。不幸重以桓、灵之昏虐[8]，保养奸回[9]，过于骨肉；殄灭忠良，甚于寇仇。积多士[10]之愤，蓄四海之怒。于是宗庙丘墟，烝民涂炭，大命陨绝[11]，不可复救。然拥兵专地者，虽互相吞噬，犹未尝不以尊汉为辞。以魏武之暴戾强伉[12]，加有大功于天下，其蓄无君之心久矣，乃至没身[13]不敢废汉而自立，岂其志之不欲哉？犹畏名节[14]而自抑也。由是观之，教化安可慢，风俗安可忽哉？

1　注望：瞩目，期望。
2　绍恢前绪：继承恢复前人的事业。绍，继承。
3　敦尚：推崇，崇尚。
4　宾延儒雅：以宾客之礼聘请儒家学者做官。
5　通道：遵循继承。
6　临雍拜老，横经问道：亲临辟雍拜见国家奉养的三老五更，手拿经典向老师请教。横经，横陈经籍，指受业或读书。
7　以降：以后，表示时间在后。
8　昏虐：昏昧暴虐。
9　保养奸回：保养，保护培育。奸回，奸恶邪僻，奸恶邪僻的人或事。
10　多士：众多的贤士，也指百官。
11　烝民涂炭，大命陨绝：百姓遭殃，汉朝的国运已经结束。烝民，百姓。涂炭，烂泥和炭火，比喻极困苦的境遇。大命，天命。
12　强伉：骄横。
13　没身：终身。
14　名节：名誉和节操。

程子曰：后汉名节成于风俗，非自得也。然一变之，则可以至于道矣。

庚子二十五年（公元 220 年）

魏文帝曹丕黄初元年。〇是岁僭国[1]一。

春，正月，丞相、冀州牧、魏王曹操还至洛阳，卒。太子丕立，自为丞相、冀州牧操知人善察，难眩[2]以伪。识拔[3]奇才，不拘微贱[4]，随能任使，皆获其用。与敌对阵，意思安闲[5]，如不欲战；及决机乘胜，气势盈溢。勋劳宜赏，不吝千金；无功望施，分毫不与。用法峻急[6]，有犯必戮，或对之流涕，然终无所赦。雅性节俭，不好华丽。故能芟刈[7]群雄，几平海内。至是薨。太子丕在邺，鄢陵侯彰自长安来赴[8]，问玺绶所在。谏议大夫贾逵正色曰："国有储副[9]，先王玺绶，非君侯所宜问也。"凶问至邺，群臣聚哭，无复行列。太子中庶子[10]司马孚厉声于朝曰："君王晏驾，天下震动，当早拜嗣君[11]，以镇万国，而但哭耶？"乃罢群臣，备禁卫，治丧事。孚，懿之弟也。群臣以为，太子即位当俟诏命。尚书陈矫曰："王薨于外，爱子在侧，彼此生变，则社稷危。"乃具官备礼，一夕而办。明旦，以王后令，策太子即王位，大赦。帝寻遣御史大夫华歆奉策诏[12]，授丞相印绶、魏王玺绶，领冀州牧。尊王后曰王太后，葬武王于高陵[13]。

二月朔，日食。

1　僭国：冒名窃取的国家。
2　眩：迷惑，引申为欺骗。
3　识拔：赏识并提拔。
4　微贱：社会地位低下。
5　安闲：安静清闲，安逸舒适。
6　峻急：严酷，严厉。
7　芟刈：割，引申为杀戮。
8　赴：通"讣"，报丧。
9　储副：国之副君，太子。
10　太子中庶子：古官名，太子侍从官，职如侍中。
11　嗣君：继位的国君。
12　策诏：册封的诏书。
13　高陵：即高平陵，曹操的陵墓，位于今河北省邯郸市临漳县邺镇西南。

魏以贾诩为太尉，华歆为相国，王朗为御史大夫。

魏王丕遣其弟鄢陵侯彰等皆就国丕遣其弟皆就国。临菑监国谒者希指奏："临菑侯植醉酒悖慢，劫胁[1]使者。"丕贬植为安乡侯，诛其党丁仪、丁廙，并其男口[2]。

魏立法，自今宦者官不得过诸署令[3]作金策，藏之石室。

魏立九品法，置州郡中正尚书陈群以天朝[4]选用不尽人才，乃立九品官人之法。州郡皆置中正，择有识鉴[5]者为之，区别人物，第其高下。

夏，六月，魏王丕南巡至谯，大飨军士、父老丕至谯，大飨六军[6]及谯父老，设伎乐[7]百戏，吏民上寿，日夕[8]而罢。

孙盛曰：三年之丧，自天子达于庶人。虽三季之末，七雄之敝[9]，未之有废也。逮于汉文，变易古制，人道之纪[10]，一日而废，固已道薄当年，风颓百代矣。魏王处哀而设宴乐，居始而堕化基[11]，及至受禅[12]，显纳二女，是以知王龄之不遐，卜世之期促[13]也。

汉中将孟达以上庸降魏益州将军孟达屯上庸，与副军中郎将刘封不协[14]，率部曲降魏。达有容止才观[15]，曹丕爱之，引与同辇。合房陵、上庸、西城为新城郡，以达为太守。刘晔曰："达有苟得[16]之心，而恃才好术，必不能感恩怀

1　劫胁：威逼胁迫。
2　男口：男性佣人。
3　宦者官不得过诸署令：宫中的宦官官职不得超过宫中各署长官。
4　天朝：臣下称本朝的朝廷。
5　识鉴：见地和鉴别人材的能力。
6　六军：天子所统领的军队。
7　伎乐：音乐舞蹈。
8　日夕：傍晚。
9　三季之末，七雄之敝：夏、商、周三代的末期，战国七雄衰败的时候。
10　纪：纲纪。
11　化基：教化的根基。
12　受禅：王朝更迭，新皇帝承受旧帝让给的帝位。
13　王龄之不遐，卜世之期促：做王的时间不长，国运短暂。卜世，占卜预测传国的世数，亦泛指国运。
14　不协：不和，不一致。
15　容止才观：容止，仪容举止。才观，才华和仪表。
16　苟得：不当得而得。

义。新城与孙、刘接连，若有变态[1]，为国生患。"丕不听。遣将军夏侯尚、徐晃与达袭封。封败，走还成都。封本寇氏子，汉中王备至荆州，以未有嗣，养以为子。诸葛亮虑其刚猛，易世[2]之后，终难制御，劝备因此除之。遂赐死。

以贾逵为豫州刺史时天下初定，刺史多不能摄郡。逵曰："州本以六条诏书[3]察二千石以下，故其状皆言严能鹰扬[4]，有督察之才，不言安静宽仁，有恺悌[5]之德也。今长吏慢法，盗贼公行，州知而不纠，天下复何取正乎？"其二千石以下，阿纵不如法者，皆奏免之。外修军旅，内治民事，兴陂田，通运渠[6]，吏民称之。曹丕曰："真刺史矣。"布告天下，赐爵关内侯。

冬，十月，魏王曹丕称皇帝，废帝为山阳公左中郎将李伏、太史丞许芝言："魏当代汉，见于图纬。"魏之群臣因表劝丕篡位。至是，帝乃告祠高庙，遣使持节，奉玺绶、诏策，禅位于魏。魏王丕上书三让，乃为坛于繁阳，升受玺绶，即皇帝位，燎祭[7]天地，改元"黄初"。奉汉帝为山阳公，用天子礼乐。追尊武王曰武皇帝，庙号太祖。尊王太后曰皇太后。改相国为司徒，御史大夫为司空。山阳公奉二女以嫔[8]于魏。魏主丕欲改正朔，辛毗曰："孔子曰：'行夏之时。'左氏曰：'夏数得天。'何必期于相反？"丕从之。魏主丕欲追封太后父母，陈群曰："创业革制，当为后式[9]。案礼典[10]，妇因夫爵，无分土命爵之制。秦违古法，汉氏因之，非先王令典[11]也。"丕曰："尚书议是。"其著定制，藏之台阁。魏主丕谓侍中苏则曰："西域前献径寸大珠，可复求市得[12]

---

1 变态：事物的情状发生变化。
2 易世：改朝换代。
3 六条诏书：又称"六条问事"，是汉武帝颁发给十三州刺史的诏书，规定了刺史的权力和职务范围。
4 鹰扬：逞威，大展雄才。
5 恺悌：和乐平易。
6 兴陂田，通运渠：兴修山田，疏通运输水渠。陂田，山田。运渠，运输水渠。
7 燎祭：古代祭祀仪式之一，把玉帛、牺牲放在柴堆上，焚烧祭天。
8 嫔：做皇帝的姬妾。
9 式：示范，榜样。
10 礼典：礼法。
11 令典：好的典章法度。
12 市得：买到。

不？"对曰："若化洽中国，德流沙幕[1]，即不求自至。求而得之，不足贵也。"丕嘿然。魏主丕召蒋济为散骑常侍[2]，时有诏赐征南将军夏侯尚曰："卿腹心重将，特当任使，作威作福，杀人活人[3]。"尚以示济。济至，丕问以所闻见，对曰："未有他善，但见亡国之语耳。"丕忿然，问其故。济具以答，因曰："作威作福，《书》之明诫[4]。天子无戏言，惟陛下察之。"丕即遣追取前诏。

十二月，魏主丕如洛阳，营宫室。

魏徙冀州士卒家实[5]河南魏主丕欲徙冀州士卒家十万户实河南。时旱、蝗，民饥，群司[6]以为不可，而丕意甚盛。侍中辛毗求见，丕作色待之，曰："卿谓徙民非耶？"毗曰："诚以为非。"丕曰："吾不与卿议。"毗曰："陛下置臣谋议之官，安得不与臣议？臣所言非私，乃社稷之虑也，安得怒臣？"丕不答，起入内。毗随引其裾，丕奋衣[7]而去，良久乃出，曰："佐治[8]，卿持我何太急耶？"毗曰："今徙，既失民心，又无以食，必将为寇，故臣不敢不力争。"丕乃徙其半。丕尝出射雉[9]，顾群臣曰："乐哉！"毗对曰："于陛下甚乐，于群下甚苦。"丕默然，后为之稀出。

辛丑**昭烈皇帝章武元年**（公元 221 年）

魏黄初二年。

春，正月，魏封孔羡为宗圣侯奉孔子祠。

1　沙幕：沙漠。
2　散骑常侍：古官名，职掌侍从皇帝左右，谏诤得失，顾问应对，与侍中等共平尚书奏事，有异议得驳奏，亦常用作宰相、诸公等加官，得入宫禁议政。
3　卿腹心重将，特当任使，作威作福，杀人活人：你是我非常信任的重要将领，特别委以重任，随你作威作福，有杀人和赦免人的特权。作威作福，独揽威权，擅行赏罚，《尚书》曾明言这是君王的特权。
4　明诫：明白告诫，明训。
5　实：充实。
6　群司：各个部门古代官位统称。
7　奋衣：拂袖，表示气愤。
8　佐治：即辛毗，辛毗字佐治。
9　射雉：射猎野鸡，古代的一种田猎活动。

魏复五铢钱。

夏，四月，汉中王即皇帝位蜀中传言帝已遇害，于是汉中王发丧制服，谥曰孝湣皇帝。群下竞劝王称尊号。司马费诗上疏曰："殿下以曹操父子篡位，故羁旅万里，合众讨贼。今大敌未克而先自立，恐人心疑也。"王不悦，左迁之。遂即帝位于武担[1]之南，大赦，改元。以诸葛亮为丞相，许靖为司徒。

司马公曰：三代之前，海内万国，有人民、社稷者，通谓之"君"。合万国而君之者，乃谓之"王"。王德既衰，方伯连帅[2]，能率其属以尊天子，则谓之"霸"。自汉儒推五德生、胜[3]，以秦为闰位[4]，在木、火之间，霸而不王，于是正、闰之论兴矣。及三国、五胡、南北之乱，各有国史，互相排黜[5]。朱氏代唐，四方幅裂，朱邪入汴，比之穷、新，运历年纪，皆弃而不数[6]，此皆偏辞，非公论也。故今此书独以周、秦、汉、晋、隋、唐为正统，其后子孙虽微弱、播迁[7]，然犹承祖宗之业，四方与之争衡者，皆其故臣也，故犹得用天子之制以临之。至于天下离析[8]，本非君臣，则皆以列国之制处之，然不可无岁、时、月、日以识事之先后。据汉传于魏而晋受之，晋传于宋以至于陈而隋取之，唐传于梁以至于周而大宋承之，故不得不取其年号以纪[9]诸国之事，非尊此而卑彼，有正、闰之辨也。昭烈[10]虽云中山靖王之后，然不能纪其世次[11]，与南唐称吴王恪后无异，故不敢以后汉、东晋为比，使得绍汉氏之遗统[12]也。

---

1 武担：古山名，又称武都山，位于今四川省成都市旧城西北隅北较场。
2 方伯连帅：诸侯之长，也泛指地方长官。
3 推五德生、胜：推演金、木、水、火、土五德的相生相克。
4 闰位：非正统的帝位。
5 排黜：排斥。
6 朱邪入汴，比之穷、新，运历年纪，皆弃而不数：沙陀人进入汴京，建立后唐政权，把朱温比作篡夺夏朝政权的有穷氏和取代西汉政权的王莽新室，其历法和纪年，都弃而不用。朱邪，唐时西突厥部族族名，世居沙陀，后归唐，族人以朱邪为复姓。
7 播迁：迁徙，流离。
8 离析：分裂，离散。
9 纪：记录，记载。
10 昭烈：即刘备，其谥号为昭烈帝。
11 世次：世系相承的先后。
12 遗统：前人留下来的功业。

孙权徙治武昌[1]权自公安徙都于鄂，更名鄂曰武昌。

立宗庙，袷祭高皇帝以下。

五月，立夫人吴氏为皇后，子禅为皇太子吴氏，将军懿之妹，故刘璋兄瑁之妻也。

六月，**魏杀夫人甄氏**初，魏主丕从太祖入邺，悦袁熙妻甄氏，太祖为聘焉，生子叡。及即位，郭贵嫔[2]有宠，甄氏留邺，失意，出怨言，贵嫔谮杀[3]之。

魏祀太祖于建始殿魏主丕以宗庙在邺，祀太祖于洛阳建始殿，如家人礼。

是月晦，**日食**魏有司以日食奏免太尉，诏曰："灾异之作，以谴元首[4]，而归过股肱，岂禹、汤罪己之义乎？其令百官各虔厥职[5]。后有天地之眚[6]，勿劾三公。"

秋，七月，帝自将伐孙权帝耻关羽之没，将击孙权。将军赵云曰："国贼曹操，非孙权也。若先灭魏，则权自服。今操虽毙，子丕篡位，当因众心，早图关中，居河、渭上流以讨凶逆，关东义士必裹粮策马[7]以迎王师。不应置[8]魏，先与吴战。兵势一交，不得卒解，非良策也。"群臣谏者甚众，帝皆不听。乃留诸葛亮辅太子守成都，而自率诸军东下。

车骑将军张飞为其下所杀飞雄猛[9]亚于关羽。羽善待卒伍[10]而骄于士大夫，飞爱礼君子而不恤军人。帝常戒之，飞不悛。至是，当率万人会江州，临发，为帐下所杀，以其首奔孙权。帝闻飞营都督有表[11]，曰："噫，飞死矣！"

1　武昌：古县名，治所即今湖北省鄂州市。
2　贵嫔：皇帝的妾，也是宫中女官，位次皇后。
3　谮杀：进谗言杀害。
4　元首：君主。
5　各虔厥职：各自诚心履行自己的职责。虔，诚敬，诚心。
6　眚：灾异。
7　裹粮策马：裹粮，携带熟食干粮，以备出征或远行。策马，驱马使行。
8　置：搁置，放在一边。
9　雄猛：强悍勇猛。
10　卒伍：士兵。古代军队编制，五人为伍，百人为卒。
11　表：古代奏章的一种，用于较重大的事件。

孙权请和，不许。遂遣陆逊督诸将拒守孙权遣使求和，诸葛瑾因致笺曰："关羽之亲，何如先帝？荆州大小，孰与海内？俱应仇疾[1]，谁当先后？若审此数，易于反掌矣。"帝不听。时吴人或言瑾别遣亲人与汉相闻者，权曰："孤与子瑜，有死生不易之誓，子瑜之不负孤，犹孤之不负子瑜也。"陆逊亦表明瑾必无此，权报曰："玄德昔遣孔明至吴，孤尝语子瑜曰：'卿与孔明同产，何不留之？'子瑜言：'亮已委质于人，义无二心。弟之不留，犹瑾之不往也。'其言足贯神明，今岂当有此乎？孤与子瑜可谓神交，非外言所间。知卿意至，辄封来表示之矣。"帝遣吴班、冯习攻破权将李异等于巫，进军秭归。权以陆逊为大都督，督朱然等五万人拒守。

魏筑陵云台。

八月，孙权遣使降魏。魏封权为吴王权遣使称臣，送于禁等还。魏朝臣皆贺，刘晔独曰："权无故求降，必内有急，恐中国往承其衅，故委地[2]求降，一以却中国之兵，二假中国之援以强其众，而疑敌人耳。夫吴、蜀各保一州，有急相救，此小国之利也。今自相攻，天亡之也，宜大兴师，径渡江袭之。蜀攻其外，我袭其内，吴之亡不出旬月。吴亡，则蜀亦不能久存矣。"魏主不听，遂受吴降。遣太常邢贞奉策拜权为吴王，加九锡。刘晔谏曰："权虽有雄才，故汉票骑将军、南昌侯耳，官轻势卑，士民有畏中国心，不可与成所谋也。夫王位去天子一阶耳，礼秩服御[3]相乱也。今信其伪降，崇其位号，以封殖[4]之，是为虎傅翼[5]也。权却蜀兵之后，必外尽礼以事中国，而内为无礼以怒陛下。陛下伐之，则彼徐告其民曰：'我事中国不失臣礼，而无故伐我，此必欲残我国家，俘我人民，以为仆妾[6]耳。'民信其言，则上下同心，而战加十倍矣。"魏主丕不听。贞至吴，吴人以为宜称上将军、九州伯，不当受魏封。

1　仇疾：仇恨。
2　委地：舍弃土地。
3　礼秩服御：礼秩，礼仪等第和爵禄品级。服御，服饰、车马、器用之类。
4　封殖：原指壅土培育，引申为扶植势力，培养人才。
5　为虎傅翼：为老虎插上翅膀，比喻帮助恶人，增加恶人的势力。
6　仆妾：泛指奴仆婢妾。

权曰："沛公亦受项羽封，为汉王，盖时宜耳，何损耶？"遂出都亭候贞。贞入门，不下车。张昭曰："君敢自尊大，岂以江南寡弱，无方寸之刃乎？"贞即下车。中郎将徐盛忿愤[1]，谓同列曰："盛等不能奋身出命[2]，为国家并许、洛，吞巴、蜀，而令吾君与贞盟，不亦辱乎？"因涕泣横流。贞闻之，谓其徒曰："江东将相如此，非久下人者也。"魏诸将以吴内附，意皆纵缓[3]，独夏侯尚益修攻守之备。魏主令于禁诣邺，谒高陵，豫于陵屋[4]画关羽战克、庞德愤怒、禁降服之状。禁见，惭恚[5]病死。

司马公曰：禁将数万众，败不能死，生降于敌，既而复归，废之可也，杀之可也，乃画陵屋以辱之，斯为不君[6]矣。

孙权城武昌。

冬，十月，魏以杨彪为光禄大夫初，魏主丕欲以彪为太尉，彪辞曰："尝为汉朝三公，值世衰乱，不能立尺寸之益，若复臣魏，于国之选，亦不为荣也[7]。"及是，公卿朝朔旦，乃并引彪，待以客礼，赐几杖，使着布单衣、皮弁[8]以见，拜光禄大夫，朝见位次三公。又令门施行马[9]，以优崇[10]之。

魏罢五铢钱以谷贵故也。

孙权遣使如魏吴遣中大夫赵咨入谢于魏。魏主丕问曰："吴王何等主也？"咨对曰："聪、明、仁、智、雄、略之主也。"魏主问其状，对曰："纳鲁肃于凡品[11]，聪也；拔吕蒙于行阵，明也；获于禁而不害，仁也；取荆州而兵不血刃，智也；据有三州，虎视四方，雄也；屈身于陛下，略也。"丕曰："颇

1　忿愤：愤怒不平。
2　出命：献出生命。
3　纵缓：松懈。
4　陵屋：陵园里的屋子。
5　惭恚：羞惭愤怒，羞惭怨恨。
6　不君：不行君道。
7　于国之选，亦不为荣也：对国家选用人材来说，也不光彩。
8　皮弁：古冠名，用白鹿皮制成。
9　门施行马：允许在家门前放上行马。行马，古代官府门前阻拦人马通行的木架子。
10　优崇：优待而尊崇之。
11　凡品：世间常人。

知学乎？"对曰："吴王任贤使能，志存经略[1]，虽有余闲，博览书史[2]，然不效书生寻章摘句而已。"曰："吴可征不？"对曰："大国有征伐之兵，小国有备御[3]之固。"曰："吴难[4]魏乎？"对曰："带甲百万，江、汉为池，何难之有？"曰："吴如大夫者几人？"对曰："聪明特达[5]者，八九十人；如臣之比，车载斗量，不可胜数。"

乾隆御批：赵咨对魏主之言，可谓得体。盖人主万几，待理自当博览载籍[6]，扩充闻见，然所贵者在于上下古今得其要领，辨别是非，归于至当，使天下之人情物理靡不洞悉其隐微，熟识其常变，因以措诸实行，斯为有益，岂如士庶之学，仅娴习词章而已哉？

魏遣使求珍物[7]于孙权魏主丕遣使求大贝[8]、明珠、象犀、玳瑁[9]、孔雀、翡翠、斗鸭、长鸣鸡于吴。吴群臣曰："荆、扬贡有常典[10]，魏所求非礼，宜勿与。"吴王权曰："彼所求者，于我瓦石耳，孤何惜焉？且彼在谅暗，而所求若此，宁可与言礼哉？"具以与之。

孙权立子登为太子吴王权为登妙选师友，以诸葛瑾子恪、张昭子休、顾雍子谭、陈武子表为中庶子，入讲《诗》《书》，出从骑射，待以布衣之礼，谓之"四友"。魏欲封登万户侯，权以年幼辞之。

魏置护鲜卑、乌桓校尉初，魏太祖既克蹋顿，乌桓浸衰，鲜卑大人轲比能、素利、弥加等因求通市[11]，太祖皆表以为王。轲比能本小种[12]，以勇健、廉平

---

1 经略：经营治理。
2 书史：典籍，经、史一类的书籍。
3 备御：防备。
4 难：仇视。
5 特达：至为明达，极其通达。
6 载籍：书籍，典籍。
7 珍物：珍贵的物品。
8 大贝：贝的一种，上古以为宝器。
9 象犀、玳瑁：象犀，象牙和犀角。玳瑁，玳瑁的甲壳，亦指用其甲壳制成的装饰品。玳瑁为海中爬行动物，形似龟。
10 常典：常例，固定的法典、制度。
11 通市：通商。
12 小种：部族分支中的弱小者。

为众所服，威制[1]余部。时自云中、五原，东抵辽水[2]，皆为鲜卑庭，分地统御[3]。轲比能近塞，中国叛人多归之。素利等在塞外，道远，故不为边患。魏主丕以牵招为护鲜卑校尉，田豫为护乌桓校尉，使镇抚之。

壬寅二年（公元 222 年）

魏黄初三年。〇吴大帝孙权黄武元年。〇旧国一，新国一，凡二僭国。

春，正月朔，日食。

魏除贡士限年法[4]。

二月，魏复置戊己校尉鄯善、龟兹、于阗各遣使奉献。是后西域复通，置戊己校尉。

帝进军猇亭[5]帝自称归将进击吴，黄权曰："水军沿流[6]，进易退难。臣请先驱以当寇，陛下宜为后镇[7]。"帝不从，以权督江北诸军，自率诸将，自江南缘山截岭[8]，军于夷道猇亭。吴将皆欲迎击之，陆逊曰："彼锐气始盛，乘高守险，难可卒[9]攻。若有不利，损我大势，非小故也。今且奖厉[10]将士，以观其变。彼势不得展，自当罢于木石之间[11]，徐制其敝[12]耳。"诸将皆以为怯。帝遂自佷山[13]通武陵，使马良以金、锦赐五溪诸蛮夷，授以官爵。

三月，魏立子弟为王魏主丕立子叡为平原王，弟鄢陵公彰等皆进爵为

1　威制：用威力压服或用暴力制服。
2　辽水：古水名，即今辽宁省境内浑河。
3　统御：统率，管理。
4　除贡士限年法：取消举荐人才限制年龄的办法。
5　猇亭：古地名，位于今湖北省宜昌市东南长江北岸猇亭镇。
6　沿流：顺流而下。
7　后镇：居后镇守的人。
8　缘山截岭：翻山越岭。
9　卒：仓促，急速。
10　奖厉：褒奖并激励。
11　木石之间：丛林乱石之中。
12　徐制其敝：慢慢攻击他们的弱点。
13　佷山：古县名，治所位于今湖北省宜昌市长阳土家族自治县西，清江北岸。

王。时诸侯王皆寄地空名¹，国有老兵百余人以为守卫，隔绝千里之外，不听朝聘²，设防辅³、监国之官以伺察⁴之。虽有王侯之号，而侪⁵于匹夫，皆思为布衣而不能得。法既峻切⁶，过恶⁷日闻。独北海王衮谨慎好学，未尝有失，文学、防辅共表称其美。衮闻大惊，责之曰："修身自守，常人之行耳，而诸君乃以上闻，适所以增其累耳，岂所以为益乎？"

　夏，六月，吴陆逊进攻猇亭，诸军败绩，帝还永安⁸帝自巫峡建平⁹连营至夷陵界，立数十屯，自正月与吴相拒，至六月不决。遣吴班将数千人于平地立营，吴将帅欲击之。陆逊曰："此必有谲，且观之。"帝知计不得行，乃引伏兵八千从谷中出。逊曰："所以不听诸君击之者，以此故也。"遂上疏吴王权曰："夷陵，国之关限¹⁰，失之则荆州可忧。臣初嫌彼水陆俱进，今反舍船就步，处处结营，察其布置，必无他变矣。"逊将进攻汉军，诸将曰："攻当在初，今诸要害皆已固守，击之必无利。"逊曰："彼更事多，其军始集，思虑精专¹¹，未可干也。今住既久，不得我便，兵疲意沮，计不复生。掎角¹²此军，正在今日。"乃先攻一营，不利。逊曰："吾已晓破之之术。"乃敕各持一把茅¹³，以火攻，拔之。遂率诸军同时俱攻，破四十余营。帝升马鞍山¹⁴，陈兵自绕，逊促兵四面蹙之，土崩瓦解，死者万数。帝夜遁，仅得入白帝城。舟械军资略尽，帝大惭，恚曰："吾乃为陆逊所折辱，岂非天耶？"将军傅肜为后殿¹⁵，

1　寄地空名：封地暂由他人代管，只保有封国君主的空名。
2　朝聘：古代诸侯亲自或派使臣按期朝见天子。
3　防辅：古官名，设于诸王之国中，以监察诸王的行动。
4　伺察：侦视，观察。
5　侪：同类，同辈。
6　峻切：严厉。
7　过恶：错误，罪恶。
8　永安：古县名，改鱼复县置，属巴东郡，治所位于今重庆市奉节县东白帝城。
9　建平：古地名，位于今重庆市巫山县建平乡一带。
10　关限：关隘险阻。
11　精专：精纯专一。
12　掎角：分兵牵制，或夹击敌人。
13　茅：草名，即白茅，俗称茅草。
14　马鞍山：古山名，位于今湖北省宜昌市西北。
15　后殿：行军时居于尾部者。

兵众尽死，肜气益烈。吴人使降，肜骂曰："吴狗，安有汉将军而降者？"遂死之。从事祭酒程畿溯江而退，众劝其走，畿曰："吾在军，未习为敌之走[1]也。"亦死之。逊初为大都督，诸将或讨逆[2]旧将，或公室贵戚，各自矜恃[3]，不相听从。逊按剑曰："彼天下知名，曹操所惮，今在境界[4]，乃强对[5]也。仆虽书生，然国家屈诸君使相承望者，以仆尺寸可称[6]，能忍辱负重耳。各任其事，岂复得辞？军令有常，不可犯也。"至是诸将乃服。权闻之，谓曰："公何以初不启[7]诸将违节度者邪？"对曰："此诸将或任腹心，或堪爪牙，皆国家所当与共定大事者，臣窃慕[8]相如、寇恂相下[9]之义，以济国事耳。"王乃加逊辅国将军，领荆州牧。初，诸葛亮与法正好尚[10]不同，而以公义相取，亮每奇正智术。及是正已卒，亮叹曰："孝直若在，必能制主上东行。就行，必不危矣。"帝在白帝，吴徐盛等表请再攻之。吴王以问陆逊，逊曰："曹丕大合士众，外托助国，内实有奸心，谨决计辄还[11]。"初，魏主丕闻汉兵树栅连营七百余里，谓群臣曰："彼不晓兵，岂有七百里营可拒敌乎？'苞原隰险阻而为军[12]者，为敌所擒'，此兵忌也。孙权上事[13]今至矣。"七日，吴破汉书到。

秋，七月，魏冀州大蝗，饥。

八月，**将军黄权叛，降魏**帝既败退，黄权在江北，道绝，不得还，率其众降魏。有司请收权妻子，帝曰："孤负权，权不负孤也。"待之如初。魏

1　走：逃跑。
2　讨逆：即讨逆将军孙策。
3　矜恃：骄矜自负。
4　境界：疆界，土地的界限。
5　强对：劲敌，有力的对手。
6　尺寸可称：些许长处，这是认为自己有才能的谦虚说法。
7　启：开导。
8　窃慕：私下里仰慕。
9　相下：互相谦让。
10　好尚：喜欢的和推崇的。
11　谨决计辄还：郑重地请求您决断，下令全军立即退回。
12　苞原隰险阻而为军：在地势平坦、潮湿低洼、艰险阻塞等处安营。
13　上事：所上的奏章。

主丕谓权曰："君欲追踪陈、韩[1]耶？"对曰："臣受刘主殊遇[2]，降吴不可，还蜀无路，是以归命。且败军之将，免死为幸，何古人之可慕也？"丕善之，拜为镇南将军。或云汉已诛权妻子，魏主令权发丧，权曰："臣与刘、葛[3]推诚相信，明臣本志，窃疑未实。"后得审问[4]，果如所言。马良亦死于五溪。

九月，魏立法，自今后家不得辅政诏曰："妇人与政，乱之本也。自今以后，群臣不得奏事太后，后族之家不得辅政及横受茅土[5]。后世有背违[6]者，天下共诛之。"时下太后每见外亲，不假以颜色，常言："吾事武帝四五十年，行俭日久，不能自变为奢。有犯禁者，吾能加罪一等耳，莫望钱、米、恩贷也。"

魏立贵嫔郭氏为后魏主丕将立郭贵嫔为后，中郎栈潜上疏曰："后妃之德，盛衰治乱所由生也。是以圣哲[7]立元妃[8]，必取世家令淑[9]，以统六官，奉宗庙。《易》曰：'家道正而天下定。'《春秋》书：'宗人[10]衅夏云：无以妾为夫人之礼。'若因爱登后，使贱暴贵，臣恐后世下陵上替，开张非度[11]，乱自上起也。"不从。

魏遣将军曹休等击孙权魏主丕遣使责吴任子不至，怒，欲伐之。刘晔曰："彼新得志，上下齐心，而阻带[12]江湖，不可仓卒制也。"不从。命将军曹休等出洞口[13]，曹仁出濡须，曹真等围南郡。吴遣将军吕范以舟师拒休，诸葛瑾等救南郡，朱桓拒仁。

1　追踪陈、韩：效法陈平、韩信脱离项羽，投奔汉高祖。
2　殊遇：特别的知遇，多指帝王的恩宠、信任。
3　刘、葛：代指刘备、诸葛亮。
4　审问：确实的消息。
5　横受茅土：硬生生被封为王或诸侯，指在没有功劳和政绩的情况下受封。茅土，王、侯的封爵。
6　背违：背逆违反。
7　圣哲：具有超凡品德、才智的人。
8　元妃：国君或诸侯的嫡妻。
9　令淑：德行善美。
10　宗人：古官名，又称宗伯，别称宗司，主管宗室礼法及宗庙、社稷祭祀礼仪。
11　下陵上替，开张非度：卑贱者将习惯欺凌在上之人，尊贵者将被取代，口子一开，纲常法度无法控制。
12　阻带：似带环绕而与周围阻隔。
13　洞口：古地名，又名洞浦，位于今安徽省马鞍山市和县南，长江边上。

　　冬，十月，魏作寿陵[1]魏主丕表首阳山东为寿陵，作终制[2]，务从俭薄，不藏金玉，一用瓦器。

　　吴王权改元，拒魏。十一月，魏主丕自将击之吴王权以扬越[3]蛮夷未平，卑辞上书魏主丕，求自改厉[4]，若必不见置[5]，当奉还土地民人，寄命[6]交州，以终余年。丕报曰："朕之与君，大义已定。若登朝到，夕召兵还耳。"于是权改元黄武，临江拒守。丕自许昌[7]南伐之。

　　是月晦，日食。

　　吴人来聘[8]。遣太中大夫宗玮报之。

癸卯三年（公元 223 年）

　　帝禅建兴元年。魏黄初四年。吴黄武二年。

　　春，魏师攻濡须，别将围江陵，皆不克，引还曹仁以步、骑数万向濡须，朱桓兵才五千人，诸将皆惧。桓曰："胜负在将，不在众寡。兵法称'客倍而主人半'者，谓俱在平原，而士卒勇怯等耳。今仁非智、勇，士卒甚怯，千里步涉[9]，人马罢困。桓与诸君共据高城，临江背山，以逸待劳，以主制客，此百战百胜之势，虽曹丕自来，尚不足忧，况仁等邪？"乃偃旗鼓，示弱以诱之。仁遣其子泰攻濡须城，分遣常雕、王双等袭中洲[10]。中洲者，桓部曲、妻子所在也。桓遣别将击雕等，而身自拒泰。泰烧营退，桓遂斩雕，虏双。初，吕

1　表首阳山东为寿陵：在首阳山东面做标记，在那里营建自己的陵墓。表，标记，标明。首阳山，古山名，位于今河南省洛阳市辖偃师市西北，北接孟津县界，即邙山最高处，日出先照，故名。
2　终制：死者生前对丧葬礼制的嘱咐。
3　扬越：百越众支系下的一支部落，即居于扬州地域的越人部落。
4　改厉：改过自勉。
5　见置：加以制裁。
6　寄命：寄身，托身。
7　许昌：古县名，治所位于今河南省许昌市东。
8　聘：古时国与国之间遣使访问。
9　步涉：跋涉。
10　中洲：古地名，位于今湖北省宜昌市辖枝江市南，长江南岸。

蒙病笃，吴王权问曰："卿如不起，谁可代者？"蒙曰："朱然胆守[1]有余，可任也。"蒙卒，权使然镇江陵。及曹真等围之，中外断绝。城中兵多肿病[2]，堪战才五千人。真等起土山，凿地道，弓矢雨注，将士皆失色。然无恐意，方厉兵[3]，伺隙攻破魏两屯。时江水浅、狭，夏侯尚欲乘船将步、骑入渚[4]中安屯[5]，作浮桥，南北往来，议者多以为城必可拔。董昭上疏曰："今屯渚中，至深也；浮桥而济，至危也；一道而行，至狭也。三者，兵家所忌，而今行之，恐渚中精锐将转而为吴矣。加江水向[6]长，一旦暴增，何以防御？"魏主丕即诏尚等促出[7]。吴人两头并前，魏兵一道引去，仅而获济[8]。吴已作获筏[9]，欲烧桥，尚退而止。后旬日，江水大涨，丕谓昭曰："君论此事，何其审也！"会大疫，丕悉召诸军还洛阳。初，丕问贾诩曰："吾欲伐不从命，以一天下，吴、蜀何先？"对曰："刘备有雄才，诸葛亮善治国；孙权识虚实，陆逊见兵势。据险守要，泛舟江湖，皆难卒谋也。用兵之道，先胜后战，量敌论将，故举无遗策[10]。今群臣无备、权对，虽以天威临之，未见万全之势也。"丕不纳，军竟无功。

夏，四月，帝崩于永安。丞相亮受遗诏辅政。五月，太子禅即位，尊皇后曰皇太后，封亮为武乡侯，领益州牧诸葛亮至永安，帝病笃，命亮辅太子禅，以尚书令李严为副。帝谓亮曰："君才十倍曹丕，必能安国，终定大事。嗣子[11]可辅，辅之；如其不可，君可自取。"亮涕泣曰："臣敢不竭股肱之力[12]，效忠贞之节，继之以死？"帝又诏敕禅曰："勿以恶小而为之，勿以善

1　胆守：胆量和操守。
2　肿病：病名，即水肿，通称浮肿。
3　厉兵：磨砺兵器，使锋利。
4　渚：水中的小块陆地。
5　安屯：驻扎。
6　向：接近，临近。
7　促出：催促退出中洲。
8　获济：得以安全航行或渡过。
9　获筏：获草做的筏子。
10　举无遗策：提出的计谋没有失算的，形容足智多谋。举，提出。策，计谋，办法。
11　嗣子：有继承权的嫡子，一般为嫡长子。
12　股肱之力：自己的所有力量，形容做事竭尽全力。股肱，大腿和胳膊。

小而不为。惟贤惟德，可以服人。汝父德薄，不足效也。汝与丞相从事[1]，事之如父。"亮奉丧还成都，以严为中都护[2]，留镇永安。禅即位，时年十七。大赦，改元，封亮为武乡侯，领益州牧，政事咸取决[3]焉。亮乃约[4]官职，修法制，发教[5]与群下曰："夫参署[6]者，集众思、广忠益[7]也。若远小嫌，难相违覆，旷阙损矣[8]。违覆而得中，犹弃敝屩[9]而获珠玉。然人心苦不能尽，惟徐元直[10]处兹不惑。又，董幼宰参署七年，事有不至，至于十反，来相启告[11]。苟能慕元直之十一，幼宰之勤渠[12]，有忠于国，则亮可少过矣。"又曰："昔初交州平[13]，屡闻得失；后交元直，勤见启诲[14]。幼宰每言则尽，伟度数有谏正。虽资性鄙暗[15]，不能悉纳，然与此四子终始好合[16]，亦足以明其不疑于直言也。"伟度者，亮主簿胡济也。亮尝自校簿书[17]，主簿杨颙谏曰："为治有体，上下不可相侵。请为明公以作家[18]譬之。今有人使奴执耕，婢典爨[19]，鸡司晨，犬吠盗，牛负重，马涉远，私业[20]无旷，所求皆足，雍容[21]高枕，饮食而已。忽一旦尽欲以身亲其役，形疲神困，终无一成。岂其智之不如奴、婢、鸡、狗哉？失为家主之法也。是故古

1　从事：追随，奉事。
2　中都护：古官名，职权如大都督，总领内外诸军事。
3　取决：由某人、某方面或某种情况决定。
4　约：精简。
5　发教：下发教谕。
6　参署：为官，多指代理、暂任或试充官职。
7　忠益：尽忠报效的益处。
8　若远小嫌，难相违覆，旷阙损矣：如果因为一些小隔阂而彼此疏远，就无法反复研究，我们的事业将会受到损失。违覆，反复研究，"违"通"回"。旷阙，失职，不称职。
9　敝屩：破旧的草鞋。
10　徐元直：即徐庶，徐庶字元直。
11　事有不至，至于十反，来相启告：某项措施有不稳妥之处，反复十次征求意见，并向我报告。
12　勤渠：殷勤。
13　州平：即崔钧，字州平，诸葛亮密友。
14　启诲：开导教诲。
15　资性鄙暗：资性，资质，天性。鄙暗，鄙陋昏昧，用于自称的谦辞。
16　好合：情投意合。
17　簿书：官署中的文书簿册。
18　作家：治家，理家。
19　典爨：主管烧火做饭。典，主管，主持。
20　私业：私人的事业或业务。
21　雍容：形容文雅大方，从容不迫。

人称：'坐而论道，谓之三公；作而行之，谓之士大夫。'丙吉不问死人，陈平不知钱谷，彼诚达于位分之体也[1]。今公躬校簿书，流汗终日，不亦劳乎？"亮谢之。及颙卒，亮垂泣三日。

六月，魏大水。

益州郡耆帅[2]雍闿等以四郡叛初，益州郡耆帅雍闿杀太守，求附于吴。又使郡人孟获诱扇[3]诸夷，牂柯、越嶲皆叛应闿。丞相亮以新遭大丧，抚而不讨。务农殖谷[4]，闭关息民，民安食足而后用之。

秋，八月，魏以钟繇为太尉时三公无事，希与[5]朝政。廷尉高柔上疏曰："公辅，国之栋梁，而不使知政[6]，遂各偃息养高[7]，鲜有进纳[8]，诚非朝廷崇用[9]大臣、大臣献可替否[10]之义也。古者刑、政有疑，辄议于槐棘[11]之下。自今有疑，议大事，宜访三公。三公朝朔望日，可特延[12]论，博尽[13]事情，庶有补益。"魏主丕嘉纳之。

遣尚书邓芝使吴芝言于丞相亮曰："上初即位，宜申吴好。"亮曰："吾思之久矣，未得其人，今日始得之耳。"芝问为谁，亮曰："即使君也。"乃遣芝修好于吴。时吴王犹未与魏绝，不时见[14]芝。芝请见，曰："臣今来，亦欲

---

1 丙吉不问死人，陈平不知钱谷，彼诚达于位分之体也：丙吉不过问路上杀人的事情，却担心耕牛因天热而喘，陈平不去了解国家的钱粮收入，却说这些有负责的人知道，他们才是真正懂得各司其职的道理。
2 耆帅：南中豪门大姓集团首领的称谓，通常世掌部曲，统率平民，为地方所拥戴，称雄一方。
3 诱扇：引诱煽动。
4 务农殖谷：发展农业，种植粮食。
5 希与：很少参与。
6 知政：为政，主持政务。
7 偃息养高：偃息，休养，歇息。养高，闲居不仕，退隐。
8 进纳：引进。
9 崇用：重用。
10 献可替否：臣对君进献可行的计策，建议废止不可做的事情。
11 槐棘：周代朝廷种三槐、九棘，公卿大夫分坐其下，以定三公九卿之位，因此用"槐棘"比喻三公九卿之位。
12 延：聘请，邀请。
13 博尽：全面穷尽地了解
14 时见：立即接见。

为吴，非但为蜀也。"吴王权见之，曰："孤诚愿与蜀和亲，然恐蜀主幼国小，为魏所乘，不自全耳。"芝曰："大王命世之英[1]，诸葛亮一时之杰。蜀有重险[2]，吴有三江，共为唇齿，进可兼并天下，退可鼎足而立。今若委质于魏，魏必望大王入朝，求太子内侍，若不从命，则奉辞[3]伐叛，蜀亦顺流见可而进，如此，则江南之地非复大王有也。"权默然良久，曰："君言是也。"遂绝魏，专与汉连和。

立皇后张氏后，飞之女也。

甲辰 **帝禅建兴二年**（公元 224 年）

魏黄初五年。吴黄武三年。

夏，四月，**魏立太学**初平[4]以来，学道废坠[5]。至是初立太学，置博士，依汉制，设五经课试之法。

吴人来聘，复遣邓芝报之吴使张温来聘，自是信使不绝。时事所宜，吴王权常令陆逊语诸葛亮。又刻印置逊所，每与帝及亮书，必以示逊。有不安[6]，辄改而封之。邓芝至吴，权谓曰："若天下太平，二主分治，不亦乐乎？"芝对曰："天无二日，土无二主。如并魏之后，大王未识天命，君各茂[7]其德，臣各尽其忠，则战争方始耳。"权大笑曰："君之诚款乃当尔耶[8]？"

秋，八月，**魏主丕以舟师击吴，临江而还**魏主丕欲大兴军伐吴，辛毗谏曰："天下新定，土广民稀，而欲用之，未见其利。今日之计，莫若养民、屯田，十年然后用之，则役不再举[9]矣。"丕不从。留尚书仆射司马懿镇许昌，亲

1　命世之英：名望、才能为世人所重的人才。
2　重险：层层险阻的地势。
3　奉辞：奉君主之正辞。
4　初平：汉献帝刘协年号，存续时间为公元 190 至 193 年。
5　学道废坠：学道，学习道艺，即学习儒家学说，如仁义礼乐之类。废坠，衰亡，灭绝。
6　不安：不当，不稳妥。
7　茂：盛大，丰富。
8　君之诚款乃当尔耶：你的真诚竟到了这个地步吗。诚款，忠诚，真诚。
9　役不再举：用兵打仗一次就能成功，不必再有第二次。

御龙舟，循蔡、颍，浮淮如寿春，至广陵[1]。吴将军徐盛列舟舰于江，而植木衣苇[2]为疑城假楼，自石头至于江乘[3]，联绵[4]数百里，一夕而就。时江水盛长[5]，丕临望[6]，叹曰："魏虽有武骑千群[7]，无所用之，未可图也。"会暴风至，龙舟几覆。丕问群臣："权当自来否？"刘晔曰："彼谓陛下欲以万乘之重牵己[8]，而超越[9]江湖者在于别将，必勒兵待事，未有进退也。"既而吴王权果不至，于是旋师[10]。

吴尚书暨艳、郎徐彪有罪，自杀吴张温少以俊才有盛名，顾雍以为当今无辈[11]。温荐同郡暨艳为选部尚书[12]。艳好为清议[13]，弹射百僚，核奏三署，贬高就下，十不存一[14]。其居位贪鄙、志节污卑[15]者，皆以为军吏，置营府处之。多扬人暗昧之失，以显其谲。陆逊弟瑁与书曰："圣人嘉善矜愚[16]，忘过记功，以成美化[17]。今王业始建，乃汉高弃瑕录用[18]之时。汝颍月旦之评[19]，恐未易行也。"朱据谓艳曰："举清厉浊，足以沮劝[20]；若一时贬黜，惧有后咎[21]。"艳皆不听。于

1　循蔡、颍，浮淮如寿春，至广陵：沿着蔡水、颍水进入淮河，漂流到寿春，最后抵达广陵。
2　植木衣苇：竖立木桩，在上面包上苇席。
3　江乘：古县名，治所位于今江苏省镇江市辖句容市北。
4　联绵：连绵，接连不断。
5　盛长：迅猛上涨。
6　临望：登高远望。
7　武骑千群：勇武的骑士成千上万。
8　牵己：牵制自己。
9　超越：跨过。
10　旋师：回师。
11　当今无辈：目前没人比得上。辈，比。
12　选部尚书：古官名，即吏部尚书，掌选任官吏。
13　清议：名流对当代政治或政治人物进行议论。
14　弹射百僚，核奏三署，贬高就下，十不存一：弹劾朝廷百官，对三署郎官审查尤其严格，几乎都被降职，能够保住原来官位的，十个人中也不到一个。弹射，指摘。三署，五官署、左署、右署之合称。
15　贪鄙、志节污卑：贪鄙，贪婪卑鄙。志节，志向节操。污卑，品行卑劣，心地肮脏。
16　矜愚：怜惜别人的愚昧。矜，怜惜，怜悯。
17　美化：美好的教化。
18　弃瑕录用：原谅过去的过失，重新录用。
19　月旦之评：品评人物。典出《后汉书·许劭传》："初，劭与靖俱有高名，好共核论乡党人物，每月辄更其品题，故汝南俗有'月旦评'焉。"月旦，每月初一。
20　沮劝：阻止恶行，勉励善事。
21　后咎：后日的灾祸。

是怨愤盈路[1]，言艳及选曹郎[2]徐彪用情憎爱[3]，皆坐自杀。温斥还本郡以卒。始温方盛，用事，虞俊叹曰："张惠恕[4]才多智少，华而不实，怨之所聚，有覆家之祸，吾见其兆矣。"未几果败。

冬，十一月晦，日食。

乙巳三年（公元225年）

魏黄初六年。吴黄武四年。

春，三月，丞相亮南征亮率众讨雍闿等，问计于参军马谡。谡曰："南中[5]恃其险远，不服久矣。今日破之，明日复反。况公方北事[6]强贼，彼知内虚，其反必速。若殄尽遗类以除后患，又非仁者之情也。用兵之道，攻心为上，攻城为下；心战为上，兵战为下。愿公服其心而已。"亮纳之。谡，良之弟也。

夏，五月，魏主丕以舟师伐吴魏主丕复以舟师伐吴，群臣大议[7]。鲍勋谏以："往年龙舟飘荡，宗庙几覆，今又劳兵袭远，虚耗中国，窃以为不可。"丕怒，左迁之。勋，信之子也。

六月，吴以顾雍为丞相初，吴当置相，众议归张昭。吴王权曰："方今多事，职大者责重，非所以优之也。"乃以孙劭为丞相。至是卒，百僚复举昭，权曰："孤岂于子布有爱乎？顾[8]丞相事烦，而此公性刚，所言不从，怨咎将兴，非所以益之也。"乃以雍为相。雍为人寡言，举动时当[9]。权尝叹曰："顾公不言，言必有中。"至宴乐之际，左右恐有酒失[10]，而雍必见之，是以不敢肆

1　怨愤盈路：怨恨的声音充满道路。盈，满。
2　选曹郎：古官名，隶属选曹尚书，主管选任官吏事务。
3　用情憎爱：根据私人感情决定官吏任用，爱憎不以公理为标准。
4　张惠恕：即张温，张温字惠恕。
5　南中：古地区名，相当于今天四川省大渡河以南及云、贵两省，三国蜀汉以巴蜀为根据地，其地在巴蜀之南，故名。
6　事：对付。
7　大议：朝廷集议国家大事。
8　顾：只是，但是。
9　时当：适当。
10　酒失：酒后的过失。

情[1]。权亦曰："顾公在坐，使人不乐。"其见惮[2]如此。初领尚书令、封侯还，而家人不知。及为相，所用文武吏各随其能，心无适莫[3]。时访逮[4]民间及政职所宜，辄密以闻。用则归之于上，不用终不宣泄，权以此重之。其于公朝有所陈及，辞色虽顺，而所执者正。军国得失，非面见不言。王常令中书郎[5]诣雍有所咨访，若事可施行，即与反复究论[6]，为设酒食，如不合意，正色不言。权曰："顾公欢悦，是事合宜；其不言者，孤当重思之。"江边诸将各欲立功自效，多陈便宜，有所掩袭[7]，雍曰："兵法戒小利。此等欲邀功名而为其身，非为国也，不宜听。"权从之。

秋，七月，丞相亮讨雍闿，斩之。遂平四郡亮至南中，所在战捷。由越巂入，斩雍闿等。孟获素为夷、汉所服，收余众拒亮。亮募生致[8]之，既得，使观于营阵[9]间，获曰："向者不知虚实，故败。今只如此，即易胜耳。"乃纵，使更战。七纵七擒，而亮犹遣获。获止不去，曰："公，天威也，南人不复反矣！"遂入滇池[10]。益州、永昌、牂柯、越巂四郡皆平，亮即其渠率而用之。或以谏亮，亮曰："留外人，则当留兵，兵留则无所食，一不易也；夷新伤破[11]，父兄死丧，留外人而无兵，必成祸患，二不易也；又，夷累有废杀[12]之罪，自嫌衅[13]重，留外人，终不相信，三不易也。今吾欲使不留兵、不运粮，而纲纪粗定、夷汉粗安故耳。"于是悉收其俊杰孟获等以为官属[14]，出其金、银、丹[15]、

1　肆情：放荡情怀。
2　见惮：被忌惮。
3　适莫：用情的亲疏厚薄。
4　访逮：问及。
5　中书郎：古官名，属中书令，掌拟诏书，监督百官，有时外出执行重大使命。
6　究论：研究讨论。
7　掩袭：突然袭击。
8　生致：生擒活捉。
9　营阵：军队的结营布阵。
10　滇池：古县名，治所位于今云南省昆明市晋宁区东北。
11　伤破：损伤残破。
12　废杀：废掉、杀死官吏。
13　衅：嫌隙。
14　官属：主要官员的属吏。
15　丹：朱砂。

漆、耕牛、战马以给军国之用。终亮之世，夷不复反。

冬，十月，**魏师临江而还**八月，魏主丕以舟师自谯循涡[1]入淮。蒋济言水道难通，不从。十月，于广陵故城临江观兵，戎卒[2]十余万，旌旗数百里，有渡江之志。吴人严兵固守。时大寒，冰，舟不得入江。丕见波涛汹涌，叹曰："嗟乎，固天所以限南北也！"遂归。吴孙韶等率敢死士于径路[3]夜要丕，获副车、羽盖[4]。于是战船数千皆滞，不得行。议者欲留兵屯田，蒋济以为："东近湖，北临淮，若水盛时，贼易为寇，不可安屯。"丕从之，即还，留船付济。济凿地为四五道，蹴[5]船令聚。豫作土豚[6]遏断湖水，皆引后船，一时开遏入淮中[7]，乃得还。

十二月，吴番阳贼彭绮反。

丙午**四年**（公元 226 年）

魏黄初七年。吴黄武五年。

春，正月，中都护李严移屯江州丞相亮欲出军汉中，李严当知后事[8]，移屯江州，留护军陈到驻永安，而统属[9]于严。

吴令诸将屯田陆逊以所在少谷，表请诸将增广农亩[10]。吴王权报曰："甚善！孤父子亲受田，车中八牛，以为四耦[11]，虽未及古人，亦欲与众均劳也。"

魏杀其执法[12]鲍勋，免将军曹洪官魏主丕之为太子也，郭夫人弟有罪，

1　涡：古水名，即今淮河支流涡河。
2　戎卒：兵士。
3　径路：小路。
4　羽盖：古时以鸟羽为饰的车盖。
5　蹴：聚拢。
6　土豚：盛有沙土的草袋子，用来防水或筑城，形状如小猪，故名。
7　皆引后船，一时开遏入淮中：把后面的船都拖入，再掘开水坝，船只全部随水涌入淮河。
8　知后事：负责后方事务。
9　统属：隶属，统辖。
10　农亩：农田。
11　孤父子亲受田，车中八牛，以为四耦：我们父子亲自下田，车中装八头耕牛，可以驾四张犁耕作。耦，二人幷肩耕地。
12　执法：古官名，掌平决诸官奏事。

魏郡西部都尉鲍勋治之，请，不能得。及即位，勋数直谏，丕益忿之。及伐吴，还屯陈留界。勋为治书执法[1]，太守孙邕过勋，时营垒未成，但立标埒[2]。邕行不从正道，营令史欲推[3]之，勋解止不举[4]。丕闻之，诏曰："勋指鹿作马，收付[5]廷尉。"法议，正刑五岁，三官驳，依律，罚金[6]。丕大怒曰："勋无活分[7]，而汝等欲纵之，收三官以下付刺奸[8]，当令十鼠同穴！"钟繇、华歆、陈群、辛毗、高柔等并表勋父信有功于太祖，求免勋罪，帝不许。柔固执不奉诏，丕怒甚，召柔诣台[9]，遣使诛勋，然后遣柔还寺。票骑将军曹洪富而吝，丕在东宫，尝从贷[10]绢，不称意。至是以舍客[11]犯法，下狱当死，群臣救，莫能得。卞太后责帝曰："梁沛之间[12]，非子廉无今日。"又谓郭后曰："洪今日死，吾明日敕帝废汝。"于是郭后泣请，乃得免官，削爵土。

　　夏，五月，**魏主丕卒，太子叡立**初，郭后无子，魏主丕使母养平原王叡。以叡母被诛，故未建为嗣。叡事后甚谨，后亦爱之。丕与叡猎，见子母鹿，既射其母，命叡射其子。叡泣曰："陛下已杀其母，臣不忍复杀其子。"丕释弓矢，为之恻然。及是疾笃，立为太子。召中军大将军曹真、镇军[13]陈群、抚军[14]司马懿并受遗诏辅政而卒。太子叡即位，尊皇太后曰太皇太后，皇后曰皇太后，追谥甄夫人曰文昭皇后。葬文帝于首阳陵[15]，庙号世祖。

1　治书执法：古官名，三国魏于治书侍御史外别置治书执法，掌奏劾。
2　标埒：标记。
3　推：审问。
4　解止不举：制止了令史，没有举报。
5　收付：拘捕罪犯，交付查办。
6　法议，正刑五岁，三官驳，依律，罚金：廷尉根据法律议定，应处五年徒刑，廷尉正、廷尉监、廷尉平三位官员反驳，称依照律法，只应罚钱。
7　活分：活命的权利。
8　刺奸：古官名，掌监察执法。
9　台：尚书台。
10　贷：借。
11　舍客：门下宾客。
12　梁沛之间：指当年曹操与袁术在梁、沛之间交战。
13　镇军：古官名，镇军大将军的省称，掌征伐，董督众军等。
14　抚军：古官名，抚军大将军的简称。
15　首阳陵：魏文帝曹丕的陵墓，位于今河南省洛阳市东北。

陈寿[1]曰：文帝下笔成章，博闻强识[2]，若加旷大之度[3]，励公平之诚，迈志存道，克广德心[4]，则古之贤主，何远之有？

初，太子在东宫，不交朝臣，不问政事，惟潜思书籍。即位后，群下想闻风采。居数日，独见侍中刘晔，语尽日。晔出，或问何如，曰："秦皇、汉武之俦，才具[5]微不及耳。"莅政[6]之始，陈群首上疏曰："臣下雷同[7]，是非相蔽[8]，固国之大患。然若不和睦，则有仇、党，而毁誉失实。二者不可不深察也。"

秋，八月，吴王权围魏江夏，不克吴王权闻魏丧，自将[9]攻江夏，太守文聘坚守。魏朝议，欲发兵救之。魏主叡曰："权习水战，今敢陆攻者，冀掩不备也。已与聘相拒，攻守势倍[10]，终不敢久。"未几果退。

吴攻襄阳，魏抚军司马懿击破之。

冬，吴王权令陆逊、诸葛瑾损益科条[11]吴陆逊陈便宜，劝吴王权以施德缓刑，宽赋息调[12]。于是权令有司尽写科条，使郎中褚逢赍以就逊及诸葛瑾，意所不安，令损益之。

魏征处士管宁，不至宁在辽东三十七年，魏主丕征之，乃浮海[13]西归。以为太中大夫，不受。至是，华歆为太尉，让位于宁，不许。征为光禄大夫，敕青州给安车、吏从[14]，以礼发遣[15]，宁复不至。

1　陈寿：西晋史学家，著有《三国志》。
2　博闻强识：见闻广博，记忆力强。
3　旷大之度：宏大宽阔的度量。旷大，宽阔。度，度量。
4　迈志存道，克广德心：激励自己维护道义的志向，尽心广布贤德恩惠。
5　才具：才能。
6　莅政：临朝治理政事。
7　雷同：随声附和。
8　是非相蔽：是非不分。
9　自将：亲自率领。
10　攻守势倍：进攻的一方需要比防守的力量大一倍才能互相对抗。
11　损益科条：删除或增加法律条文。科条，法令条文，法律条文。
12　息调：废除户调之税。
13　浮海：在海上漂浮。
14　吏从：随从的士卒。
15　发遣：出任。

吴吕岱诱交趾守士徽，杀之吴交趾太守士燮卒，吴王权以其子徽领九
真太守，而以校尉陈时代燮。徽自署交趾太守，发兵拒之。交州刺史吕岱督兵
三千，浮海讨徽。以燮弟子辅为师友从事[1]，遣往说徽。徽率其兄弟六人出降，
岱皆斩之。又遣从事南宣威命，徽[2]外扶南、林邑[3]诸王，各遣使入贡于吴。

孙盛曰：柔远能迩，莫善于信[4]。吕岱杀降以要功，君子是以知吕氏之不延也。

丁未**五年**（公元 227 年）

魏明帝曹叡太和元年。吴黄武六年。

春，正月，吴讨彭绮，擒之初，绮自言为魏讨吴，议者以为因此伐吴，
必克。魏主以问中书令孙资，资曰："番阳宗人数有举义者，众弱谋浅，旋辄
乖散。昔文皇[5]尝密论贼形势，言洞浦[6]杀万人，得船千数，数日间，船人[7]复
会[8]。江陵被围历月，权裁以千数百兵住东门，而其土地无崩解[9]者，是有法禁、
上下相维之明验也。以此推绮，未能为权腹心大疾。"至是果败。

二月，魏大营宫室魏司徒王朗如邺，见百姓贫困，而魏主叡方营宫室，
上疏谏曰："昔大禹欲拯天下之患，故卑宫俭食[10]；勾践欲广御儿[11]之疆，亦约其
身以及家，俭其家以及国；汉文欲恢祖业，故罢露台，衣弋绨；霍去病中才之
将，犹以匈奴未灭，不治第宅。明恤远者略近，事外者简内也[12]。今建始之前，

1　师友从事：古官名，为州郡属官，无固定职事，受师友之礼遇，掌顾问等事。
2　徽：通"邀"。
3　扶南、林邑：扶南，古代中南半岛国名，其辖境大致相当于今天柬埔寨全部国土以及老挝
　　南部、越南南部和泰国东南部一带。林邑，古代中南半岛国名，辖今越南南部顺化等处。
4　柔远能迩，莫善于信：安抚边远地区的人，亲近他们，最好的办法是讲信义。
5　文皇：即魏文帝曹丕。
6　洞浦：古地名，又称洞口，位于今安徽省马鞍山市和县南，长江边上。
7　船人：船夫。
8　会：聚集。
9　崩解：崩塌瓦解。
10　卑宫俭食：住简陋的宫室，衣食尽量节俭。
11　御儿：古地名，位于今浙江省嘉兴市辖桐乡市西南，春秋时曾为越国北境。
12　明恤远者略近，事外者简内也：说明有远虑的人对眼前的事情会忽略，对付外敌时自身
　　生活就会简朴。

足列朝会；崇华之后，足序内官；华林、天渊，足展游宴[1]。宜且先成象魏[2]，修城池，余悉罢，专以勤耕农、习戎备[3]为事，则民充兵强，而寇戎[4]宾服矣。"

三月，丞相亮率诸军出屯汉中，以图中原　亮率诸军北驻汉中，使长史张裔、参军蒋琬统留府事[5]。临发，上疏曰："先帝创业未半，而中道崩殂[6]，今天下三分，益州疲敝，此诚危急存亡之秋也。然侍卫之臣不懈于内、忠志[7]之士忘身于外者，盖追先帝之殊遇，欲报之于陛下也。诚宜开张圣听[8]，以光先帝遗德，恢弘[9]志士之气。不宜妄自菲薄，引喻失义[10]，以塞忠谏之路也。宫中、府中，俱为一体，陟罚臧否，不宜异同[11]。若有作奸犯科及为忠善[12]者，宜付有司论其刑赏，以昭陛下平明[13]之理，不宜偏私，使内外异法也。侍中、侍郎郭攸之、费祎、董允等，此皆良实[14]，志虑忠纯[15]，是以先帝简拔以遗陛下。愚以为宫中之事，事无大小，悉以咨之，然后施行，必能裨补[16]阙漏，有所广益[17]。将军向宠，性行淑均[18]，晓畅[19]军事，试用于昔日，先帝称之曰能，是以众议举宠为督。愚以为营中之事，悉以咨之，必能使行阵和睦，优劣得所。亲贤臣，远小人，此先汉所以兴隆也；亲小人，远贤臣，此后汉所以倾颓也。先帝在时，

1　建始之前，足列朝会；崇华之后，足序内宫；华林、天渊，足展游宴：建始殿前面，足够大臣列班上朝；崇华殿后面，足够宦官侍候问安；华林园和天渊池，足够用于宴会和游乐。
2　象魏：古代天子、诸侯宫门外的一对高建筑，亦叫"阙"或"观"，为悬示教令的地方。
3　戎备：武备，战备。
4　寇戎：敌军。
5　统留府事：总管丞相府的各项留守政务。
6　中道崩殂：中道，半路，中途。崩殂，死，也特指指皇帝的死。
7　忠志：忠心，忠诚。
8　开张圣听：天子广泛地听取别人的意见。
9　恢弘：发扬，扩大。
10　引喻失义：指引用事例不恰当，不合道理。引喻，引用类似的例证来说明事理。义，公正合宜的道理。
11　陟罚臧否，不宜异同：提升、贬黜、表彰、指责，不应有什么区别。
12　忠善：忠诚善良。
13　平明：平正明察。
14　良实：忠良信实。
15　志虑忠纯：志虑，精神，思想。忠纯，忠诚纯正。
16　裨补：弥补缺点和不足。
17　广益：增添益处。
18　性行淑均：性行，本性和行为。淑均，善良公正。
19　晓畅：精通，熟悉。

每与臣论此事，未尝不叹息、痛恨于桓灵[1]也。侍中、尚书、长史、参军，此悉端良死节[2]之臣，愿陛下亲之，信之，则汉室之隆，可计日而待[3]也。臣本布衣，躬耕于南阳，苟全性命于乱世，不求闻达[4]于诸侯。先帝不以臣卑鄙[5]，猥自枉屈[6]，三顾[7]臣于草庐之中，咨臣以当世之事。由是感激，遂许先帝以驱驰[8]。后值倾覆，受任于败军之际，奉命于危难之间，尔来[9]二十有一年矣。先帝知臣谨慎，故临崩寄臣以大事也。受命以来，夙夜忧叹，恐托付不效[10]，以伤先帝之明。故五月渡泸，深入不毛[11]。今南方已定，兵甲已足，当奖率[12]三军，北定中原，庶竭驽钝，攘除奸凶[13]，兴复汉室，还于旧都，此臣所以报先帝而忠陛下之职分也。至于斟酌损益[14]，进尽忠言，则攸之、祎、允之任也。愿陛下托臣以讨贼兴复之效，不效，则治臣之罪以告先帝之灵，责攸之、祎、允等之慢，以彰其咎。陛下亦宜自谋，以咨诹[15]善道，察纳雅言[16]，深追先帝遗诏，臣不胜受恩感激。今当远离，临表涕零，不知所言。"遂行，屯于沔北阳平石马[17]。辟广汉太守姚伷为掾。伷并进文武之士，亮称之曰："忠益莫大于进人，而进人者各务其所尚。今姚掾并存刚柔，可谓博雅[18]矣。"魏主叡闻亮在汉中，欲大发兵

1　桓灵：东汉末世桓帝与灵帝的并称。
2　端良死节：端良，正直良善。死节，为保全节操而死。
3　计日而待：可以数着日子等待，形容为时不远。计，计算。待，等待。
4　闻达：显达，有名望。
5　卑鄙：低微鄙陋。
6　猥自枉屈：屈尊俯就。猥，谦辞，犹言辱。枉屈，委屈。
7　顾：拜访。
8　驱驰：尽力奔走效劳。
9　尔来：从那时以来。
10　效：尽力。
11　不毛：不生植物，代指荒瘠之地。
12　奖率：激励并率领。
13　庶竭驽钝，攘除奸凶：竭尽我低下的才能，铲除奸贼。驽钝，低下的才能。攘除，驱除，铲除。
14　斟酌损益：处理事情斟情酌理，掌握分寸。损，减少。益，增加。
15　咨诹：访问商酌，谋划。
16　察纳雅言：察纳，考察采纳。雅言，正确合理的言论。
17　沔北阳平石马：汉水北岸阳平关石马城。沔，汉水。石马，古地名，位于今陕西省汉中市勉县东。
18　博雅：学识渊博，品行端正。

攻之，以问孙资。资曰："昔武皇[1]取张鲁，危而后济，数言：'南郑直为天狱，中斜谷道为五百里石穴[2]。'今若进军南郑，道既险阻，计用精兵及转运、镇守南方，遏御[3]水贼，凡用十五六万人，必当更有所兴[4]，天下骚动，此宜深虑。不若但以见兵[5]分命大将据诸要险[6]，亦足以镇静[7]疆场，百姓无事。数年之间，中国日盛，吴、蜀必自敝矣。"乃止。

夏，四月，**魏复行五铢钱**初，文帝罢五铢钱而用谷帛，人多巧伪[8]，竞以湿谷、薄绢为市，严刑不能禁，故复之。

冬，十二月，**魏立贵嫔毛氏为后**初，魏主叡为平原王，纳虞氏为妃。至是不得为后，卞太后慰勉之，虞氏曰："曹氏自好立贱，未有能以义举者。然后职[9]内事，君听外政，其道相由[10]而成。苟不能以善始，未有能令终者也，殆必由此亡国矣。"虞氏遂绌还邺宫[11]。

魏议复肉刑，不果行太傅钟繇上言："宜如孝景之令，其当弃市、欲斩右趾者，许之；其黥、劓、左趾、宫刑者，自如孝文，易以髡笞，可以岁生三千人。"诏公卿以下议。司徒朗以为："恐所减之文未彰于百姓之目，而肉刑之问[12]已宣于寇仇[13]之耳，非所以来远人也。可按繇所欲轻之死罪，使减死髡刑[14]，嫌其轻者，可倍其居作[15]之岁数，内有以生易死之恩，外无以刖易钛之

1　武皇：指曹操。
2　南郑直为天狱，中斜谷道为五百里石穴：南郑真像天上的监狱，中间的斜谷道简直就是五百里石洞。
3　遏御：阻挡防御。
4　兴：发动，征召。
5　见兵：现有的士兵。
6　要险：险要之地。
7　镇静：安定。
8　巧伪：虚伪不实。
9　职：主管，任职。
10　由：凭借。
11　绌还邺宫：贬回邺城的皇宫。
12　肉刑之问：恢复肉刑的消息。
13　寇仇：仇敌。
14　髡刑：古代一种剃去罪人须发的刑罚。
15　居作：古刑罚名，罚令囚犯服劳役。

骇[1]。"议者多与朗同。魏主叡亦以吴、蜀未平，且寝。

魏孟达以新城[2]来归。魏将军司马懿率兵攻之初，达为文帝所宠，至是心不自安。数与诸葛亮通书，阴谋归蜀。魏兴[3]太守申仪密表告之，达惶惧欲叛。时司马懿镇宛，以书慰解[4]之，潜军[5]进讨。初，达与亮书曰："宛去洛八百里，去吾一千二百里。闻吾举事，当表上，比相反复，一月间也[6]，则吾城已固，诸军足办。吾所在深险，司马公必不来，诸将无足患者。"懿倍道兼行，八日而兵至城下。

1　以刖易钛之骇：以砍脚代替脚镣的骇人恶名。刖，一种砍脚的酷刑。钛，脚镣。
2　新城：古郡名，三国时魏将上庸、房陵、西城三郡合为新城郡，任命孟达为郡守。新城郡辖今湖北省房县、保康县和神农架林区北部地。
3　魏兴：古郡名，魏改西城郡置，辖今陕西省山阳、柞水、宁陕等县以南，石泉、紫阳二县以东，岚皋、平利、白河等县以北，湖北省郧县、郧西县以西地。
4　慰解：安慰劝解。
5　潜军：暗中出兵。
6　闻吾举事，当表上，比相反复，一月间也：听说我起兵，自然要向魏明帝报告，等到连续往返，大概要用一个月的时间。比，等到。

卷

十五

　　起戊申汉帝禅建兴六年，尽壬申[1]汉帝禅延熙十五年凡二十五年。

戊申**建兴六年**（公元 228 年）

　　魏太和二年。吴黄武七年。

　　春，正月，魏陷新城，孟达死之。

　　丞相亮伐魏，战于街亭[2]，败绩。诏贬亮右将军，行丞相事初，魏以夏侯渊子楙都督关中。至是，丞相亮将伐魏，与群下谋之。司马魏延曰："楙，主婿[3]也，怯而无谋。今假延精兵五千，负粮五千，直从褒中出，循秦岭而东，当子午[4]而北，不过十日，可到长安。楙闻延奄至，必弃城走。横门邸阁与散民之谷，足周食也[5]。比东方合聚[6]，尚二十许日，而公从斜谷来，亦足以达。如此，则一举而咸阳以西可定矣。"亮以此为危计，不如安从坦道[7]，可以平取陇右，十全[8]必克而无虞，故不用延计。扬声[9]由斜谷取郿，使将军赵云、邓芝为疑军，据箕谷[10]。魏使曹真督诸军军郿以拒之。亮乃率大军攻祁山，戎陈[11]整齐，号令明肃[12]。始，魏以昭烈既崩，数岁寂然无闻，是以略无备豫[13]。而卒闻亮出，朝野恐惧，于是天水、南安[14]、安定皆举郡应亮，关中响震。魏主叡如长安，右将军张郃率步、骑五万拒之。亮使参军马谡督诸军，与郃战于街亭。谡违亮节

1　壬申：即公元 252 年。
2　街亭：古地名，位于今甘肃省天水市张家川回族自治县西北。
3　主婿：皇帝女婿。
4　子午：即子午谷，古地名，位于今陕西省西安市长安区南，北口有子午镇，为关中南通汉中的要道。
5　横门邸阁与散民之谷，足周食也：横门粮仓的存粮以及离散百姓剩下的粮食，足以供给军粮。横门，汉长安城北面西头一门，位于今陕西省西安市西北。邸阁，古人储存粮食等物资的仓库。散民，离散之民。
6　东方合聚：魏国在东方集结军队。
7　坦道：平坦的道路。
8　十全：有十分把握。
9　扬声：故意对外宣扬。
10　箕谷：古地名，位于今陕西省汉中市西北。
11　戎陈：军伍，战阵。
12　明肃：明快而整严。
13　备豫：防备，准备。
14　南安：古郡名，辖今甘肃省定西市陇西县东部及定西、武山二县地。

度，举措烦扰[1]，舍水上山，不下据城。郃绝其汲道[2]，击，大破之。亮乃拔西县千余家还汉中。初，亮以谡才术[3]过人，深加器异[4]。昭烈临终谓曰："谡言过其实，不可大用，君其[5]察之。"亮未以为然，引谡参军事，每与谈论自昼达夜。至是，乃收杀之，而自临祭，为之流涕，抚其遗孤，恩若平生[6]。蒋琬谓亮曰："昔楚杀得臣而文公喜[7]，今天下未定而戮智计之士，岂不惜乎？"亮流涕曰："孙武所以能制胜于天下者，用法明[8]也。今四海分裂，兵交方始，若复废法，何用讨贼耶？"先是，裨将军[9]王平连规谏[10]谡，谡不能用。及败，众散，惟平所领千余人鸣鼓自守。张郃疑其有伏，不敢逼。于是平徐徐收合诸营散兵以还。亮拜平参军，进位封侯。上疏请自贬三等，诏以右将军行丞相事。时赵云亦以箕谷兵败，坐贬。亮问邓芝曰："箕谷军退，兵将初不相失，何也？"芝曰："赵云身自断后，军资什物[11]，略无所弃，不但兵将不相失也。"云有军资余绢，亮使分赐将士。云曰："军事无利，何为有赐？请须十月为冬给[12]。"亮大善之。或劝亮更发兵者，亮曰："大军在祁山、箕谷，皆多于贼，而不破贼，乃为贼所破，此病不在兵少也，在一人耳。今欲减兵省将，明罚思过，校[13]变通之道于将来。若不能然者，虽兵多何益？自今以后，诸有忠虑[14]于国，但勤攻吾之阙，则事可定，贼可死，功可跷足[15]而待矣。"于是考微劳，甄[16]壮烈，引咎责

1　烦扰：杂乱，纷扰。
2　汲道：取水的通道。
3　才术：才学。
4　器异：器重，看重。
5　其：表示祈使，当，可。
6　恩若平生：就像平时一样恩待他们。
7　昔楚杀得臣而文公喜：战国时晋国同楚国交战，楚国杀了本国领兵将领得臣，晋文公喜形于色。
8　明：严明。
9　裨将军：初指副将，相对主将而言，后成为低级将军名号。
10　规谏：忠言劝诫，规劝。
11　什物：各种物品器具。
12　冬给：冬季军队的补给品。
13　校：计较，考虑。
14　忠虑：忠于君国的考虑。
15　跷足：跷起脚后跟。跷，举足。
16　甄：昭显，表彰。

躬[1]，布所失于天下，厉兵讲武，以为后图。戎士简练[2]，民忘其败矣。亮之出祁山也，天水参军姜维诣亮降。亮美其胆智[3]，使典军事。魏曹真复取三郡，以亮惩[4]祁山，必出陈仓，使将军郝昭城守以备之。

夏，四月，**魏以徐邈为凉州刺史**邈务农积谷，立学明训，进善黜恶，与羌、胡从事[5]，不问小过。若犯大罪，先告部帅[6]，乃斩以徇。由是服其威信，州界肃清[7]。

五月，大旱。

吴人诱魏扬州牧曹休战于石亭[8]，大败之吴使鄱阳[9]太守周鲂诈以郡降于魏，魏扬州牧曹休率步、骑十万向皖以应之。魏主叡又使司马懿向江陵，贾逵向东关[10]，三道俱进。八月，吴主权至皖，以陆逊为大都督，假黄钺[11]，亲执鞭以见之。以朱桓、全琮为左右督，各督三万人以击休。桓曰："休以亲见任[12]，非智勇名将。今战必败，败必走，走当由夹石、挂车[13]。此两道险厄[14]，若以万兵柴路[15]，则彼众可尽而休可虏。臣请将所部以断之，若得休，则可乘胜长驱，进取寿春，以规许洛[16]，此万世一时[17]也。"权以问陆逊，逊以为不可，乃止。战于石

1　引咎责躬：主动承担责任并作自我批评。
2　简练：演习训练。
3　胆智：胆识与智谋。
4　惩：有鉴于，引以为戒。
5　从事：行事，办事。
6　部帅：分部的统帅。
7　肃清：清平，多指国家、社会安定太平，法纪严明。
8　石亭：古地名，位于今安徽省安庆市潜山县东北。
9　鄱阳：古郡名，辖今江西省鄱阳湖东岸、进贤县以东及信江、乐安江流域（婺源县除外）。
10　东关：古关隘名，位于今安徽省马鞍山市含山县西南，吴诸葛恪筑，隔濡须水与七宝山上的西关相对。
11　假黄钺：以黄钺借给大臣，表示其代表皇帝行使征伐之权之意。黄钺以黄金为饰，古代帝王所用，后世用为仪仗。
12　见任：受到信赖而任用。
13　夹石、挂车：夹石，即北硖山，位于今安徽省安庆市桐城县北，与舒城县接界。挂车，又名挂车山，位于今安徽省安庆市桐城县西南。
14　险厄：地势险恶。
15　柴路：堵塞道路。
16　许洛：许京和洛京（今河南许昌和洛阳）的并称。
17　万世一时：万代才有这么一个机会，形容机会难得。

亭，逊令桓、琮为左右翼，三道俱进，冲休伏兵，因驱走之，追至夹石，斩获万余，资仗[1]略尽。初，叡命贾逵引兵东，与休合。逵曰："贼无东关之备，必并军于皖，而休深入与战，必败。"乃亟进。闻休已败，而吴遣兵断夹石，诸将或欲待后军，逵曰："休兵败路绝，进退不能，安危之机，不及终日[2]。今疾进，出贼不意，此所谓'先人以夺其心'也。若待后军，贼已断险[3]，兵多何益？"乃兼道进军，而多设旗鼓疑兵。吴人惊退，休乃得还。初，逵与休不善，至是赖逵以免，魏亦不之罪[4]也。

　　冬，十二月，右将军亮伐魏，围陈仓，不克而还。斩其追将王双右将军亮闻曹休败，魏兵东下，关中虚弱，欲出兵击魏。群臣多以为疑。亮言于帝曰："先帝以汉贼不两立，王业不偏安，故托臣以讨贼。以先帝之明，量臣之才，固知臣才弱敌强。然不伐贼，王业亦亡，惟坐而待亡，孰与[5]伐之？是故托臣而弗疑也。臣受命之日，寝不安席，食不甘味，思惟北征，宜先入南，故五月渡泸，深入不毛。臣非不自惜也，顾王业不可偏全于蜀都，故冒危难以奉先帝之遗意也，而议者谓为非计[6]。今贼适疲于西，又务于东，兵法乘劳[7]，此进趋[8]之时也。且高帝明并日月[9]，谋臣渊深[10]，然涉险被创，危然后安。今陛下未及高帝，谋臣不如良、平[11]，而欲以长计[12]取胜，坐定天下，此臣之未解[13]一也。刘繇、王朗各据州郡，论安言计，动引圣人[14]，群疑满腹，众难塞胸，今

1　资仗：物资和军械。
2　安危之机，不及终日：正处在生死存亡的紧急关头，恐怕支持不到今天结束。
3　断险：占据、截断险要之处。
4　不之罪：倒装句式，"不罪之"，不怪罪他。
5　孰与：何如。意谓还不如，常用于反诘语气。
6　非计：非良策，失策。
7　乘劳：利用敌方疲劳的时机。
8　进趋：进攻，攻取。
9　明并日月：光芒可以与日月相比拟，多用于称颂圣贤、帝王。并，齐。
10　渊深：深邃，深厚。
11　良、平：即张良、陈平。
12　长计：求取长远利益的谋略。
13　解：通"懈"，懈怠，松懈。
14　论安言计，动引圣人：谈论安危之计，动辄引证圣人之言。

岁不战，明年不征，使孙策坐大，遂并江东。此臣之未解二也。臣到汉中，中间期年，已丧赵云等及曲长、屯将[1]七十余人，突将、武骑[2]一千余人，皆数十年所纠合[3]四方之精锐，非一州之所有。若复数年，则损三分之二，当何以图敌？此臣之未解三也。今民穷兵疲，而事不可息；事不可息，则住与行，劳费正等[4]，而不及虚图之，欲以一州之地与贼支久，此臣之未解四也。夫难平者，事也。昔先帝兵败于楚，曹操拊手，谓天下已定矣。然先帝东连吴越，西取巴蜀，举兵北征，夏侯授首，此操之失计，而汉事将成也。其后吴更违盟，关羽毁败，秭归蹉跌，曹丕称帝。凡事如是，难可逆见[5]。臣鞠躬尽力，死而后已。至于成败利钝，非臣之明所能逆睹[6]也。"十二月，引兵数万出散关，围陈仓，不克。使人说郝昭，不下。昭兵才千余人，亮进攻之，起云梯、冲车[7]临城，昭以火箭逆射[8]其梯，人皆烧死。昭又以绳连石磨压其冲车，冲车折。亮乃更为井阑[9]百尺以射城中，以土丸填堑，欲直攀城。昭又于内筑重墙。亮又为地突[10]，欲踊[11]出于城里，昭又于城内穿地横截之。昼夜相攻，拒二十余日。魏遣张郃救之，未至，亮粮尽，引还。将军王双追亮，亮击斩之。

魏以公孙渊为辽东太守初，公孙康卒，子渊幼，弟恭立。及渊长，胁夺[12]恭位，上书言状。侍中刘晔曰："公孙氏世权日久，今若不诛，后必生患。不如因其新立，有党有仇，先其不意，以兵临之，开设赏募[13]，可不劳师而定

1　曲长、屯将：曲长，古代军队编制，部下有曲，曲的长官为曲长。屯将，曲下有屯，屯的长官为屯将。
2　突将、武骑：突将，冲锋陷阵的骠悍将卒。武骑，勇武的骑兵。
3　纠合：集合，聚集。
4　劳费正等：付出的辛劳和费用相当。正等，相当，相同。
5　逆见：预见。
6　逆睹：预知，预见。
7　云梯、冲车：云梯，古代攻城时攀登城墙的长梯。冲车，古兵车名，用以冲城攻坚。
8　火箭逆射：火箭，古代一种攻战的器具，箭上附有引火物，利用火药喷射，使箭前进。逆射，迎面直射。
9　井阑：移动的箭楼，古代登高攻城的器具。
10　地突：地道。
11　踊：往上跳。
12　胁夺：以威夺取。
13　赏募：悬赏招募。

也。"魏主不从，因有是命。

吴大司马吕范卒初，孙策使范典财计[1]。时吴主权年少，私从有求，范必关白，不敢专许[2]。及权守阳羡[3]长，有所私用，策或料覆[4]，功曹周谷辄为傅着簿书[5]，使无谴问[6]，权以是望[7]范而悦谷。及后统事，以范忠诚信任之，而谷能欺，更簿书，不用也。至是，以范为大司马，印绶[8]未下而卒。

己酉七年（公元229年）

魏太和三年。吴黄龙元年。

春，右将军亮伐魏，拔武都、阴平[9]，复拜丞相。

夏，四月，吴王孙权称皇帝吴王权即皇帝位，大赦，改元。百官毕会，权归功于周瑜。将军张昭举笏[10]欲襃赞功德，未及言，权曰："如张公计，今已乞食[11]矣。"昭大惭汗[12]。权追尊父坚为武烈皇帝，兄策为长沙桓王，立子登为太子。以诸葛恪为太子左辅，张休为右弼，顾谭为辅正，陈表为翼正，谢景、范慎、羊衜等为宾客，于是东宫号多士。太子使侍中胡综作《宾友目》曰："英才卓越，则诸葛恪；精识[13]时机，则顾谭；凝辩宏达[14]，则谢景；究学甄微[15]，则范慎。"羊衜私驳之曰："元逊[16]才而疏，子嘿精而狠，叔发辩而浮，孝敬深而

1　财计：理财之事。
2　专许：擅自许诺。
3　阳羡：古县名，治所位于今江苏省无锡市辖宜兴市南。
4　料覆：清查复核。
5　傅着簿书：造假账。傅着，附会。簿书，记录财物出纳的簿册。
6　谴问：责问。
7　望：怨。
8　印绶：古代官吏的印和系印的丝带。
9　阴平：古郡名，辖今甘肃省文县、四川省平武县等地。
10　笏：古代大臣在朝廷上所拿的狭长板子，用玉、象牙或竹片制成，上面可以记事。
11　乞食：要饭。
12　惭汗：羞愧得出汗，极言羞愧之甚。
13　精识：见解精确。
14　凝辩宏达：雄辩而且广博通达。
15　究学甄微：学问深邃，观察细致入微。
16　元逊：即诸葛恪，诸葛恪字元逊。下文"子嘿"为顾谭，"叔发"为谢景，"孝敬"为范慎。

陋。"恪等恶之。其后皆败，如衙所言。

遣卫尉陈震使吴，及吴主权盟吴主权使以"并尊二帝"来告，众皆以为交之无益而名体[1]弗顺，宜显明正义，绝其盟好。丞相亮曰："权有僭逆之心久矣，国家所以略其衅情[2]者，求掎角之援也。今若加显绝，仇我必深。更当移兵东戍，与之角力，须并其土，乃议中原。彼贤才尚多，将相辑睦，未可一朝定也。顿兵[3]相守，坐而须[4]老，使北贼得计，非算之上者。昔孝文卑辞匈奴，先帝优与吴盟，皆应权通变[5]，深思远益，非若匹夫之忿者也。议者以权利在鼎足，不能并力，且志望[6]已满，无上岸[7]之情，此皆似是而非也。盖其智力不侔，故限江自保。权之不能越江，犹魏贼之不能渡汉，非力有余而利不取也。若大军致讨，彼高当分裂其地以为后图，下当略民广境，示武于内，非端坐者也。就[8]其不动而睦于我，我之北伐，无东顾忧，河南之众，不得尽西，此之为利，亦已深矣。权僭逆之罪，未宜明也。"乃遣震贺吴。权与盟，约中分天下。

吴以张昭为辅吴将军吴主权尝于武昌临钓台饮酒，大醉，使人以水洒群臣，曰："今日醉堕台中乃止。"昭正色而出，权呼入，谓曰："共作乐耳，公何为怒乎？"昭曰："昔纣糟丘[9]酒池长夜之饮，当时亦以为乐，不以为恶也。"权默然，遂罢酒。至是昭以病告老，更拜辅吴将军，班亚三司[10]。昭每朝见，辞气壮厉[11]，义形于色，曾以直言逆旨，中不进见[12]。后汉使来，称汉德美，群臣莫能屈，权复思昭，遣中使[13]劳问，请见，昭避席谢，权跪止之。昭坐定，仰曰：

1　名体：名位与身分，名义与体统。
2　衅情：罪情，罪恶的用心。
3　顿兵：军队停留、驻扎。
4　须：等待。
5　应权通变：顺应机宜，采取变通的措施。
6　志望：心愿，志向。
7　上岸：舍舟登陆。
8　就：表示假设或让步关系，相当于"假如""即使"。
9　糟丘：积糟成丘，极言酿酒之多，沉湎之甚。
10　班亚三司：班位次于三公。
11　壮厉：刚直毅烈。
12　中不进见：不肯到宫禁中来朝见。中，宫禁之内，亦借指朝廷。
13　中使：宫中派出的使者，多指宦官。

"昔太后、桓王不以老臣属陛下，而以陛下属老臣，是以思尽臣节以报厚恩，而意虑[1]浅短，违逆盛旨[2]。然臣愚心所以事国，志在忠益毕命[3]而已。若乃变心易虑以偷荣取容[4]，此臣所不能也。"权辞谢焉。

秋，七月，魏制，后嗣有由诸侯入奉大统[5]者，不得顾私亲诏曰："礼，王后无嗣，择建支子[6]以继大宗，则当纂[7]正统而奉公义，何得复顾私亲哉？其令公卿有司，深以前世行事为戒，后嗣万一有由诸侯入奉大统，则当明为人后之义。敢为导谀[8]，建非正之号，以干正统，谓考为皇，称妣为后，则股肱大臣诛之无赦。其书之金策，藏之宗庙，著于令典！"

九月，吴迁都建业，使上大将军陆逊辅太子登守武昌吴主权迁都建业，皆因故府，不复增改，使上大将军陆逊辅太子登，及尚书九官留武昌。南阳刘廙尝著《先刑后礼论》，同郡谢景称之于逊，逊呵[9]景曰："礼之长于刑久矣，廙以细辩而诡先圣之教[10]，君侍东宫，宜遵仁义以彰德音[11]，若彼之谈，不须讲也。"太子与西陵都督步骘书，求见启诲[12]，骘条[13]时事在荆州界者及诸僚吏[14]行能以报之，且上疏曰："人君不亲小事，使百官有司各任其职，故舜命九贤[15]，则无所用心，不下庙堂而天下治。贤人所在，折冲万里，信[16]国家之利器，崇

1　意虑：思虑。
2　盛旨：盛意。
3　忠益毕命：忠益，尽忠效力。毕命，尽忠效命。
4　偷荣取容：偷荣，窃取荣禄。取容，讨好别人以求自己安身。
5　大统：帝业，帝位。
6　支子：古代宗法制度以嫡长子及继承先祖嫡系之子为宗子，嫡妻的次子以下及妾子都为支子。
7　纂：通"缵"，继承。
8　导谀：逢迎献媚，逢迎献媚的人。
9　呵：怒责。
10　以细辩而诡先圣之教：用繁琐的辩解假冒先圣的教化。
11　德音：合乎仁德的言语、教令。
12　求见启诲：请求接受开导教诲。
13　条：分列条款、条目。
14　僚吏：属吏，属官。
15　九贤：九个贤人，即尧舜时九官，禹、皋陶、契、后稷、伯夷、夔、龙、倕、益。
16　信：果真，的确。

替¹之所由也。愿重以经意，则天下幸甚。"

冬，十月，**魏立听讼观，置律博士**²魏主叡常言："狱者，天下之命。"因改平望观为听讼观。每断大狱，诣观临听之。初，魏文侯师李悝著《法经》六篇，萧何定汉律，益为九篇，后稍增至六十篇。又有令三百余篇，决事比³九百六卷。马、郑诸儒章句⁴，又十余家。至是所当用二万六千余条，七百七十余万言。乃诏但用郑氏章句。尚书卫觊奏："刑法者，国家之所贵重而私议之所轻贱；狱吏者，百姓之所县命⁵而选用者之所卑下。王政之敝，未必不由此也。请置律博士。"从之。又诏司空陈群等删约⁶汉法，制新律十八篇，州郡令四十五篇，尚书官令、军中令百八十余篇，于正律九篇为增，于旁章科令⁷为省矣。

十二月，**筑汉、乐二城**丞相亮徙府、营于南山下，筑汉城于沔阳，乐城于成固⁸。

庚戌八年（公元230年）

魏太和四年。吴黄龙二年。

春，吴发兵浮海求夷洲、亶洲⁹吴主权使将军卫温、诸葛直将甲士万人，浮海求夷洲、亶洲，欲俘其民以益众，陆逊、全琮皆谏，以为："桓王创基，兵不一旅¹⁰。今江东现众，自足图事，不当远涉不毛，万里袭人，风波难测。又民易水土，必致疾疫。且其民犹禽兽，得之不足济事，无之不足亏众。"权不听。温等遂行，经岁乃还，士卒疾疫死者什八九，亶洲绝远，不可至。得

---

1 崇替：兴废，盛衰。
2 律博士：古官名，教授法律和保管法律典籍的官员。
3 决事比：已判决的典型案例汇编，后经皇帝批准，具有法律效力，可作为判案的依据。
4 章句：以分章析句来解说古书的著作。
5 县命：性命所悬系。
6 删约：删削使精简。
7 旁章科令：其他附属法令。
8 成固：古县名，治所位于今陕西省汉中市城固县东。
9 夷洲、亶洲：夷洲，即今琉球群岛。亶洲，古岛屿名，或以为即今日本。
10 兵不一旅：军队不满一旅。旅，古代军队建制单位，兵士五百人为一旅。

夷洲数千人以归，温等以无功坐诛。

　　二月，魏立郎吏¹课试法。尚书诸葛诞等有罪免魏尚书诸葛诞、中书郎邓飏等结为党友，更相题表²，以夏侯玄等为四聪，诞辈为八达，中书监刘放子熙、中书令孙资子密、吏部尚书卫臻子烈以父居势位³，容之为三豫。行司徒事董昭上疏曰："凡有天下者，莫不贵朴忠⁴之士，疾虚伪之人，以其毁教乱治、败俗伤化也。窃见当今年少不复以学问为本，专以交游为业；国士不以孝悌清修为首，乃以趋势游利⁵为先。合党连群，互相褒叹⁶，以毁訾为罚戮，用党誉为爵赏⁷，附己者则叹之盈言，不附者则作为瑕衅⁸。至乃往来禁奥⁹，交通探问。凡此诸事，皆法之所不取，刑之所不赦也。"魏主叡善其言。诏："郎吏学通一经，才任牧民¹⁰，博士课试，擢其高第者，亟用；其浮华不务道本¹¹者，罢退之。"仍免诞、飏等官。

　　秋，七月，魏寇汉中，丞相亮出次成固。九月，魏师还魏曹真以汉人数入，请由斜谷伐之。魏主叡诏司马懿溯汉水，由西城与真会汉中，诸将或欲由子午谷，或欲由武威。陈群谏曰："太祖昔攻张鲁，多收豆、麦以益军粮，鲁未下而食犹乏。今既无所因，而斜谷阻险，转运有钞截¹²之虞，多留兵守要，则损战士，不可不熟虑也。"并言军事用度之计，叡以群议下真，真据之遂行。丞相亮闻之，次于成固、赤坂¹³以待之。召李严，使将二万人赴汉中。会天大

1　郎吏：郎官的统称，侍郎、郎中等职。
2　题表：标榜，吹嘘。
3　势位：有权势的职位。
4　朴忠：朴实忠诚。
5　趋势游利：趋势，趋奉权势。游利，逐利。
6　褒叹：嘉奖称美。
7　以毁訾为罚戮，用党誉为爵赏：把诋毁当作惩罚羞辱，把朋党赞誉看作封爵奖赏。
8　附己者则叹之盈言，不附者则作为瑕衅：对依附自己的人则连声赞叹，好话说尽，对不依附自己的人则百般挑剔。瑕衅，罪过，过失。
9　禁奥：宫禁深密之处。
10　牧民：治民。
11　道本：立身行道、经世致用的根本。
12　钞截：抄掠拦劫。
13　赤坂：古地名，位于今陕西省汉中市洋县东龙亭山。

雨三十余日，栈道断绝，魏太尉华歆上疏曰："陛下宜留心治道，以征伐为后事。为国者以民为基，民以衣食为本。使中国无饥寒之患，百姓无离上之心，则二敌之衅可坐而待也。"少府杨阜曰："昔武王白鱼入舟[1]，君臣变色，动得吉瑞，犹尚忧惧，况有灾异而不战竦[2]者哉？今吴、蜀未平，而天屡降变，诸军始进，便有天雨之患，稽阁山险[3]，已积日矣。转负[4]劳苦，所费已多，若有不继，必违本图。"散骑常侍王肃曰："前志[5]有之：'千里馈粮[6]，士有饥色，樵苏后爨，师不宿饱[7]。'此谓平途[8]之行军者也。又况深入险阻，凿路而前，则其为劳必相百[9]也。今又加之以霖雨，山坂峻滑[10]，众迫而不展，粮远而难继，实行军之大忌也。闻曹真发已逾月而行才半谷，治道功夫，战士悉作。是彼偏得以逸待劳，乃兵家之所惮也。远则周武出关而复还，近则武、文[11]临江而不济，岂非顺天知时，通于权变者哉？"乃诏班师。

魏主叡如许昌魏主叡如许昌，左仆射[12]徐宣总留事[13]。及还，主者奏呈文书，叡曰："吾省与仆射省何异？"竟不视。

冬，十二月，吴人攻魏合肥，不克魏征东将军满宠闻吴欲攻合肥，表请召兵。吴寻退还。宠以为："贼大举而还，非其本意。此必欲伪退以罢吾兵，而倒还[14]乘虚，掩不备也。"遂表不罢兵。后十余日，吴果来攻，不克而还。

丞相亮以蒋琬为长史亮数外出，琬常足食足兵以相供给。亮每言："公

1　白鱼入舟：白鱼跃入周武王舟中，后用以比喻用兵必胜的征兆。
2　战竦：形容因害怕而发抖。
3　稽阁山险：积沙乱石阻塞山路。
4　转负：转运军事物资。
5　前志：前人的记述。
6　馈粮：运送军粮。
7　樵苏后爨，师不宿饱：柴草做不成饭，军队就会经常吃不饱。樵苏后爨，柴草做不成饭。
8　平途：平直的大路。
9　为劳必相百：所费劳力与平地行军相比，一定相差百倍。
10　峻滑：又陡又滑。
11　武、文：魏武帝曹操、魏文帝曹丕。
12　左仆射：古官名，即尚书左仆射，若尚书令缺，则左仆射主令事。
13　总留事：总管留守京师之事。
14　倒还：倒转回来。

琰托志忠雅[1]，当与吾共赞王业者也。"

吴廷尉监隐蕃作乱，伏诛青州人隐蕃逃奔入吴，上书求见，吴主权召入。蕃陈时务，甚有辞观[2]。权以为廷尉监。将军朱据、廷尉郝普皆称其有王佐材，于是蕃门车马云集。潘濬子翥，亦与周旋，馈饷[3]之。濬闻，大怒，疏责[4]翥曰："吾受国厚恩，志报以命。尔等在都，当念恭顺，亲贤慕善。何故与降虏交，以粮饷之？疏到，急就往使受杖一百，促责所饷[5]。"时人怪之。顷之，蕃谋作乱，伏诛。普自杀，据坐禁止[6]，久之乃解。

辛亥**九年**（公元231年）

魏太和五年。吴黄龙三年。

春，二月，吴武陵蛮叛，吴主权遣潘濬击之吴武陵五溪蛮叛，吴主权遣太常潘濬讨之。武陵太守卫旌奏濬姨兄蒋琬为诸葛亮长史，濬密使相闻，欲以自托。权曰："承明不为此也。"即封表示濬，而免旌官。

丞相亮伐魏，围祁山。

自十月不雨，至于三月。

夏，五月，亮败魏司马懿于卤城[7]，杀其将张郃魏遣司马懿屯长安，督将军张郃、郭淮等以御汉。懿留精兵四千守上邽，余众悉救祁山。张郃欲分兵驻雍、郿，懿曰："料前军能独当之者，将军言是也。若不能当，而分为前后，此楚之三军所以为黥布擒也。"遂进。亮分兵攻祁山，自逆懿于上邽。魏将郭淮等徼亮，亮破之，因大芟[8]其麦，与懿遇于上邽之东。懿敛[9]军依险，兵不得

1　托志忠雅：托志，寄托情志。忠雅，忠心而有雅量。
2　辞观：谈吐仪表。
3　馈饷：馈赠财物。
4　疏责：写信责备。
5　急就往使受杖一百，促责所饷：赶快到信使那里接受一百杖的责罚，立刻索回赠送的物品。
6　禁止：指限制受弹劾官吏的行动自由。
7　卤城：古地名，位于今甘肃省天水市、甘谷县之间。
8　芟：割。
9　敛：约束。

交，亮引还。懿蹑其后，至于卤城，又登山掘营，不肯战。贾诩、魏平数请战，曰："公畏蜀如虎，奈天下笑何？"懿病之。乃使张郃攻南围，自案[1]中道向亮。亮使魏延等逆战，魏兵大败，懿还保营。亮以粮尽退军，懿遣郃追之，至木门[2]，与亮战，中伏弩[3]而卒。

秋，八月，魏令其宗室王侯朝明年正月[4]魏黄初[5]以来，诸侯王法禁严切，吏察之急，亲姻皆不敢相通问。东阿王植上疏曰："尧之为教，先亲后疏，自近及远。周文王刑于寡妻，至于兄弟，以御于家邦。今陛下惠洽[6]椒房，恩昭九族，群后[7]百寮，番休[8]递上，亲理[9]之路通，庆吊[10]之情展，诚可谓恕己[11]治人，推恩施惠者矣。至于臣者，人道绝绪，禁锢明时，婚媾不通，兄弟乖隔[12]。又以一切[13]之制，永无朝觐之望，至于注心皇极，结情紫闼[14]，神明知之矣。然天实为之，谓之何哉？愿陛下沛然垂诏，使诸国庆问，四节得展，妃妾之家，膏沐之遗，岁得再通[15]，则圣世无不蒙施之物矣。"魏主叡报曰："诸国本无禁锢之诏，矫枉过正，下吏惧谴，以至于此耳。已敕有司，如王所诉。"植复上疏曰："昔管、蔡放诛，周、召作弼；叔鱼陷刑，叔向赞国。三监之衅，臣自当之；

1　案：通"按"，控制。
2　木门：古村名，位于今甘肃省天水市秦城区西南。
3　伏弩：隐蔽着的用机械发射的弓箭。
4　朝明年正月：于明年正月来京朝会。
5　黄初：魏文帝曹丕年号，存续时间为公元220至226年。
6　惠洽：恩泽遍及。
7　群后：泛指公卿。
8　番休：轮流休息。
9　亲理：亲属邻里。
10　庆吊：庆贺与吊慰，亦指喜事与丧事。
11　恕己：扩充自己的仁爱之心。
12　人道绝绪，禁锢明时，婚媾不通，兄弟乖隔：人际关系完全断绝，在政治清明时却受到禁锢，姻亲关系不能交往，兄弟之间背离绝交。绝绪，断绝。婚媾，有婚姻关系的亲戚。
13　一切：权宜，临时。
14　注心皇极，结情紫闼：倾心王室，情绕宫廷。皇极，皇室。紫闼，宫廷。
15　愿陛下沛然垂诏，使诸国庆问，四节得展，妃妾之家，膏沐之遗，岁得再通：愿陛下能被感动，赐下诏书，使各封国互相祝贺通问，四时之节得以来京朝拜，妃妾的母家可以馈赠脂粉，一年可以两次往来问候。

二南之辅，求必不远[1]。夫能使天下倾耳注目者，当权者是也。权之所在，虽疏必重；势之所去，虽亲必轻。盖取齐者田族，非吕宗也；分晋者赵、魏，非姬姓也。吉，专其位；凶，离其患者，异姓之臣也。存，共其荣；殁，同其祸者，公族之臣也。今公族疏而异姓亲，臣窃惑焉。不胜愤懑，拜表陈情。"叡优文答报[2]而已。至是乃诏曰："先帝著令，不欲使诸王留京都者，谓幼主在位，母后摄政，防微渐、关盛衰也。朕不见诸王十有二载，其令诸王及宗室公侯各将嫡子一人朝明年正月，后有少主、母后在宫者，自如先帝令。"

中都护李平有罪，废，徙梓潼丞相亮之攻祁山也，命李严以中都护署府事，更名平。会天霖雨，平主督运，恐粮不继，遣参军喻指[3]，呼亮来还。亮既退军，平乃更言："军粮饶足，何为而退？"欲杀督运，以解不办之责。又表言："军伪退，以诱贼。"亮出其前后手书，本末违错[4]。平辞穷谢罪。于是亮表其前后过恶，免官，削爵土，徙梓潼郡，复以平子丰为中郎将、参军事，出教敕之曰："吾与君父子戮力以奖汉室，谓至心感动，终始可保，何图中乖[5]乎？若都护思负一意，君与公琰推心从事，否可复通，逝可复还也[6]。"亮又与蒋琬、董允书曰："孝起前为吾说正方[7]腹中有鳞甲，乡党以为不可近。吾谓鳞甲者，但不当犯之耳，不图复有苏、张之事[8]也。"孝起者，陈震也。

　　冬，十月，吴人诱败魏兵于阜陵[9]吴主权遣中郎将孙布诈降于魏，以诱

1　昔管、蔡放诛，周、召作弼；叔鱼陷刑，叔向赞国。三监之衅，臣自当之；二南之辅，求必不远：古代周成王杀死管叔，流放蔡叔，用周公、召公作为辅佐；叔鱼被恶侯所杀，叔向却助晋国成就霸业；西周三监之乱，我自会引以为戒；二南之辅，不必远求。二南，周公、召公及其管辖的地区。

2　优文答报：以褒奖的文告作为回答。优文，褒奖的文告。

3　喻指：知晓旨意，喻示旨意。

4　违错：错乱，失误。

5　中乖：中途背离。

6　若都护思负一意，君与公琰推心从事，否可复通，逝可复还也：如果你父亲能认罪悔过，一心一意为国效忠，你与蒋琬推心置腹，同心共事，那么闭塞的也可以变成通畅的，失去的也可以再得到。

7　正方：即李平（严），字正方。

8　苏、张之事：苏秦、张仪反复无常之事。

9　阜陵：古县名，治所位于今安徽省滁州市全椒县东。

扬州刺史王凌，伏兵阜陵以俟之。凌腾¹布书，请兵迎之。征东将军满宠以为必诈，不与兵，而为凌作报书²曰："知欲避祸就顺，甚相嘉尚³。今欲遣兵相迎，然少则不足相卫，多则事必远闻。且先密计以成本志，临时节度其宜。"会宠被书⁴入朝，又敕留府⁵勿与兵。凌索兵不得，乃单遣一督将步、骑七百人往迎之。布夜掩击，死伤过半。先是，凌表宠年过耽酒⁶，不可居方任⁷。魏主叡欲召宠还，给事中郭谋曰："宠有勋方岳⁸二十余年，及镇淮南⁹，吴人惮之。若不如所表，将为所窥，可令还朝，问东方事以察之。"叡从之。既至，体气康强¹⁰，乃慰劳遣还。

十一月晦，日食。

壬子十年（公元232年）

魏太和六年。吴嘉禾元年。

春，三月，**魏主叡东巡**魏主叡幼女淑卒，叡痛之甚，追谥立庙，葬于南陵，取甄后从孙¹¹黄与之合葬，追封黄为列侯，为之置后，袭爵。欲自送葬，又欲幸许。司空陈群谏曰："八岁下殇¹²，礼所不备，况未期月，而为制服，举朝素衣，朝夕哭临，自古以来，未有此比。况欲自往视陵，亲临祖载¹³乎？愿

1　腾：传递，向上呈报。
2　报书：回信。
3　嘉尚：赞许，赞美。
4　被书：接到命令。
5　留府：古官名，全称留府长史，负责在将军出征时留在府中处理日常政务。
6　年过耽酒：年纪老迈，极好饮酒。
7　方任：一方的重任，意指地方长官的职位。
8　方岳：州郡。
9　淮南：古郡名，辖今安徽省淮河以南，巢湖、肥西以北，塘河以东，凤阳、滁州市以西地区。
10　康强：康健，强健。
11　从孙：兄弟的孙子。
12　下殇：人在八至十一岁间死亡为下殇。
13　祖载：将葬之际，以柩载车上行祖祭之礼。

陛下抑割[1]有损无益之事，此万国之至望[2]也。又闻车驾欲幸许昌，将以避衰[3]。夫吉凶有命，祸福由人，移走求安，则亦无益。且吉士贤人，犹不妄徙其家，以宁乡邑[4]。况帝王万国之主，行止动静，岂可轻脱[5]哉？"少府杨阜曰："文皇帝、武宣皇后崩，陛下皆不送葬，所以重社稷、备不虞也。何至孩抱赤子而送葬哉？"皆不听。

　　吴遣使如辽东，徙其骑都尉虞翻于苍梧吴主权遣周贺等之辽东求马。初，虞翻性疏直[6]，数有酒失，又好抵忤[7]人，多见谤毁。吴主权尝与群臣饮，自起行酒，翻伏地佯醉，权去，翻起坐。权大怒，手剑欲击之。刘基谏曰："大王以三爵[8]之后手杀善士，虽翻有罪，天下孰知之？"权曰："曹孟德尚杀孔文举，孤于虞翻何有哉？"基曰："大王躬行德义，欲与尧、舜比隆，何乃自喻于孟德？"翻由是得免。权因敕左右，自今酒后言杀，皆不得杀。他日，与张昭论神仙，翻又指昭曰："彼皆死人而语神仙，世岂有仙人也？"权积怒，遂徙翻交州。及周贺等行[9]，翻闻之，以为去人、财以求马，既非国利，而辽东绝远，往恐无获。欲谏不敢，作表以示吕岱，为人所白，复徙苍梧猛陵[10]。

　　秋，九月，魏治许昌宫。

　　魏伐辽东，不克。还，击吴使者，斩之公孙渊数与吴通。魏主叡使汝南太守田豫自海道、幽州刺史王雄自陆道讨之。散骑常侍蒋济谏曰："凡非相吞之国，不侵叛[11]之臣，不宜轻伐。伐之不能制，是驱使为贼也。故曰：'虎狼

1　抑割：抑制。
2　万国之至望：普天下最大的愿望。万国，万邦，天下。
3　避衰：避灾。
4　乡邑：乡里。
5　轻脱：轻佻。
6　疏直：粗疏率直。
7　抵忤：顶撞，冒犯。
8　三爵：三杯酒。
9　周贺等行：周贺等去辽东买马。
10　猛陵：古县名，治所位于今广西梧州市苍梧县西北。
11　侵叛：侵扰背叛。

当路，不治狐狸。'先除大害，小害自已[1]。今海表[2]委质，不乏职贡，而议者先之。正使克之无益于国，傥不如意，是为结怨失信也。"不听。豫等往皆无功，诏令罢军。时吴遣将军周贺乘海求马于渊，豫以贺等垂还[3]，岁晚风急，必赴成山[4]，遂辄以兵据之。贺等还至，遇风，豫勒兵击斩之。权始思翻言，召之。会卒，以其丧还。

魏以刘晔为大鸿胪魏侍中刘晔为魏主叡所亲重。叡将伐蜀，朝臣皆谏，晔入赞议[5]，则曰："可伐。"出与朝臣言，则曰："不可。"晔有胆智，言之皆有形。中领军杨暨尝谏伐蜀，叡曰："卿书生，焉知兵事？"暨谢曰："臣言诚不足采，刘晔，先帝谋臣，盖亦云然。"叡曰："晔与吾言可伐。"暨曰："请召质[6]之。"乃召晔至，问之，晔终不言。后因独见，责叡曰："伐国，大谋也。臣得与闻，常恐眯梦[7]漏泄为罪，焉敢向人言之？夫兵，诡道也，未发，不厌其密。陛下显然露之，臣恐敌国已闻之矣。"叡谢之。晔出责暨曰："夫钓者中大鱼，则纵而随之，须可制而后牵，则无不得也。人主之威，岂徒大鱼而已乎？子诚直臣，然计不足采，不可不精思也。"暨亦谢之。或谓叡曰："晔不尽忠，善伺上意所趋而合之，陛下试反意而问之，与所问反者，是晔常与圣意合也。每问皆同者，晔之情必无所逃矣。"叡验之，果得其情，从此疏焉。晔遂发狂，出为大鸿胪，以忧死。

傅子[8]曰：巧诈不如拙诚，信矣。晔独任才智，不敢诚悫[9]，内失君心，外困于俗，卒以自危，岂不惜哉？

吴人击魏庐江，不克陆逊引兵向庐江，魏人以为宜速救之。满宠曰：

1　自已：自然停止。已，停止。
2　海表：海外，中国四境以外僻远之地。
3　垂还：即将回程。
4　成山：古山名，位于今山东省威海市辖荣成市境内。
5　赞议：参议。
6　质：询问，责问。
7　眯梦：梦魇。
8　傅子：即傅玄，晋代哲学家、文学家，著有《傅子》两卷。
9　诚悫：诚朴，真诚。

"庐江虽小，将劲兵精，守足经时[1]。况贼舍船二百里来，后尾[2]空绝。不来尚欲诱致，今宜听其遂进，但恐走不可及耳。"乃整军趋杨宜口[3]，吴人闻之，夜遁。时吴人岁有北计[4]。宠上疏曰："合肥城南临江湖[5]，北远寿春，贼来攻围[6]，必据水为势。官兵救之，当先破贼，然后围解。贼往甚易，救之甚难。然其西三十里，有奇险可依，更宜立城，徙见兵以固守，此为引贼平地而掎[7]其归路，于计为便。"蒋济以为："如此，既示天下以弱，且望贼烟火而坏城，此为未攻而自拔。一至于此，劫略无限[8]，必以淮北为守矣。"魏主叡疑之，宠重表[9]曰："孙子言：'兵者，诡道也，故能而示之不能。'形、实不必相应也。又曰：'善动敌者，形之[10]。'今贼未至而移城却内[11]，引贼远水，择利而动，所谓形而诱之也。"尚书赵咨以宠策为长，乃报听之。

癸丑十一年（公元233年）

魏青龙元年。吴嘉禾二年。

春，正月，青龙见魏摩陂井中。二月，魏主叡往观之。

吴遣使拜公孙渊为燕王公孙渊遣校尉宿舒等奉表称臣于吴。吴主权大悦，遣太常张弥、执金吾许晏等将兵万人，金宝珍货，九锡备物[12]，乘海授渊，封为燕王。举朝皆谏，以为渊未可信，但可遣兵吏护送其使而已。权不听。张昭曰："渊背魏惧讨，远来求援，非本志也。若渊改图，欲自明于魏，两使不

1　经时：经历很长时间。
2　后尾：后面。
3　杨宜口：阳泉水、决水汇合处，位于今安徽省六安市霍邱县西北，河南省固始县三河尖镇青泥滩一带。
4　北计：向北方进攻的计划。
5　江湖：长江、巢湖。
6　攻围：包围起来攻击。
7　掎：牵制。
8　无限：没有限制。
9　重表：再次上表。
10　善动敌者，形之：善于调动敌军的人，要向敌军展示一种亦真亦假的军情。
11　移城却内：从城内撤出。
12　备物：仪卫、祭祀等所用的器物。

反，不亦取笑于天下乎？”权反复难昭，昭意弥切[1]。权不能堪，按刀而怒曰："吴国士人入宫则拜孤，出宫则拜君，孤之敬君亦为至矣，而数于众中折孤[2]，孤常恐失计。"昭孰视[3]，曰："臣虽知言不用，每竭愚忠者，诚以太后临崩，呼老臣于床下，顾命[4]之言故在耳。"因涕泣横流，权掷刀于地，与之对泣。然卒遣弥、晏往。昭称疾不朝，权土塞其门，昭于内以土封之。

夏，闰五月朔，日食。

六月，魏洛阳宫鞠室[5]灾。

公孙渊斩吴使者，献首于魏。魏封渊乐浪公渊知吴远难恃，乃斩张弥等首，传送于魏。魏拜渊大司马，封乐浪公。吴主权闻之，大怒曰："朕年六十，世事难易，靡所不尝[6]。近为鼠子所前却[7]，令人气踊如山。不自截鼠子头以掷于海，无颜复令万国，就令颠沛，不以为恨！"陆逊上疏曰："陛下破操乌林，败备西陵，擒羽荆州，斯三虏者，当世雄杰，而皆摧其锋矣。方将荡平华夏，总一大猷[8]。今乃不忍小忿而轻万乘之重，违垂堂之戒[9]，此臣之所惑也。臣闻行万里者，不中道而辍足[10]；图四海者，不怀细以害大。今强寇在境，荒服未庭[11]，乃远惜辽东之众与马，而捐江东万安之业乎？"仆射薛综、尚书陆瑁亦上疏曰："北寇与国壤地连接，苟有间隙，应机[12]而至。所以越海求马于渊者，为此故也。而更弃本追末，捐近治远，忿以改规，激以动众，斯乃猾虏[13]所愿

1　弥切：更加殷切。弥，更加。
2　数于众中折孤：屡次在大庭广众之下顶撞我。
3　孰视：注目细看。
4　顾命：临终遗命。
5　鞠室：古代蹴鞠的区域、场所。
6　靡所不尝：没有什么未尝经历。
7　近为鼠子所前却：近来却被鼠辈戏弄。鼠子，卑微不足称道的人。前却，操纵，摆布。
8　总一大猷：意指统一天下。总一，统一。大猷，治国大道。
9　垂堂之戒：常指险境或挫折给人带来的教训。垂堂，堂屋檐下，人坐在堂屋檐下，屋瓦落下有可能伤人。
10　辍足：停下脚步。辍，停止。
11　未庭：没有臣服。
12　应机：顺应时机。
13　猾虏：奸狡的敌人，对敌方的蔑称。

闻，非大吴之至计也。且沓渚¹去渊，道里尚远，今到其岸，兵势三分，使强者进取，次当守船，又次运粮，行人虽多，难得悉用。若渊狙诈²，与北未绝，动众之日，唇齿相济³；若其不然，畏威远迸⁴，使天诛稽于朔野，山虏乘间而起⁵，恐非万安之长虑也。"权乃止。数遣人慰谢张昭，昭固不起。权忿出，过其门呼昭，昭辞疾笃。权烧其门以恐之，昭亦不出。乃灭火，驻门良久。昭诸子共扶昭起，权载以还宫。深自克责⁶，昭乃朝会。初，弥等至襄平，渊欲图之，乃先分散其吏兵，中使秦旦、张群、杜德、黄强等六十人置玄菟。旦等议曰："吾观此郡，形势甚弱，若焚其城郭，杀其长吏，为国报耻，然后伏死⁷，足以无恨。孰与偷生苟活，长为囚虏⁸乎？"于是阴相结约⁹，未发，为人所告，旦等皆走。时群病疽创着膝¹⁰，不能前。乃推旦、强使前，德留守群，采菜果食之。旦、强行数日，得达句丽¹¹。因宣权诏于其主位宫，位宫即使人迎群、德，并遣还吴，奉表称臣。旦等至吴，皆拜校尉。

吴主权自将攻魏新城，不克吴主权出兵欲围新城，以其远水，积二十余日，不敢下船。满宠谓诸将曰："孙权得吾移城¹²，必于众中有自大之言，今来，虽不敢至，必当上岸耀兵以示有余。"乃潜遣步、骑六千伏肥水¹³隐处。权果上岸，伏军卒起，击之，斩首数百，或有赴水死者。

1　沓渚：沓县西南的水边。沓县，古县名，又称沓氏县，治所位于今辽宁省大连市金州区东南。
2　狙诈：狡猾奸诈。
3　唇齿相济：魏国和公孙渊就会如同嘴唇和牙齿的关系，互相支持、援助。
4　迸：奔散，走散。
5　使天诛稽于朔野，山虏乘间而起：我们对他的征讨及于北方荒野，而国内的山越叛民乘机四起。天诛，帝王的征讨。朔野，北方荒野之地。
6　克责：责备。
7　伏死：甘愿舍弃生命。
8　囚虏：罪犯与俘虏。
9　结约：订立盟约。
10　病疽创着膝：膝盖生疮。
11　句丽：亦称高句丽，公元前一世纪至公元七世纪在东北地区和朝鲜半岛存在的一个政权。
12　移城：迁移城址。
13　肥水：即淝水，位于今安徽省境内，源出合肥市西北将军岭，为今东肥河和南肥河的总称。

以马忠为庲降都督[1] 庲降都督张翼用法严，夷帅刘胄叛。丞相亮以参军马忠代翼，召翼令还。其人谓翼宜速归即罪。翼曰："吾临战场，代人未至，当运粮积谷，为灭贼之资，岂可以黜退之故，而废公家之务乎？"于是统摄[2] 不懈，代到乃发。忠因其资破胄，斩之。

甲寅十二年（公元234年）

魏青龙二年。吴嘉禾三年。

春，二月，丞相亮伐魏初，丞相亮劝农讲武，作木牛流马，运米集斜谷口，治邸阁，息民休士，三年而后用之。至是，悉众十万，由斜谷伐魏，遣使约吴同时大举。

三月，魏山阳公[3] **卒**魏主叡素服发丧，谥曰"汉孝献皇帝"。山阳传国至晋永嘉[4] 中，乃为胡寇所灭。

夏，四月，魏大疫。崇华殿灾。

丞相亮进军渭南。魏大将军司马懿引兵拒守，亮始分兵屯田丞相亮至郿，军于渭水之南。司马懿引军渡渭，背水为垒以拒之，谓诸将曰："亮若出武功[5]，依山而东，诚为可忧；若西上五丈原[6]，诸将无事矣。"亮果屯五丈原。郭淮曰："亮若跨渭登原，连兵北山，隔绝陇道，摇荡[7] 民夷，非国之利也。"懿乃使淮先据北原。堑垒[8] 未成，汉兵大至，淮逆击，却之。亮以前者数出，皆以运粮不继，使己志不伸，乃分兵屯田为久驻之基，耕者杂于渭滨居民

1　庲降都督：古官名，蜀汉平夷庲降都督府长官。汉末刘备入蜀后，按照诸葛亮"南抚夷越"的方针，在益州南部、南中地区设置庲降都督府，是蜀汉政府在南中地区设立的最高军政机构。
2　统摄：统辖。
3　山阳公：汉献帝逊位后的称号。
4　永嘉：晋怀帝司马炽年号，存续时间为公元307至311年。
5　武功：古县名，治所位于今陕西省宝鸡市眉县东。
6　五丈原：古地名，位于今陕西省宝鸡市岐山县南。
7　摇荡：鼓动。
8　堑垒：深壕高垒的防御工事。

之间，而百姓安堵[1]，军无私焉。

五月，吴主权击魏。秋，七月，魏主叡自将击却之吴主权入居巢湖[2]口，向合肥新城，众号十万。又遣陆逊、诸葛瑾入江夏、沔口，向襄阳。孙韶、张承入淮，向广陵、淮阴。魏满宠欲率兵救新城，将军田豫曰："贼欲质新城[3]以致大军耳。宜听使攻城，挫其锐气，俟其疲怠，然后击之，可大克也。若便进兵，适入其计矣。"散骑常侍刘劭曰："可先遣步、骑数千，扬声进道[4]，引出贼后，拟[5]其归路，要其粮道。贼必震怖遁走，不战自屈矣。"宠又欲拔新城守，致贼寿春，魏主叡不听，曰："先帝东置合肥，南守襄阳，西固祁山，贼来，辄破于三城之下者，地有所必争也。纵权攻新城，必不能拔。敕诸将坚守，吾将自往攻之。比至，度权已走矣。"乃使秦朗督步、骑二万助司马懿拒汉，敕懿："但坚守以挫其锋，彼进不得志，退无与战，久停则粮尽，虏略无所获，则必走。走而追之，全胜之道也。"乃御龙舟而东。满宠募壮士焚吴攻具。吴吏士多病，又闻叡至，遂退。陆逊遣人奉表于权，为魏逻者[6]所得。诸葛瑾闻之甚惧，与逊书，速去之。逊未答，方催人种葑[7]、豆，与诸将弈棋、射戏如常。瑾来见逊，逊曰："今兵将意动，且当自定以安之，施设变术[8]，然后出耳。今若便退，贼谓吾怖而来相蹙，必败之势也。"乃密与瑾立计，令瑾督舟船，逊悉上兵马以向襄阳城。魏人素惮逊名，遽还赴城。瑾便引船出，逊徐整部伍，张拓[9]声势，步趋船[10]，魏人不敢逼。行到白围[11]，托言住猎[12]，遣周峻等击

1　安堵：安居。
2　巢湖：一作漅湖，又名焦湖，即今安徽省中部巢湖，在合肥、巢湖、庐江、肥东、肥西诸市县间。
3　质新城：以新城为诱饵。
4　扬声进道：扬言从数道进军。
5　拟：揣度。
6　逻者：巡逻的人。
7　葑：蔬菜名。
8　变术：出其不意的战术。
9　张拓：张扬，扩展。
10　步趋船：步行走到船上。
11　白围：古地名，位于今湖北省襄阳市襄州区东唐白河入汉江处。
12　住猎：停留打猎。

江夏、新市、安陆、石阳[1]，斩获千余人而还。

八月，魏葬汉孝献皇帝于禅陵[2]。

丞相、武乡侯诸葛亮卒于军。长史杨仪引军还。前军师魏延作乱，仪击斩之亮数挑战，懿不出，乃遗以巾帼[3]妇人之服，懿怒，上表请战，魏主叡使卫尉辛毗杖节[4]为军师以制之。姜维谓亮曰："贼不复出矣。"亮曰："彼本无战情[5]，所以固请者，以示武于众耳。将在军，君命有所不受，苟能制吾，岂千里而请战耶？"亮遣使者至懿军，懿问其寝食及事之烦简，而不及戎事。使者曰："诸葛公夙兴夜寐，罚二十以上，皆亲览焉，所啖食不至数升。"懿告人曰："孔明食少事烦，其能久乎？"亮病笃，帝使仆射李福省侍[6]，因咨大计。与亮语已，别去，数日复还。亮曰："孤知君还意，公所问者，公琰[7]其宜也。"福谢："前实失不咨请公百年后谁可任大事者，故辄还耳。"又请其次，亮曰："文伟可。"又问，亮不答。八月，薨。长史杨仪整军而出。百姓奔告懿，懿追之。姜维令仪反旗鸣鼓，若将向懿者，懿不敢逼。于是仪结陈[8]而去，入谷然后发丧。策赠印绶，谥曰忠武。百姓为之谚曰："死诸葛走生仲达。"懿闻之，笑曰："吾能料生，不能料死故也。"亮尝推演兵法，作八阵图。至是懿按行[9]其营垒，叹曰："天下奇才也。"追至赤岸[10]，不及而还。初，前军师魏延勇猛过人，善养士卒。每欲请兵万人，与亮异道会于潼关，如韩信故事，亮不许。延常谓亮怯，不能尽用己才。仪为人干敏[11]，亮每出军，仪规画分部，筹度[12]粮谷，

1　石阳：古县名，治所位于今湖北省武汉市黄陂区西。
2　禅陵：汉献帝刘协陵墓，位于今河南省焦作市修武县方庄镇古汉村南。
3　巾帼：古代妇女的头巾和发饰。
4　杖节：执持旌节。古代帝王授予将帅兵权或遣使四方，给旄节以为凭信。
5　本无战情：本来就无心作战。
6　省侍：探望，侍奉。
7　公琰：即蒋琬，蒋琬字公琰。下文"文伟"即费祎，费祎字文伟。
8　结陈：结成阵势。
9　按行：巡视。
10　赤岸：古地名，又称赤崖，位于今陕西省汉中市留坝县东北。
11　干敏：干练敏捷。
12　筹度：谋划，想办法。

咸取办焉。延性矜高[1]，当时皆下之，唯仪不假借[2]，延以为至忿。亮深惜二人之才，不忍偏废也。费祎使吴，吴主曰："杨仪、魏延，牧竖[3]小人，虽尝有鸣吠之益，然已任之，势不得轻。若一朝无诸葛亮，必为祸乱。诸君愦愦，独不知虑此乎？"祎曰："仪、延不协，起于私忿，而无黥、韩[4]难御之心。今方扫除强贼，混一函夏[5]，功以才成，业由才广，若防其后患，舍而不用，是犹备风波而逆废[6]舟楫，非长计也。"亮病笃，作退军节度，令延断后，姜维次之。延或不从，军即自发。亮薨，仪令费祎往揣延意，延曰："丞相虽亡，吾自见在。府亲官属，便可将丧还葬，吾自当率诸军击贼，云何以一人死废天下之事耶？且魏延何人，当为杨仪作断后将乎？"仪等乃按亮成规[7]引还。延果大怒，搀[8]仪未发，率所领先归，烧绝阁道[9]，与仪相表叛逆[10]，一日之中，羽檄[11]交至。帝以问董允、蒋琬，咸保仪而疑延。仪等槎山通道[12]，昼夜兼行，亦继延后。延据南谷口[13]，逆击仪等，将军何平叱先登[14]曰："公亡，身尚未寒，汝辈何敢乃尔？"士卒知曲[15]在延，皆散。延逃奔汉中，仪遣将斩之，夷三族。始，延欲杀仪等，冀时论[16]以己代诸葛辅政，故不北降魏而南击仪，实无反意也。初，亮表于帝曰："臣成都有桑八百株，薄田十五顷，子弟衣食自有余饶[17]，不别治生以长尺

1　矜高：高傲自大。
2　假借：宽容，忍让。
3　牧竖：放牧的奴才，牧童。
4　黥、韩：汉高祖刘邦大将黥布、韩信。
5　函夏：中原，全国。
6　逆废：反过来废弃。
7　成规：现成的或久已通行的规则、方法。
8　搀：抢先。
9　阁道：栈道，在山的悬崖陡壁上凿孔，支架木桩，铺上木板而修成的窄道。
10　相表叛逆：各自上表说对方叛逆。
11　羽檄：古代军事文书，插鸟羽以示紧急，必须迅速传递。
12　槎山通道：劈开山林，打通道路。槎山，劈开山林。
13　南谷口：即褒谷南口，位于今陕西省汉中市西北。
14　先登：先锋。
15　曲：理屈，理亏。
16　时论：当时的舆论。
17　余饶：富余。

寸。臣死之日，不使内有余帛，外有嬴财[1]，以负陛下。"至是卒，如其言。长史张裔尝称亮曰："公赏不遗远，罚不阿近，爵不可以无功取，刑不可以贵势[2]免，此贤愚所以佥忘其身[3]者也。"

陈寿曰：亮为相国，抚百姓，示仪轨[4]，约官职，从权制[5]，开诚心，布公道。尽忠益时者，虽仇必赏；犯法怠慢者，虽亲必罚；服罪输情[6]者，虽重必释；游辞[7]巧饰者，虽轻必戮。善无微而不赏，恶无纤而不贬。庶事精练[8]，物理其本，循名责实[9]，虚伪不齿。终于邦域[10]之内，畏而爱之，刑政虽峻[11]而无怨者，以其用心平而劝戒明也。可谓识治之良才，管、萧之亚匹[12]矣。

初，长水校尉廖立，自谓才名宜为亮副，怏怏怨谤。亮废立为民，徙之汶山。及亮薨，立垂泣曰："吾终为左衽[13]矣！"李平闻之，亦发病死。平常冀亮复收己，得自补复[14]，策[15]后人不能故也。

习凿齿曰：昔管仲夺伯氏骈邑[16]三百，没齿而无怨言，圣人以为难。亮使廖立垂泣，李严致死，岂徒无怨言而已哉？夫水至平而邪者取法，鉴[17]至明而丑者亡怒，以其无私也。况大人君子怀乐生之心，流矜恕[18]之德，法行于不可

1　嬴财：余财。
2　贵势：位高有权势。
3　佥忘其身：全都能不顾自身安危报效国家。
4　仪轨：礼法规矩。
5　约官职，从权制：限制官员的职权，一切遵照法令制度。
6　输情：表达真情。
7　游辞：虚浮不实的言辞。
8　精练：精研熟悉。
9　循名责实：按照名称或名义寻求实际内容，使得名、实相符。
10　邦域：疆土，国境。
11　峻：严厉。
12　管、萧之亚匹：和管仲、萧何是同一流的人物。亚匹，同一流人物。
13　左衽：偏远少数民族代称。本义为上衣在左侧开襟，为某些少数民族的服装，不同于中原地区的右衽。
14　补复：补偿报答。
15　策：料想。
16　骈邑：古地名，位于今山东省潍坊市临朐县一带。
17　鉴：铜镜。
18　矜恕：怜悯宽恕。

不用，刑加乎自犯之罪，爵之而非私，诛之而不怒，天下有不服者乎？

以吴懿为车骑将军，督汉中；**蒋琬为尚书令，总统**[1]**国事**时新丧元帅，远近危悚[2]，琬拔处群僚之右，既无戚容，又无喜色，神守[3]举止，有如平日，由是众望渐服。

遣中郎将宗预使吴吴人闻诸葛亮卒，恐魏承衰取蜀，增巴丘守兵万人，一欲以为救援，二欲以事分割。汉人闻之，亦增兵永安，以备非常。预至吴，吴主权问之，对曰："东益巴丘之戍，西增白帝之守，皆事势宜然，俱不足以相问也。"权嘉其抗直[4]，礼之亚于邓芝。

吴以诸葛恪为丹阳太守恪以丹阳山险，民多果劲[5]，自求为官出之[6]，三年可得甲士四万。众议以丹阳地势险阻，与吴郡、会稽、新都、鄱阳四郡邻接[7]，周旋[8]数千里，山出铜铁，自铸甲兵，俗好武尚气，仗兵野逸[9]。时睹间隙，出为寇盗，战则蜂至，败则鸟窜，自前世所不能羁[10]，皆以恪计为难。恪父瑾闻之，亦叹曰："恪不大兴吾家，将赤[11]吾族也！"恪盛陈其必捷，吴主乃拜为丹阳守，使行其策。

冬，十一月，魏洛阳地震。

吴潘濬平武陵蛮。

乙卯十三年（公元235年）

1　总统：总揽，总管。
2　危悚：担忧害怕。
3　神守：神情。
4　抗直：刚直不屈。
5　果劲：果敢强劲。
6　自求为官出之：自己请求到当地做官，让山民出山。
7　邻接：接近，邻近。
8　周旋：环绕。
9　仗兵野逸：拿着兵器放纵不羁。
10　羁：拘束，束缚。
11　赤：除掉，诛灭。

魏青龙三年。吴嘉禾四年。

春，正月，**魏太后郭氏卒**魏主叡数问甄后死状于太后，由是太后以忧卒。

中军师杨仪有罪废，徙汉嘉[1]，自杀杨仪既杀魏延，自以为宜代诸葛亮秉政。而亮平生密指[2]，以仪狷狭[3]，意在蒋琬。仪至成都，拜中军师，无所统领。仪自以年宦[4]先琬，才能逾之，由是怨愤形于声色。后军师费祎往慰省[5]之，仪语曰："往者丞相初亡，吾若举军就魏，处世宁当落度[6]如此耶？"祎密表其言，诏废为民，徙汉嘉郡。自杀。

夏，四月，以蒋琬为大将军，录尚书事。费祎为尚书令。

魏作洛阳宫魏主叡好土功[7]，既作许昌宫，又治洛阳宫，起昭阳太极殿，筑总章观，高十余丈，力役[8]不已，农桑失业。陈群谏曰："昔禹承唐、虞之盛，犹卑宫室而恶衣服。况今丧乱之后，人民至少，边境有事乎？昔刘备多作传舍，兴费人役[9]，太祖知其疲民也。今中国劳力[10]，亦吴、蜀之所愿，此安危之机也，惟陛下虑之。"叡答曰："王业、宫室，亦宜并立，灭贼之后，岂可复兴役耶？此君之职，萧何之大略[11]也。"群曰："昔汉祖已灭项羽，宫室焚烧，是以萧何建武库、太仓，皆是要急，然高祖犹非[12]其壮丽。今二虏未平，诚不宜与古同也。且人之所欲，莫不有辞，况乃王者，莫之敢违[13]。若必欲作之，固

1　汉嘉：古郡名，辖今四川省雅安、芦山、名山、天全、荥经、汉源等市县地。
2　密指：私下之意。
3　狷狭：偏急而狭隘。
4　年宦：年龄和官职。
5　慰省：慰问。
6　落度：落拓，潦倒失意。
7　土功：治水、筑城、建造宫殿等土木工程。
8　力役：劳役。
9　兴费人役：耗费大量人力劳役。
10　劳力：劳损民力。
11　大略：远大的谋略。
12　非：责怪，非难。
13　莫之敢违：没有人敢违抗。

非臣下言辞所屈。若卓然[1]回意，亦非臣下所及也。汉明帝欲起德阳前殿，钟离意谏而止，后复作之，谓群臣曰：'钟离尚书在，不得成此殿也。'夫王者岂惮一臣？盖为百姓也。"叡为之少省。叡耽于内宠[2]，自贵人以下至掖庭[3]洒扫，凡数千人。廷尉高柔谏曰："周礼，天子后妃以下百二十人，既已盛矣。窃闻后庭[4]之数，今复过之，圣嗣不昌[5]，殆或由此。臣愚以为可妙简淑媛[6]以备内官[7]之数，其余尽遣还家，且以育精养神，专静为宝，则螽斯之征，可庶而致[8]矣。"叡报之曰："辄克昌言，它复以闻[9]。"是时猎法[10]严峻，杀禁地鹿者身死，财产没官。柔复上疏曰："百姓供役[11]，田者既减；复有鹿暴，所伤不訾[12]。至如荥阳左右，周数百里，略无所入。方今天下生财者少，而麋鹿之损者多，请除其禁。"叡又欲平北芒，作台观[13]，以望孟津。卫尉辛毗谏曰："天地之性，高高下下，今欲反之，既非其理，加以损费人功，民不堪役。"叡乃止。少府杨阜上疏曰："尧尚茅茨[14]而万国安其居，禹卑宫室而天下乐其业。及至殷、周，或堂崇三尺，度以九筵[15]耳。桀作璇室象廊，纣为倾宫鹿台[16]，以丧其国。楚灵筑章华而身受祸，秦皇作阿房，二世而灭。夫不度万民之力，以从耳目之欲，未

1　卓然：突然。
2　耽于内宠：沉溺于宠爱的姬妾之间。耽，沉溺。内宠，帝王宠爱的人。
3　掖庭：宫中旁舍，妃嫔居住的地方。
4　后庭：后宫。
5　圣嗣不昌：圣上的子嗣不多。
6　淑媛：美好的女子。
7　内官：宫中的女官属。
8　螽斯之征，可庶而致：多子多孙的征兆或许就出现了。螽斯之征，子孙众多的征兆。庶，或许，也许。
9　辄克昌言，它复以闻：你经常正言进谏，其它事情，请再进言。
10　猎法：狩猎的法规。
11　供役：服役。
12　复有鹿暴，所伤不訾：再加上群鹿有时暴性发作，所损害的禾苗不计其数。不訾，不可计数。
13　欲平北芒，作台观：想铲平北芒山顶，在上面建造台观。台观，泛指楼台馆阁等高大建筑物。
14　茅茨：茅草盖的屋顶。亦指茅屋。
15　堂崇三尺，度以九筵：殿堂堂基高不过三尺，宽只能容纳九个席位而已。
16　桀作璇室象廊，纣为倾宫鹿台：夏桀用玉石建造居室，用象牙装饰走廊，商纣建造巍峨的宫殿和鹿台。

有不亡者也。陛下当以尧、舜、殷、周为法，桀、纣、秦、楚为戒，而乃自暇自逸，惟宫室是饰，必有危亡之祸矣。君作元首，臣为股肱，存亡一体，得失同之。臣虽驽怯，敢忘斯义？言不切至[1]，不足以感寤陛下。谨叩棺沐浴，伏俟重诛[2]。”魏主感其忠，手笔诏答。叡常着帽，被缥绫半袖[3]。阜问曰：“此于礼何法服也？”叡默然。自是不法服不见阜。阜又上疏欲省宫人，乃召御府吏问后宫人数。吏对曰：“禁密[4]，不得宣露。”阜怒，杖而数之曰：“国家不与九卿为密，反与小吏为密乎？”叡愈严惮之。散骑常侍蒋济上疏曰：“昔句践养胎[5]以待用，昭王恤病[6]以雪仇。今二敌强盛，当身不除，百世之责也[7]。以陛下神武，舍其缓者，专心讨贼，臣以为无难矣。”中书侍郎[8]王基上疏曰：“古人以水喻民曰：‘水所以载舟，亦所以覆舟。’颜渊曰：‘东野子之御[9]，马力尽矣，而求进不已，殆将败矣。’今事役劳苦，男女离旷[10]，愿陛下深察东野之敝，留意舟水之喻。汉文之时，唯有同姓诸侯，贾谊忧之，以为置火积薪之下，而寝其上。今寇贼未殄，猛将拥兵，检之则无以应敌，久之则难以遗后[11]，使贾谊复起，必深切于曩时[12]矣。”殿中监督役，擅收兰台令史，仆射卫臻奏按之[13]。诏曰：“殿舍不成，吾所留心，卿推之，何也？”臻曰：“古制侵官[14]之法，非恶其勤事也。诚以所益者小，所堕者大也。臣每察校事[15]，类皆如此，若又纵之，惧群

1　切至：切当。
2　叩棺沐浴，伏俟重诛：我恭敬地准备了棺木，洗净了身体，等候您重重的处罚。
3　缥绫半袖：淡青色短袖绸衫。
4　禁密：宫廷秘密。
5　养胎：蓄育人民。
6　恤病：抚慰疾病贫苦的人民。
7　当身不除，百世之责也：陛下在位时不能剪除，将为后代百世所谴责。
8　中书侍郎：古官名，属中书省，掌协助起草、发布诏令。
9　东野子之御：东野子驾车。东野子，即东野稷，以善于驾车著称。典出《庄子·外篇·达生》。
10　离旷：丈夫离家，妇人独处。
11　遗后：留与后人。
12　深切于曩时：比从前感受更加深入透彻。曩时，往时，以前。
13　殿中监督役，擅收兰台令史，仆射卫臻奏按之：殿中监监督营造宫室，擅自拘捕兰台令史，仆射卫臻奏请查办。
14　侵官：超越权限而侵犯其他官员的职权。
15　校事：古官名，三国时魏、吴所置，掌侦察、刺探官民情事，是皇帝或执政的耳目。

臣遂将越职，以至陵夷矣。"尚书孙礼固请罢役，诏曰："钦纳谠言[1]。"促遣民作[2]，监者复奏留一月。礼径至作所，称诏罢之。叡虽不能尽用直言，然皆优容之。

　　秋，七月，**魏崇华殿灾**魏主叡以殿灾问太史令高堂隆曰："此何咎也？"对曰："《易传》曰：'上不俭，下不节，孽火[3]烧其室。'又曰：'君高其台，天火为灾。'人君务饰宫室，不知百姓空竭，故天应以旱，火从高殿起也。"又诏问隆："汉柏梁灾，而大起宫殿以厌之，其义云何？"对曰："此越巫[4]所为，非圣贤之训也。今宜罢遣民役，清扫所灾之处，不敢有所立作，则萐莆嘉禾[5]必生其地矣。"

　　八月，**魏立子芳为齐王，询为秦王**魏主叡无子，养二王为己子，宫省事秘[6]，莫知其所由来者。或云芳，任城王楷之子也。

　　魏复立崇华殿魏主叡复立崇华殿，更名九龙，通引谷水[7]过殿前，为玉井绮栏[8]，蟾蜍含受，神龙吐出。使博士马钧作司南车，水转百戏[9]。作者三四万人，陵霄阙始构，有鹊巢其上，魏主以问高堂隆，对曰："《诗》曰：'惟鹊有巢，惟鸠居之。'今始构阙，而鹊巢之，天意若曰：'宫室未成，身不得居，将有他姓制御之耳。'天道无亲，惟与善人。今宜休罢百役，增崇德政，则可以转祸为福矣。"叡性严急[10]，督修宫室有稽限[11]者，亲召问之。言犹在口，身首已分。散骑常侍王肃谏曰："陛下临时[12]所刑，皆有罪之吏也。然众庶不知，谓

1　钦纳谠言：敬佩并接受您的正直之言。
2　促遣民作：催促把民夫遣返回家。
3　孽火：邪火。
4　越巫：越地旧俗好巫术，"越巫"遂为巫者的代称。
5　萐莆嘉禾：萐莆，传说中的一种瑞草，大叶可做扇子。嘉禾，生长奇异的禾，古人以为是吉祥的征兆。
6　宫省事秘：皇宫禁地事情极其秘密。
7　谷水：古水名，发源于河南省渑池县崤山以东的马头山谷。
8　玉井绮栏：用玉石砌成水井，用彩缎包裹井栏。
9　百戏：古代乐舞杂技的总称。
10　严急：严厉急躁。
11　稽限：延迟原定的期限，逾期。
12　临时：当其时其事。

之仓卒。愿下之吏，暴其罪而诛之，无使污宫掖，而为远近所疑。且人命至重，难生易杀，是以圣贤重之。昔汉文帝欲杀犯跸者，张释之曰：'方其时，上使诛之则已，今下廷尉，廷尉，天下之平，不可倾也。'臣以为大失其义。廷尉，天子之吏也，犹不可以失平，而天子之身反可以惑谬¹乎？斯重于为已而轻于为君，不忠之甚也，不可不察。"

　　冬，十月，**魏中山王衮卒**衮疾病，令官属曰："男子不死于妇人之手，亟以时成东堂。"堂成，舆疾²往居之。又令世子曰："汝幼为人君，知乐不知苦，必将以骄奢为失者也。兄弟有不良之行，当造膝³谏之；谏之不从，流涕喻之；喻之不改，乃白其母；犹不改，当以奏闻，并辞国土⁴。与其守宠⁵罹祸，不若贫贱全身也。此亦谓大罪恶耳，其微过细故，当掩覆⁶之。"遂卒。

　　魏杀鲜卑轲比能先是，轲比能诱保塞⁷鲜卑步杜根以叛，杀魏将军苏尚、董弼二人，遂走幕北。复杀步杜根。至是，幽州刺史王雄使人刺杀之。种落⁸离散，边陲遂安。

　　魏张掖涌石负图张掖柳谷⁹口水溢，涌宝石负图，状象灵龟，立于川西，有石马七及凤凰、麒麟、白虎、牺牛、璜玦、八卦、列宿、字彗¹⁰之象，又有文曰"大讨曹"。诏书班天下，以为嘉瑞。任令¹¹于绰以问巨鹿张臶，臶曰："夫神以知来，不追已往。祥兆¹²先见，而后废兴从之。今汉久亡，魏已得之，

1　惑谬：迷乱。
2　舆疾：抱病登车。
3　造膝：促膝。
4　并辞国土：并推辞封国食邑。
5　守宠：倚仗恩宠。
6　掩覆：掩盖，掩饰。
7　保塞：居边守塞。
8　种落：种族部落。
9　柳谷：古地名，位于今甘肃省张掖市民乐县南。
10　牺牛、璜玦、八卦、列宿、字彗：牺牛，古代祭祀用的纯色牛。璜玦，美玉。八卦，《周易》中的八种基本图形。由代表阳的符号"—"和代表阴的符号"--"组成。列宿，众星宿。字彗，字星和彗星。
11　任令：任县县令。任县，古县名，治所位于今河北省邢台市任县东。
12　祥兆：吉祥的预兆。

何所追兴祥兆乎？此石，当今之变异，而将来之符瑞也。"

　　魏以马易珍物于吴魏主叡使人以马易珠玑[1]、翡翠、玳瑁于吴。吴主权曰："此皆孤所不用，而可以得马，孤何爱焉？"与之。

丙辰**十四年**（公元 236 年）

　　魏青龙四年。吴嘉禾五年。

　　春，吴铸大钱一当五百。

　　三月，吴娄侯张昭卒昭容貌矜严，有威风，吴主权以下皆惮之。卒年八十一。遗令幅巾素冠，敛以时服[2]。

　　夏，四月，帝如湔[3]**，观汶水**[4]。旬日而还。

　　武都氏王[5]**苻健降。**

　　冬，十月，有星孛于大辰[6]**，又孛于东方**魏高堂隆上疏曰："古者将营宫室，宗庙为先，居室为后。今郊庙未定，而崇饰[7]居室，士民失业。外人咸云：'宫人之用，与军国之费略齐。'民不堪命，皆有怨怒。夫采椽卑宫[8]，唐、虞、大禹之所以重皇风[9]也，玉台琼室，夏癸、商辛之所以犯昊天也[10]。今宫室过盛，天彗章灼[11]，斯乃慈父恳切之训。当崇孝子祗耸[12]之礼，不宜有忽，以重天怒。"魏主叡不悦。侍中卢毓进曰："臣闻君明则臣直，古之圣王惟恐不闻

1　珠玑：珠宝、珠玉。
2　幅巾素冠，敛以时服：幅巾，古代男子以全幅细绢裹头的头巾，多为布衣庶人戴用。素冠，白色的帽子。敛，通"殓"，殡葬。时服，当时通行的服装，普通的服装。
3　湔：古县名，治所位于今四川省成都市辖都江堰市。
4　汶水：即今四川中部之岷江。
5　武都氏王：武都郡氐人首领。
6　大辰：古星宿名，即心宿，大火。
7　崇饰：装饰，修饰。
8　采椽卑宫：用原木做椽子，建造简陋的宫殿居住。
9　皇风：皇帝的教化。
10　玉台琼室，夏癸、商辛之所以犯昊天也：修玉台、造琼室，是夏桀、商纣对苍天的冒犯。玉台，传说中天帝的住处。琼室，原指仙人所居之室，后代指商纣王所造的玉室。昊天，苍天。昊，元气博大貌。
11　天彗章灼：彗星在天空闪烁。章灼，明亮，光明。
12　祗耸：恭敬惶恐。

其过，此臣等所以不及隆也。"叡意乃解。毓，植之子也。

魏司空陈群卒群前后数上封事，辄削其草，虽子弟莫知也。或讥其居位拱默，及正始[1]中，诏撰名臣奏议，朝士乃见群谏事，皆叹息焉。

袁子[2]曰：或云："杨阜岂非忠臣哉？人主之非，则勃然触之。与人言，未尝不道[3]。"答曰："夫仁者爱人，施之君谓之忠，施之亲谓之孝。今为人臣，直诋其君之非，而播扬[4]其恶，可谓直士，未为忠臣也。若陈群则不然，谈论终日，未尝言人主之非。书数十上，外人不知。君子谓群于是乎长者矣。"

魏令公卿举才德兼备之士时司马懿以兖州刺史王昶应选。昶为人谨厚，名其兄子曰默、曰沈，子曰浑、曰深，为书戒之曰："吾以四者为名，欲汝曹顾名思义，不敢违也。夫物速成则疾亡，晚就则善终。朝华[5]之草，夕而零落；松柏之茂，隆寒[6]不衰，是以君子戒于阙党[7]也。夫能屈以为伸，让以为得，弱以为强，鲜不遂矣。毁誉者，爱恶之原而祸福之机，不可轻也。人或毁己，当退而求之于身。若己有可毁，则彼言当矣；无可毁，则彼言妄矣。当则无怨于彼，妄则无害于身，又何报焉？谚曰：'救寒莫如重裘[8]，止谤莫如自修。'斯言信矣。"

丁巳十五年（公元 237 年）

魏景初元年。吴嘉禾六年。

春，正月，魏黄龙见，以三月为夏四月高堂隆以魏得土德，故其瑞黄龙见，宜改正朔，易服色，以变民耳目[9]。魏主叡从之。遂以建丑之月为正，服

1　正始：魏齐王曹芳年号，存续时间为公元 240 至 249 年。
2　袁子：即东晋史学家袁宏，编著了《后汉纪》，并著有《东征赋》《北征赋》《三国名臣颂》等篇。
3　与人言，未尝不道：与人谈话时，也不加以隐瞒。
4　播扬：传扬，传布。
5　朝华：早晨开花。
6　隆寒：严寒。
7　阙党：原指孔子居住的地方，此处借指"阙党童子"。
8　重裘：厚毛皮衣。
9　耳目：视听。

色尚黄，牲用白。

夏，六月，魏地震。

魏以陈矫为司徒矫初为尚书令，刘晔尝谮之，矫惧，其子骞曰："主上明圣[1]，大人大臣，今若不合，不过不作公耳。"尚书郎廉昭以才能得幸，好抉摘[2]群臣细过以媚上。尝奏左丞罚当关[3]不依诏，抵罪，矫当连坐。黄门侍郎[4]杜恕上疏曰："陛下忧劳万机，或亲灯火[5]，而庶事不康[6]，刑禁[7]日弛，原其所由，非独臣不尽忠，亦委任不专，而俗多忌讳故也。臣以为忠臣不必亲，亲臣不必忠。有疏者毁[8]人，而陛下疑其私报所憎；誉人，而陛下疑其私爱所亲。左右或因之以进憎爱之说，遂使疏者不敢毁誉，至于政事损益[9]亦有所嫌。陛下当思所以广朝臣之心，励有道之节。反使如廉昭者扰乱其间，臣惧大臣遂将容身保位，坐观得失也。昔周公戒鲁侯曰：'不使大臣怨乎不以[10]。'言不贤则不可为大臣，为大臣则不可不用也。故能者不敢遗其力，而不能者不得处非其任。今陛下于群臣知其不尽力也，而代之忧其职；知其不能也，而教之治其事，岂徒主劳而臣逸哉？虽圣贤并世[11]，终亦不能以此为治也。陛下又患台阁禁令不密，人事请属[12]不绝，作迎客出入之制，以恶吏守寺门，斯未得为禁之本也。昔汉安帝时，少府窦嘉辟廷尉郭躬无罪之兄子，犹见奏劾[13]。近司隶校尉孔羡辟大将军狂悖之弟，而有司嘿然。盖陛下自无必行之罚以绝阿党之原耳。夫纠摘

---

1 明圣：明达圣哲。
2 抉摘：挑剔，揭发。
3 当关：门吏，也指守关的人。
4 黄门侍郎：古官名，给事于宫门之内，侍从皇帝、顾问应对，出则陪乘。与皇帝关系密切，多以重臣、外戚子弟、公主婿为之。
5 灯火：读书，学习。
6 康：太平，安宁。
7 刑禁：刑罚禁令。
8 毁：说别人坏话。
9 损益：兴革。
10 不以：不用，不靠。
11 并世：同存于世。
12 请属：请托。
13 奏劾：上奏章检举。

奸宄，忠事也。然而世憎小人行之者，以其不顾道理而苟求容进也。若陛下不考其终始，必以违众忤世为奉公，密行白人为尽节，焉有通人[1]大才而不能此耶？诚顾道理而弗为耳。使天下皆背道而趋利，则人主之所最病者也，陛下何乐焉？"恕，畿之子也。魏主叡尝卒[2]至尚书门，矫跪问曰："陛下欲何之？"曰："欲按行文书耳。"矫曰："此自臣职分，非陛下所宜临也。若臣不称职，请就黜退。"叡惭而反。叡尝问矫："司马公忠贞，可谓社稷之臣乎？"矫曰："朝廷之望[3]也，社稷则未之知也。"

魏制三祖为不毁之庙魏有司奏以武皇帝为太祖，文皇帝为高祖，今皇帝为烈祖。三祖之庙，万世不毁。诏从之。

孙盛曰：夫谥以表行，庙以存容。未有当年而逆制祖宗，未终而豫自尊显[4]。魏之群司于是乎失正矣。

秋，七月，魏击辽东，不利。公孙渊自称燕王公孙渊数对国中宾客出恶言，魏主叡欲讨之，以毌丘俭为幽州刺史。俭上疏曰："陛下即位以来，未有可书。吴、蜀恃险，未可卒平，聊可以此方无用之士克定辽东。"光禄大夫卫臻谏曰："渊生长海表，相承三世，外抚戎夷[5]，内修战射，而俭欲以偏军长驱，朝至夕卷，妄矣。"不听。使俭率诸军屯辽东南界，玺书征渊。渊遂发兵，逆俭于辽隧[6]。俭与战，不利，引军还。渊因自立为燕王，改元，绍汉，置百官，诱鲜卑以扰北方。

皇后张氏崩。

九月，魏大水。

1　通人：学识渊博、通达的人。
2　卒：突然。
3　望：有名的人。
4　未有当年而逆制祖宗，未终而豫自尊显：没有活着的时候而事先确立自己称祖称宗，没有去世而预先使自己尊崇显耀的。
5　戎夷：戎和夷，古民族名，也泛指少数民族。
6　辽隧：古县名，治所位于今辽宁省鞍山市辖海城市西北。

　　魏主叡杀其后毛氏郭夫人有宠于魏主叡，毛后爱弛。叡游后园，曲宴[1]极乐。夫人请延[2]皇后，叡不许。囚禁左右，不得宣。毛后知之，明日谓魏主曰："昨游北园，乐乎？"叡以左右泄之，杀十余人，因赐后死。

　　十月，魏营圜、方丘，南北郊魏用高堂隆议，营洛阳南委粟山为圜丘[3]。诏曰："汉承秦乱，废无禘礼[4]。曹氏世系出自有虞，今祀皇皇帝天于圜丘，以虞舜配；祭皇皇后地于方丘，以舜妃伊氏配；祀天神于南郊，以武帝配；祭地祇[5]于北郊，以武宣皇后配。"

　　吴以诸葛恪为威北将军恪至丹阳，移书属城[6]长吏，令各保疆界，明立部伍，从化[7]平民，悉令屯居[8]。乃内诸将，罗兵幽阻，但缮藩篱[9]，不与交锋。俟其谷稼[10]将熟，辄纵兵芟刈，使无遗种。平民屯居，略无所犯。于是山民饥穷，稍稍自首。恪复厚慰抚之，敕下不得拘执[11]。白阳[12]长胡伉，得旧恶民困迫暂出者，缚送府[13]。恪以伉违教[14]，斩以徇。民间闻之，老幼相携而出，岁期人数，皆如本规[15]。恪自领万人，余分给诸将。吴主权嘉其功，拜为威北将军，封都乡侯，徙屯庐江皖口[16]。

1　曲宴：私宴，多指宫中之宴。
2　延：邀请。
3　圜丘：古代帝王冬至祭天的地方。"方丘"即为祭地的地方。
4　禘礼：祭祀天地、祖先的礼仪。禘，祭名，祭祀天地、祖先的大祭。
5　地祇：地神。
6　属城：下属的城邑。
7　从化：归化。
8　屯居：聚居。
9　罗兵幽阻，但缮藩篱：约束士兵据守险要，只修缮防御工事。罗，约束，规范。
10　谷稼：禾稼，谷物。
11　拘执：拘捕。
12　白阳：应为县名，查三国时丹阳郡并无白阳县，疑名有误。
13　得旧恶民困迫暂出者，缚送府：抓获以前藏于山中的刁民，迫于环境恶劣暂时出山，胡伉把他捆绑起来，送到郡府惩办。
14　违教：违反法令。
15　岁期人数，皆如本规：一年之后统计人数，都同原来计划的一样。
16　皖口：古地名，位于今安徽省安庆市西，怀宁县东，为皖河入长江之口，古代长江沿岸军事要地。

　　魏铸铜人，起土山于芳林园[1]魏主叡徙长安钟簴[2]、橐佗[3]、铜人、承露盘[4]于洛阳。盘折，声闻数十里。铜人重，不可致，大发铜铸铜人二，号曰翁仲，列坐于司马门外。又铸黄龙、凤凰，置内殿前。起土山于芳林园，使公卿皆负土，树杂木善草，捕禽兽致其中。司徒掾董寻上疏曰："建安[5]以来，野战死亡，或门殚户尽[6]，虽有存者，遗孤老弱。若宫室狭小，当广大之，犹宜随时[7]，不妨农务，况作无益之物哉？陛下既尊群臣，显以冠冕[8]，载以华舆[9]，而使穿方举土[10]，沾体涂足，毁国之光以崇无益，甚无谓也。孔子曰：'君使臣以礼，臣事君以忠。'无忠无礼，国何以立？臣知言出必死，而自比于牛之一毛，生既无益，死亦何损？秉笔流涕，心与世辞。臣有八子，死后累陛下矣。"将奏，沐浴以待命。叡曰："寻不畏死耶？"主者奏收之，诏勿问。高堂隆上书曰："今之小人，好说秦、汉之奢靡以荡圣心，取亡国不度[11]之器以伤德政，非所以兴礼乐之和，保神明之休[12]也。况今吴、蜀欲与中国争衡，若有人来告：'权、禅并修德政，轻省[13]租赋，动咨耆贤[14]，事遵礼度。'陛下闻之，岂不恶其如此，而为国忧乎？若告者曰：'彼并为无道，崇侈[15]无度，重其赋敛，民不堪命。'陛下闻之，岂不幸彼疲敝而取之不难乎？苟如此，则可易心而度，事义[16]之数亦不远矣。亡国之主，自谓不亡，然后至于亡；贤圣之君，自谓亡，然后至

1　芳林园：古代皇家园林，东汉末建，位于今河南省洛阳市东北汉魏故城北隅。
2　钟簴：即"钟虡"，一种悬钟的格架，上有猛兽为饰。
3　橐佗：即骆驼。
4　承露盘：承接甘露的铜盘。
5　建安：汉献帝刘协第五个年号，存续时间为公元196至220年。
6　门殚户尽：意指全家死亡。
7　随时：随着季节时令。
8　冠冕：显示官员身份的帽子。
9　华舆：华丽的车子。
10　穿方举土：挖坑抬土。穿方，挖土为立方，用以计算定量。
11　不度：不合法度。
12　休：吉庆，福禄。
13　轻省：减轻，省免。
14　动咨耆贤：有事向年高贤德之人咨询。耆贤，年高贤德之人。
15　崇侈：奢侈。
16　事义：事理，情理。

于不亡。今天下雕敝，若有寇警，臣惧版筑之士不能投命虏庭[1]矣。又将吏俸禄稍见折减，不应输者今皆出半，此为官入兼多于旧，其所出与参少于昔[2]。而度支经用[3]，更每不足。反而推之，凡此诸费，必有所在矣。"叡览之，曰："观隆此奏，使朕惧哉！"尚书卫觊上疏曰："今议者多好悦耳。其言政治，则比陛下于尧、舜；其言征伐，则比二虏于狸鼠[4]。臣以为不然。四海之内，分而为三，群士陈力[5]，各为其主，是与六国分治无以异也。武皇帝之时，后宫食不过一肉，衣不用锦绣，茵蓐不缘饰，器物无丹漆[6]，用能[7]平定天下，遗福子孙。当今宜计校[8]府库，量入为出，犹恐不及；而工役不休，侈靡日崇，帑藏日竭。昔汉武信神仙之道，谓当得云表[9]之露以餐玉屑，故立仙掌[10]以承高露。陛下通明[11]，每所非笑。汉武有求于露而犹尚见非，陛下无求于露而空设之，糜费功夫，皆圣虑所宜裁制也。"时有诏录夺士女前已嫁为吏民妻者，还以配士。太子舍人张茂上书曰："陛下，天之子也；百姓吏民，亦陛下子也。今夺彼以与此，亦无以异于夺兄之妻妻弟也，于父母之恩偏矣。又，县官以配士为名，实内之掖庭，其丑恶乃出与士。得妇者未必喜，而失妻者必有忧。夫君天下而不得万姓欢心者，鲜不危殆。且军师在外，日费千金，而掖庭无录之女，椒房母后之家，赏赐横与，其费半军。加以尚方作玩弄之物，后园建承露之盘，斯诚

---

1 版筑之士不能投命虏庭：修建宫墙的官员不能舍命破敌。版筑，泛指土木营造之事。虏庭，对少数民族所建政权的贬称。
2 不应输者今皆出半，此为官入兼多于旧，其所出与参少于昔：不应该缴纳赋税的如今都要缴纳一半，国家的收入比以前多出一倍，而支出比以前减少三分之一。兼，倍，加倍。
3 度支经用：度支，规划计算。经用，经常用度。
4 比二虏于狸鼠：把蜀汉、孙吴比作狸猫和老鼠那样弱小的动物。
5 陈力：贡献、施展才力。
6 茵蓐不缘饰，器物无丹漆：坐垫不镶花边，用的器物也没用红漆漆过。茵蓐，褥垫。缘饰，镶边加饰。
7 用能：任用有才干的人。
8 计校：计算，计议。
9 云表：云外。
10 仙掌：汉武帝为求仙，造铜仙人，舒掌捧铜盘玉杯，以承接天上的仙露，后称承露金人为仙掌。
11 通明：开通而贤明。

快耳目之观，然亦足以骋[1]寇仇之心矣！"皆不听。

魏光禄勋高堂隆卒隆疾笃，口占[2]上疏曰："三代之有天下，历数百载，尺土、一民莫非其有。然癸、辛[3]纵欲，皇天震怒，宗国为墟，纣枭白旗，桀放鸣条[4]。天子之尊，汤、武有之，岂伊异人？皆明王之胄[5]也。黄初[6]之际，天兆其戒，异类之鸟，育长燕巢，此大异也，宜防鹰扬之臣于萧墙之内。可选诸王使典兵，棋峙[7]，镇抚皇畿，翼亮帝室[8]。夫皇天无亲，惟德是辅。民咏德政，则延期过历；下有怨叹，则辍录授能[9]。由此观之，天下乃天下之天下，非独陛下之天下也。"魏主叡手诏慰劳之，未几而卒。

陈寿曰：隆学业修明[10]，志存匡君，因变陈戒，发于恳诚，忠矣哉！及至必改正朔，俾魏祖虞，所谓意过其通者与[11]！

魏作考课法[12]，不果行魏主叡深疾浮华之士，诏吏部尚书卢毓曰："选举勿取有名，名如画地作饼，不可啖也。"毓对曰："名不足以致异人而可以得常士，常士畏教慕善，然后有名，非所当疾也。愚臣既不足以识异人，又主者正以循名案常[13]为职，但当有以验其后耳。古者敷奏以言，明试以功[14]，今考绩[15]之法废，而以毁誉为进退，故真伪浑杂，虚实相蒙。"叡纳其言。诏散骑常侍

1　骋：放任，放纵。
2　口占：口授其辞。
3　癸、辛：指夏桀、商纣。
4　纣枭白旗，桀放鸣条：商纣被斩首悬挂在白旗之上，夏桀被放逐到鸣条山。
5　明王之胄：明王，圣明的君主。胄，后代子孙。
6　黄初：魏文帝曹丕年号，存续期间公元220至226年。
7　棋峙：处相持之势，如弈棋之交互对峙。
8　镇抚皇畿，翼亮帝室：镇抚皇家的疆土，辅佐皇室。皇畿，京城管辖的地区。翼亮，辅佐。
9　民咏德政，则延期过历；下有怨叹，则辍录授能：百姓赞咏德政，则享国年数自然长久；下面怨声载道，上天就会另外选任新的贤能。过历，超过预计的享国年数。
10　修明：昌明，出色。
11　俾魏祖虞，所谓意过其通者与：让魏国以虞舜为祖先，这就是所谓想法超过了他自己能理解的范畴吧。
12　考课法：考核、鉴别官吏优劣的法令。考课，按一定的标准对官吏的政绩进行考核，以决定其升降赏罚。
13　循名案常：参照名气，按常规选用。
14　敷奏以言，明试以功：以上奏陈事考察言谈，用实际工作考察能力。
15　考绩：按一定标准考核官吏的成绩。

刘劭作都官考课法七十二条，下百官议。司隶崔林曰："《周官》考课，其文备矣。康王而下，遂以陵夷，盖法存乎其人也。且万目不张，举其纲；众毛不整，振其领。若大臣能任职，则孰敢不肃，乌在考课哉？"杜恕曰："明试以功，三考黜陟[1]，帝王之盛制也。然其法可粗依，其文难备举。盖世有乱人而无乱法，若法可专任[2]，则唐、虞不须稷、契之佐，殷、周无贵伊、吕之辅矣。今欲使郡考士，必由四科[3]，皆有事效[4]，然后察举，试辟公府，为亲民长吏，转以功次[5]补郡守者，或就增秩赐爵，此最考课之急务也。臣以为当用其言，使为课州郡之法，法具施行，必以赏罚随之。至于三公坐而论道，内职[6]大臣，纳言补阙，无善不纪，无过不举，焉有守职办课而可以致雍熙[7]者哉？诚使容身保位，无放退[8]之辜，而尽节在公，抱见疑[9]之势，公义不修而私议成俗，虽仲尼为课，犹不能尽一才，又况于世俗之人乎？"司空掾傅嘏曰："建官均职，清理民物，所以立本也。循名考实，纠励成规，所以治末也[10]。本纲未举而造制末程，国略不崇而先考课[11]，惧不足以料[12]贤愚之分，精幽明[13]之理也。"议竟不行。

　　司马公曰：为治之要，莫先用人。而知人，圣贤所难也。故求之毁誉[14]，则

1　三考黜陟：三考，古代官吏考绩之制，指经三次考核决定升降赏罚。黜陟，人才的进退，官吏的升降。
2　专任：单独依靠。
3　四科：以德行举士的四条标准，分别是质朴、敦厚、逊让、有行。
4　事效：实效，功效。
5　功次：指功绩的大小、官阶升迁的先后顺序。
6　内职：指供职禁中、内参机要的朝廷重臣。
7　雍熙：和乐升平。
8　放退：免职，退职。
9　见疑：受到怀疑。
10　建官均职，清理民物，所以立本也。循名考实，纠励成规，所以治末也：设置官吏分担职责，管理百姓，是治国的根本；依照官职考察官员的实际工作，依照规章进行督促检查，是治国的细枝末节。
11　本纲未举而造制末程，国略不崇而先考课：不抓大纲而抓细小之事，不重视国家大政方针而以制定考课之法为先。国略，国家大政方针。
12　料：估量，揣度。
13　幽明：善恶，贤愚。
14　毁誉：诋毁和赞誉。此处泛指别人的评价。

爱憎竞进而善恶浑淆；考之功状[1]，则巧诈横生而真伪相冒[2]。要其本，在至公至明而已矣。盖公、明者，心也；功状者，迹也。己之心不能治，而以考人之迹，不亦难乎？为人上者，诚能不以亲疏贵贱异其心，喜怒好恶乱其志，虽询于人而决之在己，虽求于迹而察之在心，则群下之能否，焯然[3]形于目中，无所逃矣。安得预为之法，而悉委有司哉？苟亲贵不能而任职，疏贱贤才而见遗，所喜、好者败官[4]不去，所怒、恶者有功不录，则虽复为之善法，而繁其条目，又安能得其真乎？或曰：内外之官以千万数，考察、黜陟，人君岂能独任其事哉？曰：凡为人上者，不特人君而已。公卿、刺史、太守各用此道以考察、黜陟其在下之人，而为人君者亦用此道以考察、黜陟公卿、刺史、太守，则奚烦劳[5]之有？或曰：考绩之法，唐、虞所为，京房、刘劭述而修之耳。曰：唐、虞之官，居位久而受任专，立法宽而责成[6]远。故鲧之治水，九载弗成，然后治其罪；禹之治水，九州攸同[7]，然后赏其功。非若房、劭校米盐之课，责旦夕之效也。事固有名同而实异者，不可不察也。

初，卫臻典选举，蒋济遗之书曰："汉祖遇亡虏[8]为上将，周文拔渔父为太师，布衣、厮养[9]可登王公，何必试而后用？"臻曰："子欲同牧野于成、康，喻断蛇于文、景，好不经之举，开拔奇之津，将使天下驰骋而起矣[10]？"卢毓论选，皆先性行而后言才，人或问之，毓曰："才所以为善也，故大才成大

1　功状：报告立功情况的文书。
2　相冒：互相侵犯，互相违反。
3　焯然：昭著貌。
4　败官：败坏官职，居官不法。
5　烦劳：劳累。
6　责成：责任，职责。
7　九州攸同：九州全部安定。
8　亡虏：逃亡的罪人。
9　厮养：厮役，砍柴养马的人。
10　子欲同牧野于成、康，喻断蛇于文、景，好不经之举，开拔奇之津，将使天下驰骋而起矣：你想要把牧野大战时的大势等同于周成王、周康王时代，把汉王斩蛇起义等同于汉文帝、汉景帝时代，喜好出乎常规的举动，开提拔奇才的先河，就会使天下大乱吧。

善，小才成小善。今称有才而不能为善，是才不中器[1]也。"时人服其言。

戊午**延熙元年**（公元 238 年）

魏景初二年。吴赤乌元年。

春，正月，魏遣太尉司马懿击辽东魏主叡召司马懿于长安，使将兵四万讨辽东。议臣或以为兵多难供。叡曰："四千里征伐，虽云用奇，亦当任力，不当计役费[2]也。"因谓懿曰："公孙渊将何计以待君？"对曰："弃城豫走[3]，上计也；据辽东拒大军，其次也；坐守襄平，此成擒耳。"曰："三者何出？"对曰："唯明智能审量彼我，乃豫有所割弃[4]。此非渊所及，必先拒辽东，后守襄平也。"曰："还往几日？"对曰："往百日，攻百日，还百日，以六十日为休息，如此，一年足矣。"渊闻之，复遣使称臣、求救于吴。吴人欲戮其使，羊衟曰："不可，是肆匹夫之怒而捐霸王之计也。不如因而厚之，遣奇兵潜往，以要其成[5]。若魏伐不克，而我军远赴，是恩结遐夷，义形万里[6]；若兵连不解，首尾离隔，则我虏[7]其傍郡，驱略[8]而归，亦足以报雪曩[9]事矣！"吴主权乃大勒兵，谓渊使曰："请俟后问，当从简书[10]。"

二月，魏以韩暨为司徒魏主叡问卢毓："谁可为司徒者？"毓荐处士管宁。叡不能用，更问其次，对曰："敦笃至行[11]，则太中大夫韩暨；亮直清方[12]，

1　才不中器：才能不适合担任这样的职位。
2　役费：劳役和战争的开支。
3　豫走：先行逃跑。
4　割弃：舍弃。
5　以要其成：以便要挟他归顺。
6　恩结遐夷，义形万里：与远方夷族结下恩情，大义连万里之外都能感受到。遐夷，边远少数民族地区。
7　虏：掳掠。
8　驱略：驱赶抢劫。
9　曩：从前，过去的。
10　请俟后问，当从简书：请回去等候音信，我们会遵从来函吩咐。简书，用于告诫、策命、盟誓等的文书。
11　敦笃至行：敦笃，敦厚笃实。至行，卓绝的品行。
12　亮直清方：亮直，忠诚耿直。清方，廉洁正直。

则司隶崔林；贞固纯粹[1]，则太常常林。"乃以暨为之。

立皇后张氏。

立子璇为皇太子大司农孟光问太子读书及情性、好尚[2]于秘书郎[3]郤正，正曰："奉亲虔恭[4]，举动仁恕，有古世子之风。"光曰："此皆家户所有耳，吾欲知其权略、智调[5]何如也。"正曰："世子之道，在于承志竭欢[6]，既不得妄有施为，智调藏于胸怀，权略应时而发，此之有无，焉可豫知也？"光曰："今天下未定，智意[7]为先，储君读书，宁当效吾等竭力博识以待访问，如博士探策讲试[8]以求爵位耶？当务其急者。"正深然之。

吴铸当千大钱[9]。

秋，八月，魏司马懿克辽东，斩公孙渊六月，司马懿军至辽东，公孙渊使其将卑衍等将步、骑数万屯辽隧，围堑二十余里。诸将欲击之，懿曰："此欲以老吾兵也。攻之，正堕其计。且贼大众在此，其巢窟[10]空虚。直指襄平，破之必矣。"乃多张旗帜，欲出其南，衍等尽锐趋之。懿潜济水[11]，出其北，直趋襄平。衍等恐，引兵夜走。诸军进至首山[12]，渊复使衍等逆战，懿击破之，遂进围襄平。秋，大霖雨，辽水暴涨，运船自辽口[13]径至城下。雨月余不止，平地水数尺。三军恐，欲移营。懿令军中："敢有言徙者斩！"都督令史犯令，斩之，军中乃定。贼恃水，樵牧[14]自若，诸将欲取之，懿皆不听。司马陈

1　贞固纯粹：贞固，守持正道，坚定不移。纯粹，朴实。
2　好尚：爱好和崇尚。
3　秘书郎：古官名，亦称秘书郎中，掌整理典籍、考核旧文，删省浮秽，隶秘书监。
4　虔恭：诚敬。
5　智调：智算，计谋。
6　承志竭欢：继承君父的志向，尽心使父母欢乐。
7　智意：智谋，权谋。
8　探策讲试：探策，汉代考试方法之一，因试题不公布，须由应试者摸取，故云。讲试，讲究考校。
9　当千大钱：古代钱币名，币值以一当千。
10　巢窟：巢穴。
11　潜济水：悄悄渡过辽河。
12　首山：古山名，又名驻跸山，位于今辽宁省辽阳市西南。
13　辽口：辽河入海口。
14　樵牧：打柴放牧。

珪曰："昔攻上庸，八部并进，昼夜不息，故能一旬之半拔坚城，斩孟达。今者远来而更安缓[1]，愚窃惑焉。"懿曰："达众少而食支一年，我军四倍于达而粮不淹月[2]。以一月图一年，安可不速？以四击一，正令[3]失半而克，犹当为之，是以不计死伤，与粮竞也。今贼众我寡，贼饥我饱，水雨乃尔，功力不设[4]，虽当促之，亦何所为？自发京师，不忧贼攻，但恐贼走。今贼粮垂尽而围落[5]未合，掠其牛马，抄其樵采[6]，此故驱之走也。夫兵者诡道，善因事变。贼凭众恃雨，故虽饥困，未肯束手，当示无能以安之。取小利以惊之，非计也。"朝廷闻师遇雨，咸欲罢兵。魏主叡曰："懿临危制变，擒渊可计日待也。"雨霁，懿乃合围。作土山地道，楯橹钩冲[7]，昼夜攻之，矢石如雨。渊窘急，粮尽，人相食。八月，使其相王建、柳甫请解围却兵，当君臣面缚[8]。懿命斩之，檄告渊曰："楚、郑列国，郑伯犹肉袒牵羊[9]迎之。孤天子上公，而建等欲使退舍[10]，岂得礼耶？二人老耄[11]，传言失指，已相为斩之。若意有未已，可更遣年少有明决[12]者来！"渊复遣侍中卫演乞克日送任[13]，懿谓演曰："军事大要有五，能战当战，不能战当守，不能守当走。余二事，惟降与死耳。汝不肯面缚，此为决就死也，不须送任！"既而城溃，渊将数百骑突围走，懿击斩之，遂入城，诛其公卿以下及兵、民七千余人，筑为京观[14]。辽东、带方[15]、乐浪、玄菟四郡皆平。渊之将反也，将军纶直、贾范等苦谏，渊皆杀之。懿乃封其墓，而显其

1　安缓：缓慢。
2　淹月：满月，延及一月。
3　正令：即使，纵使。
4　水雨乃尔，功力不设：雨水如此之大，功力不能施展。
5　围落：藩篱。
6　樵采：打柴。
7　楯橹钩冲：楯橹，盾与橹。橹，大盾。钩冲，钩梯和冲车，均为攻城的工具。
8　面缚：双手反绑。
9　肉袒牵羊：古代战败投降的仪式。牵羊，牵着羊，表示犒劳军队。
10　退舍：退却，退避。
11　老耄：七八十岁的老人。
12　明决：明达有决断。
13　乞克日送任：请求指定日期送人质。
14　京观：古代战争中，胜者为了炫耀武功，收集敌人尸首，封土而成的高冢。
15　带方：古郡名，辖今朝鲜黄海南道、黄海北道南部及开城市。

遗嗣[1]，释渊叔父恭之囚。遂班师。初，渊兄晃为恭任子在洛阳，先渊未反，数陈其变。及渊谋逆，叡不忍市斩[2]，欲就狱杀之。廷尉高柔曰："仲尼亮司马牛之忧，祁奚明叔向之过。晃信有言，宜贷[3]其死，苟自无言，便当市斩。今进不赦其命，退不彰其罪，臣恐四方或疑此举也。"不听。竟遣使赍金屑[4]饮之，赐以棺敛。

吴中书郎吕壹伏诛吴主权使中书郎吕壹典校[5]官府州郡文书，壹因此作威福，深文巧诋，排陷无辜，毁短大臣，纤介必闻[6]。太子登数谏，不听，群臣莫敢复言。壹诬故江夏太守刁嘉谤讪国政，收系验问。时同坐人皆畏壹，并言闻之。侍中是仪独云无闻，穷诘[7]累日，诏旨转厉，仪终无变辞，嘉遂得免。陆逊、潘濬忧壹乱国，每言之，辄流涕。壹白丞相顾雍过失，权怒，诘责雍。谢玄谓壹曰："此公免退[8]，潘太常得无代之乎？"壹曰："近之。"玄曰："潘常切齿于君，今日代顾公，恐明日便击君矣。"壹惧，乃解散[9]雍事。濬诣建业，欲极谏，闻太子已数言不听，乃大请百寮，欲因会杀之，为国除患。壹知之，称疾不行。左将军朱据部曲应受三万缗，工王遂诈而受之[10]。壹疑据自取，考问主者，死于杖下。据无以自明，藉草[11]待罪。典军吏刘助觉言遂取。吴主大感寤，曰："朱据见枉[12]，况吏民乎？"乃赏助百万，穷治壹罪。顾雍至廷尉，见壹，和颜色而问之，曰："君意得无欲有所道乎？"壹叩头无言。时尚书郎怀

1　遗嗣：死后留下的子孙。
2　市斩：在市曹斩决。市曹，市内商业集中之处，古代常于此处决人犯。
3　贷：宽恕。
4　金屑：即金屑酒，古代帝王赐死之酒。
5　典校：主持校勘。
6　深文巧诋，排陷无辜，毁短大臣，纤介必闻：援引法律条文苛细严峻，以不实之语进行诋毁，排挤陷害无辜，诋毁朝廷大臣，连细微小事也禀报吴王。深文，制定或援用法律条文苛细严峻。巧诋，以不实之语进行诋毁。排陷，排挤陷害。毁短，诋毁。
7　穷诘：深入追问，追根寻源。诘，询问，追问。
8　免退：撤职。
9　解散：解除，解决。
10　工王遂诈而受之：工匠王遂诈骗并冒领钱财。
11　藉草：坐卧在草垫上。
12　见枉：被冤枉。

叙面詈辱[1]壹，雍责叙曰："官有正法，何至于此？"

徐众曰：雍可谓长者矣，然问所欲道，则非也。壹奸险[2]乱法，毁伤忠贤，今乃开引[3]其意，傥获原宥，岂大臣忠主疾恶之义哉？

壹既伏诛，权因遣人告、谢诸大将，问时事所当损益。诸将皆不敢有所言。权复以诏责之曰："子瑜、子山、义封、定公皆不肯有所陈，而伯言、承明亦涕泣危怖[4]，有不自安之心。闻之怅然[5]，深自刻怪[6]。夫惟圣人能无过行，明者能自见耳。人之举厝[7]，何能悉中？独当己有以伤、拒众意，忽不自觉，故诸君有嫌难[8]耳。与诸君从事，自少至长，发有二色[9]，义虽君臣，恩犹骨肉，荣福喜戚[10]，相与共之。忠不匿情[11]，智无遗计[12]，事统是非[13]，诸君岂得从容而已哉？齐桓有善，管子未尝不叹，有过，未尝不谏，谏而不得，终谏不止。今孤自省无桓公之德，而诸君谏诤[14]未尝出口，仍执嫌难。以此言之，孤于齐桓良优，未知诸君于管子如何耳[15]？"

冬，十二月，蒋琬出屯汉中。

魏主叡有疾，立郭夫人为后，召司马懿入朝，以曹爽为大将军初，魏太祖以刘放、孙资为秘书郎。文帝更命秘书曰中书，以放为监，资为令，遂

1　詈辱：詈骂侮辱。
2　奸险：奸诈阴险。
3　开引：启发，开导。
4　危怖：恐惧不安。
5　怅然：形容因不如意而不痛快的样子。
6　刻怪：责备。
7　举厝：举措。
8　嫌难：因有避忌而为难。
9　发有二色：头发斑白。二色，灰白，斑白。
10　荣福喜戚：荣福，荣耀与幸福。喜戚，喜悦与悲伤。
11　匿情：隐瞒真情。
12　遗计：失策。
13　事统是非：不论事情是非如何。
14　谏诤：直言指出他人的过错，并规劝其改正。
15　孤于齐桓良优，未知诸君于管子如何耳：我真的比齐桓公好，不知各位比起管仲来又如何。

掌机密。魏主叡即位，尤见宠任。时亲览万机，数兴军旅，腹心之任，皆二人管之。每大事，朝臣会议，常令决其是非，择而行之。中护军蒋济上疏曰："臣闻大臣太重者国危，左右太亲者身蔽[1]，古之至戒也。往者大臣秉事，外内扇动。陛下卓然自览万机，莫不祗肃[2]。夫大臣非不忠也，然威权在下，则众心慢上，势之常也。陛下既已察之于大臣矣，愿无忘于左右。左右忠正、远虑未必贤于大臣，至于便辟取容[3]，或能工[4]之。况实握事要[5]，日在目前，傥因疲倦之间，有所割制[6]，众臣见其能推移[7]于事，即亦因而向之。一有此端，私招朋援[8]，臧否[9]毁誉，必有所兴；功负[10]赏罚，必有所易。直道而上者或壅，曲相比附[11]者反达。因微而入，缘形而出，意所狎信，不复猜觉[12]。此宜早以经意[13]也。"叡不听。及寝疾，深念后事，乃以武帝子、燕王宇为大将军，夏侯献、曹爽、曹肇、秦朗等辅政。刘放、孙资久典机任[14]，献、肇心不平。殿中有鸡栖树，二人相谓曰："此亦久矣，其能复几[15]？"放、资惧，阴图间[16]之。宇性恭良[17]，陈诚固辞。叡引放、资入卧内，问曰："燕王正尔为[18]？"对曰："燕王实自知不堪大任，故耳。"叡曰："谁可者？"时惟爽在侧，放、资因荐之，且请召司马懿

1　身蔽：自身被蒙蔽。
2　祗肃：恭谨而严肃。
3　便辟取容：便辟，谄媚逢迎。取容，讨好别人以求自己安身。
4　工：擅长。
5　事要：权柄。
6　割制：裁断，判断。
7　推移：变化、移动或发展。
8　朋援：互相勾结，引以为援。
9　臧否：品评，褒贬。
10　功负：功过。
11　比附：归附。
12　因微而入，缘形而出，意所狎信，不复猜觉：他们抓住空子就钻，看到迹象就干，陛下亲信他们，也就不再猜疑警觉。狎信，亲信。猜觉，怀疑警觉。
13　经意：注意，留意。
14　机任：机要重任。
15　此亦久矣，其能复几：这也太久了，看他们还能活几天。
16　间：挑拨，使人不和。
17　恭良：恭敬善良。
18　燕王正尔为：燕王正是如此吗。为，助词，表示反诘、疑问。

与相参[1]。叡从之。既而中变，放、资复入说，又从之。放请为手诏，叡曰："我困笃[2]，不能。"放上床，执其手强作之，遂赍出，大言曰："有诏免燕王宇等官，不得停省中。"皆流涕而出。遂以爽为大将军。叡嫌其才弱，拜尚书孙礼为长史以佐之。时懿在汲，宇以为关中事重，宜遣懿还长安。事已施行，至是，复得手诏，前后相违。懿疑京师有变，乃疾驱入朝。爽，真之子也。

己未二年（公元 239 年）

魏景初三年。吴赤乌二年。

春，正月，魏司马懿至洛阳，与爽受遗[3]辅政。魏主叡卒，太子芳立司马懿至洛阳，入见，魏主叡执其手曰："吾以后事属君，君与曹爽辅小子。死乃可忍，吾忍死待君，得相见，无恨矣。"乃召二王示懿，别指齐王芳曰："此是也，君谛视[4]之，勿误也。"又教芳前抱懿项。懿顿首流涕。于是，芳年八岁，即日立为太子。叡寻卒，芳嗣位。尊皇后为皇太后，爽、懿并加侍中，都督中外诸军，录尚书事。诸所兴作，皆以遗诏罢之。明帝沉毅明敏[5]，任心而行，简功能[6]，屏浮伪。行师动众，论决大事，谋臣、将相咸服之。左右小臣，官簿性行，名迹所履[7]，及其父子兄弟，一经耳目，终不遗忘。

孙盛曰：魏明帝天姿秀出[8]，少言好断。诸公受遗辅导者，皆以方任处之，政自己出。优礼[9]大臣，虽犯颜极谏，无所摧戮[10]，其君人之量伟矣。然不思建

1　相参：相互参证。
2　困笃：病重，病危。
3　受遗：大臣接受皇帝的遗命以辅政。
4　谛视：仔细察看。
5　沉毅明敏：沉毅，沉着坚毅。明敏，聪明机敏。
6　简功能：选拔有才能的人。简，选拔。功能，有才能的人。
7　官簿性行，名迹所履：档案中所记载的禀性行为，主要事迹和经历。官簿，记录官吏功绩和经历的簿籍。
8　秀出：美好特出。
9　优礼：优待礼遇。
10　摧戮：摧折诛杀。

德垂风¹，以固维城²之基，至使大权偏据，社稷无卫，悲夫！

　　二月，**魏以司马懿为太傅，何晏为尚书**时曹爽、司马懿各领兵三千人更宿殿内³。爽以懿年位⁴素高，常父事之，每事咨访，不敢专行。初，毕轨、邓飏、李胜、何晏、丁谧皆有才名，而急于富贵，趋时附势⁵，明帝恶其浮华，抑而不用。曹爽素与亲善，及辅政，骤加引擢⁶，以为腹心。晏等为爽谋曰："重权不可委之于人。可白天子，转懿为太傅，外以名号尊之，内可令尚书奏事，先来由己⁷，得制其轻重。"爽从之。以懿为太傅，自以其弟羲、训等皆为将军、侍从，出入禁闼。徙吏部尚书卢毓为仆射，而以晏代之。以飏、谧为尚书，轨为司隶。晏等依势用事，附会者升进，违忤⁸者罢退，内外望风，莫敢忤旨。傅嘏谓羲曰："何平叔外静内躁，铦巧⁹好利，必先惑子兄弟，仁人将远，而朝政废矣。"晏等遂因事免嘏官。孙礼亮直不挠，爽出之为扬州刺史。

　　夏，以蒋琬为大司马东曹掾¹⁰杨戏素简略¹¹，琬与言论，戏时不应。或谓琬曰："戏慢公矣。"琬曰："人心不同，各如其面。面从后言¹²，古人所诫。戏欲赞吾是邪，则非其本心；欲反吾言，则显吾之非，是以默然耳。"督农¹³杨敏尝毁琬曰："作事愦愦，诚不及前人。"主者请推治¹⁴之，琬曰："吾实不如前人，无可推。"主者请问愦愦之状，琬曰："苟其不如，则事不理，事不理，则愦

1　建德垂风：树立德行，使风范流传后世。
2　维城：借指皇子或皇室宗族。
3　更宿殿内：轮流在殿内值班。
4　年位：年龄和爵位。
5　趋时附势：迎合时尚，依附权势，多用作贬义。
6　引擢：起用提拔。
7　先来由己：上奏先由曹爽过目。
8　违忤：违背，不顺从。
9　铦巧：取巧，讨巧。
10　东曹掾：古官名，汉朝公府办事分曹，有东曹、西曹等，各曹办事官员称曹掾。东曹掾主东曹，职掌二千石长吏选择迁除。
11　简略：粗疏，不亲近。
12　面从后言：当面顺从，背后议论。
13　督农：古官名，大司农的属官，掌钱谷、金帛、货币等。
14　推治：审问治罪。

愤矣。"后敏坐事系狱，众犹惧其必死，琬心无适莫[1]，敏得免重罪。

冬，十月，吴遣将军吕岱屯武昌岱时年八十，躬亲王事，与陆逊共领荆州文书。同心协规[2]，有善相让，南土[3]称之。

吴将周胤有罪，废徙庐陵吴都乡侯周胤将兵千人屯公安，以罪废、徙，诸葛瑾、步骘为之请。吴主权曰："胤年少无功，爵以侯、将，盖念公瑾故也。而胤恃此，酗淫无悛[4]，且欲苦之，使自知耳。以公瑾之子，而二君居间，苟使能改，亦何患乎？"瑜兄子、偏将军峻卒，全琮请使峻子护领[5]其兵。权曰："闻护性行危险，用之适为作祸耳。孤念公瑾，岂有已[6]哉？"

十二月，魏复以建寅之月[7]为正。

庚申三年（公元 240 年）

魏主曹芳正始元年。吴赤乌三年。

春，以张嶷为越巂太守初，越巂蛮夷数叛，杀太守，太守寄治安定县[8]，去郡八百余里。及嶷为守，招慰新附，诛讨强猾[9]，郡界悉平，复还旧治。

冬，吴饥。

辛酉四年（公元 241 年）

魏正始二年。吴赤乌四年。

夏，四月，吴人攻魏，魏击却之初，吴主权将伐魏，零陵太守殷札言

1　适莫：用情的亲疏厚薄。
2　协规：共同谋划。
3　南土：南方地区。
4　酗淫无悛：酗淫，酗酒淫乐。无悛，不知悔改。
5　护领：保护并带领。
6　已：终止。
7　建寅之月：即夏历。夏正建寅，殷正建丑，周正建子，合称三正。
8　寄治安定县：寄治，地方官署侨居他地。安定县，古县名，治所位于今越南南河省南定县西北。
9　招慰新附，诛讨强猾：招降安抚新归附的夷人，征讨诛杀强悍狡黠的夷人。

曰："今天弃曹氏，丧、诛累[1]见，虎争[2]之际而幼童莅事。陛下宜身自御戎[3]，涤荆、扬之地，举强赢[4]之数，使强者执戟，赢者转运。命益州军陇右，诸葛瑾、朱然指襄阳，陆逊、朱桓征寿春，大驾入淮阳[5]，历青、徐。掎角并进，民必内应。一军败绩，则三军离心，便当乘胜逐北，以定华夏。若不悉军动众，循前轻举[6]，民疲威消，时往力竭，非上策也。"权不能用。四月，命全琮略淮南，朱然围樊，诸葛瑾攻柤中[7]。魏将军王凌与琮战，败之。司马懿曰："柤中民夷十万，流离无主，樊城被攻历月，此危事也，请自讨之。"遂督诸军救樊。吴军夜遁。

吴太子登卒。

蒋琬徙屯涪 琬以诸葛亮数出秦川，道险运难，卒无成功，乃多作舟船，欲乘汉沔东下，袭魏兴、上庸。会疾动[8]未行，朝廷咸以为事有不捷，还路甚难。帝遣费祎、姜维喻指[9]，琬言："今魏跨带[10]九州，根蒂[11]滋蔓，若东西并力，首尾掎角，虽未能速如志，且当分裂蚕食，摧其支党。然吴期二三，连不克果[12]。辄与祎等议，以凉州胡塞之要[13]，进退有资，且羌、胡乃心思汉如渴，宜以维为刺史。若维征行[14]，御制河右[15]，臣当率军为继。今涪水陆四通，惟急是应，若东北有虞，赴之亦易，请徙屯涪。"帝从之。

魏置淮南、北屯田，广漕渠 魏欲广田畜谷于扬、豫之间，使尚书郎邓

1　累：连续，多次。
2　虎争：比喻争夺得很剧烈。
3　御戎：驾驭军车。引申为参与军事行动。
4　赢：衰弱的士兵。和"强"相对而言。
5　淮阳：古地名，位于今江苏省淮安市淮阴区西南。
6　循前轻举：像以前一样出动少量部队。
7　柤中：古地区名，一作"沮中"，位于今湖北省襄阳市南漳县西蛮河流域。
8　疾动：疾病发作。
9　喻指：喻示旨意。
10　跨带：跨越连带，意谓全部据有。
11　根蒂：植物的根及瓜果的把儿。比喻事物的根基或基础。
12　吴期二三，连不克果：与吴国两三次约定同时进军，都未能实现。
13　胡塞之要：胡人的边塞要地。
14　征行：从军出征。
15　御制河右：驾驭控制黄河以西地区。

艾行陈、项以东至寿春[1]。艾以为："太祖破黄巾，因为屯田，积谷许都，以制四方。今三隅已定，事在淮南，每大军出征，运兵过半，功费巨亿[2]。陈、蔡[3]之间，土下田良[4]，可省许昌左右稻田。并水东下，令淮北屯二万人，淮南三万人，什二分休[5]，常有四万人且田且守，益开河渠以增灌溉，通漕运。计除众费，岁完[6]五百万斛。六、七年间，可积三千万斛于淮上，此则十万之众五年食也。以此乘[7]吴，无不克矣。"司马懿善之。是岁，始开、广漕渠，每东南有事，大军泛舟，达于江、淮，资食[8]有储而无水害。

管宁卒于魏宁名行高洁，人望之者，邈然[9]若不可及，即之熙熙和易[10]。能因事导人于善，人皆化服[11]。年八十四，卒。天下知与不知，闻之无不嗟叹。

壬戌**五年**（公元 242 年）

魏正始三年。吴赤乌五年。

春，正月，中监军[12]姜维自汉中徙屯涪。

吴立子和为太子，霸为鲁王霸，和母弟也，吴主权爱之，与和无异。其傅是仪谏曰："鲁王兼资[13]文武，宜出镇四方，为国藩辅。且使二宫有所降杀[14]，以正上下之序。"书四上，不听。

1　行陈、项以东至寿春：到陈县、项县以东至寿春一带巡视。陈，古县名，治所即今河南省周口市淮阳县。项，古县名，治所即今河南省周口市沈丘县。
2　功费巨亿：工程所需的费用数以亿计。巨亿，数以亿计。
3　蔡：古县名，治所位于今河南省驻马店市上蔡县西南。
4　土下田良：地势平坦，田地肥沃。
5　什二分休：十分之二轮流休息。
6　完：缴纳。
7　乘：趁势进攻。
8　资食：资财和粮食。
9　邈然：高远貌。
10　即之熙熙和易：接近他之后就会感觉这个人和乐平易。
11　化服：感化顺服。
12　中监军：古官名，掌统兵，位在前、后、左、右护军之上。
13　兼资：兼具两种资质，具备文武全才。
14　降杀：递减。

癸亥**六年**（公元243年）

魏正始四年。吴赤乌六年。

夏，五月朔，日食，既。

冬，十月，遣前监军王平督汉中。

十一月，以费祎为大将军、录尚书事。**魏扬豫都督王昶徙屯新野**昶言："地有常险，守无常势。今屯宛，去襄阳三百余里，有急不足相赴[1]。"遂徙屯新野。

甲子**七年**（公元244年）

魏正始五年。吴赤乌七年。

春，正月，吴以陆逊为丞相。

三月，**魏曹爽寇汉中。闰月，费祎督诸军救**之魏征西将军夏侯玄，爽姑子也，辟李胜为长史。胜及邓飏欲爽立威名于天下，劝使伐蜀。司马懿止之，不得。三月，爽至长安，发卒十余万，与玄自骆谷[2]入汉中。汉中守兵不满三万，诸将皆恐，欲守城不出，以待涪兵。王平曰："此去涪垂[3]千里，贼若得关，便为深祸。"遂遣护军刘敏据兴势[4]，多张旗帜，弥亘[5]百余里。闰月，帝遣费祎救汉中，将行，光禄大夫来敏诣祎别，求共围棋。时羽檄交至，人马擐甲，严驾[6]已讫，祎与对戏，了无倦色。敏曰："向聊观试君耳，君信可人[7]，必能办贼也。"

夏，四月朔，日食。

1　相赴：相互接应。
2　骆谷：古地名，位于今陕西省西安市周至县西南，为关中与汉中之间交通要道。
3　垂：将，快要。
4　兴势：古山名，亦曰兴势阪，位于今陕西省汉中市洋县东北，山形如盆，外甚险，中有大谷。
5　弥亘：绵延。
6　严驾：整备车马。
7　向聊观试君耳，君信可人：此前是故意考验您，您确实是能干的人。观试，观察试验。可人，能干的人。

五月，**魏军退走**魏兵拒兴势，不得进，关中及氐、羌转输不能供，牛、畜多死，民夷号泣道路。司马懿与夏侯玄书曰："《春秋》，责大德重[1]。今兴势至险，蜀已先据之。若进不获战，退见邀绝[2]，覆军必矣，将何以任其责？"玄惧，言于爽，遂引军还。费祎进据三岭[3]以截爽，爽争险苦战，仅乃得过，失、亡甚众，关中为之虚耗[4]。

冬，以费祎兼益州刺史，董允守尚书令蒋琬以病，固让州职于祎。时国务烦猥[5]，祎识悟[6]过人，为尚书令，省读文书，举目究意[7]，终亦不忘。常以朝晡[8]听事，其间接纳宾客，饮食博戏[9]，尽人之欢，而事无废阙[10]。及允代祎，始欲效[11]之，旬日之中，已多愆滞[12]。乃叹曰："人才相远如此，非吾所及也。"乃听事终日，而犹有不暇焉。

乙丑八年（公元 245 年）

魏正始六年。吴赤乌八年。

春，吴杀其太子太傅吾粲吴太子和与鲁王同宫，礼秩如一，群臣多以为言，吴主权乃命分宫别僚[13]，二子由是有隙。全琮遣其子寄事鲁王，陆逊谓曰："子弟苟有材，不忧不用。私出以要荣利[14]，终取祸耳。闻二宫势敌[15]，此古

1　责大德重：责任大，道德高尚。
2　邀绝：阻截。
3　三岭：即沈岭、衙岭、分水岭，均位于今陕西省西安市周至县西南之骆谷中。
4　虚耗：空竭。
5　烦猥：繁杂琐碎。
6　识悟：对事务的认识和领悟。
7　举目究意：略微看一眼，便已知道其中主要意思。
8　朝晡：朝时（即辰时，早上七点到九点）和晡时（即申时，下午三点到五点）。
9　博戏：古代的一种棋戏。
10　废阙：缺漏。
11　效：效法。
12　愆滞：耽误。
13　分宫别僚：分宫居住，僚属也加以区别。
14　荣利：功名利禄。
15　势敌：势均力敌。

人之深忌也。"寄果阿附交构。逊又与书曰："卿不师日䃣而宿留[1]阿寄，终为门户祸矣。"琮不纳。霸曲意交结名士，将军朱绩以胆力[2]称，霸自诣之，欲与结好，绩辞不受。于是仇党疑贰，举国中分。权长女适[3]全琮，少女适朱据。全公主与太子母王夫人有隙。权寝疾，遣太子祷桓王庙[4]，太子妃叔父张休居近庙，邀太子过所居。公主因言："太子不至庙中，专就妃家计议。而王夫人见上寝疾，有喜色。"权由是发怒，夫人以忧死，太子宠日衰。霸党杨竺、全寄从而毁之，权惑焉。陆逊谏曰："正统藩臣，当使宠秩有差[5]，则彼此得所，上下获安矣。"书三四上，辞情危切，权不悦。太常顾谭，逊之甥也，上疏曰："有国家者，必明嫡庶之端，异尊卑之礼，使高下有差，等级逾邈[6]，则骨肉之恩全，觊觎之望绝矣。臣之所陈，非有所偏，诚欲以安太子而便鲁王也。"由是霸恶谭，全琮亦恶之，相与谮之，吴主徙谭于交州。太子太傅吾粲请使鲁王镇夏口，出杨竺等不得在京师，又数以消息语陆逊。霸、竺谮之，吴主怒，诛粲。

吴丞相陆逊卒吴主权以鲁王霸、杨竺之谮数遣使责问逊，逊愤恚而卒。其子抗代领其众，送葬东还。权以竺所白逊二十事问抗，抗事事条答[7]，权意乃稍解。

秋，八月，皇太后吴氏崩。

冬，十一月，大司马蒋琬卒。

十二月，尚书令董允卒，以宦者黄皓为中常侍董允秉心[8]公亮[9]，献替尽

1　宿留：使宿卫，滞留。
2　胆力：胆量和魄力。
3　适：女子嫁人。
4　祷桓王庙：去长沙桓王孙策庙里祭祀祈祷。
5　正统藩臣，当使宠秩有差：太子是正统，鲁王是藩国之臣，对他们的宠爱、俸禄应当有所差别。
6　逾邈：相差较远。
7　条答：逐条对答。
8　秉心：持心。
9　公亮：公正诚信。

忠，帝甚严惮之。宦人黄皓，便辟佞慧[1]，有宠。允数责之，皓畏允，不敢为非，终允之世，位不过黄门丞[2]。费祎以选曹郎陈祗代允为侍中。祗矜厉[3]有威容，多技艺，挟智数[4]，祎以为贤，越次[5]用之。祗与皓相表里[6]，皓始预政[7]，迁中常侍，操弄威柄，终以覆国。自祗有宠，而帝追[8]怨允日深，由祗阿意迎合，而皓浸润构间[9]故也。时帝数出游观[10]，增广声乐[11]。太子家令谯周谏曰："昔王莽之败，豪杰并起以争神器，然莫不快情恣欲，怠于为善。世祖[12]初入河北，冯异劝之曰：'当行人所不能为者。'遂理冤狱，崇节俭，北州[13]歌叹，声布四远[14]。于是邓禹自南阳追之，吴汉、寇恂举兵助之，其余望风慕德，舆病赍棺[15]，襁负而至，不可胜数。故能以弱为强，而成帝业。在洛阳，尝欲小出[16]，铫期进谏，即时还车。及颍川盗起，寇恂请身往临贼[17]，闻言即行。故非急务，欲小出不敢；至于急务，欲自安不为。帝者之欲善也如此。传曰：'百姓不徒附。'诚以德先之也。今汉遭厄运，天下三分，雄哲[18]之士思望[19]之时也。臣愿陛下复行人所不能为者，以副人望！且承事宗庙，所以率民尊上也。今四时之祀不临，而池苑[20]之观仍出，臣所不安也。夫忧责在身者，不能尽乐。愿省减乐官、后官，凡所增造，以成先帝之志。"不听。

1　佞慧：善于阿谀奉承而又狡黠。
2　黄门丞：古官名，为黄门令副贰，佐令管理宫中宦者，侍从皇帝出入。
3　矜厉：庄重严厉。
4　智数：心计，谋术。
5　越次：越级，破格。
6　表里：呼应。
7　预政：参与国家大事。
8　追：回溯。
9　构间：挑拨离间。
10　游观：游览。
11　增广声乐：增加乐工歌伎的人数。
12　世祖：即汉光武帝刘秀。
13　北州：北方幽州、并州等州郡。
14　四远：四方，四方边远之地。
15　舆病赍棺：舆病，抱病登车。赍棺，携带棺材，以示决绝。
16　小出：微服以行。
17　身往临贼：亲自前往剿灭盗贼。
18　雄哲：有抱负有见识。
19　思望：思慕向往。
20　池苑：有池水花木的风景园林。

丙寅**九年**（公元 246 年）

魏正始七年。吴赤乌九年。

春，魏击高句骊[1]，克丸都[2]幽州刺史毌丘俭以高句骊王位宫数为侵叛[3]，督诸军讨之。位宫败走，俭遂屠丸都。初，句骊之臣得来数谏，位宫不从，退而叹曰："立见此地将生蓬蒿[4]。"遂不食而死。俭令诸军不坏其墓，全其妻子。遣将追位宫至肃慎氏[5]南界，刻石纪功[6]而还。

秋，九月，吴以步骘为丞相。

吴分荆州为二部以吕岱督右部，自武昌以西至蒲圻[7]，诸葛恪督左部，镇武昌。

赦大司农孟光于众中[8]责费祎曰："赦者，偏枯[9]之物，非明世[10]所宜有也，必不得已，乃可权而行之。今有何急，而数施非常之恩，以惠奸宄乎？"祎顾谢[11]，踧踖而已。初，丞相亮时，有言公惜赦[12]者，亮答曰："治世以大德，不以小惠，故匡衡、吴汉不愿为赦。先帝亦有言：'吾周旋陈元方、郑康成间[13]，每见启告[14]治乱之道悉矣，曾不语赦也。若刘景升父子岁岁赦宥，何益于治乎？'"

1　高句骊：亦称高句丽，公元前一世纪至公元七世纪在今中国东北地区和朝鲜半岛存在的一个政权。
2　丸都：古地名，亦名丸都山城，位于今吉林省通化市辖集安市西北，公元 209 年至 427 年为高句丽都城。
3　侵叛：侵扰背叛。
4　蓬蒿：蓬草和蒿草，亦泛指草丛、草莽。
5　肃慎氏：即肃慎国，又称息慎、稷慎，曾居不咸山（今长白山）北，东滨大海，北至黑龙江中下游。
6　纪功：记述功勋。
7　蒲圻：即蒲圻口，亦名陆口，位于今湖北省咸宁市嘉鱼县西南陆溪镇，三国吴之军事重镇。
8　众中：众人之中。
9　偏枯：原指偏瘫、半身不遂，也比喻偏于一方面，照顾不均，失去平衡。
10　明世：政治清明的时代。
11　顾谢：回头道歉，认错。
12　惜赦：不愿意轻易赦免。
13　周旋陈元方、郑康成间：和陈纪、郑玄交往。周旋，交往。陈元方、郑康成，均为当时大儒。
14　启告：告知。

陈寿曰：诸葛亮为政，军旅数兴而赦不妄下，不亦卓乎！

吴罢大钱。

以姜维为卫将军，与费祎并录尚书事。

丁卯**十年**（公元 247 年）

魏正始八年。吴赤乌十年。

春，二月，日食时魏主芳褻近[1]群小，游宴后园。何晏上言："自今游豫[2]宜从大臣，询谋[3]政事，讲论经义。"不听。而晏等朋附[4]曹爽，亦好变改法度。太尉蒋济上疏曰："惟命世大才，乃能张其纲维[5]以垂于后，下吏改易，无益于治，适足伤民。宜使文武之臣各守其职，则和气可致也。"

吴作太初宫吴主权诏徙武昌宫材瓦[6]修建业宫。有司奏："故宫[7]岁久，恐不堪用，宜下所在通伐[8]。"吴主曰："大禹以卑宫为美，今军事未已，所在赋敛，若更通伐，恐妨农桑。武昌材瓦自可用也。"

魏迁其太后于永宁宫曹爽用何晏等谋，迁太后，擅朝政，多树亲党。司马懿不能禁，遂称疾，不与政事。

戊辰**十一年**（公元 248 年）

魏正始九年。吴赤乌十一年。

夏，四月，魏以徐邈为司空，不受魏以光禄大夫徐邈为司空，邈叹曰：

1　褻近：亲近宠幸。
2　游豫：帝王出巡。春巡为游，秋巡为豫。也指游乐。
3　询谋：咨询，商议。
4　朋附：勾结，阿附。
5　纲维：纲领。
6　材瓦：木材砖瓦。
7　故宫：泛指过去的皇宫。
8　通伐：即"通更伐致"，全部更换，从全国各地砍伐木材运来。

"三公，论道¹之官，无其人则缺，岂可以老病忝²之哉？"遂固辞不受。

五月，费祎出屯汉中自蒋琬及祎，虽身居于外，庆赏威刑皆遥先咨断³，然后乃行。祎雅性谦素，当国功名，略与琬比。

己巳十二年（公元 249 年）

魏嘉平元年。吴赤乌十二年。

春，正月，魏司马懿杀曹爽及何晏等，夷其族曹爽骄奢无度，饮食衣服拟于乘舆，又私取先帝才人⁴以为伎乐⁵。作窟室⁶，绮疏⁷四周，与何晏等纵酒其中。弟羲泣谏，不听。又兄弟数俱出游，司农桓范谓曰："总万机，典禁兵，不宜并出，若有闭城门，谁复内人⁸者？"爽曰："谁敢尔耶？"初，清河、平原争界，八年不能决。冀州刺史孙礼请天府⁹所藏烈祖¹⁰封平原时图以决之。爽信清河之诉，云图不可用。礼上疏自辨，辞颇刚切。爽大怒，劾礼怨望，结刑五岁¹¹。久之，复为并州¹²。往见司马懿，有忿色而无言。懿曰："卿得并州少耶？恚理分界失分乎¹³？"礼曰："礼虽不德，岂以是为意耶？本谓明公匡辅魏室，以报明帝之托。今社稷将危，天下凶凶¹⁴，此所以不悦也。"因涕泣横流。懿曰："且止，忍不可忍。"后李胜出刺¹⁵荆州，过辞懿。懿令两婢侍。持衣，衣落。

---

1 论道：谋划治国的政令。
2 忝：羞辱，愧对。
3 遥先咨断：先从远方向他们咨询，然后做出决断。
4 才人：古女官名，多为妃嫔的称号。
5 伎乐：歌舞女艺人。
6 窟室：地下室。
7 绮疏：雕刻成空心花纹的窗户。
8 内人：本家族的人。
9 天府：朝廷藏物的府库。
10 烈祖：建立功业的祖先，古多称开基创业的帝王。
11 结刑五岁：判处五年有期徒刑。
12 并州：指并州刺史。
13 恚理分界失分乎：怨恨处理分界事务不公正。
14 凶凶：骚动不安。
15 出刺：出任州府长官。

指口言渴，婢进粥，懿不持杯而饮，粥流沾胸。胜曰："众谓明公旧风发动[1]，何意乃尔[2]！"懿使声气才属[3]，言："年老枕疾[4]，死在旦夕。并州近胡，好为之备！且以子师、昭为托。"胜曰："还忝本州，非并州也。"懿复错乱其辞曰："君方到并州？"胜曰："当忝荆州。"懿曰："年老意荒[5]，不解君言。今为本州，好建功勋。"胜退，告爽曰："司马公尸居余气[6]，形神已离，不足虑矣。"故爽等不复设备。是月，魏主芳谒高平陵，爽与弟羲、训、彦皆从。懿与师、昭谋以皇太后令闭诸城门，勒兵据武库，召司徒高柔假节行大将军事，据爽营；太仆王观行中领军事，据羲营。奏曰："大将军爽背弃顾命，败乱国典，僭拟专权，尽据禁兵，群官要职皆置所亲，殿中宿卫易以私人，伺察至尊，离间两宫，天下汹汹[7]，人怀危惧。此非先帝诏陛下及臣升御床之本意也。太尉臣济等皆以爽有无君之心，兄弟不宜典军宿卫，奏永宁宫，皇太后令臣如奏施行。臣辄敕主者罢爽、羲、训吏兵[8]，以侯就第，敢有稽留车驾，便以军法从事。臣辄力疾[9]将兵屯洛水浮桥，伺察非常。"爽得奏，迫窘[10]不知所为。懿使爽所亲信说爽，宜早自归罪，唯免官而已。懿以太后令召桓范，范欲应命，其子曰："车驾在外，不如南出。"范乃出。懿谓蒋济曰："智囊往矣。"济曰："驽马恋栈豆[11]，必不能用也。"范劝爽以天子诣许昌，发四方兵自辅，爽疑未决。范谓羲曰："此事昭然，卿用读书何为？今卿门户[12]求贫贱，复可得乎？且匹夫质一

1　旧风发动：中风病旧病复发。
2　何意乃尔：没想到会这么糟。
3　声气才属：声气，说话时的语气、声音。才属，仅能连续，形容声气微弱乏力。
4　枕疾：卧病。
5　荒：昏聩。
6　尸居余气：象尸体一样但还有一口气，指人将要死亡。也比喻人暮气沉沉，无所作为。
7　汹汹：形容争论的声音或纷扰的样子。
8　吏兵：部属，仆从。
9　力疾：勉强支撑病体。
10　迫窘：窘迫。
11　驽马恋栈豆：意指曹爽就像劣马一样贪恋马房的草料。驽马，劣马。栈豆，马房豆料。
12　门户：家庭。

人¹，尚欲望活，卿与天子相随，令于天下，谁敢不应？今诣许昌，不过中宿²。所忧谷食³，而大司农印章在我身。"羲兄弟不从，自甲夜⁴至五鼓⁵，爽乃投刀于地曰："我亦不失作富家翁。"范哭曰："曹子丹佳人⁶，生汝兄弟，犊犊⁷耳，何图今日坐汝族灭也⁸？"爽乃通懿，奏请下诏免己官，奉驾还宫。爽兄弟归家，懿发吏卒围守⁹之。有司奏："黄门张当私以所择才人与爽，疑有奸。"收付廷尉考实¹⁰，辞云："爽与何晏、邓飏、丁谧、毕轨、李胜等谋逆。"于是收爽、羲等，并桓范、张当俱夷三族。先是，宗室曹冏上书曰："古者必建同姓以明亲亲，必树异姓以明贤贤。亲疏并用，故能保其社稷。今州郡牧守，皆跨有千里，兼军武¹¹之任，或比国数人，或兄弟并据，而宗室子弟，王空虚之地，君不使之民，曾无一人间厕其间¹²，与相维制¹³，非所以强干弱枝、备万一之虞也。语曰：'百足之虫，至死不僵。'以其扶之者众也。此言虽小，可以譬大。"冏欲以感寤¹⁴曹爽，爽不能用。及懿闭门，爽司马鲁芝闻变，将营骑斫津门¹⁵出赴爽。及爽解印绶，主簿杨综止之曰："公挟主握权，舍此以至东市¹⁶乎？"有司奏收芝、综，懿曰："彼各为其主也，宥之。"芝之出也，呼参军辛敞，欲与俱。敞谋于其姊宪英曰："天子在外，太傅闭城门，人云将不利国家，于事可得尔乎？"宪英曰："以吾度之，太傅诛曹爽耳。""然则事就乎？"曰："得

1　匹夫质一人：普通百姓中即便有一人被劫作人质。
2　中宿：次夜。
3　谷食：供食用的谷物，粮食。
4　甲夜：初更时分。
5　五鼓：五更。
6　曹子丹佳人：曹子丹，即曹真，字子丹。佳人，美好的人，君子贤人。
7　犊犊：兽崽，比喻不肖之子。犊，通"豚"。
8　何图今日坐汝族灭也：没想到今日受你们的连累要灭族了。
9　围守：设围防守。
10　考实：考按实情。
11　军武：军事武备。
12　间厕其间：找到机会参与其中。厕，参与。
13　维制：约束制衡。
14　感寤：感动之使醒悟。
15　津门：在渡口设置的关门。
16　东市：刑场。汉代在长安东市处决死刑犯，后来泛称刑场为东市。

无殆就[1]！爽才非太傅偶[2]也。""然则可以无出[3]乎？"曰："职守，人之大义也。凡人在难，犹或恤之；执鞭[4]而弃其事，不祥莫大焉。且为人任，为人死，亲昵[5]之职也，从众而已。"敞遂出。事定之后，叹曰："吾不谋于姊，几不获于义。"先是，爽辟王沈、羊祜，沈劝祜应命。祜曰："委质事人，复何容易[6]！"沈遂行。及爽败，沈以故吏免[7]，谓祜曰："吾不忘卿前语。"祜曰："此非始虑所及也。"爽从弟文叔妻夏侯令女，早寡无子，其父欲嫁之，令女截耳自誓，居常依爽。爽诛，其家上书绝昏[8]，强迎以归，复将嫁之。令女又断其鼻。其家惊惋[9]，谓之曰："人生世间，如轻尘栖弱草，何至自苦乃尔？且夫家夷灭已尽，守此欲谁为哉？"令女曰："吾闻仁者不以盛衰改节，义者不以存亡易心。曹氏前盛时，尚欲保终[10]，况今衰亡，何忍弃之？此禽兽之行，吾岂为乎？"懿闻而贤之，听使乞子字养为曹氏后[11]。何晏等方用事，自以为一时才杰[12]，人莫能及。尝为名士品目[13]曰："'唯深[14]也，故能通天下之志'，夏侯泰初[15]是也；'唯机[16]也，故能成天下之务'，司马子元[17]是也；'惟神[18]也，故不疾而速，不行而至'，吾闻其语，未见其人。"盖以自况[19]也。晏闻平原管辂明术数[20]，请与论

1　得无殆就：莫不是会接近成功吧。得无，莫不是。就，成功。
2　偶：实力相当的对手，匹敌。
3　无出：别出去。
4　执鞭：持鞭驾车，多借以表示卑贱的差役。
5　亲昵：亲近的人，包括亲属、亲戚、亲信等。
6　委质事人，复何容易：委身效命追随主人，又岂是一件容易的事。
7　以故吏免：因为是曹爽以前的属吏被免官。
8　绝昏：断绝婚约。
9　惊惋：惊讶叹惜。
10　保终：保全至终，安然无患。
11　听使乞子字养为曹氏后：听任她收养了一个儿子，作为曹家的继承人。
12　才杰：杰出的人才。
13　品目：品评。
14　深：深刻。
15　夏侯泰初：即夏侯玄，玄学家，曹爽的表弟。
16　机：机巧。
17　司马子元：即司马懿之子司马师，字子元。
18　神：特别高超或出奇，令人惊异的，神妙。
19　自况：自比，拿别的人或事物来比自己。
20　术数：以种种方术，观察自然界可注意的现象，来推测人的气数和命运。

《易》。邓飏在座，谓辂曰：“君自谓善《易》，而语不及《易》中词义，何也？”辂曰：“夫善《易》者不言《易》也。”晏笑而赞之曰：“可谓要言不烦[1]。”因谓辂曰：“试为作一卦，当至三公不？”又问：“连梦青蝇数十，来集鼻上，何也？”辂曰：“元凯[2]辅舜，周公佐周，皆以和惠[3]谦恭，享有多福。今君侯位尊势重，而怀德者鲜，畏威者众[4]，殆非小心求福之道。愿君侯衰多益寡，非礼不履[5]，然后三公可至，青蝇可驱也。”飏曰：“此老生之常谭[6]。”辂曰：“老生者见不生，常谭者见不谭。”辂舅闻之，责其言太切。辂曰：“与死人语，何所畏邪？”舅怒，以为狂。选部郎[7]刘陶少有口辩[8]，邓飏之徒以伊、吕[9]称之。陶尝谓傅玄曰：“智者于群愚，如弄一丸于掌中，而仲尼不能得天下，何以为圣？”玄曰：“天下之变无常也，今见卿穷[10]矣。”至是陶退居里舍，乃谢其言之过。辂之舅亦谓辂曰：“尔前何以知何、邓之败？”辂曰：“邓之行步，筋不束骨，脉不制肉，起立倾倚，若无手足，此为鬼躁[11]；何之视候，魂不守宅，血不华色，精爽烟浮，容若槁木[12]，此为鬼幽。二者皆非退福[13]之象也。”晏性自喜，粉白[14]不去手，行步顾影[15]。尤好老、庄书，与夏侯玄、荀粲、王弼之徒竞

1　要言不烦：说话、写文章简明扼要，不烦琐。
2　元凯：“八元八凯”的省称，传说高辛氏有才子八人，称为八元；高阳氏有才子八人，称为八恺。
3　和惠：温和仁惠。
4　怀德者鲜，畏威者众：怀念您恩德的少，而畏惧您威势的多。
5　衰多益寡，非礼不履：减少有多余的一方，补充给缺少的一方，不合礼的事不要去干。衰，减少。
6　老生之常谭：年老书生的平凡议论。比喻人们听惯了的、没有新意的话。谭，通“谈”。
7　选部郎：古官名，尚书吏部郎的别称，主管官吏选拔。
8　口辩：巧言善辩，口才好。
9　伊、吕：伊尹、吕尚。均为一时贤臣。
10　穷：缺陷。
11　鬼躁：人将死前形体表现的一种病态。下文“鬼幽”，也指的是人将死前形体表现的一种病态。
12　何之视候，魂不守宅，血不华色，精爽烟浮，容若槁木：何晏看望问安的时候，魂不守舍，面无血色，精神象飘浮的烟一样绵软不振，面容则象枯槁的木头。视候，看望问安。
13　退福：久远之福。
14　粉白：白粉，妆饰用品。
15　顾影：回头看自己的影子，有自矜、自负之意。

为清谈[1]，祖尚[2]虚无，谓六经为圣人之糟粕。由是天下士大夫慕效之，遂成风流[3]，不可复制[4]。

魏以司马懿为丞相。加九锡，不受。

魏护军夏侯霸来奔霸为曹爽所厚，以父渊死于蜀，常切齿，有报仇之志，为征蜀护军，统属征西。征西将军夏侯玄，霸之从子，爽外弟[5]也。至是，司马懿召玄诣京师，而以郭淮代之。霸素与淮不叶[6]，恐祸及，遂来奔。姜维问之曰："懿既得政，当复有征伐之志不？"霸曰："彼方营立家门，未遑外事。有钟士季者，其人虽少，若管朝政，吴、蜀之忧也。"士季者，钟繇之子，尚书郎会也。

三月，吴大司马朱然卒然气候分明，内行修洁，终日钦钦，若在战场，临急胆定，过绝于人[7]。虽世无事，每朝夕严鼓[8]，兵在营者，咸行装就队。以此玩敌[9]，使不知所备，故出辄有功。为大司马，病卒。吴主权为之哀恸[10]。

秋，姜维伐魏雍州，不克维攻魏雍州，依麹山[11]筑二城，使句安、李歆守之，聚羌、胡质任[12]，侵逼诸郡。魏郭淮使刺史陈泰进兵围之，断其运道及城外流水。将士窘困，分粮聚雪以引日月[13]。维引军救之，出自牛头山[14]，与泰相对。泰敕诸军各坚垒勿与战，遣使白淮，使趋牛头截其还路。淮从之，追军洮水[15]。

1　清谈：不务实际，空谈哲理，后世泛指一般不切实际的谈论。
2　祖尚：效法崇尚。
3　风流：风尚习俗。
4　复制：再控制。
5　外弟：表弟。
6　叶：通"协"，和洽。
7　气候分明，内行修洁，终日钦钦，若在战场，临急胆定，过绝于人：对是非的态度分明，平日家居的操行高尚纯洁，每天谨慎戒惧，常常好象在战场上一样，遇到紧急情况，意定神闲，胆力过人。气候，人的神态风貌。修洁，高尚纯洁。钦钦，谨慎戒惧貌。
8　严鼓：击戒严鼓。
9　玩敌：麻痹敌人。
10　哀恸：极为悲痛。
11　麹山：古山名，位于今甘肃省定西市临洮县东。
12　质任：人质和任子。
13　分粮聚雪以引日月：仅靠分配的粮食和聚集起来的雪水度日。引，延长。
14　牛头山：古山名，位于今甘肃省定西市岷县东。
15　洮水：古水名，源出甘、青二省边境西倾山东麓，东流到岷县折向北，经临洮县到永靖县城附近入黄河。

维惧，遁走。安等降魏。

冬，十二月，**魏即拜王凌为太尉**初，凌以将军假节督扬州西，其甥令狐愚为兖州刺史，屯平阿[1]，甥舅并典重兵，专淮南之任。阴谋以魏主制于强臣，楚王彪有智勇，欲共立之，迎都许昌。愚遣其将与楚王相闻。凌子广谏曰："凡举大事，应本人情。曹爽骄奢，平叔虚华[2]，丁、毕、邓、桓专竞于世。所存[3]虽高，而事不下接，变易朝典[4]，民莫之从。故同日斩戮，名士减半，而百姓不哀，失民故也。今司马懿情虽难量，事未有逆，而擢用贤能，修先朝政令，副众心所求。爽之所以为恶者彼莫不改，夙夜匪懈[5]，以恤民为先。父子兄弟，并握兵要[6]，未易亡也。"凌不从。会愚病，卒。

魏光禄大夫徐邈卒卢钦曰："徐公志高行洁，才博气猛，其施之也，高而不狷，洁而不介，博而守约，猛而能宽[7]。"或问钦："徐公当武帝之时，人以为通。自为凉州刺史，还，人以为介，何也？"曰："往者毛孝先、崔季珪用事，贵清素之士，时皆变易车服以求名，而徐公不改其常，故人以为通。比来[8]天下奢靡相效[9]，而徐公雅尚[10]自若，故前日之通，乃今日之介也。是世人无常，而徐公有常耳。"

庚午十三年（公元250年）

魏嘉平二年。吴赤乌十三年。

秋，吴废其太子和，杀鲁王霸及将军朱据。冬，十一月，立子亮

---

1 平阿：古县名，治所位于今安徽省蚌埠市怀远县西南。
2 平叔虚华：何晏浮华不实。平叔，何晏的字。虚华，浮华不实。
3 所存：心志所在。
4 朝典：朝廷的礼仪制度。
5 夙夜匪懈：形容日夜谨慎工作，勤奋不懈怠。夙夜，早晚，朝夕。匪，不。懈，懈怠。
6 兵要：兵权。
7 高而不狷，洁而不介，博而守约，猛而能宽：志向高却不拘谨，行为清白却不孤傲，广博且能把握要领，威猛且能宽容。狷，拘谨无为。介，孤傲。
8 比来：近来。
9 效：仿效。
10 雅尚：风雅高尚。

为太子初，潘夫人有宠于吴主权，生少子亮，权爱之。全公主[1]既与太子和有
隙，欲豫自结[2]，数称亮美。权以鲁王霸结朋党以害其兄，心亦恶之，谓侍中孙
峻曰："子弟不睦，将有袁氏之败，为天下笑。若使一人立者，安得不乱乎？"
遂有废和立亮之意，然犹沉吟历年。至是，乃幽太子和。将军朱据谏曰："太
子，国之本根；加以雅性仁孝，天下归心。昔晋献用骊姬而申生不存，汉武
信江充而戾太子冤死，臣窃惧太子不堪其忧，虽立思子之宫[3]，无及矣。"不听。
据与尚书仆射屈晃率诸将吏泥头自缚[4]，连日诣阙请和，而无难督[5]陈正及五营
督陈象各上书切谏，吴主大怒，族诛正、象。牵据、晃入殿，据、晃犹叩头流
血，辞气不挠，权杖之一百。遂废和为庶人，徙故鄣[6]。赐霸死，杀杨竺、全寄
等，据寻亦赐死。明年，立潘氏为皇后。

吴作堂邑、涂塘[7]遣兵十万作之，以淹北道。

十二月，**魏击吴，战于江陵，大破之**魏王昶言孙权流放良臣，嫡庶分
争，可乘衅击之。司马懿遣新城太守州泰袭巫、秭归，荆州刺史王基向夷陵，
昶向江陵。昶引竹絙[8]为桥，渡水击吴军。吴将施绩夜遁入江陵，昶欲引致平
地与战，乃先遣五军案大道发还[9]，使吴望见而喜，又以所获铠马甲首[10]环城以
怒之，而设伏兵以待之。绩果来追。昶与战，大破之，斩其二将。王基、州泰
亦破吴兵，降数千口。

1　全公主：名孙鲁班，孙权长女。
2　自结：自己主动攀附。
3　立思子之宫：指汉武帝因后悔杀卫太子建思子宫的事。
4　泥头自缚：泥头，以泥涂首，表示自辱服罪。自缚，自己把自己捆绑起来。
5　无难督：古官名，负责统率无难营的营兵。下文"五营督"亦为官名，统五营营兵，负
　　责侍卫皇帝。
6　故鄣：古县名，治所位于今浙江省湖州市安吉县西北。
7　堂邑、涂塘：堂邑，古县名，治所位于今江苏省南京市六合区北。涂塘，古县名，治所
　　位于今江苏省南京市六合区西。
8　竹絙：用竹篾绞成的粗索。
9　先遣五军案大道发还：先派遣五路人马从大道返回。
10　铠马甲首：铠甲、马具等物。

辛未十四年（公元251年）

魏嘉平三年。吴大元元年。

夏，四月，魏司马懿杀王凌及楚王曹彪，遂置诸王公于邺凌遣将军杨弘以废立事告兖州刺史黄华，华、弘连名以白司马懿。懿将中军[1]乘水道讨凌。先下赦，赦凌罪。又为书谕凌。已而大军掩至百尺，凌势穷，面缚水次。懿解其缚，送诣京师，道饮药死。懿至洛阳，穷治其事，诸相连者悉夷三族。发凌、愚冢，剖棺暴尸。赐楚王彪死。尽录[2]诸王公置邺，使有司察之，不得与人交关。初，愚为白衣时，常有高志[3]，众谓必兴令狐氏。族父[4]邵独以为："愚性倜傥[5]，不修德而愿大，必灭我宗。"愚甚不平。及愚仕进[6]，有名称，从容谓邵曰："先时闻大人谓愚为不继，今竟云何耶？"邵熟视而不答，私谓妻子曰："公治性度[7]，犹如故也。不知我当坐之不耶？必逮汝曹矣[8]。"邵没十余年而愚灭族。初，愚以别驾单固、治中杨康为腹心。及愚卒，康露其阴事，愚由是败。懿至寿春，以问固，固曰："无有。"遂收系狱，使康诘之。固辞穷，乃骂曰："老佣[9]！既负使君，又灭我族，顾汝当活耶[10]！"康初自冀封侯，后以辞颇参错[11]，亦并斩之。固又骂之曰："若死者有知，汝何面目行地下乎？"

秋，八月，魏太傅司马懿卒。以其子师为抚军大将军，录尚书事。

魏分匈奴左部为二国初，南匈奴自谓其先本汉室之甥，因冒姓刘氏。魏太祖留单于呼厨泉于邺，分其众为五部，居并州境内。左贤王豹为左部帅，部族最强。城阳太守邓艾上言："单于在内，羌夷失统，合散无主。今单于之尊

1　中军：古代行军作战分左、中、右或上、中、下三军，由主将所在的中军发号施令。
2　录：逮捕。
3　高志：高尚、清高的志向。
4　族父：同族兄弟之父。
5　倜傥：洒脱，不拘束。
6　仕进：做官谋发展。
7　公治性度：令狐愚的性情器量。公治，令狐愚的字。
8　不知我当坐之不耶？必逮汝曹矣：不知我能否活到受牵连的那一天？不过你们一定会赶上的。
9　老佣：年老的佣工。常用为詈词。
10　顾汝当活耶：看你能不能逃脱一死。
11　参错：错乱。

日疏而外士之威日重，不可不深备也。闻刘豹部有叛胡，可因此割为二国，以分其势。去卑[1]功显前朝，宜加其子一号，使居雁门。离国弱寇，追录旧勋，御边长计也。"又陈："羌胡与民同处，宜以渐出之，使居民表[2]，以崇廉耻之教，塞奸宄之路。"司马师皆从之。

冬，十一月，吴以诸葛恪为太子太傅，总统国事吴立节中郎将[3]陆抗自柴桑屯所诣建业治病。病差[4]，当还，吴主权涕泣与别，谓曰："吾前听用谗言，与汝父大义不笃[5]，以此负汝。前后所问，一切焚之，莫令人见也。"时权颇瘤太子和之无罪，十一月，祀南郊还，得风疾，欲召和还，全公主及侍中孙峻、中书令孙弘固争之，乃止。权以太子亮幼，议所付托，峻荐恪可付大事。权嫌其刚愎自用，峻曰："朝臣才无及恪者。"乃召之。恪将行，吕岱戒之曰："世方多难，子每事必十思。"恪曰："昔季文子三思而后行，夫子曰：'再斯而可矣[6]。'今君令恪十思，明恪之劣也。"岱无以答，时咸谓之失言。恪至建业，见吴主于卧内，受诏床下，以大将军领太子太傅，孙弘领少傅。有司诸务一统于恪，惟杀生大事乃以闻。

虞喜[7]曰：夫托以天下，至重也；以人臣行主威，至难也。兼二至管万机，能胜之者鲜矣。元逊[8]若因十思之义，广咨当世之务，闻善速于雷动，从谏急于风移，岂得陨首[9]殿堂，死于凶竖之刃？世人奇其英辩[10]可观，而哂[11]吕侯无对为陋，是乐春藻[12]之繁华，而忘秋实之甘口也。昔来敏与费祎对棋，意无厌倦，

1　去卑：即南匈奴右贤王刘去卑，呼厨泉单于的叔叔。
2　宜以渐出之，使居民表：应逐渐把他们分出，把他们放到百姓编户之外。表，外面。
3　立节中郎将：古官名，为领兵将官，掌率军征伐，或驻守一方。
4　差：病愈。
5　不笃：不坚定。
6　再斯而可矣：思考两次然后就可以做决定了。
7　虞喜：东晋天文学家，东吴经学大师虞翻的后人，著有《志林》。
8　元逊：诸葛恪的字。
9　陨首：头落地，指杀身。
10　英辩：精辟的论辩。
11　哂：讥笑。
12　春藻：春日丽景。

必能办贼。然况长宁[1]以为君子临事而惧，好谋而成。蜀为蕞尔之国，方向大敌，何可矜己有余，晏然无戚[2]？斯袆性宽简[3]，不防细微，卒为降人所害，岂非兆见于彼，而祸成于此哉？二事体同，皆足为世鉴[4]也。

费袆北屯汉寿[5]，以陈祗守尚书令。

壬申十五年（公元 252 年）

魏嘉平四年。吴主孙亮建兴元年。

春，正月，魏以司马师为大将军。

吴立故太子和为南阳王吴主权复封和为南阳王，居长沙；奋为齐王，居武昌；休为琅邪王，居虎林[6]。

夏，四月，吴主权卒，太子亮立，以诸葛恪为太傅吴主权疾病，潘后使人问孙弘以吕后称制故事。左右畏后虐戾[7]，伺其昏睡，缢杀之。权病困，召诸葛恪、孙弘、太常滕胤及将军吕据、侍中孙峻，属以后事而卒。弘素与恪不平，秘不发丧，欲矫诏诛恪，峻以告恪。恪请弘咨事，于坐杀之。乃发丧，谥权曰大皇帝。太子亮即位，以恪为太傅，胤为卫将军，吕岱为大司马。恪乃命罢视听，息校官，原逋责[8]，除关税，崇恩泽，众莫不悦。

吴徙其齐王奋于豫章诸葛恪不欲诸王处滨江兵马之地，乃徙齐王奋于豫章，琅邪王休于丹阳。奋不肯徙，恪遗之笺曰："帝王之尊，与天同位，是以家天下，臣父兄。仇雠有善，不得不举；亲戚有恶，不得不诛。所以承天理物，

---

1 况长宁：三国时蜀国人，亦有近代学者考证他其实是吴人。
2 何可矜己有余，晏然无戚：怎能过多地自负自傲，安然对敌，毫无忧患之意呢。
3 宽简：宽大，不苛求。
4 世鉴：世人的鉴戒。
5 汉寿：古县名，治所位于今四川省广元市西南。
6 虎林：古地名，一作武林城，位于今安徽省池州市贵池区东北，为江滨要地。
7 虐戾：暴戾，残暴凶狠。
8 罢视听，息校官，原逋责：罢免了充作朝廷耳目的官员，赦免了百姓拖欠的税赋债务。视听，替人刺探消息的人。校官，古官名，即校事，掌侦察刺探官民情事，皇帝或执政的耳目。原，赦免。

先国后身。盖圣人立制，百代不易之道也。大行皇帝览古戒今，虑于千载¹。是以寝疾之日，分遣诸王，诏策勤渠，科禁严峻²，诚欲上安宗庙，下全诸王，使百世相承，无凶国害家之悔也。大王宜上惟³太伯顺父之志，中念河间、东海⁴恭顺之节，下存前世骄恣荒乱之戒。而闻顷至武昌以来，多违诏敕⁵，不徇制度，擅发诸将，私杀左右。小大惊怪，莫不寒心。俚语曰：'明鉴⁶所以照形，古事所以知今。'大王宜深以鲁王为戒，改易其行。若弃忘先帝法教⁷，怀轻慢之心，臣下宁负大王，不敢负先帝遗诏；宁为大王所怨疾，岂敢令诏敕不行于藩臣邪？"奋惧，遂行。

冬，十月，吴诸葛恪修东兴堤⁸。十二月，魏人击之，恪与战于徐塘⁹，魏人败走初，吴大帝筑东兴堤以遏巢湖。后攻魏淮南，败，以内¹⁰船，遂废不治。至是诸葛恪更作大堤，左右结山，侠筑两城¹¹，各留千人，使全端、留略守之。魏诸葛诞言于司马师曰："今因吴内侵，使文舒逼江陵，仲恭向武昌，以羁吴之上流，然后简精卒攻其两城，可大获也。"是时征南王昶、征东胡遵、镇南毌丘俭各献征吴之策，诏以问尚书傅嘏。曰："吴为寇六十年，君臣相保，吉凶同患。设令列船津要¹²，则彼坚城据险，横行之计，其殆难捷。今边城之守，与贼相远，罗落重密¹³，间谍不行。而举大众、临巨险以邀功，先战而后求

1　千载：千年，形容岁月长久。
2　诏策勤渠，科禁严峻：诏令殷勤恳切，禁令严峻。诏策，诏令。勤渠，殷勤。科禁，戒律，禁令。
3　惟：思考，思念。
4　河间、东海：指西汉河间献王刘德和东汉东海王刘强。
5　诏敕：诏书。
6　明鉴：明镜。
7　法教：法制教化。
8　东兴堤：古地名，位于今安徽省马鞍山市含山县西南，与巢湖市相接。
9　徐塘：古地名，亦称徐堨，位于今安徽省马鞍山市含山县南。
10　内：自外面进入里面。
11　左右结山，侠筑两城：连结左右两座山，两侧山上夹着大堤各建筑了一座城。侠，通"夹"。
12　列船津要：在重要渡口排列战船。
13　罗落重密：担任警戒联络的敌军，数量众多，防守严密。罗落，担任警戒联络的士兵。

胜，非长策也。唯有进军大佃[1]，最差完牢[2]。可诏昶、遵等择地居险，三方并进，夺其肥壤[3]，使还瘠地[4]，一也；兵出民表，寇钞不犯，二也；招怀近路，降附日至，三也；罗落远设，间构[5]不来，四也；贼退其守，佃作[6]易立，五也；坐食积谷，士不运输，六也；衅隙[7]时闻，讨袭速决，七也。凡此七者，军事之急务也。不进据则贼擅便资[8]，据之则利归于国，不可不察也。"师不从。诏昶等三道击吴。昶攻南郡，俭向武昌，遵、诞攻东兴[9]。恪将兵四万救东兴。遵等作浮桥以渡，陈于堤上，分兵攻两城。城高峻，不可拔。恪使将军丁奉与吕据为前部，从山西上，奉曰："诸军行缓，若贼据便地，则难与争锋，我请趋[10]之。"乃辟诸军使下道[11]，自率麾下三千人径进。举帆二日至东关，遂据徐塘。时天雪，寒，遵方置酒高会。奉见其前部兵少，使兵皆解铠，去矛戟，但兜鍪刀楯，裸身缘堨[12]。魏人望见，大笑之，不即严兵。吴兵得上，便鼓噪，斫破其前屯，据等继至。魏军惊扰散走，争渡桥坏，相踏藉[13]，溺死者数万。吴获车乘、牛马、驴骡各以千数，资器[14]山积，振旅而归。昶、俭闻东军败，各烧屯走。朝议欲贬诸将，师曰："此我不听公休[15]过也，诸将何罪？"悉宥之，惟削其弟昭爵而已。后雍州刺史陈泰求敕并州讨胡，未集，而雁门、新兴[16]以远役[17]惊反。师又

1　大佃：大规模地屯田。
2　最差完牢：最为稳妥牢靠。差，略微，比较。完牢，稳妥牢靠。
3　肥壤：肥沃的土地。
4　瘠地：贫瘠的土地。
5　间构：潜入敌方侦察情况、刺探情报、进行颠覆的人。
6　佃作：从事耕作。
7　衅隙：疏漏，缺失，可乘之机。
8　不进据则贼擅便资：不进入并占据，敌军就会独占便利的资财。进据，进入并占据。
9　东兴：古县名，治所位于今江西省抚州市黎川县东北。
10　趋：奔赴。
11　乃辟诸军使下道：让各路军马从道路上避开。
12　兜鍪刀楯，裸身缘堨：只戴着头盔，拿着刀和盾牌，光着身子爬上堤堰。缘，向上爬。堨，堰。
13　踏藉：践踏，踩踏。
14　资器：物资器械。
15　公休：即诸葛诞，诸葛诞字公休。
16　新兴：古郡名，辖今山西省忻州市、五台、盂县、定襄县及原平县东部与代县东南部地。
17　远役：到远方服役，戍守边疆。

曰："此我过也，非陈雍州之责。"是以人皆愧悦[1]。

习凿齿曰：司马师引二败以为己过，过消而业隆。若推过归咎，执其功而隐其丧，则上下离心，贤愚解体矣。君人者，苟统斯理以御国，行失而名扬，兵挫而战胜，虽百败可也，况于再乎？

魏光禄大夫张缉曰："恪其不免乎？"司马师曰："何也？"缉曰："威震其主，功盖一国，何以能久？"

1　愧悦：羞愧而悦服。